Die Verbraucher Initiative e.V./
Stiftung Ökologie & Landbau e.V. (Hrsg.)

Einkaufen direkt beim Bio-Bauern

Recycling-Papier - ein Beitrag zum aktiven Umweltschutz

Die Stiftung Ökologie & Landbau (SÖL) druckt ihre Publikationen seit 1979 auf Recyclingpapier. Zur Verbesserung der Lesequalität ist dieses Buch auf einem hellen Recyclingpapier gedruckt, das aus Schnittabfällen hergestellt worden ist. Seit Gründung der Stiftung (1961) bemüht sich die SÖL, ihre Schriften so umweltfreundlich wie möglich zu produzieren und zu verpacken. So ist dieses Buch z.B. auch nicht in Folien eingeschweißt.

Die Verbraucher Initiative e.V./
Stiftung Ökologie & Landbau e.V. (Hrsg.)

Einkaufen direkt beim Bio-Bauern

3800 Adressen von direktvermarktenden Betrieben
in der gesamten Bundesrepublik

mit Gemüse-Abonnements und Biometzgereien

7. völlig überarbeitete und ergänzte Auflage

Alle in diesem Buch enthaltenen Angaben, Ergebnisse usw. wurden von den Autoren nach bestem Wissen erstellt und von ihnen sowie der Stiftung Ökologie & Landbau mit größtmöglicher Sorgfalt überprüft. Dennoch sind Fehler nicht völlig auszuschließen. Daher erfolgen alle Angaben ohne jegliche Verpflichtung oder Garantie des Verlages oder der Autoren. Beide übernehmen deshalb keinerlei Verantwortung und Haftung für etwa vorhandene inhaltliche Inkorrektheiten.

Die Deutsche Bibliothek – CIP-Einheitsaufnahme

Einkaufen direkt beim Biobauern: 3400 Adressen von direktvermarktenden Betrieben in der gesamten Bundesrepublik
Die Verbraucher-Initiative e.V./ Stiftung Ökologie & Landbau (Hg.)
7. Aufl. - Holm : Deukalion, 1997
ISBN 3-930720-84-1
NE: Verbraucher-Initiative e.V.; Stiftung Ökologie & Landbau

© 1997 Stiftung Ökologie & Landbau
Die Verbraucher Initiative e.V.

Bezug:
DEUKALION Verlag · Postfach 11 13 · 25488 Holm und
VI-Verlags- und Handels-GmbH · Breite Straße 51 · 53111 Bonn
7. völlig überarbeitete und ergänzte Auflage
Satz: VI Verlags- und Handels-GmbH und DEUKALION-Verlag
Umschlaggestaltung: Dagmar Fitz
Druck: Interpress
SÖL-Sonderausgabe Nr. 26

ISBN 3-930720-84-1

Inhalt

Vorwort 6

Was ist ökologischer Landbau? 8

Die Erzeugerverbände des ökologischen Landbaus 9

Richtlinien und Kontrollwesen 12

Die EG-Verordnung »Ökologischer Landbau« 15

Vollwert-Ernährung 20

**Direktvermarktende Biobauern in Deutschland
- nach PLZ geordnet** 22

Gemüseabonnements-Lieferantenlisten 374

Biometzgereien 392

Regionale Direktvermarkterlisten 408

Einkaufen direkt beim Bio-Bauern

Liebe Verbraucherin, lieber Verbraucher!

Mit diesem Buch halten Sie eine Adressenliste in den Händen, in welcher direktvermarktende Betriebe aufgeführt sind, die einem der neun Bioverbände angeschlossen sind. Dabei handelt es sich um die Verbände Bioland, Demeter, Naturland, Arbeitsgemeinschaft naturnaher Feldfrucht-, Obst- und Gemüseanbau (ANOG), Bundesverband Ökologischer Weinbau (BÖW), Biokreis, Ökosiegel, Gäa und Biopark. Diese Verbände sind in der AGÖL, der ArbeitsGemeinschaft Ökologischer Landbau, zusammengeschlossen.

Die Adressen sind nach Postleitzahlen geordnet.

Wir möchten ausdrücklich darauf hinweisen, daß diese Liste den Stand der anerkannten Betriebe Anfang 1997 wiedergibt. Es ist also möglich, daß manche Betriebe über die Anerkennung als Ökobetrieb zu einem späteren Zeitpunkt nicht mehr verfügen, oder daß neue Betriebe hinzukommen. Diese Liste erhebt also keinen Anspruch auf Vollständigkeit oder Aktualität. Den neuesten Stand sollte man bei Interesse bei den oben genannten Organisationen erfragen. Die Angaben basieren auf den Direktvermarkterlisten der Verbände des ökologischen Landbaus. Die Verwendung des Adressenmaterials ist durch die oben genannten Verbände genehmigt.

Neben dem Direkteinkauf auf einem ökologisch bewirtschafteten Hof gibt es teilweise auch die Möglichkeit, beim Marktstand auf dem Wochenmarkt einzukaufen. In den Städten gibt es außerdem Naturkostläden, in denen überwiegend Produkte aus ökologischer Erzeugung angeboten werden; in den Reformhäuser kann man diese Produkte ebenfalls kaufen, allerdings oft ohne Schutzzeichen der Bioverbände. In einigen Städten gibt es auch Metzgereien, Bäckereien, Drogerie-Märkte usw., die Erzeugnisse aus ökologischem Landbau verkaufen. Erstmals finden Sie in dieser nunmehr schon 7. Auflage von »Einkaufen direkt« auch eine Aufstellung der Bio-Metzgereien in Deutschland; das gleiche gilt für die Liste der Gemüse-Abonnements. In jüngster Zeit finden Bioprodukte darüber hinaus ihren Weg auch in Supermärkte.

Wer immer neben der Versorgung mit Bio-Lebensmitteln im Alltag auch im Urlaub der Öko-Landwirtschaft nahe sein möchte, dem empfiehlt sich ein »Urlaub auf dem

Biohof«. Eine gleichnamige Broschüre, die Ihnen einen Überblick über die entsprechenden Biohöfe gibt, erhalten Sie im Buchhandel oder bei ECEAT/ Grüne Liga - bitte beachten Sie die entsprechenden Information am Ende dieses Buches.

Bad Dürkheim, Bonn im Juli 1997

Anne Schönhofen, Die Verbraucher Initiative e.V., Bonn,
Dr. Helga Willer, Stiftung Ökologie & Landbau, Bad Dürkheim

Was ist ökologischer Landbau?

Ökologie ist die Lehre von den Beziehungen der Lebewesen untereinander und zu ihrer Umwelt. Der einzelne ökologisch geführte Hof wird als ein Organismus und als lebendiges Zusammenspiel zwischen Boden - Pflanze - Tier und Mensch gesehen. Das Hauptziel des Wirtschaftens ist neben der Erzeugung von Lebensmitteln die Gesunderhaltung dieses ganzen Kreislaufs. Dabei wird bewußt auf die Erzielung von Höchsterträgen und Höchstleistungen verzichtet, um eine möglichst umweltschonende Produktion von gesundheitlich unbedenklichen und biologisch hochwertigen Lebensmitteln zu gewährleisten. Aus diesem ganzheitlichen Denken heraus verfolgt der ökologische Landbau seit Jahrzehnten folgende Ziele:

- möglichst geschlossener Betriebskreislauf mit geringstmöglichem Verbrauch nicht erneuerbarer Energie und Rohstoffe
- verantwortungsbewußte Nutzung und gezielte Förderung der natürlichen Lebensgrundlagen und die bewußte Vermeidung von Umweltbelastungen
- Verwirklichung einer vielfältigen Produktion und einer vielseitigen Betriebsstruktur mit verschiedenen Pflanzen- und Tierarten ohne übertriebene Spezialisierung
- nachhaltige Steigerung der natürlichen Bodenfruchtbarkeit
- Anpassung der Tierhaltung an die Betriebsfläche und Beachtung tierartspezifischer Bedürfnisse und ethischer Gesichtspunkte bei Haltung und Nutzung von Tieren
- Förderung bewährter Kultursorten und Zuchtrassen, besonders im Hinblick auf Schädlingsresistenz und Tiergesundheit
- Ablehnung der Gentechnik bei Produktion und Verarbeitung
- regionale Märkte für verbrauchernah und umweltgerecht erzeugte Lebensmittel
- Erzeugung von Lebensmitteln für eine vollwertige Ernährung in ausreichender Menge zu angemessenen Preisen
- Schaffung einer sicheren Existenz auf der Basis befriedigender Lebensbedingungen und angemessener Einkommen für die Landwirte
- Mitwirkung an der Lösung des Welthungerproblems und daher die weitgehende Vermeidung von importierten Futtermitteln aus der Dritten Welt, deren Erzeugung dort das Angebot an Grundnahrungsmitteln verringert
- nicht zugelassen sind chemisch-synthetische Dünge-, Pflanzenbehandlungs-, Lagerschutz- und Nachreifemittel, Hormone und Wuchsstoffe.

Der ökologische Landbau unterscheidet sich damit deutlich vom sogenannten »integrierten Landbau«, der nach wie vor - wenn auch reduziert - Agrochemikalien einsetzt.

Die Erzeugerverbände des ökologischen Landbaus

Innerhalb des ökologischen Landbaus gibt es in Deutschland folgende Organisationen, die sich in der 1988 gegründeten AGÖL (ArbeitsGemeinschaft Ökologischer Landbau) zusammengeschlossen haben.

Demeter - Die Biologisch-Dynamische Wirtschaftsweise

Sie wurde bereits 1924 mit dem landwirtschaftlichen Kurs von RUDOLF STEINER (*1861, † 1925) begründet und zwar sowohl aus naturwissenschaftlichen als auch aus geisteswissenschaftlichen Erkenntnissen heraus (vgl. SCHAUMANN, 1996).

Der landwirtschaftliche Betrieb wird als eine lebendige Individualität, ein Organismus angesehen, der auch immateriellen Einwirkungen unterliegt, die es zu beachten gilt. Solche Einflüsse sind z. B. dynamische Wirkungen (Kräfte), die von den biologisch-dynamischen Präparaten ausgehen oder durch ihre Anwendung verstärkt werden. Diese Präparate sind spezielle Zubereitungen (z. B. aus Heilkräutern und Quarz), die in kleinsten Mengen eingesetzt werden. Sie fördern das Bodenleben und unterstützen die innere Qualität der Pflanzen. Kosmische Einflüsse auf das Pflanzenwachstum - mit Ausnahme des Einflusses der Sonne - hat die konventionelle Landwirtschaft bislang nicht beachtet. Viele Forschungsarbeiten der letzten Jahrzehnte zeigen aber, wie groß Einwirkungen des Mondes, der Planeten usw. sind und wie sinnvoll es ist, beim Pflanzenbau und auch in der Tierhaltung diese Faktoren zu berücksichtigen.

Für die Erzeugungsrichtlinien etc. ist der Forschungsring für Biologisch-Dynamische Wirtschaftsweise zuständig, für die Qualitätsüberwachung die Gütestelle des Demeter-Bundes, für die Forschung das Institut für biologisch-dynamische Forschung und für die Wahrung der Rechte der Schutzzeichen der DemeterBund.

Das Warenzeichen »demeter« kennzeichnet die Erzeugnisse aus biologisch-dynamischem Landbau (vgl. SATTLER et al., 1985).

Bioland - Der organisch-biologische Landbau

Er wurde in der Schweiz von HANS MÜLLER (*1891, † 1988) und seiner Frau Maria (* 1894, † 1969), die sich in den zwanziger Jahren für den Fortbestand einer bäuerlichen Landwirtschaft eingesetzt haben, begründet.

Hans Müller hat sich in den dreißiger Jahren mit der biologisch-dynamischen Wirtschaftsweise beschäftigt und in den fünfziger Jahren den organisch-biologischen Landbau entwickelt.

Die theoretische Grundlage lieferte HANS-PETER RUSCH (*1905, † 1977) mit seinem Buch »Bodenfruchtbarkeit«, in dem er sich mit der Bodenmikrobiologie und ihrer entscheidenden

Rolle für die Bodenfruchtbarkeit auseinandersetzte. Er empfahl, den Mist im frischen Zustand als Bodenbedeckung auszustreuen, um zusammen mit einer tief lockernden und flach wendenden Bodenbearbeitung die Bodenorganismen besonders zu schonen und zu aktivieren. 1971 wurde in Heiningen der »Bioland-Verband für organisch-biologischen Landbau« ins Leben gerufen und 1987 das Warenzeichen »Bioland«.

Biokreis Ostbayern

Der Biokreis Ostbayern ist eine Initiative von Verbrauchern und Bauern zur Förderung von gesunder Ernährung und ökologischem Land- und Gartenbau. Gegründet wurde der Biokreis 1979 in Ostbayern, um in einer Region zwischen Verbrauchern und Bauern, ungeachtet verschiedener Ernährungs- und Anbaurichtungen, eine gemeinsame Plattform für ein sinnvolles Miteinander von Mensch und Tier zu bilden. Eine eigene Anbauergruppe im Verein, die nach den Richtlinien des Biokreises wirtschaftet und daraufhin kontrolliert wird, Ortsgruppen der Verbraucher, Erzeuger-Verbraucher-Bezugsgruppen und weitere Aktivitäten dokumentieren die vielfältigen Aufgaben.

Naturland – Verband für naturgemäßen Landbau

Dieser Verband wurde 1982 von Praktikern und Wissenschaftlern gegründet. Der Entwicklung und Verbreitung naturgemäßer Verfahren in der Haltung Fütterung und Züchtung der Nutztiere wird besondere Bedeutung zugemessen. Daneben fördert der Verband die Weiterentwicklung naturgemäßer Anbaumethoden bei Sonderkulturen wie Obst, Hopfen, Kräutern und Heilpflanzen.

ANOG – Arbeitsgemeinschaft für naturnahen Obst- Gemüse- und Feldfrucht-Anbau

Die ANOG wurde 1962 mit spezieller Ausrichtung auf den Obst- und Gemüseanbau gegründet, hat aber inzwischen überwiegend Landwirte mit ackerbaulicher Ausrichtung als Mitglieder.

Ökosiegel

Der Verein Ökologischer Landbau (Warenzeichen: Ökosiegel) wurde 1988 gegründet und arbeitet schwerpunktmäßig in Norddeutschland. Er wurde im 1991 als AGÖL-Mitglied aufgenommen.

Die Vereinigung Ökologische Landbau (Gäa)

Die Vereinigung Ökologische Landbau (Warenzeichen Gäa) wurde im Mai 1989 in Dresden gegründet und arbeitet aktiv an der Umstellung von Agrarbetrieben in den neuen Bundesländern. Sie ist seit 1993 AGÖL-Mitglied.

Biopark

Der »Biopark« wurde 1991 in Mecklenburg-Vorpommern gegründet und entfaltet inzwischen auch Aktivitäten in Brandenburg, Schleswig-Holstein und Niedersachsen.
Der Verband wurde Anfang 1996 als AGÖL-Mitglied aufgenommen. Die Fläche von ca. 100.000 ha gliedert sich in 35.000 ha Acker- und 65.000 ha Grünland.

Bundesverband Ökologischer Weinbau (BÖW)

Der BÖW wurde 1985 als Dachverband aller bundesdeutschen ökologisch wirtschaftenden Winzer gegründet. Da der Winzer nicht nur Anbauer, sondern zugleich Verarbeiter und Vermarkter ist und sein Produkt einem besonderen Wein- und Lebensmittelrecht unterliegt, sind hier besondere Aktivitäten erforderlich. Darüber hinaus ist der BÖW mit seinen Regionalverbänden Anbauverband all der Winzer, die nicht in einer der anderen ökologischen Er-zeugergemeinschaften organisiert sind.
Der BÖW hat ein eingetragenes Verbandszeichen und seit Sommer 1990 das Warenzeichen «ECOVIN«.

Verbandsübergreifendes Herkunftszeichen

Der Freistaat Sachsen hat als erstes Bundesland ein staatliches Prüfsiegel für Ökoprodukte herausgegeben. Das beim Deutschen Patentamt in München eingetragene Herkunftszeichen können alle Unternehmen verwenden, die ökologisch erzeugte Lebensmittel sowohl pflanzlicher als auch tierischen Ursprungs herstellen. Voraussetzung für die Zeichenvergabe ist, daß unverarbeitete Erzeugnisse aus landwirtschaftlichen Betrieben in Sachsen stammen, die einem AGÖL-Mitgliedsverband angehören.
Bayern hat im März 1996 ein eigenes Bio-Herkunftszeichen vorgestellt.

Richtlinien und Kontrollwesen

Von der Stiftung Ökologie & Landbau wurden in Zusammenarbeit mit den Verbänden die Rahmenrichtlinien zum ökologischen Landbau in Deutschland als Minimalstandards erarbeitet und bereits 1984 der Öffentlichkeit vorgestellt (AGÖL, 1991). Die Verbände des ökologischen Landbaus haben jeweils eigene Richtlinien, die teilweise auch strenger gefaßt sind. Die EG-Bio-Verordnung gibt es seit 1992. Durch sie wird der ökologische Landbau EU-weit gesetzlich geschützt. Danach müssen alle ökologisch bewirtschafteten Betriebe gegenüber staatlichen Behörden den Nachweis führen, daß sie die Richtlinien genau einhalten. In Deutschland gibt es inzwischen zahlreiche Kontrollstellen, die dies gewährleisten. Mit der obengenannten Verordnung hat die Europäische Union den Kontrollvermerk »Ökologische Agrarwirtschaft - EWG-Kontrollsystem« eingeführt, der teilweise auch auf den Produkten aufgedruckt ist. Allerdings ist dieser Vermerk nicht verpflichtend. So taucht er bisher auch kaum auf Erzeugnissen der AGÖL-Verbände auf, weil diese damit deutlich machen wollen, daß sie nach strengeren Richtlinien als die EG-Verordnung arbeiten.

In der AGÖL ist die Prüfstelle für Vorbereitung und Durchführung von Überprüfungen der Mitgliedsverbände zuständig. Basierend auf den Ergebnissen dieser Verbandsüberprüfung und nach Anhörung von Vertretern aus Behörden, Verbraucher- und Naturschutzorganisationen und Wissenschaft, dem Anerkennungs-Beirat der AGÖL, werden die Grundlagen zur Anerkennung der Mitgliedsverbände sowie zur Aufnahme neuer Mitglieder geschaffen. International haben die Basisrichtlinien der IFOAM (1997) Gültigkeit. Die Drittlandsregelung der EG-Verordnung besagt, daß Bioprodukte aus Nicht-EG-Ländern nur noch dann in der EG als »ökologisch« vermarktet werden dürfen, wenn sie den Anforderungen der EG-Verordnung genügen. Somit können die Verbraucher zunehmend sicher sein, daß Sie wirklich Lebensmittel aus ökologischen Landbau erhalten, wenn es auf dem Etikett steht (vgl. SÖL-Infoblatt »Die EG-Öko-Verordnung«).

Abschließend bleibt zu hoffen, daß Sie durch diese Ausführungen angeregt wurden, künftig verstärkt auf Erzeugnisse aus einer ökologischen Agrarkultur zu achten, bzw. selbst ökologischen Land- und Gartenbau zu betreiben. Danke! (Weitere Informationen erhalten Sie bei den angegebenen Anschriften).

AGÖL

In der ArbeitsGemeinschaft Ökologischer Landbau (AGÖL) sind die Verbände des ökologischen Landbaus zusammengeschlossen. Die Prüfstelle ist für die Vorbereitung und Durchführung von Überprüfungen der Mitgliedsverbände zuständig. Basierend auf den Ergebnissen dieser Verbandesüberprüfung und nach Anhörung von Vertretern aus Behörden, Verbraucher- und Naturschutzorganisationen und Wissenschaft, dem Anerkennungs-Beirat der AGÖL, werden regelmäßig die Grundlagen zur gegenseitigen Anerkennung der Mitgliedsverbände geschaffen.

Aufgaben und Ziele der AGÖL:
- Weiterentwicklung der Rahmenrichtlinien für Anbau und Verarbeitung,
- Überprüfung der Arbeit der Mitgliedsverbände des ökologischen Landbaus auf die Einhaltung der Rahmenrichtlinien,
- Gemeinsame Vertretung der Anliegen des ökologischen Landbaus gegenüber der Öffentlichkeit und den zuständigen Behörden,
- Zusammenarbeit mit Personen und Institutionen (u.a. Forschung und Ausbildung) im In- und Ausland,
- Förderung wissenschaftlicher Forschungsprojekte, die Fragen des ökologischen Landbaus betreffen sowie Förderung von Aus- und Fortbildung.

ArbeitsGemeinschaft Ökologischer Landbau (AGÖL)
Brandschneise 1
64295 Darmstadt
Telefon 0 6155/2081
Telefax 06155/2083

IFOAM

International haben die Basisrichtlien der IFOAM (Internation Federation of Organic Agricultural Movements, Internationale Vereinigung biologischer Landbaubewegungen) Gültigkeit. Ein internationales Akkreditierungssystem für Verbände und andere Organisationen des ökologischen Landbaus wird derzeit aufgebaut. Detaillierte Berichte über einzelne nationale Organisationen dienen nationalen Dach- sowie Handelsorganisationen als Entscheidungshilfe bei der Beurteilung, welche Importprodukte die Bezeichnung »aus biologischem Landbau« verdienen. Die IFOAM informiert über ihre Arbeit im »Internal Letter« und in »Ökologie & Landbau«.

IFOAM
Ökozentrum Imsbach
66366 Tholey-Theley
Telefon 06853/5190
Telefax 06853/30110

Stiftung Ökologie & Landbau (SÖL)

Die SÖL hat es sich zur Aufgabe gemacht, eine zukunftsorientierte Agrarkultur zu fördern, die umweltfreundlich und rohstoffsparend produziert. Die Stiftung fördert seit 1962 zahlreiche ökologische Projekte, trägt fundierte Informationen zusammen und verbreitet die gewonnenen Erkenntnisse. Hierzu zählen insbesondere die Zeitschrift »Ökologie & Landbau«, die Schriftenreihe »SÖL-Sonderausgaben« zur Theorie und Praxis des ökologischen Landbaus

Einkaufen direkt beim Bio-Bauern

sowie die Buchreihe »Ökologische Konzepte« (ehemals »Alternative Konzepte«). Beide Reihen erscheinen im DEUKALION Verlag, dessen vollständiges Programmverzeichnis Sie kostenlos anfordern können (DEUKALION Verlag, Postfach 11 13, 25488 Holm, Telefon 04103/97545, Telefax 04103/97507).

Die SÖL verfolgt folgende Ziele:
- Koordinierung des Erkenntnis- und Erfahrungsaustauschs,
- Initiativen für Maßnahmen in den Bereichen Ausbildung, Wissenschaft und Praxis,
- Unterstützung des Umdenkprozesses in den Agrarwissenschaften und in der landwirtschaftlichen Praxis,
- Durchführung von Informations- und Beratungsseminaren
- Zusammenstellung von Informationsmaterialien für Interessierte und praktische Anleitungen für Landwirte, Gärtner und Weinbauern, die an einer Umstellung ihrer Betriebe interessiert sind,
- Forschung für die Theorie und Praxis des ökologischen Landbaus,
- Koordination der Beratung im ökologischen Landbau,
- Öffentlichkeitsarbeit für gesunde Ernährung und ökologischen Landbau,
- Sammlung und Dokumentation einschlägiger Informationen.
- In der Bibiothek befinden sich über 5000 Bücher und ein umfangreiches Archiv.

SÖL
Stiftung Ökologie & Landbau
Weinstraße Süd 51
67098 Bad Dürkheim
Telefon 06322/8666
Telefax 06322/989791
e-mail: Stiftung.SOEL@t-online.de
Internet: http:\\www.umwelt.de\Stiftung\sol

Die EG-Verordnung »Ökologischer Landbau«

Am 1.1.1993 hat das am 24.6.1991 verabschiedete Biogesetz, die »Verordnung (EWG) Nr. 2092/91 des Rates über den ökologischen Landbau und die entsprechende Kennzeichnung der landwirtschaftlichen Erzeugnisse und Lebensmittel« seine volle Wirkung entfaltet. Mit dieser Verordnung, die in allen Ländern der Europäischen Union (EU) verbindliches Recht ist, werden die Mindestanforderungen für Erzeugung und die Kontrolle von Öko-Produkten festgelegt, um den Handel mit diesen Produkten zu regeln und um Bauern, Verarbeiter und Verbraucher vor Irreführung bzw. unlauterem Wettbewerb zu schützen. Mit Inkrafttreten dieser Verordnung dürfen in keinem EU-Land mehr (im wesentlichen) pflanzliche Produkte als »Öko-Produkte« vermarktet werden, die nicht gemäß der Verordnung erzeugt wurden. Die Verordnung umfaßt folgende Bereiche:

- Anwendungsbereich (Artikel 1 bis 3)
- Bestimmungen zum Inkrafttreten, zu Änderungen (Artikel 14, 15, 16)
- die Definition der Produktionsmethode des ökologischen Landbaus (Artikel 6 und 7, Anhang I und II)
- die Kontrolle (Artikel 8 und 9, Anhang III)
- die Kennzeichnung von Produkten aus ökologischem Landbau (Artikel 5 und 10, Anhang V)
- die Einfuhr von Öko-Produkten aus Nicht-EU-Ländern (Artikel 11)
- die Verarbeitung von Öko-Produkten (Artikel 5, Anhang VI)
- den Umgang mit Wildfrüchten (Anhang I).

Ökologischer Landbau im Sinn der EG-Verordnung

Die »Grundregeln des ökologischen Landbaus für Agrarbetriebe« werden in der Bio-Verordnung folgendermaßen umrissen: die Bodenfruchtbarkeit ist durch Fruchtfolge und betriebseigene Dünger zu erhalten; Unkraut-, Krankheits-, und Schädlingsbekämpfung haben durch biologische Maßnahmen zu erfolgen. Im Anhang der Verordnung befinden sich Positivlisten der erlaubten Dünge-, Bodenverbesserungs- und Pflanzenschutzmittel, die nur bei tatsächlich bestehendem Bedarf, nicht aber vorbeugend eingesetzt werden dürfen. Auch das verwendete Saat- und Pflanzgut muß aus ökologischem Landbau stammen.
Bisher ist nur der ökologische Pflanzenbau in der Verordnung geregelt; für die Tierhaltung liegt ein Entwurf vor (Stand November 1996). Die Verordnung entspricht in ihren Anforderungen beim Pflanzenbau ungefähr den Rahmenrichtlinien für den ökologischen Landbau der ArbeitsGemeinschaft Ökologischer Landbau (AGÖL, 1996).

Einkaufen direkt beim Bio-Bauern

ARBEITSGEMEINSCHAFT ÖKOLOGISCHER LANDBAU

Anerkannte Verbände der ökologischen Landwirtschaft in Deutschland (Stand 01.01.1997)

Die in der Tabelle genannten Verbände haben sich in der 1988 gegründeten AGÖL zusammengeschlossen (Brandschneise 1, D-64295 Darmstadt, Telefon 0 61 55 - 20 81, Fax 0 61 55 - 20 83. Die 6 465 Höfe der AGÖL-Mitglieder bewirtschaften zusammen 326 856 ha nach den Richtlinien des ökologischen Landbaus (SÖL-Sonderausgabe Nr. 17).

	biologisch-dynamisch	ANOG	organisch-biologisch	Biokreis Ostbayern	Naturland	Ökosiegel	Gäa	Biopark	BÖW
Warenname und Schutzzeichen	Demeter	ANOG	Bioland	BIO KREIS e.V.	Naturland	ÖKOSIEGEL	Gäa ÖKOLOGISCHER LANDBAU	BIOPARK	ECOVIN
Gründungsjahr	1924	1962	1971	1979	1982	1988	1989	1991	1985
Anbaufläche	46 251	3 879	102 542	3 022	35 766	1 444	26 535	106 546	871
Zahl der Betriebe	1 303	102	3 036	178	938	21	212	467	208
Zeitschrift	„Lebendige Erde" mit „Gartenrundbrief" „Demeterblätter"	„ANOG-Informationen"[1]	„bio-land"	„Bio-Nachrichten"	„Naturland-Magazin"		„Gäa-Journal"	„Biopark-Info"	Mitteilungen in „Ökologie & Landbau"
Adresse	Forschungsring für Biolog.-Dynamische Wirtschaftsweise e. V., Demeter - Bund e. V.[1] Brandschneise 2 D-64295 Darmstadt Tel. 0 61 55 - 84 69 - 0 Fax 0 61 55 - 84 69 - 11	ANOG - AG für naturnahen Obst-, Gemüse und Feldfruchtanbau e. V., Pützchens Chaussee 60 D-53227 Bonn Tel. 02 28 - 46 12 62 Fax 02 28 - 46 15 58	Bioland - Verband für organisch-biologischen Landbau e. V. Postfach 208 D-73002 Göppingen Tel. 0 71 61 - 91 01 20 Fax 0 71 61 - 91 01 27	Biokreis Ostbayern e. V. Heiligergeist - Ecke Hennengasse D-94032 Passau Tel. 08 51 - 3 23 33 Fax 08 51 - 3 23 32	Naturland - Verband für naturgemäßen Landbau e. V. Kleinhaderner Weg 1 D-82166 Gräfelfing Tel. 0 89 - 8 54 50 71 Fax 0 89 - 85 59 74	Ökosiegel - Verein Ökologischer Landbau Fischerweg 8 D-31787 Hameln Tel. 0 51 51 - 95 96 99 Fax 0 51 51 - 95 96 99	Gäa e. V. - Vereinigung Ökologischer Landbau Pfaunerscher Ring 40 D-01187 Dresden Tel. 0 51 - 4 01 23 89 Fax 0 51 - 4 01 23 89	Biopark Zarchliner Str. 1 D-19395 Karow Tel. 03 87 38 - 7 03 09 Fax 03 87 38 - 7 03 43	Bundesverband Ökologischer Weinbau e. V. (BÖW) Zuckerberg 19 D-55276 Oppenheim Tel. 0 61 33 - 16 40 Fax 0 61 33 - 16 09

[1] Verarbeiter und Händler wenden sich bitte an: AVV, Hauptstr. 82, D-70619 Leinfelden-Echterdingen, Tel. 07 11 - 90 25 40, Fax 07 11 - 90 25 45
Biokreis Marken GmbH, Gesellschaft zur Markenvergabe Passau, Kailbachstr. 3, D-83254 Breitbrunn, Tel. 0 80 54 - 79 61, Fax 0 80 54 - 803
Naturlandzeichen-Gesellschaft mbH, Am Haag 5, D-82166 Gräfelfing, Tel 0 89 - 8 54 58 11
ANOG, Bioland, Biopark, Gäa und Ecovin s. o.
Kontaktadresse neue Bundesländer: BÖL e. V. - Beratungsring Ökologischer Landbau, Luchstraße 32, D-15848 Beeskow, Tel. u. Fax 0 33 66 - 2 67 17
© Stiftung Ökologie und Landbau, Weinstraße Süd 51, D-67098 Bad Dürkheim, Tel. 0 63 22 - 86 66, Fax 0 63 22 -87 94, 25.02.1997

Abbildung 1: Verbände des ökologischen Landbaus in Deutschland, Stand 1.1.1997

Welche Anforderungen werden an die Kontrolle gestellt?

Die Anforderungen an die Kontrolle sind sehr streng. Die Betriebe müssen sich einem routinemäßigen Kontrollverfahren unterziehen. Die Kontrollen werden von privaten Kontrollstellen durchgeführt. Diese bedürfen der staatlichen Zulassung und unterliegen der Kontrolle durch die jeweilige Landesbehörde.

(Ein Verzeichnis dieser Stellen und der staatlichen Kontrollbehörden ist abgedruckt im Buch von Schmidt/Haccius: EG-Verordnung »Ökologischer Landbau« - Eine juristische und agrarfachliche Kommentierung. 2., vollständig überarbeitete und ergänzte Auflage, Heidelberg 1994. Dieses Buch erklärt und kommentiert die Verordnung ausführlich).

In Deutschland sind über 50 private Kontrollstellen zugelassen. Wenn diese Kontrollen im Auftrag der Verbände des ökologischen Landbaus durchführen, prüfen sie zusätzlich die Einhaltung der Verbandsrichtlinien, wo diese über die Verordnung hinausgehen, z. B. im Bereich der Tierhaltung.

Wie erfolgt die Kennzeichnung von Produkten, die gemäß der Bio-Verordnung erzeugt wurden?

Kennzeichnungen, die suggerieren, ein Produkt sei ökologisch erzeugt (wie »ökologisch«, »biologisch«, »naturnah«, »naturgemäß«, »bio« etc.), dürfen nur für solche Produkte verwendet werden, die im Sinne der Verordnung erzeugt und kontrolliert wurden. Produkte aus EU-Erzeugung können mit dem Kontrollvermerk (»EWG-Kontrollverfahren - Ökologische Agrarwirtschaft«) versehen werden. Der Vermerk kann, muß aber nicht angewandt werden. Die Angabe eines Verbands-Warenzeichens ist weiterhin möglich.

Bei Mischprodukten (z. B. Müsli mit Zutaten aus konventionellem und ökologischem Landbau) darf, wenn 50 bis 70 Prozent der landwirtschaftlichen Zutaten aus ökologischem Anbau stammen, der Öko-Hinweis nur auf der Zutatenliste erfolgen. Bei einem Anteil von mehr als 70 Prozent Öko-Landbauzutaten darf der Hinweis vorne auf der Verpackung erfolgen, der eine gesetzlich vorgeschriebene Form einhalten muß. Nur die Produktkategorie von mindestens 95 Prozent Öko-Zutaten darf die Öko-Kennzeichnung in der Verkehrsbezeichnung tragen. Dies kommt praktisch einem Werbeverbot bei Produkten gleich, die zu unter 95 Prozent aus ökologischer Produktion sind.

Welchen Schutz bietet die Verordnung bei Ökoware aus Nicht-EU-Ländern?

Auch für Öko-Importware gilt die EG-Verordnung ökologischer Landbau. Ökologische Produkte aus Drittländern (d. h. Ländern außerhalb der Europäischen Union) dürfen nur dann in der EU als ökologisch vermarktet werden, wenn sie aus einem Drittland stammen, das in einer von der EU-Kommission erstellten Liste aufgeführt ist. Diese Drittländer müssen nachweisen, daß sie in der Lage sind, ökologische Produkte gemäß einem dem EU-Standard gleichwertigen Verfahren zu erzeugen und zu kontrollieren. Argentinien, Australien, Israel, Ungarn und die Schweiz sind auf eine vorläufige Liste aufgenommen worden. Als Übergangsregelung haben Importeure von Öko-Produkten die Möglichkeit, auf Antrag an ihre Kontrollbehörde Erzeugnisse einzuführen, bei denen nachweislich die Produktionsvorschriften und Kontrollmaßnahmen angewendet wurden, die denen der Verordnung über den ökologischen Landbau gleichwertig sind. Importe müssen also ein kompliziertes Genehmigungsverfahren durchlaufen.

Wie werden Bio-Produkte verarbeitet?

Bei der Verarbeitung von Öko-Lebensmitteln pflanzlichen Ursprungs dürfen nur die im Anhang VI der Verordnung zugelassenen Zutaten, Zusatzstoffe und Verarbeitungshilfsstoffe verwendet werden. Es sind z. B. Farbstoffe und Konservierungsmittel nicht zugelassen und nur natürliche, nicht aber naturidentische Aromastoffe erlaubt. Damit ist die Bio-Verordnung relativ streng: Nur etwa ein Zehntel der konventionell zugelassenen Zusatzstoffe ist gestattet. Die Rahmenrichtlinien Verarbeitung von Bundesverband Naturkost Naturwaren (1995) und ArbeitsGemeinschaft Ökologischer Landbau (1996) gehen in ihren Anforderungen über die EG-Bio-Verordnung hinaus. In diesen Rahmenrichtlinien werden zusätzlich Vorschriften zur Verpackung, zur Verarbeitung von Produkten aus dem tierischen Sektor und zur Lagerung gemacht.

Wie ist der Umgang mit Wildpflanzen?

Pilze oder Beeren, die in freier Natur gesammelt wurden, können mit dem Kontrollvermerk der Bio-Verordnung gekennzeichnet werden. Voraussetzung dafür ist, daß die in der freien Natur gesammelten Pflanzen und die Flächen, von denen sie stammen, nicht mit Erzeugnissen behandelt wurden, die für den Öko-Anbau nicht zugelassen sind. Der Vermerk kann nur dann angewendet werden, wenn die Pflanzen in Gebieten gesammelt wurden, die dem in der Verordnung vorgeschriebenen Kontrollverfahren unterliegen.

Noch keine Regelung zur Tierhaltung

Als Kritikpunkt aus Verbrauchersicht sind die bislang noch nicht formulierten Richtlinien für die Tierhaltung zu nennen. Tierische Produkte aus ökologischem Landbau genießen den üblichen Verbraucherschutz vor Irreführung und Verbot unlauterem Wettbewerbs. Dieser Verbraucherschutz basiert auf der durch die Praxis der Öko-Verbände geprägten Verkehrsauffassung.
In einer Ergänzungsverordnung zur Bio-Verordnung wurde festgelegt, daß für solche tierischen Produkte, die in unwesentlichen Anteilen in pflanzliche Produkte einfließen (z.B.

Butter bei der Keksherstellung), die internationalen Richtlinien für die ökologische Tierhaltung gelten sollen. Hiermit sind die Richtlinien der IFOAM (International Federation of Organic Agriculture Movements) gemeint, des internationalen Dachverbandes der Öko-Landbauverbände.

Die Verwendung von gentechnisch erzeugten Mikroorganismen zur Verarbeitung von Öko-Produkten ist nicht zugelassen. In der Verordnung wird allerdings erwähnt, daß die Zulassung zu einem späteren Zeitpunkt ermöglicht werden könnte.

Weiterhin ist die im Rahmen der EG-Verordnung gegebene Möglichkeit der Teilbetriebsumstellung kritisch zu betrachten.

Wie ist die Verordnung aus Verbrauchersicht zu bewerten?

Die Verordnung ist grundsätzlich positiv zu bewerten, denn es hat sich gezeigt, daß sie für mehr Klarheit beim täglichen Einkauf sorgt. Die Verordnung ist für Verbraucher als gesetzlicher Mindestschutz zu verstehen, der jedoch nicht den Qualitätsstandard der Warenzeichen der AGÖL-Landbauverbände erreicht. Wir empfehlen den Verbrauchern deshalb, sich weiterhin auch an den Warenzeichen der Verbände des ökologischen Landbaus zu orientieren.

Koordinationsstelle

Bei der AGÖL ist eine »Koordinationsstelle irreführende Biokennzeichnungen« eingerichtet worden. Dort können Verbraucherinnen und Verbraucher zweifelhafte Öko-Produkte bzw. deren Verpackungen einreichen. Die Koordinationsstelle überprüft dann, ob die Produkte rechtmäßig mit der Bezeichnung »Bio« oder ähnlich ausgelobt wurden. Auf diese Weise konnten schon einige »Pseudo-Bioprodukte« aus dem Verkehr gezogen bzw. unklare Bezeichnungen durch deutlichere ersetzt werden.

Literatur

ARBEITSGEMEINSCHAFT ÖKOLOGISCHER LANDBAU (AGÖL)/ BUNDESVERBAND NATURKOST NATURWAREN (BNN) (HRSG.):
Allgemeine Rahmenrichtlinien Verarbeitung. Jeweils produktgruppenspezifische Ausarbeitungen zu Brot und Backwaren, Milch und Milchprodukten, Fleisch und Wurstwaren, Obst- und Gemüseverarbeitung. Darmstadt 1996. (Bezug: AGÖL, Brandschneise 1, D-64295 Darmstadt)
ARBEITSGEMEINSCHAFT ÖKOLOGISCHER LANDBAU (AGÖL): Rahmenrichtlinien zum ökologischen Landbau. SÖL-Sonderaus-gabe Nr. 17, 14. Auflage, Bad Dürkheim, 1996, 43 Seiten, 6,80 DM
HIRN, Gerhard et al. (Hrsg.): Die EG-Bio-Verordnung. Diskussionsbeiträge. SÖL-Sonderausgabe Nr. 43, Bad Dürkheim, 1993, 72 Seiten, 7,80 DM

INTERNATIONAL FEDERATION OF ORGANIC AGRICULTURE MOVEMENTS (IFOAM): Basisrichtlinien der IFOAM. SÖL-Sonderausgabe Nr. 16, 11. Auflage, 1997, Bad Dürkheim/Holm 46 Seiten, 14,80 DM

RUSCH, HAns-Peter:»Bodenfruchtbarkeit«, Hauf-Verlag, Heidelberg, 1968, 70,—DM

SATTLER, Friedrich / v. WISTINGHAUSEN, Eckard:»Der landwirtschaftliche Betrieb – biologisch-dynamisch «, Verlag E. Ulmer, Stuttgart, 1985, 58,—DM

SCHAUMANN, Wolfgang:»Der Landwirtschaftskurs von Rudolf Steiner«, SÖL-Sonderausgabe Nr. 46, SÖL, Bad Dürkheim, 1996, 14,80 DM

SCHMIDT, Hanspeter und Manon HACCIUS: EG-Verordnung»Ökologischer Landbau«. Eine juristische und agrarfachliche Kommentierung. Alternative Konzepte 81, 2. überarbeitete und ergänzte Auflage, 1994, Heidelberg, 39,80 DM

STIFTUNG ÖKOLOGIE & LANDBAU (SÖL): Ökologische Landwirtschaft - Eine Einführung. Ein Faltblatt der Stiftung Ökologie & Landbau; 1996, kostenlos.

STIFTUNG ÖKOLOGIE & LANDBAU (SÖL): Integriert, umweltschonend und ökologisch - Was ist das? Ein Faltblatt der Stiftung Ökologie & Landbau, 1996, kostenlos.

Adressen

- Arbeitsgemeinschaft der Kontrollstellen, BCS Öko-Garantie GmbH, Peter Grosch, Cimbernstr. 21, D 90402 Nürnberg
- ArbeitsGemeinschaft Ökologischer Landbau (AGÖL), Dr. Manon Haccius, Brandschneise 1, D-64295 Darmstadt, Tel. 06155-2081, Fax 06155-2083, e-mail: AGOEL@t-online.de
- International Federation of Organic Agriculture Movements (IFOAM), Bernward Geier, Hofgut Imsbach, D-66636 Tholey-Theley, Tel. 06853-5190, Fax 06853-30110, e-mail: IFOAM-secretary@oln.comlink.apc.org
- Konferenz der Kontrollstellen für ökologischen Landbau e.V., Jochen Neuendorff, Prinzenstraße 4, D-37073 Göttingen, Tel. 0551-58657, Fax 0551-58655, e-mail: neuendorff-gfr@t-online.de
- Koordinationsstelle Irreführende Biokennzeichnungen, Dr. Manon Haccius, Brandschneise 1, D-64295 Darmstadt, Tel. 06155-2081, Fax 06155-2083
- Stiftung Ökologie & Landbau (SÖL), Dr. Helga Willer, Weinstraße Süd 51, D-67098 Bad Dürkheim, Tel. 06322-66002, Fax 06322 -989701, e-mail: Stiftung.SOEL@t-online.de

Direktvermarktende Biobauern in Deutschland

nach Postleitzahlen geordnet

Einkaufen direkt beim Bio-Bauern

01326 Dresden	Sabine Schmidt	Dampfschiffstraße 2
Pferde- und Rinderhaltung		
Zeiten: nach Vereinbarung		Verband: GÄA

01326 Dresden	Klaus Zimmerling	Pilnitzer Landstraße 141
Weinbau		
Zeiten: nach Vereinbarung		Verband: GÄA

01462 Podemus	Vorwerk Podemus	Ringstraße 1
Tel. 0351/4537314		
Milchvieh, Brot, Getreide, Gemüse, Eier		
Zeiten: nach Vereinbarung		Verband: GÄA

01558 Großenhain	Großenhainer Geflügelhof GmbH & Co. KG	Wildenhainer Straße 100
Hühnerhaltung		
Zeiten: nach Vereinbarung		Verband: GÄA

01561 Lenz OT Dallwitz	Rolf Reichel, Ziegenkäserei Lindenhof	Ringstraße 14
Tel. 0161/4306608		
Ziegenkäserei		
Zeiten: nach Vereinbarung		Verband: GÄA

01561 Zschanitz	Arndt Henkschel	Dorfstraße 4
Getreide, Gemüse, Kartoffeln, Eier, Fleisch		
Zeiten: nach Vereinbarung		Verband: Naturland

01619 Röderau	Ralf Bosselmann	Dorfplatz 1
Gemüsegärtnerei, kräuter, Obst, Gemüse		
Zeiten: nach Vereinbarung		Verband: GÄA

01665 Taubenheim	Ingeborg Schubert, Pfarrgut Taubenheim	Schulstraße 5
Tel. 035245/338		
Backwaren, Milchvieh, Obst, Gemüse, Milch, Eier		
Zeiten: nach Vereinbarung		Verband: GÄA

01665 Miltitz	Alexander Bartsch	Nr. 61b
Hühnerhaltung		
Zeiten: nach Vereinbarung		Verband: GÄA

01665 Burkhartswalde	Heiko Schlosser	Nr. 26
Hühnerhaltung		
Zeiten: nach Vereinbarung		Verband: GÄA

01665 Naustadt	Christian Schäfer	Nr. 16
Baumschule		
Zeiten: nach Vereinbarung		Verband: GÄA

01728 Rippien Tel. 0351/4720679 Kräuter, Gemüse Zeiten: nach Vereinbarung	Steinbrück & Janz	Hornschenkenweg 3 Verband: GÄA
01728 Rippien Tel. 0351/4720727 Kelterei, Obst, Gemüse, Eier Zeiten: nach Vereinbarung	Peter Kaiser	Hauptstraße 48 Verband: GÄA
01744 Friedersdorf Tel. 037326/1539 Getreide, Eier, Fleisch Zeiten: nach Vereinbarung	Biohof Klemm	Frauensteiner Straße 1 Verband: GÄA
01768 Reinhardtsgrimma Getreide, Milch Zeiten: nach Vereinbarung	Bernd Bormann	Obere Straße 14 Verband: GÄA
01768 Hausdorf Obst Zeiten: nach Vereinbarung	André Hanke	Obere Dorfstraße 19 Verband: GÄA
01809 Sürßen Tel. 03529/512773 Fleisch auf Anfrage, Getreide, Kartoffeln, Milch Zeiten: nach Vereinbarung	Falk Müller	Nr. 7 Verband: GÄA
01809 Gorknitz b. Heidenau Tel. 03529/512316 Obst, Gemüse Zeiten: nach Vereinbarung	Gut Gamig Rehabilitationszentrum	Nr. 031-0 Verband: GÄA
01920 Ralbitz Gemüse, Kartoffeln Zeiten: nach Vereinbarung	Paul Zschoschke	Laskauer Weg 1 Verband: GÄA
02763 Mittelherwigsdorf Tel. 03583/512117 Milchviehhaltung, Getreide Zeiten: nach Vereinbarung	Klaus Roscher	Bahnhofstraße 2 Verband: GÄA
02829 Cunnerwitz Tel. 03581/73290 Getreide, Obst Zeiten: nach Vereinbarung	Stadtgut Görlitz	Görlitzer Straße 9 Verband: GÄA
03058 Gallinchen Tel. 0355/541764 Urlaub für Kinder im Zeltlager, Getreide, Milch, Fleisch Zeiten: nach Vereinbarung	Bioland Reiterhof an der Kutzeburger Mühle GbR	 Verband: Bioland

Einkaufen direkt beim Bio-Bauern

03058 Groß Gaglow Tel. 0355/537993 Brot, Fleisch Zeiten: täglich bis 20	Wilfried Belka	Groß Döbberner Straße 12 Verband: Bioland
03096 Werben Tel. 035603/60854 Gemüse Zeiten: nach Vereinbarung	Hans-Peter Strahl, Gemüsehof	Schmogrower Straße 19 Verband: GÄA
03205 Ogrosen Tel. 035436/218 Brot, Getreide, Gemüse, Kartoffeln, Milch Zeiten: Mi 15-18, Sa 9-16	Gut Ogrosen, Heiner und Toni Lütke-Schwienhorst	Dorfstraße 35 Verband: GÄA
03205 Ogrosen Tel. 035436/4157 Hofladen, Schaffelle, Milch, Käse, Fleisch Zeiten: nach Vereinbarung	Hof Schafgarbe, U. Pohlmann und F. Plaß	Dorfstraße 35 Verband: GÄA
04457 Baalsdorf Tel. 0341/4774916 Hofladen, Gemüse Zeiten: nach Vereinbarung	Linke-Hof Baalsdorf	Hauptstr. 6 Verband: GÄA
04523 Großstorkwitz Tierhaltung, Getreide Zeiten: nach Vereinbarung	Hans Georg Mühlbach	Nr. 10 Verband: GÄA
04603 Zschechwitz Eier, Geflügel Zeiten: nach Vereinbarung	Joachim Hatzel	Nr. 25 Verband: GÄA
04683 Belgershain Zierpflanzen, Gemüse Zeiten: nach Vereinbarung	Wieland Bormann	Otterwischer Straße 4 Verband: GÄA
04720 Schrebitz Tel. 034352/32611 Fleisch auf Anfrage, Gemüse Zeiten: nach Vereinbarung	Andreas Kucka	Pfarrgut Kroppach Verband: GÄA
04720 Auterwitz Tierhaltung, Gemüse Zeiten: nach Vereinbarung	Umweltzentrum Ökohof Auterwitz e. V.	 Verband: GÄA
04749 Pulsitz Tel. 034324/22277 Milchvieh, Getreide, Gemüse Zeiten: nach Vereinbarung	Reichard/ Matthes Gbr.	Nr. 1 Verband: GÄA

Einkaufen direkt beim Bio-Bauern

04758 Leckwitz   Volkmar Wind   Straße der DSF 12

Honig, Obst, Gemüse
Zeiten: nach Vereinbarung   Verband: GÄA

04769 Querbitzsch   Paulsen & Franssen GbR.   Dorfstraße 4

Leguminosensaatgut, -futter, Getreide
Zeiten: nach Vereinbarung   Verband: GÄA

04808 Nemt   Döbelt & Hantzsche GbR. Milchgut Nemt

Milchviehhaltung, Getreide
Zeiten: nach Vereinbarung   Verband: GÄA

04808 Canitz   Städt. Wasserwerke Leipzig GmbH Wassergut Canitz   Dorfstraße 42
Tel. 03425/923374
Getreide, Kartoffeln
Zeiten: nach Vereinbarung   Verband: GÄA

04838 Gruna   Roland Reiche   Dorfstraße 40
Tel. 034242/50241
Obst, Kartoffeln, Eier
Zeiten: nach Vereinbarung   Verband: GÄA

04895 Schmerkendorf   Gotsgarten   Hauptstraße 26
Tel. 035365/36498,
Fleisch
Zeiten: nach Vereinbarung   Verband: GÄA

06184 Lochau   Gut Döllnitz GbR Hofladen Lochau   Mittelstr. 13
Tel. 0345/7820938
Brot, Brötchen, Kaffee, Tee, Kakao (Fairhandel), Getreide, Gemüse, Kartoffeln, Milch, Käse, Fleisch
Zeiten: Di, Do 9.30-18 undnach Vereinbarung   Verband: Demeter

---

06268 Steigra   Hartmut Rühlmann   Alte Schulstraße 15
Tel. 034461/5474 na
Obstsäfte, Kartoffeln
Zeiten: nach Vereinbarung   Verband: Demeter

06333 Greifenhagen   Gerhard Sprungk   Dorfstraße 9
Tel. 034781/236
Kartoffeln, Fleisch, Wurst
Zeiten: nach Vereinbarung   Verband: GÄA

06333 Greifenhagen   Familie Anthes   Winkel 7
Tel. 034781/20323
Mehl, Brot, Müsli, Getreide, Gemüse, Kartoffeln, Milch, Eier, Fleisch
Zeiten: Do 16-18, Sa 9-12   Verband: Bioland

06385 Aken   Landwirtschaftsbetrieb Rose   OT Kühren 33 b
Tel. 034909/2542
Obst, Gemüse, Kartoffeln, Milch, Eier
Zeiten: nach Vereinbarung   Verband: GÄA

Einkaufen direkt beim Bio-Bauern

06526 Oberröblingen Tel. 03464/612954 Honig, Imkereibedarf Zeiten: täglich ab 18	Siegfried Berrenrath	Wilhelm-Pieck-Straße 1 Verband: GÄA
06528 Wallhausen Tel. 034656/242 Angus-Rind, Getreide, Obst, Gemüse, Kartoffeln, Milch, Fleisch Zeiten: nach Vereinbarung	Landgut Goldene Aue, Renate Euler	Mühlgarten 4 Verband: GÄA
06528 Horla Tel. 03464/3282 Wildfleisch, Rindfleisch extensiver Rassen Zeiten: nach Vereinbarung	Gut Horla GbR	Dorfstraße 36 Verband: GÄA
06577 Hauteroda Tel. 034673/97201 Gemüse, Kartoffeln Zeiten: nach Vereinbarung	Markusgemeinschaft	Am Bach 7 Verband: Demeter
06895 Woltersdorf Tel. 0161/3329013 Obst, Kartoffeln, Milch Zeiten: nach Vereinbarung	Landwirtschaftsbetrieb Meißner	Dorfstraße 9 Verband: GÄA
06918 Mark-Zwuschen Tel. 03587/2228 Gemüse, Eier Zeiten: nach Vereinbarung	Integrationsdorf-Biohof Mark-Zwuschen	 Verband: GÄA
06918 Seyda Tel. 035387/2268 Kräuter, Obst, Gemüse, Kartoffeln Zeiten: nach Vereinbarung	Diest-Hof/ Werkstatt für Behinderte	Glücksburger Straße 7 Verband: GÄA
08294 Affalter Mutterkuhhaltung Zeiten: nach Vereinbarung	Erhart Nötzel	Laubenweg 2 Verband: GÄA
08439 Niederalbertsdorf Getreide, Gemüse, Kartoffeln Zeiten: nach Vereinbarung	Lothar Jesumann	Dorfstraße 16 Verband: GÄA
08539 Mehltheuer Tierhaltung, Getreide Zeiten: nach Vereinbarung	Dieter Härtel	Bernsgrüner Straße 24 Verband: GÄA
09509 Forchheim Tel. 037367/82532 Fleisch auf Anfrage, Getreide, Milch Zeiten: nach Vereinbarung	Martin Becher	Dorfstraße 98 Verband: GÄA

Einkaufen direkt beim Bio-Bauern

09509 Forchheim Tel. 037307/82531 Gemüse, Kartoffeln Zeiten: nach Vereinbarung	Matthias Keilig	Dorfstraße 102 Verband: GÄA
09575 Eppendorf Zierpflanzen, Gemüse Zeiten: täglich außer dienstags	Jens Vogel	Freiberger Straße 39 Verband: GÄA
09600 Niederschöna Mutterkuhhaltung, Getreide Zeiten: nach Vereinbarung	Matthias Walter	Untere Dorfstraße 7 Verband: GÄA

Einkaufen direkt beim Bio-Bauern

12203 Berlin Tel. 030/8341878 Honig, Imkereiprodukte Zeiten: So 11-17	Kristian Kaiser, Imkerei „Bienenstich"	Gelieustraße 8 Verband: Bioland
13125 Berlin-Bluch Tel. 030/9416222 Kräuter Zeiten: nach Vereinbarung	Wolfram Herrmann	Hörstenweg 61 Verband: GÄA
13735 Ahlbeck Honig, Gemüse, Milch, Käse, Eier Zeiten: nach Vereinbarung	Dieter Albrecht	Platz 13 Verband: Bioland
14165 Berlin Tel. 030/8151120 Gemüse, Kartoffeln Zeiten: nach Vereinbarung	Christian Wendt	Kleinmachnower Weg 17 Verband: Bioland
14195 Berlin Tel. 030/8325000 Saft, Honig, Gemüse, Kartoffeln, Eier Zeiten: täglich 10-18	Klaus Springer, Domäne Dahlem e.V.	Königin-Luise-Straße 49 Verband: Bioland
14469 Potsdam-Bornim Tel. 0331/619407 Obst, Gemüse Zeiten: nach Vereinbarung	Florahof, Hartmut und Edelgard Schüler	Florastraße 2 Verband: Demeter
14469 Potsdam-Nedlitz Tel. 0331/619417 Obst Zeiten: Di, Do 14-19	Gerald Kroll	Kirschallee 60 Verband: Bioland
14476 Töplitz Tel. 033202/227 Kräuter, Obstsäfte, Obst, Gemüse Zeiten: nach Vereinbarung	Sabine und Matthias Pfeifer, Ahornhof	Neutöplitzer Straße 18 Verband: Demeter
14476 Töplitz Tel. 030/3134633 Kirschaufstrich, -wein, -schaumwein, -nektar, Obst, Gemüse, Kartoffeln Zeiten: nach Vereinbarung	LOTUS Gärtnerhof, Jörg Meyer	Kanalweg 3 Verband: Bioland
14476 Töplitz Tel. 03320/380 Obst, Gemüse Zeiten: Mi, Fr 17-19, Sa 9-18 Juni bis Oktober	Heinz-Günther Marg	Göttinger Weg 2 Verband: Bioland
14513 Teltow Tel. 03328/474843 Kräuter, Obst, Gemüse, Eier Zeiten: Frühjahr-Herbst täglich 14.30-19	Axel Szilleweit	Ruhlsdorfer Straße 27 Verband: Bioland

Einkaufen direkt beim Bio-Bauern

14523 Teltow Tel. 03328/474585 Honig Zeiten: nach Vereinbarung	Joachim Engel, Imkerei	Striewitzweg 32 Verband: GÄA
14532 Kleinmachnow Tel. 033203/24698 Honig Zeiten: nach Vereinbarung	Imkerei Andersch	Eichenweg 22 Verband: GÄA
14550 Deetz Tel. 033207/2074 Saft, Obst, Gemüse, Kartoffeln Zeiten: Mo-Fr 8-18	Inge Schulz	Schmergower Straße 26 Verband: Bioland
14641 Berge Tel. 0171/7223290 Blumen, Getreide, Gemüse, Kartoffeln Zeiten: Mo-Fr 8-16	Jugendhof Brandenburg e.V.	Bahnhofstraße 29 Verband: Bioland
14715 Parey Rind-, Fleisch Zeiten: nach Vereinbarung	Holger Staudler	Dorfstraße 15 Verband: Demeter
14715 Hohenauen Tel. 033872/285 Gemüse Zeiten: nach Vereinbarung	Betriebsgemeinschaft Arche Noah	Siedlungsweg 2 Verband: GÄA
14715 Gräningen Tel. 033878/269 Ferienwohnungen, Gemüse, Eier, Fleisch	Willi Käthe	Rathenower Straße 7 Verband: GÄA
14715 Garlitz Tel. 0161/2341184 Gemüse Zeiten: nach Vereinbarung	Biohof Garlitz	Neues Ende 14 Verband: GÄA
14774 Brandenburg/Plaue Tel. 0161/1333853 Spargel, Getreide Zeiten: Mo-Sa 7.30-8.30, Mo-Fr 15-16	Gut Plauerhof, Paul Schulze GbR	Briest, Kaltenhausen 3 Verband: Demeter
14822 Schlalach Tel. 033748/12061 Getreide Zeiten: nach Vereinbarung	Heinz Richter	Treuenbrietzener Straße 29 Verband: Bioland
14822 Deutsch Bork Tel. 033748/70385 Getreide, Gemüse, Kartoffeln, Eier, Fleisch Zeiten: nach Vereinbarung	Volker Rottstock	Dorfstraße 37 Verband: Bioland

Einkaufen direkt beim Bio-Bauern

14827 Schmerwitz — SYNANON Gut Schmerwitz GmbH, Mar Sperlich — Dorfstraße 8
Tel. 033849/76-0, F
Brot, Getreide, Gemüse, Kartoffeln, Milch, Fleisch, Wurst
Zeiten: nach Vereinbarung
Verband: Demeter

14913 Merzdorf — Heiko Stockmann — Dorfstraße 46
Tel. 033745/261
Fleisch
Zeiten: nach Vereinbarung
Verband: GÄA

14913 Petkus — Kräutergarten Petkus — Hauptstraße 8
Tel. 033745/380
Kräuter
Zeiten: nach Vereinbarung
Verband: GÄA

15171 Fürstenwalde — R. Jablonski, J. Weilbach, WfB Fürstenwalde — Lindenstr. 46
Tel. 03361/2580
Gemüse, Kartoffeln, Eier, Fleisch, Wurst
Zeiten: täglich (Hofladen)
Verband: Bioland

15230 Frankfurt/Oder — Anita Dehnert — Am Kleistpark 11
Tel. 0335/22627
Kräuter, Gemüse, Kartoffeln
Zeiten: nach Vereinbarung
Verband: Demeter

15234 Frankfurt/Oder — Wichernheim WfB GmbH Landgut Gronenfelde — Gronenfelder Weg 22
Tel. 0335/64623
Brot, Saft, Wein, Bier, Honig, Naturkost, Kosmetik, Getreide, Obst, Gemüse, Kartoffeln, Käse, Fleisch, Wurst
Zeiten: Mo, Di, Do, Fr 14-17.30
Verband: Bioland

15306 Libbenichen — Jürgen und Astrid Templin, Bauerngut Templin — Frankfurter Straße 6
Tel. 033602/428
Getreide, Kartoffeln, Milch, Fleisch
Zeiten: nach Vereinbarung
Verband: Demeter

15306 Libbenichen — Gärtnerei am Bauerngut, Hubert Heimen und Hans-Pet — Lindenstraße 1
Tel. 033602/2582
Gemüse
Zeiten: nach Vereinbarung
Verband: Demeter

15306 Görlsdorf — Karl-Georg Zielke — Dorfstraße 8
Tel. 033477/282
Saft, Honig, Obst, Gemüse, Kartoffeln
Zeiten: nach Vereinbarung
Verband: Bioland

15306 Friedersdorf/Seelow — Jens Andrä, Imkerei — Ringstraße 18
Tel. 03346/843372
Honig
Zeiten: nach Vereinbarung
Verband: GÄA

15320 Jahnsfelde — Jahnsfelder Landhof, H. Prochnow, Öko-Agrar-GmbH — Dorfstraße 4
Tel. 033477/240
Kräuter, Getreide, Obst, Gemüse, Kartoffeln
Zeiten: Mo-Fr 7-16, Sa 10-12
Verband: Bioland

Einkaufen direkt beim Bio-Bauern

15326 Wulkow-Booßen Wulkower Hof, Ulrike Raulf und Hans Schaub Dorfstraße 12
Tel. 033602/5160
Getreide, Fleisch
Zeiten: nach Vereinbarung Verband: Demeter

15326 Wulkow-Booßen Ulrike Pohlmann Dorfstraße 28
Tel. 0161/3316647
Schafe, Milch, Käse, Fleisch
Zeiten: nach Vereinbarung Verband: Demeter

15345 Wesendahl Herbert Watzke, Imkerei Dorfstraße 5
Tel. 03341/25261
Honig
Zeiten: nach Vereinbarung Verband: GÄA

15374 Müncheberg Kirsten Hänsel, Helmut Schattka, Hofgem. Apfeltrau Am Bruch 12
Tel. 0161/1315934 u
Kräuter, Gemüsekisten-Abo, Getreide, Obst, Gemüse, Kartoffeln, Milch, Käse, Fleisch, Wurst
Zeiten: nach Vereinbarung Verband: Demeter

15374 Ruhlsdorf bei Strausberg Jürgen Ewald Ruhlsdorfer Straße 14
Tel. 03341/22727
Kartoffeln, Eier, Fleisch
Zeiten: nach Vereinbarung Verband: Bioland

15517 Fürstenwalde WfB Fürstenwalde GmbH, R. Jablonski Lindenstraße 46
Tel. 03361/2580
frische Kräuter, Gemüse, Kartoffeln, Eier, Fleisch
Zeiten: Mo-Fr 7-15.30 Verband: Bioland

15518 Wilmersdorf Cornelia Albrecht und Ingo Berthold Wilmersdorfer Straße 4

Brot, Obst, Gemüse, Milch, Käse
Zeiten: nach Vereinbarung Verband: Demeter

15518 Buchholz GbR Bäuerinnen Steinhöfler Straße 15
Tel. 033636/5076, 5
Gemüse
Zeiten: nach Vereinbarung Verband: GÄA

15526 Bad Saarow Hofgemeinschaft Marienhöhe, Albert Postfach 08/14
Tel. 033631/2605
Gemüsekonserven, Brot, Getreide, Gemüse, Kartoffeln, Milch, Käse, Fleisch, Wurst
Zeiten: nach Vereinbarung Verband: Demeter

15528 Bad Saarow-Pieskow Hofgemeinschaft Marienhöhe GbR Marienhöhe 3
Tel. 033631/2605
Brot, Konserven, Säfte, Getreide, Obst, Gemüse, Kartoffeln, Milch, Käse, Fleisch, Wurst
Zeiten: Mo 15-18, Fr 10-12, 15-18, Sa 9-12 Verband: Demeter

15537 Wernsdorf Dr. Joachim Lehmann Kablower Weg
Tel. 030/6759072
Fleisch
Zeiten: nach Vereinbarung Verband: Bioland

Einkaufen direkt beim Bio-Bauern

15748 Münchehofe Tel. 033760/226 Getreide, Milch, Käse, Fleisch Zeiten: Mo-Fr 8-12, 13-16, Do 13-18, Sa 9-11	Agrargenossenschaft Münchehofe Herr Boden	Dorfstraße 4 Verband: Bioland
15848 Groß Briesen Tel. 033673/219 Milch, Käse Zeiten: täglich 9-10	Milchgenossenschaft Heideland e.G. Groß-Briesen	Bahnhofstraße 2 Verband: Bioland
15910 Hohenbrück Tel. 03573/616 Obst, Gemüse, Eier Zeiten: Mo-Sa 8-18	Carola Rebotzke	Alte Straße 8 Verband: Bioland
15913 Sacrow Tel. 035475/15691 Gemüse Zeiten: nach Vereinbarung	Familienbetrieb Hähnlein	Dorfstraße 8 Verband: GÄA
16230 Brodowin Tel. 033362/302 Abo-Kiste, Getreide, Gemüse, Kartoffeln, Milch, Käse, Fleisch, Wurst Zeiten: Di oder nach Vereinbarung	Landwirtschaftsbetrieb Ökodorf Brodowin	Weißensee 1 Verband: Demeter
16230 Melchow Tel. 03337/3900 Kräuter, Gemüsekisten-Abo, Kartoffeln, Fleisch Zeiten: Fr 15-18	Peter Lemke, Melchhof	Dorfstraße 20 Verband: Bioland
16230 Trampe Gemüse, Kartoffeln Zeiten: Mo-Fr 9-17	Heiko Klöppel, Gärtnerei Grüner Hirsch	Falkenberger Weg 5 Verband: Bioland
16248 Oderberg Tel. 033369/640 Mastkälber, Getreide Zeiten: nach Vereinbarung	Landwirtschaftlicher Ökobetrieb Lieper Vorwerk,	Lo Bergring 2 Verband: Bioland
16259 Heckelberg Tel. 033451/313 Getreide, Kartoffeln Zeiten: nach Vereinbarung	Bernd und Ingrid Klockow, Kastanienhof	Straße der Freundschaft 1 Verband: Demeter
16259 Wölsickendorf Tel. 033454/368 Apfelsaft, Getreide, Milch, Fleisch, Wurst Zeiten: nach Vereinbarung	Helmut Lehmann, Siegfried Kühne, Fasanenhof	Sonnenallee 1 Verband: Demeter
16259 Leuenberg Tel. 033451/423 Apfelsaft, Getreide, Obst, Gemüse, Kartoffeln Zeiten: nach Vereinbarung	Ralf Behring	Berliner Straße 23 b Verband: Bioland

Einkaufen direkt beim Bio-Bauern

16259 Altreetz Tel. 033457/234 Gemüse, Eier, Wurst Zeiten: nach Vereinbarung	Naturhof Gaßmann	Ausbau 6 Verband: GÄA
16278 Mürow Tel. 03333/42105 Säfte, Obst Zeiten: nach Vereinbarung	Wolfgang Riedel, Bio-Obsthof	Bahnhofstraße 3 Verband: GÄA
16278 Greiffenberg Tel. 033334/70114 Brot, Getreide, Gemüse Zeiten: nach Vereinbarung	Gut Peetzig Boegner, Dobroschke, Poinke GbR	Seestraße 33 Verband: Demeter
16278 Schmargendorf Tel. 03331/22401 Obstsäfte, Obst Zeiten: nach Vereinbarung	Familie Labs	Dorfstraße 79 Verband: GÄA
16321 Lobetal Tel. 03338/66239 Gemüse Zeiten: nach Vereinbarung	Hoffnungsthaler Werkstätten	Am Brüderberg 2 Verband: GÄA
16356 Blumberg Tel. 033394/70287 Kräuter, Gemüse Zeiten: nach Vereinbarung	Gärtnerinnenhof Blumberg	Krummenseer Weg Verband: GÄA
16559 Liebenthal Tel. 0161/1315991 Milch, Käse Zeiten: täglich	Arne Broja	Dorfstraße 38 Verband: GÄA
16559 Hammer Tel. 0161/2344965 Milch Zeiten: nach Vereinbarung	Lothar Beuster	Poststraße 2 a Verband: Naturland
16559 Kreuzbruch Erdbeeren, Getreide, Gemüse, Milch Zeiten: nach Vereinbarung	Wolfgang Schwarz	Dorfstraße 8, Hof 8 Verband: Bioland
16766 Flatow Tel. 033922/60190 Ziegenkäse Zeiten: nach Vereinbarung	Ziegenkäserei Karolinenhof	Karolinenhof Verband: GÄA
16818 Kuhhorst Tel. 03391/359261 Gemüse, Geflügel Zeiten: nach Vereinbarung	MOSAIK Werkstätten Ökohof	Dorfstraße 9 Verband: GÄA

Einkaufen direkt beim Bio-Bauern

16831 Heinrichsdorf Heinz Kintopf Ökohof v. Hammelstall Nr. 5
Tel. 033931/37854
Schafe und Lämmer, Saft, Getreide, Obst, Kartoffeln, Eier
Zeiten: nach Vereinbarung Verband: Bioland

16837 Zempow Bioland Ranch Bergmann/Schäkel GbR Dorfstraße 36
Tel. 0161/4503499
Brotroggen, Rindfleisch, Fleisch
Zeiten: nach Vereinbarung Verband: Bioland

16845 Roddahn Ökolog. Landwirtschaftsbet. Bert Rülke Neu-Roddahn Nr. 8
Tel. 033875/7363
Kaninchen, Kräuter, Gemüse, Kartoffeln, Milch, Käse, Eier, Geflügel
Zeiten: nach Vereinbarung Verband: GÄA

16845 Rübehorst Kinderbauernhof „Crazy Horse" Ivo Klasen Dorfstraße 19
Tel. 033875/7363
Brot, Gemüse, Kartoffeln, Milch, Käse, Eier
Zeiten: täglich Verband: GÄA

16845 Babe lebens-ART e.V. Babe Hauptstraße 10
Tel. 033973/823
Gemüse
Zeiten: nach Vereinbarung Verband: GÄA

16909 Wittstock Arbeitsförderung Wittstock e.V. Ringstr. 24
Tel. 03394/3298
Gemüse
Zeiten: Mo-Do 8-15.30, Fr 8-12 Verband: Bioland

16928 Rohlsdorf Soziale Grüne Landscheune e.V. ehemaliges Pfarrhaus
Tel. 033989/336
Obst, Gemüse, Kartoffeln
Zeiten: Mai - Oktober Mo-Fr 7-15 Verband: Bioland

17089 Kölln-Ausbau Jürgen und Karin van Raemdonck Dorfstr. 88
Tel. 03969/253
Brot, Zelten, Wohnwagen, Getreide, Obst, Gemüse, Kartoffeln, Milch, Käse, Eier
Zeiten: nach Vereinbarung Verband: Demeter

17091 Luplow Carlo und Astrid Beck Dorfstr. 88

Zelten, Wohnwagen, künstlerisches Angebot
Zeiten: nach Vereinbarung Verband: Demeter

17099 Ramelow Heike und Wilhelm Huber, Biol. Land- und Gartenbau Dorfstraße 28
Tel. 03969/261
Gemüse-Abo, Naturkost, Obst, Gemüse
Zeiten: nach Vereinbarung Verband: Bioland

17111 Sommersdorf Hof Sommersdorf Michael Dorfstraße 20
Tel. 039952/2285
Getreide, Kartoffeln, Milch
Zeiten: nach Vereinbarung Verband: Demeter

Einkaufen direkt beim Bio-Bauern

17209 Wildkuhl Tel. 01614409301	Sozialtherapeutische Hofgem.GmbH Wildkuhl	Wildkuhler Str. 8
Öle, Seife, Zelten, Getreide, Obst, Gemüse, Kartoffeln, Milch, Käse, Eier, Geflügel, Fleisch, Wurst Zeiten: Mi + Sa 9-12 u. 13.30-17 u. n. Absprache		Verband: Demeter

17237 Usadel	Gerhard Busse	Waldhof Rodenskrug
Honig, Obst, Gemüse Zeiten: täglich		Verband: GÄA

17258 Feldberg	Heino Hermühlen	Hullerbusch 4
Schlachtlämmer, Wolle, Ziegenkäse, Fleisch Zeiten: nach Vereinbarung		Verband: GÄA

17258 Hochfeld Tel. 039820/469	Elmar und Sabine Keller	Hof Hochfeld
Brot, Getreide, Milch, Käse, Wurst Zeiten: nach Vereinbarung		Verband: Demeter

17258 Weitendorf Tel. 039831/20006	Schäferei Hullerbusch	Dorfstraße 21
Lammfleisch, -wurst Zeiten: nach Vereinbarung		Verband: GÄA

17268 Hohenwalde Tel. 039881/247	Öko-Domäne Hohenwalde	Hohenwalde Nr. 6
Hofladen Zeiten: nach Vereinbarung		Verband: GÄA

17268 Vietmannsdorf Tel. 039882/263	Ortrun Staude und Martin Müller	Templiner Straße 1
Kräuter, Blumen, Gemüse-Abo, Gemüse, Kartoffeln Zeiten: nach Vereinbarung		Verband: Demeter

17268 Gollin Tel. 039882/256	Dieter Horstmeyer	
Gemüse, Kartoffeln, Eier, Fleisch Zeiten: nach Vereinbarung		Verband: Bioland

17268 Templin Tel. 039882/256	Birgit Hampel, Schulbauernhof Gut Gollin	Weinbergstr. 12
Getreide, Gemüse, Kartoffeln, Milch, Eier, Fleisch Zeiten: nach Vereinbarung		Verband: Bioland

17291 Augustfelde Tel. 039853/2495	Regenbogenhof	Nr. 15
Obst, Gemüse Zeiten: nach Vereinbarung		Verband: GÄA

17291 Wallmow Tel. 039862/2145	Land in Sicht e.V., Gartenbau	Wendtshof 4
Gemüse, Kartoffeln Zeiten: Do 11-15.30		Verband: Bioland

Einkaufen direkt beim Bio-Bauern

17291 Wallmow Tel. 039862/2129 Milch Zeiten: Mo-Fr 13-14	Gabriele Wegner, Hans-Peter Wendt	Dorfstraße 39 Verband: Bioland
17291 Wallmow Tel. 039862/2064 Getreide, Milch Zeiten: nach Vereinbarung	Ököland Genossenschaft Wallmow	Dorfstr. 39 Verband: Bioland
17406 Welzin/Insel Usedom Tel. 038372/70425 Getreide Zeiten: nach Vereinbarung	Christoph Kühne-Helmessen	Dorfstraße 16 Verband: Bioland
17406 Welzin/Usedom Tel. 038372/70344 Urlaub, Getreide, Milch Zeiten: nach Vereinbarung	Hans von Ungern-Sternberg	Dorfstr. 9 Verband: Demeter
17440 Wangelkow Tel. 038374/80380 Brot, Getreide, Obst, Gemüse, Kartoffeln, Milch, Käse, Eier Zeiten: nach Vereinbarung	F. Schubert, C. Pupke Brennesselhof	Dorfstraße 6 Verband: Demeter
17495 Steinfurth Tel. 038855/6277 Brot, Lämmer, Kaninchen, Obst, Gemüse, Kartoffeln, Eier, Geflügel, Fleisch, Wurst Zeiten: Mi + So 15-18 und nach Vereinbarung	Solveig und Will Götz, Kapellscher Hof	Dorfstraße 18 Verband: Bioland
17495 Strellin Tel. 038355/271 Urlaub, Brot, Getreide, Milch, Käse, Fleisch, Wurst Zeiten: Do + Fr 9-12 und 14-19	Gut Strellin A. Schritt, W. Höper	 Verband: Bioland
17509 Brünzow Tel. 038354/22492 Kräuter, Obst, Gemüse Zeiten: Mo-Fr 8-16	Öko-Projekt Boddenland-Usedom	Allee 1 Verband: Bioland
18196 Dishley Tel. 038208/352 Schnittblumen, Gemüse, Kartoffeln Zeiten: Hofverkaufsstelle geplant	Landespflegeverband Unteres Warnowland e. V.	Haus 2 Verband: Bioland
18209 Bad Doberan Getreide, Milch, Fleisch, Wurst Zeiten: täglich 15-18 Uhr	Bernhard Schwenk, Gut Althof KG	Am Scheperdiek 1 Verband: Naturland
18239 Satow Tel. 01677427811, F Brot, Lamm- und Rindfleisch, Getreide, Gemüse, Kartoffeln, Fleisch Zeiten: täglich 8-15 Uhr	Staemmler GbR Gut Rederank	Kröpeliner Str. 4 Verband: Naturland

Einkaufen direkt beim Bio-Bauern

18276 Reimershagen   Luisenhof Naturprodukte GmbH

Brot, küchenfertige Salate und Gemüse, Getreide, Obst, Gemüse, Kartoffeln, Milch, Käse
Zeiten: Di + Fr 8-16   Verband: Naturland

18442 Krummenhagen   Ökologische Beschäftigungsinitiative e.V.   Dorfstraße 34
Tel. 038327/60138
Camping, Reitsport, Projektwochen, Töpferhandwer, Obst, Gemüse, Kartoffeln, Käse
Zeiten: wochentags 7-15 Uhr   Verband: Bioland

18516 Griebenow   Peene-Werkstätten, Gärtnerei am Schloß
Tel. 038332/80449
Kamin- und Brennholz, Jungpflanzen, Kräuter, Gemüse
Zeiten: Mo-Do 8-16, Fr 8-12   Verband: Bioland

18556 Altenkirchen   Gärtnerhof Gudderitz Manfred Mumedey   Haus 5
Tel. 038391/12912
Brot, Urlaub, Getreide, Obst, Gemüse, Kartoffeln, Milch, Käse, Eier
Zeiten: nach Vereinbarung   Verband: Demeter

18573 Altenkirchen/Rügen   Hubert und Irene Ende/Carriere   Kransdorf 1
Tel. 03831/275241
Brot, Säfte, Getreide, Obst, Gemüse, Kartoffeln, Milch, Käse, Eier
Zeiten: Sa 8-12 Uhr   Verband: Demeter

19055 Schwerin-Groß Medewege   G.-Wilhelm und E. Jahn Hof Medewege   Hauptstr. 15
Tel. 0385/863995
Brot, Trockensortiment, Getreide, Obst, Gemüse, Kartoffeln, Milch, Käse, Eier
Zeiten: nach Vereinbarung   Verband: Demeter

19089 Bülow   Eberhard Pohlmann   Speuß 20
Tel. 038723/80240
Gemüse
Zeiten: nach Vereinbarung   Verband: GÄA

19217 Kuhlrade   Hofgemeinschaft Kuhlrade Gerdo Garbers   Dorfstraße 11
Tel. 038873/236
Brot, Trockensortiment, Getreide, Obst, Gemüse, Kartoffeln, Milch, Käse, Eier
Zeiten: nach Vereinbarung   Verband: Demeter

19260 Bennin, Kreis Hagenow   A. Handke   Dorfstr. 29

ab 1995 Seminarhaus
Zeiten: ab Hof Verkauf geplant   Verband: Bioland

19300 Menzendorf   Jürgen Malo

Pferde, Grillschweine, Milch, Käse, Fleisch, Wurst
Zeiten: täglich   Verband: Bioland

19339 Groß Leppin   Lindenhof, Gebhard Scheel   Große Straße 11
Tel. 038787/430
Getreide, Gemüse, Fleisch, Wurst
Zeiten: nach Vereinbarung   Verband: GÄA

Einkaufen direkt beim Bio-Bauern

19348 Strigleben	Anna Winter und Michael Schobert	Ausbau 1 Nr. 2
Schafsmilch, Schafskäse, Honig, Getreide, Kartoffeln		
Zeiten: nach Vereinbarung		Verband: GÄA

19348 Baek	Joachim Haker, Kleehof	Hauptstraße 32
Tel. 038782/555		
Getreide, Milch, Käse		
Zeiten: nach Vereinbarung		Verband: GÄA

19395 Plauerhagen	Janine Mannstaedt	Am Weizenberg
Tel. 01723/986069		
Obst, Gemüse		
Zeiten: nach Vereinbarung		Verband: GÄA

Einkaufen direkt beim Bio-Bauern

21029 Hamburg Tel. 040/7233515 Abo-Kisten, Gemüse, Kartoffeln Zeiten: nach Vereinbarung	Manfred Kotsch	Hassestraße 8 Verband: Naturland

21037 Hamburg Thomas und Monika Sannmann Ochsenwerder Norderdeich 55
Tel. 040/7373768
Trockensortiment, Säfte, Getreide, Obst, Gemüse, Kartoffeln
Zeiten: Di-Fr 15-18, Sa 9-13 Verband: Demeter

21037 Hamburg Georg Eggers Kirchenwerder Mühlendamm 5
Tel. 040/7230337
Brot, Säfte, Ökologischer Wanderpfad, Getreide, Obst, Gemüse, Kartoffeln, Käse, Eier, Wurst
Zeiten: Fr 14-18, Sa 10-13 u. 15-17 Verband: Naturland

21037 Hamburg Uwe Behncken, Gärtnerei Süderquerweg 224
Tel. 040/7238391
Brot, Saft, Wein, Bier, Obst, Gemüse, Kartoffeln, Milch, Käse, Eier, Fleisch
Zeiten: Fr 9-12, 14-18 Verband: Bioland

21039 Hamburg Hans-Jürgen Timmann Neuengammer Hausdeich 145
Tel. 040/7231296
Honig, Gemüse
Zeiten: werktags Verband: Naturland

21218 Seevetal Hans-Hermann Meyer-Sahling Bahnhofstraße 60
Tel. 04105/53818
Wein, Bier, Honig, Brot, Getreide, Obst, Gemüse, Kartoffeln, Fleisch
Zeiten: Di, Sa 9-12, Di, Fr15-18 Verband: Bioland

21218 Seevetal Ute Bernhardt-Wortmann Neuenfelde 151
Tel. 04105/51842
Fleisch, Wurst
Zeiten: nach Vereinbarung Verband: Bioland

21244 Buchholz Maria Cassens, Hof Ruffel Zum Ölteich 6
Tel. 04187/546
Obst
Zeiten: nach Vereinbarung Verband: Bioland

21255 Wistedt Betriebsgemeinschaft Hermannshof Wümme 5
Tel. 04180/405
Mehl, Grieß, Säfte, Brot, Getreide, Obst, Gemüse, Kartoffeln, Milch, Käse, Geflügel, Fleisch, Wurst
Zeiten: Di 8-13, Fr 12-18, Sa 9-12 Verband: Demeter

21256 Handeloh Hofgemeinschaft Hof Wörme Im Dorfe 2
Tel. 04187/479
Brot, Säfte, Bücher, Kuchen, Getreide, Obst, Gemüse, Kartoffeln, Milch, Käse, Geflügel, Fleisch, Wurst
Zeiten: Di,Do 14-18, Sa 8-13 Verband: Demeter

21261 Welle Heidrun und Joachim Schmidt Forstgut, Cordshagen 4
Tel. 04188/7534
Säfte, Mehl, Grieß, Brötchen, Kuchen, Getreide, Gemüse, Kartoffeln, Milch, Käse, Eier, Geflügel, Fleisch
Zeiten: Di u. Fr 16-18, Sa 11-14 Verband: Demeter

Einkaufen direkt beim Bio-Bauern

21279 Dierstorf-Wenzendorf Hofgemeinschaft Arpshof
Tel. 04165/80505
Kerzen, Brot, Bücher, Getreide, Obst, Gemüse, Kartoffeln, Milch, Käse, Eier, Geflügel, Fleisch, Wurst
Zeiten: Mi 15-18, Fr 9-12 +15-18, Sa 9-12   Verband: Demeter

21335 Lüneburg   Martin-Friedrich und Heidi Fricke   Im Dorf 1
Tel. 04131/46637
Brot, Saft, Wein, Honig, Getreide, Obst, Gemüse, Kartoffeln, Milch, Käse, Eier, Geflügel, Fleisch, Wurst
Zeiten: Mo, Mi, Fr 17.30-18, Sa 11-13   Verband: Bioland

21339 Lüneburg   Sonnenhof, J. und E. Loewe-Stift Preißler-Hanisch Ochtmisser Straße 3,7,10
Tel. 04131/62041
Brot, Hofladen, Gemüse, Kartoffeln
Zeiten: Mo + Fr 7.30-12, 12.30-18   Verband: Bioland

21354 Bleckede   Frank Fischer   Brackede Nr. 27
Tel. 05857/282
Schafe, Ziegen, Käse, Fleisch
Zeiten: nach Vereinbarung   Verband: Bioland

21368 Dahlenburg   Hans-Heinrich Harwege   Ahndorf 6
Tel. 01714/535576
Brot, Saft, Wein, Bier, Honig, Getreide, Obst, Gemüse, Kartoffeln, Milch, Eier, Geflügel, Fleisch, Wurst
Zeiten: Mo-Fr 16-19   Verband: Bioland

21368 Dahlem   Ulrich Meyer   Horndorfer Weg 3
Tel. 05851/1417
Kartoffeln, Fleisch
Zeiten: nach Vereinbarung   Verband: Bioland

21368 Dahlenburg   Siegfried Müller   Am Riesenstein 16
Tel. 05851/1485
Honig, Obst, Gemüse
Zeiten: nach Vereinbarung   Verband: Bioland

21369 Nahrendorf-Kovahl   Kinder- und Jugendhilfswerk Salem   Kovahl
Tel. 05855/242
Brot, Backwaren, Getreide, Gemüse, Kartoffeln
Zeiten: Mo, Do 11-14   Verband: Bioland

21369 Nahrendorf   Hof Tangsehl   Tangsehl 2
Tel. 05855/1278, 37
Brot, Spargel, Mehl, Grieß, Getreide, Obst, Gemüse, Kartoffeln, Milch, Käse, Eier, Fleisch, Wurst
Zeiten: Fr 14-18, Sa 8.30-12 u. nach Vereinbarung   Verband: Demeter

---

21371 Tosterglope-Köhlingen   Christian Pahlow   Köhlingen Nr. 2
Tel. 05853/204
Brot, Getreide, Gemüse, Kartoffeln, Eier, Geflügel, Fleisch, Wurst
Zeiten: nach Vereinbarung   Verband: Bioland

21385 Amelinghausen   Joachim Bauck   Bauckhof, Triangel 6
Tel. 04132/91200
Brot, Säfte, Bücher, Kerzen, Getreide, Obst, Gemüse, Kartoffeln, Milch, Käse, Eier, Fleisch, Wurst
Zeiten: Di 16.30-18, Fr 14-18, Sa 7.30-12   Verband: Demeter

Einkaufen direkt beim Bio-Bauern

21385 Rehlingen   Böhm   Hof Bockum
Tel. 04132/1773
Gemüse, Kartoffeln, Milch, Käse, Eier, Fleisch, Wurst
Zeiten: nach Vereinbarung   Verband: Demeter

21406 Barnstedt   Hans-Georg Kramer und Gunda Müller-Kramer   Hauptstraße 19
Tel. 04134/8029
Gemüse, Kartoffeln
Zeiten: nach Vereinbarung   Verband: Bioland

21423 Drage   Hans Hojer   Stoverstraße 56
Tel. 04176/1373
Saft, Obst
Zeiten: nach Vereinbarung   Verband: Bioland

21483 Lütau   Lütauer Süßmosterei   Katthof 4
Tel. 04153/55217
Säfte, Trockenobst, Tee, Wein
Zeiten: Mo-Fr 8-12 u. 14-17, Sa 10-12   Verband: Naturland

21483 Krukow   Erdmann Voss   Hauptstraße 21
Tel. 04153/55420
Brot, Saft, Wein, Getreide, Obst, Gemüse, Kartoffeln, Milch, Käse, Eier, Geflügel, Fleisch, Wurst
Zeiten: Mo-Di 17-18.30, Do 10-12, 17-18.30   Verband: Bioland

---

21493 Fuhlenhagen   Landwirtschaftliche Arbeitsgemeinschaft   Dorfstraße 7
Tel. 04156/7345 , 7
Mehl, Grieß, Flocken, Gemüse, Kartoffeln
Zeiten: nach Vereinbarung   Verband: Demeter

21502 Worth   Erhard Kiehn, Worther Hof   Bogenstraße 10
Tel. 04152/77593
Brot, Saft, Wein, Getreide, Obst, Gemüse, Kartoffeln, Milch, Käse, Eier, Geflügel, Fleisch, Wurst
Zeiten: Di, Fr 10-12, 15-18, Do 16-18, Sa 9-12   Verband: Bioland

---

21514 Göttin   Martina und Werner Majert, Hof Grüneck   Dorfstraße 13
Tel. 04158/677
Rohwolle, Felle, Eier, Geflügel, Fleisch, Wurst
Zeiten: nach Vereinbarung   Verband: Bioland

21514 Göttin   Karl-Heinz Finnern und Antje Prolingheuer   Dorfstraße 21
Tel. 04158/8140
Ziegenfleisch, -käse, Eier, Geflügel, Fleisch, Wurst
Zeiten: nach Vereinbarung   Verband: Bioland

21706 Drochtersen   E. u. G. Schmidt   Arche Niederhüll,
Niederhüll 5   Tel. 04775/667
Brot, Wolle, Federn, Honig, Getreide, Obst, Gemüse, Kartoffeln, Milch, Käse, Eier, Geflügel, Fleisch
Zeiten: Fr 15-19   Verband: Demeter

21706 Drochtersen   Familie Morgenstern Hofgemeinschaft Aschhorn   Aschhorn 9
Tel. 04143/258
Brot, Säfte, Konserven, Getreide, Obst, Gemüse, Kartoffeln, Milch, Käse, Eier, Geflügel, Fleisch, Wurst
Zeiten: Mi 16-18, Sa 9-13   Verband: Demeter

Einkaufen direkt beim Bio-Bauern

21706 Drochtersen Hermann Hottendorf Grüne Straße 25
Tel. 04775/780
Saft, Obst
Zeiten: nach Vereinbarung Verband: Bioland

21710 Engelschoff Eckhard Brandt Neuland am Moor 1
Tel. 04775/672
Marmelade, Honig, Obst
Zeiten: nach Vereinbarung Verband: Bioland

21717 Fredenbeck Klaus und Helga Presting Dinghorn 3
Tel. 04149/432
Brot, Säfte, Mehl, Getreide, Obst, Gemüse, Kartoffeln, Milch, Käse, Eier, Geflügel, Fleisch, Wurst
Zeiten: Mi+Fr 15-18, Sa 9.30-12.30 Verband: Demeter

21720 Steinkirchen Günter Heinrich Bergfried Nr. 9
Tel. 04142/2304
Obst
Zeiten: nach Vereinbarung Verband: Demeter

21723 Hollern-Twielenfleth Claus-Peter Münch Siebenhöfen 29
Tel. 04141/7061-0
Saft, Obst
Zeiten: Mo-Fr 8-13, 14-18 Verband: Bioland

21730 Balje Gutsverwaltung Hörne Kuno von Zedlitz Hörne-West
Tel. 04753/362
Getreide, Kartoffeln
Zeiten: nach Vereinbarung Verband: Bioland

21734 Oederquart Georg Ramm Grüner Weg 4
Tel. 04779/495
Schaf-und Ziegenprodukte, Saft, Obst, Gemüse, Käse, Eier, Fleisch
Zeiten: nach Vereinbarung Verband: Bioland

21737 Wischhafen Bernd und Dörte Tripmacker Birkenstraße 53
Tel. 04770/7685
Schafprodukte, Saft, Lieferservice, Obst, Gemüse, Kartoffeln, Milch, Käse, Eier, Fleisch
Zeiten: nach Vereinbarung Verband: Bioland

21755 Hechthausen Karl-Udo und Agnes Wrede Obsthof Wisch Kleinwördener Str. 4
Tel. 04774/770
Saft, Obst
Zeiten: nach Vereinbarung Verband: Bioland

21762 Otterndorf Albert-Wilhelm Oest Vorweg 12
Tel. 04751/5101
Getreide, Fleisch, Wurst
Zeiten: nach Vereinbarung Verband: Bioland

21762 Osterbruch Thomas Wilksen, Hof Nubhusen Nubhusen 10
Tel. 04754/642
Schafprodukte, Eier, Fleisch
Zeiten: Mo-Sa 15-17 Verband: Bioland

Einkaufen direkt beim Bio-Bauern

21763 Neuenkirchen-Scholien   Ernst-Adolf Allers   Scholien 1
Tel. 04751/6532
Brot, Honig, Schaffelle, Getreide, Obst, Gemüse, Kartoffeln, Milch, Käse, Eier, Geflügel, Fleisch, Wurst
Zeiten: Fr 16-18.30, Sa 9-13   Verband: Bioland

21772 Stinstedt   Astrid und Werner Müller, Hof am See   Mühlenweg 26
Tel. 04756/701
Lieferservice nach Vereinbarung, Getreide, Gemüse, Kartoffeln, Eier
Zeiten: nach Vereinbarung   Verband: Bioland

21775 Odisheim   Michael Förster, Hof Odisheim   Nr. 13
Tel. 04756/613
Brot, Säfte, Mehl, Grieß, Flocken, Getreide, Obst, Gemüse, Kartoffeln, Milch, Käse, Fleisch, Wurst
Zeiten: Do u. Fr 17-19   Verband: Demeter

21784 Geversdorf   Karin Somfleth, Gerd König   Obsthof König, Osledeich 11
Tel. 04752/7014
Saft, Obst
Zeiten: nach Vereinbarung   Verband: Bioland

22145 Braak   Ferdinand Bruhn   Op de Loh 15
Tel. 040/6770962
Honig, Kartoffeln
Zeiten: nach Vereinbarung   Verband: Bioland

22359 Hamburg   Andreas Handke   Rehblöcken 8
Tel. 040/6033271
Grünspargel, Kartoffeln
Zeiten: Im Mai, Juni Di-So 9-13, 15-18   Verband: Bioland

22395 Hamburg   Gemeinnützige Gärtnerei am Stüffel e.G.   Stüffel 12
Tel. 040/6040010
Säfte, Mehl, Grieß, Flocken, Getreide, Obst, Gemüse, Kartoffeln, Eier
Zeiten: Mo-Fr 8.30-13, 14-15.45, Sa 7.30-12.30   Verband: Demeter

---

22399 Hamburg   Christine von Beichma   Poppenbüttler Hauptstraße 46
Tel. 040/6020733
Saft, Honig, Kräuter, Obst, Gemüse, Kartoffeln, Eier
Zeiten: Sa 10-13   Verband: Bioland

22589 Hamburg   Wilhelm Timmermann   Sülldorfer Kirchenweg 237
Tel. 040/873327
Blumen, Brot, Saft, Naturkost, Getreide, Obst, Gemüse, Kartoffeln, Milch, Käse, Eier, Geflügel, Fleisch
Zeiten: Mo, Mi 16-18.30, Fr15-18.30, Sa 10-12   Verband: Bioland

---

22889 Tangstedt   Eco Region GmbH   Gut Wulksfelde
Tel. 040/6070205
Saft, Wein, Pilze, Brot, Getreide, Obst, Gemüse, Kartoffeln, Milch, Käse, Eier, Geflügel, Fleisch, Wurst
Zeiten: Mo 14.30-18.30, Di-Fr 9-18.30, Sa 9-14   Verband: Bioland

---

22926 Ahrensburg   Georg Lutz   Gut Wulfsdorf, Bornkampsweg 39
Tel. 04102/51109
Brot, Mehl, Grieß, Säfte, Flocken, Getreide, Obst, Gemüse, Kartoffeln, Milch, Käse, Eier, Fleisch, Wurst
Zeiten: Mo-Fr 9-12 u. 14.30-18, Sa 8.30-12.30   Verband: Demeter

Einkaufen direkt beim Bio-Bauern

22926 Ahrensburg   Ahrensburger Werkstätten, Christoph Brinkmann   Kurt-Fischer-Straße 7
Tel. 04532/270712
Obst, Gemüse, Kartoffeln
Zeiten: Di, Fr 9-12, Do 9-15   Verband: Bioland

22929 Hamfelde   Hamfelder Hof, Heinz H. Elfenkämper-Raymann   Feldweg 1
Tel. 04154/3516
Brot, Saft, Wein, Bier, Honig, Getreide, Obst, Gemüse, Kartoffeln, Milch, Käse, Eier, Geflügel, Fleisch
Zeiten: Di, Do, Fr 10-12.30, 15-18, Sa 9-12.30   Verband: Bioland

---

22929 Kasseburg   Hans-Peter Beer   Sachsenwaldstraße 8
Tel. 04154/81968
Chicoree, Kürbis, Honig, Getreide
Zeiten: nach Vereinbarung   Verband: Bioland

22929 Köthel   Hermann-Jülich Werkgemeinschaft   Donnerblock 18-20
Tel. 04159/518
Kräuter, Obst, Gemüse, Kartoffeln
Zeiten: Mo-Fr 14.30-17.30, Sa 9-12   Verband: Demeter

22949 Ammersbek   Dieter Cordes, Hof und Laden am Schüberg   Wulfsdorfer Weg 31
Tel. 040/6051093
Brot, Wein, Honig, Bier, Obst, Gemüse, Kartoffeln, Milch, Käse, Eier, Geflügel, Fleisch, Wurst
Zeiten: Mi-Fr 9.30-12.30, 15-19, Sa 9-13   Verband: Bioland

22952 Lütjensee   Hartwig Heidemann   Trittauer Straße 33
Tel. 04154/7876
pflanzengegerbte Schaffelle, Getreide, Obst, Kartoffeln, Fleisch
Zeiten: Di-Fr 16-19, Sa 10-13   Verband: Bioland

22952 Lütjensee   Günther Fielmann, Hof Lütjensee   Alte Schulstraße 13
Tel. 04154/70474
Saft, Brot, Naturkost, Getreide, Obst, Gemüse, Kartoffeln, Milch, Käse, Eier, Geflügel, Fleisch, Wurst
Zeiten: Mo-Fr 9-12.30, Mo,Di,Fr 16-18, Do 14-18   Verband: Bioland

---

23560 Lübeck   L. Grothues und S. Kohts, Ringstedtenhof GbR   Vorrader Straße 81
Tel. 0451/594559
Brot, Saft, Wein, Ziegenprodukte, Honig, Bier, Getreide, Obst, Gemüse, Kartoffeln, Käse, Eier, Fleisch
Zeiten: Mo, Mi, Fr 15-18.30, Mi, Sa 9-13   Verband: Bioland

23566 Lübeck   Marli-Werkstätten GmbH   Arnimstraße 95
Tel. 0451/62030
Gemüse, Kartoffeln
Zeiten: Mo-Fr 9-14.30, Sa 9-13   Verband: Bioland

23617 Stockelsdorf   Gerold Sagemüller   Malkendorfer Weg 16
Tel. 04505/765
Getreide
Zeiten: nach Vereinbarung   Verband: Bioland

23617 Stockelsdorf   Nicola und Gerhard Moser   Krumbecker Hof
Tel. 04506/1414
Brot, Lieferservice frei Hau s, Getreide, Obst, Gemüse, Kartoffeln, Milch, Eier, Fleisch, Wurst
Zeiten: Fr 14-18 und Sa 9-14   Verband: Naturland

Einkaufen direkt beim Bio-Bauern

23619 Heilshoop Hermann Middeldorf, Schmiedehof-Imkerei Hauptstraße 43
Tel. 04506/535
Honig, Getreide, Obst, Eier, Fleisch
Zeiten: nach Vereinbarung Verband: Bioland

23619 Zarpen Erich Cordts, Redderhof Lübecker Straße 18
Tel. 04533/8155
Naturkost, Gemüse, Kartoffeln
Zeiten: Di, Fr 9-12, 15-18, Sa 9-12 Verband: Bioland

23619 Badendorf Roland Gangl und Jutta Kohlbeck-Gangl Hauptstraße 1
Tel. 0451/4991933
Lammfelle, Wolle, Saft, Honig, Getreide, Obst, Gemüse, Kartoffeln, Eier, Geflügel, Fleisch, Wurst
Zeiten: nach Vereinbarung Verband: Bioland

23619 Zarpen Jutta Schröder, Krupen-Hof Hauptstraße 90
Tel. 04533/1767
Fleisch
Zeiten: nach Vereinbarung Verband: Bioland

23683 Scharbeutz Carsten Redderberg, Gut Kattenhöhlen Kattenhohlener Weg
Tel. 04503/72224
Fleisch
Zeiten: nach Vereinbarung Verband: Bioland

23701 Gothendorf-Süsel Ute und Otto Witt Lange Dörpstraat 18
Tel. 04521/9345
Getreide, Gemüse, Eier, Geflügel
Zeiten: werktags Verband: Naturland

23701 Süsel Christain Kalscheuer, Kornhof Karl-Hamann-Straße 14
Tel. 04521/2110
Brot, Wein, Ziegenprodukte, Getreide, Kartoffeln, Milch, Käse, Eier, Fleisch
Zeiten: täglich 8-18 und nach Vereinbarung Verband: Bioland

23715 Bosau Conny und Volker Brandmeier Ökohof Wöbs
Tel. 04527/1045
Brot, Getreide, Obst, Gemüse, Kartoffeln, Milch, Käse, Fleisch, Wurst
Zeiten: Di+Fr 17-19 Verband: Demeter

23715 Braak Frauke Sach
Tel. 04521/2398
Getreide, Milch, Käse, Eier
Zeiten: Mo, Mi, Fr, Sa 18.45-19.15 Verband: Demeter

23730 Schashagen Wedig von Bonin Hof Eichwerder
Tel. 04561/9910
Brot, Mehl, Grieß, Flocken, Fladenpräparat, Getreide, Gemüse, Kartoffeln, Milch, Käse, Fleisch, Wurst
Zeiten: tägl. 9-12 u. 15-19 Verband: Demeter

23730 Bentfeld Detlef Hansen Krummbeker Weg 5
Tel. 04564/1070
Kartoffeln, Fleisch, Wurst
Zeiten: nach Vereinbarung Verband: Naturland

Einkaufen direkt beim Bio-Bauern

23738 Damlos Tel. 04361/3726 Fleisch, Wurst Zeiten: nach Vereinbarung	Gerhard Schuler	Dorfstraße 8 Verband: Bioland

23743 Cismar bei Grömitz Klaus-Wigand Nägel Hof Klostersee
Tel. 04366/517 + /9
Brot, Mehl, Flocken, Getreide, Obst, Gemüse, Kartoffeln, Milch, Käse, Eier, Geflügel, Fleisch, Wurst
Zeiten: Di 16-18, Fr 10-12 + 16-18, Sa 10-12 Verband: Demeter

23744 Schönwald Gärtnerhof Langenhagen, Heidi Matull Hauptstraße 2
Tel. 04528/1600
Wein, Brot, Gemüse, Eier, Geflügel, Fleisch, Wurst
Zeiten: nach Vereinbarung Verband: Bioland

23746 Kellenhusen Friedrich-Wilhelm Axt Hof Bokhorst
Tel. 04364/8244
Erdbeeren, Tomaten, Johannisbeeren, Obst
Zeiten: in der Saison tägl. 9-18 Verband: Naturland

23769 Dänschendorf a.F. Claus-Heinrich Weiland Dorfstraße 15
Tel. 04372/397
Naturkostwaren, Café, Restaurant (Nov-März gesch, Getreide
Zeiten: HS Mo-Sa 8-21, So 10-21, NS Di Ruhe Verband: Naturland

23769 Altjellingsdorf Klaus Lafrentz
Tel. 04371/3310
Erdbeeren, Getreide, Gemüse, Kartoffeln, Eier, Fleisch, Wurst
Zeiten: täglich 9-12, 15-18 Verband: Naturland

23769 Gammendorf a. F. Joachim Weiland Haus Nr. 38
Tel. 04371/2936
Rindfleisch, Gemüse, Kartoffeln
Zeiten: nach Vereinbarung Verband: Naturland

23769 Dänschendorf a.F. Wilhelm Becker Middeltor 1
Tel. 04372/331
Obst, Gemüse, Kartoffeln
Zeiten: werktags Verband: Naturland

23775 Lütjenbrode Wulf Kruse Hof Eichthal
Tel. 04362/8650
Gemüse, Kartoffeln, Eier
Zeiten: nach Vereinbarung Verband: Naturland

23777 Rellin Familie Schritt Bio-Hof-Laden
Tel. 04365/382
Säfte, Brot, Mehl, Schaffelle, Getreide, Obst, Gemüse, Kartoffeln, Milch, Käse, Geflügel, Fleisch, Wurst
Zeiten: täglich Verband: Demeter

23813 Nehms Rolf Stoltenberg Hohlegrufter Straße 4
Tel. 04555/424
Getreide, Fleisch, Wurst
Zeiten: nach Vereinbarung Verband: Bioland

Einkaufen direkt beim Bio-Bauern

23815 Geschendorf Ökologische Wirtschaftsgem. Falk Springmann Hof Springe
Tel. 04553/840
Gemüse, Kartoffeln
Zeiten: frei Haus in Lübeck Verband: Demeter

23815 Strukdorf Hans-Peter Kruse Dorfstraße 29
Tel. 04553/1289
Erdbeeren in der Saison, Getreide
Zeiten: nach Vereinbarung Verband: Bioland

23823 Seedorf Manfred Johannsen, Bioland-Hof Schulbusch Jespenstraße 14
Tel. 04555/492
Futtermöhren, Getreide, Gemüse, Kartoffeln, Käse, Fleisch
Zeiten: Mo-Sa 8-18 und nach Vereinbarung Verband: Bioland

23823 Seedorf Sabine von der Mehden Asheide 4
Tel. 04555/407
Ziegenprodukte, Eier, Fleisch
Zeiten: nach Vereinbarung Verband: Bioland

23823 Seedorf I. und P. Stoltenberg, Hof Neuenrade Neuenrade 4
Tel. 04555/463
Kartoffeln, Fleisch, Wurst
Zeiten: nach Vereinbarung Verband: Bioland

23827 Travenhorst Thomas Isenberg Kamp 4
Tel. 04555/853
Weihnachtsbäume, Zugpferde (Schl. Kaltblut), Getreide, Gemüse, Kartoffeln, Milch, Käse, Fleisch
Zeiten: nach Vereinbarung Verband: Bioland

23827 Travenhorst Volker Kluever, Lindenhof Dorfstraße 38
Tel. 04556/1072
Gemüse, Fleisch
Zeiten: nach Vereinbarung Verband: Bioland

23847 Rethwischdorf Jürgen Böttger Hauptstraße 20
Tel. 04539/8273
Brot, Erdbeeren, Kaffee, Säfte, Getreide, Obst, Gemüse, Kartoffeln, Eier
Zeiten: Mi, Fr 13-18, Sa 8-12 Verband: Naturland

23860 Groß Schenkenberg Hofgemeinschaft Gut Rothenhausen
Tel. 04508/414
Brot, Säfte, Mehl, Getreide, Obst, Gemüse, Kartoffeln, Milch, Käse, Fleisch, Wurst
Zeiten: Mi 9-11.30 u. 15-17.30, Sa 9-11.45 Verband: Demeter

23866 Nahe Ute Upterworth, Biogarten Nahe Dorfstraße 26
Tel. 04535/6045
Saft, Honig, Jungpflanzen, Lieferservice, Obst, Gemüse, Kartoffeln, Eier
Zeiten: Mo, Mi 16-18.30, Fr 11-18.30 Verband: Bioland

23881 Lankau Ernst-Walter Nehls, Bauernhof Nehls Dorfstraße 6
Tel. 04542/1277
Brot, Saft, Wein, Honig, Trockensortiment, Leder, Getreide, Obst, Gemüse, Kartoffeln, Eier, Fleisch
Zeiten: täglich 10-19 Verband: Bioland

Einkaufen direkt beim Bio-Bauern

23881 Koberg Jürgen Schäfer Koppelkaten 5
Tel. 04543/7280
Getreide, Eier, Fleisch
Zeiten: nach Vereinbarung Verband: Bioland

23883 Klein Zecher Conrad Torkler Seedorfer Straße 2
Tel. 04545/1413
Sortiment erfragen
Zeiten: nach Vereinbarung Verband: Bioland

23896 Donnerschleuse Der Lämmerhof Hauptstr. 8
Tel. 04543/7439 ode
Brot, Saft, Schaf, Getreide, Obst, Gemüse, Kartoffeln, Milch, Käse, Eier, Geflügel, Fleisch, Wurst
Zeiten: Fr 9-12, Di+Fr 14.30-18.30, Sa 9-12 Verband: Bioland

23896 Panten Detlef Hack und Christian Brüggemann Dorfstraße 10
Tel. 04543/7439
Brot, Saft, Wein, Getreide, Obst, Gemüse, Kartoffeln, Milch, Käse, Eier, Geflügel, Fleisch, Wurst
Zeiten: Mo-Fr 9.30-12.30, 14.30-18.30, Sa 9-13 Verband: Bioland

23909 Fredeburg Betriebsgemeinschaft Domäne Fredeburg
Tel. 04541/84428
Säfte, Brot, Getreide, Obst, Gemüse, Kartoffeln, Milch, Käse, Fleisch, Wurst
Zeiten: Di + Fr 15-18.30, Mi+ Sa 9.30-12 Verband: Demeter

23911 Salem Kay Hansen Seestraße 49
Tel. 04541/7281
Getreide, Gemüse, Kartoffeln
Zeiten: nach Vereinbarung Verband: Naturland

23942 Neuenhagen Opas Bauernhof, Familie Genzer Dassower Straße 26
Tel. 038827/304
Ferienwohnung, Getreide, Obst, Gemüse, Kartoffeln, Milch, Käse, Eier, Geflügel
Zeiten: nach Vereinbarung Verband: Bioland

23942 Borkenhagen Peter und Sylvia Bruno Kalkhorst 210
Tel. 038827/210
Honig, Käse, Fleisch
Zeiten: nach Vereinbarung Verband: Bioland

23992 Fahren Familie Herold Dorfstraße 13
Tel. 038422/925
Getreide, Kartoffeln
Zeiten: nach Vereinbarung Verband: Bioland

24119 Kronshagen Jörn-Ulrich Schacht, Klostergarten Sandkoppel 23
Tel. 0431/580503
Saft, Obst
Zeiten: nach Vereinbarung Verband: Bioland

24145 Kiel Jürgen Burmeister Seewiesenredder 149
Tel. 0431/714550
Töpferwaren, Eier, Fleisch
Zeiten: nach Vereinbarung Verband: Bioland

Einkaufen direkt beim Bio-Bauern

24161 Altenholz   Norddt. Ges. f. Diakonie, C. Oberländer, Hof Kubit   Kubitzberg 2
Tel. 0431/329460
Brot, Saft, Honig, Wolle, Handarbeiten, Töpferei, Getreide, Obst, Gemüse, Kartoffeln, Eier, Fleisch
Zeiten: Mo, Di, Do 9-12, 13.30-15.30, Fr 9-11.30   Verband: Bioland

---

24211 Pohnsdorf   Rudolf Ohly   Pohnsdorferfeld
Tel. 04342/86778
Brot, Mehl, Grieß, Flocken, Getreide, Gemüse, Kartoffeln, Milch, Käse, Eier, Fleisch, Wurst
Zeiten: Di+Fr 16-19, Sa bis 13 Uhr   Verband: Demeter

24211 Postfeld   Carsten Schlüter   Rotenbeek 26
Tel. 04342/86797
Gemüse, Milch, Fleisch
Zeiten: Mo-Fr 15-16   Verband: Bioland

24211 Marienwarder   Peter Wolff, Gärtnerhof   Am Ehrenhain 2
Tel. 04342/86344
Saft, Wein, Naturkost, Obst, Gemüse, Kartoffeln, Eier
Zeiten: Di, Fr 16-19   Verband: Bioland

24212 Altwittenbek   Peter-Christian Baasch   Buchenhof
Tel. 0431/312511
Brot, Getreide, Gemüse, Kartoffeln, Milch, Käse, Fleisch
Zeiten: Di, Fr 15-18, Fr 10-12   Verband: Bioland

24214 Schinkel   Dieter Pansegrau   Gemeinschaft Schinkel
Tel. 04346/6126
Brot, Getreide, Obst, Gemüse, Kartoffeln
Zeiten: Sa 14-17   Verband: Bioland

24214 Tüttendorf   Harald Rzehak   Holander Allee 24
Tel. 04346/8241
Wein, Saft, Naturkost, Honig, Getreide, Kartoffeln, Milch, Käse, Fleisch
Zeiten: Mo-Sa 16.30-18.30 und nach Vereinbarung   Verband: Bioland

---

24214 Schinkel   Peter Zastrow, Hof Mevs   Senfstr. 7
Tel. 04346/8596
Schafprodukte, Getreide, Kartoffeln
Zeiten: nach Vereinbarung   Verband: Bioland

24214 Eckholz bei Kiel   Edmund und Marlies Schütt   Nr. 5
Tel. 04346/8114
Kräutersalz, Säfte, Wolle, Getreide, Gemüse, Kartoffeln, Geflügel, Fleisch, Wurst
Zeiten: Fr 8-18 u. nach Vereinbarung   Verband: Demeter

24214 Schinkel   Gut Rosenkrantz Ernst F. von Münchhausen   Rosenkrantzer Weg 100
Tel. 04364/1029
Getreide, Gemüse, Milch, Käse
Zeiten: nach Vereinbarung   Verband: Bioland

24214 Schinkel   Meinolf Thiele   Gut Rosenkrantz
Tel. 04346/4810
Obst, Gemüse, Kartoffeln
Zeiten: Sa 10-12   Verband: Bioland

Einkaufen direkt beim Bio-Bauern

24217 Schönberg Joachim Piper Lüerberg 1
Tel. 04534/578
Naturkostsortiment, Getreide, Gemüse, Kartoffeln, Eier, Fleisch, Wurst
Zeiten: Fr 9-12, 14.30-18 Verband: Naturland

24217 Stakendorf Dirk Stoltenberg-Frick Dorfstraße 36
Tel. 04344/3600
Rinderfelle, Marmelade, Honig, Getreide, Obst, Gemüse, Kartoffeln, Eier, Fleisch
Zeiten: nach Vereinbarung Verband: Bioland

24217 Wisch Andreas Koch Fernwisch
Tel. 04344/6507
Enten, Gänse, Rindfleisch
Zeiten: nach Vereinbarung Verband: Bioland

24229 Stohl Klaus Goettsche Dorfstraße 22
Tel. 04308/804
Getreide, Kartoffeln, Fleisch
Zeiten: täglich 8-20 Verband: Bioland

24238 Lammershagen Harm Dallmayer Hauptstraße 8
Tel. 04384/1364
Brot, Ziegen, Saft, Obst, Gemüse, Kartoffeln, Milch, Käse, Eier, Geflügel
Zeiten: Fr 16-18 Verband: Bioland

24238 Martensrade Lebens- und Werkgemeinschaft Grebinsrade e.V.
Tel. 04384/916
Bienenwachskerzen, Weberei, Kräuter, Getreide, Gemüse, Kartoffeln, Milch, Käse, Fleisch, Wurst
Zeiten: Mo-Fr 9-12 u. 14-17u. nach Vereinbarung Verband: Demeter

---

24238 Lammershagen Peter Hendrikson, Hof Gottesgabe Bellin
Tel. 04384/1585
Getreide, Kartoffeln, Fleisch
Zeiten: nach Vereinbarung Verband: Bioland

24239 Achterwehr Johannes Wessendorf u. E. Beckmann Dorfstraße 5
Tel. 04340/352
Ziegenprodukte, Milch, Käse, Fleisch, Wurst
Zeiten: nach Vereinbarung Verband: Bioland

24241 Reesdorf Uwe Eybächer, Reesdorfer Hof Dorfstraße 6
Tel. 04322/3158
Brot, Honig
Zeiten: Sa 7-11 Verband: Bioland

24244 Felm Gisela Lehmbecker Hollin
Tel. 04346/6804
Zuckermais, Fleisch, Wurst
Zeiten: nach Vereinbarung Verband: Bioland

24250 Warnau Ottmar Stollwerk Neuenbrooker Weg 36
Tel. 04302/1635
Getreide, Kartoffeln, Milch, Käse, Fleisch
Zeiten: nach Vereinbarung Verband: Bioland

Einkaufen direkt beim Bio-Bauern

24250 Löptin   Hof Seekamp
Tel. 04346/8114
Getreide, Kartoffeln, Eier
Zeiten: 1. Samstag im Monat 15-18   Verband: Demeter

24250 Löptin   Silke und Klaus Goldnick   Hof Behnkenmühlen
Tel. 04342/2353
Brot, Saft, Wein, Getreide, Obst, Gemüse, Kartoffeln, Käse, Eier, Geflügel, Fleisch, Wurst
Zeiten: Mo, Do, Fr 8-18, Mi, Sa 8-14   Verband: Naturland

24250 Löptin   Volker Carstensen, Obsthof Löptin   Preetzer Straße 6
Tel. 04302/258
Wein, Honig, Obst, Gemüse
Zeiten: Sa 8-12 und nach Vereinbarung   Verband: Bioland

24253 Passade   Gerhard Göttsch   Dörpstraat 11
Tel. 04344/9675
Brot, Getreide
Zeiten: Di-Fr 8.30-18.30   Verband: Bioland

24254 Rumohr   Kirsten und Thomas Langmaack, Naturpur GbR   Rumohrholz 2
Tel. 04347/2803
Gemüse, Milch, Käse, Fleisch
Zeiten: Do, Fr 9-11.30 und nach Vereinbarung   Verband: Bioland

---

24306 Plön   Gärtnerhof, Peter Wolff   Rodomstorstraße 85
Tel. 04522/2381
Saft, Wein, Getreide, Obst, Gemüse, Kartoffeln, Milch, Käse, Eier, Geflügel, Fleisch, Wurst
Zeiten: Mi 15-19, Sa 10-14   Verband: Bioland

24306 Bösdorf   Manfred Wulff   Dorfstraße 11
Tel. 04522/60157
Milch
Zeiten: nach Vereinbarung   Verband: Bioland

24321 Tröndel   Hans-Detlef Wiese   Gleschendorf 7
Tel. 04385/1336
Steckrüben, Eier
Zeiten: Mo-Sa 9-18   Verband: Bioland

24327 Blekendorf   Reimer Mohr   Lindenstraße 26
Tel. 04382/266
Getreide, Gemüse, Kartoffeln, Käse, Fleisch
Zeiten: nach Vereinbarung   Verband: Bioland

24327 Blekendorf   G. Karnick-Nickel und Sabine Nickel, Gärtnerei Die Rosenkamp
Tel. 04382/465
Saft, Wein, Obst, Gemüse, Kartoffeln, Eier, Fleisch
Zeiten: Mi, Fr 16-18   Verband: Bioland

24329 Dannau   Ute Karnick, Hofgemeinschaft Dannau   Kührener Weg 4
Tel. 04383/1285
Brot, Saft, Wein, Ziegenprodukte, Sonnenblumenöl, Obst, Gemüse, Kartoffeln, Käse, Eier, Fleisch
Zeiten: Mi, Fr 16-18   Verband: Bioland

Einkaufen direkt beim Bio-Bauern

24329 Dannau Birgit und Albert Teschemacher, Hof Berg Dorfplatz 3
Tel. 04383/420
Brot, Getreide, Kartoffeln, Milch, Käse, Fleisch, Wurst
Zeiten: Mo, Si, Do, Sa 9-12, 14-18 Verband: Bioland

24329 Grebin Günter Lembke Hof Lembke, Treufeld
Tel. 04383/232
Mehl, Grieß, Brot, Getreide, Obst, Gemüse, Kartoffeln, Milch, Käse, Eier, Geflügel, Fleisch, Wurst
Zeiten: täglich 9-12.30 Verband: Demeter

24329 Dannau Birgit und Hinrich Wrage Gowenser Weg 23
Tel. 0483/706
Gänse, Enten, Saft, Obst, Gemüse, Kartoffeln, Eier
Zeiten: nach Vereinbarung Verband: Bioland

24340 Eckernförde Karl Walther Dorotheenstraße 9
Tel. 04351/86859 od
Obst
Zeiten: nach Vereinbarung Verband: Bioland

24340 Altenhof Jugenddorf Eckernförde Schnellmark 33
Tel. 04351/4024 ode
Milch, Käse, Fleisch, Wurst
Zeiten: Mo-Fr 7-16, Sa+So nach Vereinbarung Verband: Bioland

24357 Götheby-Holm Maria und Paul Nennecke Dorfstraße 28
Tel. 04354/8895
Wein, Möhren, Honig, Getreide, Kartoffeln, Milch, Fleisch
Zeiten: nach Vereinbarung Verband: Bioland

24357 Fleckeby Karl Walther Hauptstraße 20
Tel. 04354/98148
Obst
Zeiten: nach Vereinbarung Verband: Bioland

24358 Ascheffel P. u. K. Richert Hof Saelde
Tel. 04353/610 u. /
Brot, Getreide, Gemüse, Kartoffeln
Zeiten: nach Vereinbarung Verband: Demeter

24361 Holzbunge Hans-Jürgen Plöhn Dorfstraße 9
Tel. 04356/1003
Obst, Gemüse, Kartoffeln, Milch, Eier
Zeiten: Di, Fr 16-18 Verband: Bioland

24361 Holzbunge Hans-Heinrich Schwenk Hauptstraße 2
Tel. 04356/226
Fleisch
Zeiten: nach Vereinbarung Verband: Bioland

24376 Kappeln Andreas Sunder-Plasmann, Hof Ahmen Wacholderweg 1
Tel. 04644/571
Honig, Schafprodukte, Felle, Kartoffeln, Fleisch
Zeiten: jederzeit Verband: Bioland

Einkaufen direkt beim Bio-Bauern

24376 Kappeln Tel. 04644/492 Brot, Wurst und Fleisch auf Bestellung, Getreide, Obst, Gemüse, Kartoffeln, Käse, Eier, Fleisch, Wurst Zeiten: Mo+So 9-12, Di+Fr 10-18	Volker Petersen	Hof Olpenitzfeld Verband: Naturland
24376 Kappeln Tel. 04644/227 Erdbeeren, Getreide, Kartoffeln Zeiten: täglich 9-13	Rüdiger Petersen-Steinhilber	Ellerüh Nr. 13 Verband: Bioland
24405 Mohrkirch Tel. 04646/708 Getreide, Gemüse, Kartoffeln Zeiten: nach Vereinbarung	Hans-Walter Lorenzen	Schrixdorfstraße 8 Verband: Bioland
24536 Neumünster Tel. 04321/528702 Getreide, Obst, Gemüse, Kartoffeln Zeiten: nach Vereinbarung	Konrad Mehrens, Obsthof	Am Bondenholz 26 Verband: Demeter
24558 Henstedt-Ulzburg Tel. 04535/8003 Saft, Getreide, Kartoffeln, Fleisch Zeiten: nach Vereinbarung	Walter Schröder	Düwelsbarg 3 Verband: Bioland
24576 Weddelbrook Tel. 04192/1275 Fleisch, Wurst Zeiten: nach Vereinbarung	Erich und Hildegard Pusback	Heidmoorer Str. 31 Verband: Demeter
24594 Nindorf Tel. 04871/1722 Brot, Säfte, Konserven, Getreide, Obst, Gemüse, Kartoffeln, Eier, Geflügel, Fleisch, Wurst Zeiten: Mi+Fr 16-18	Hof Ehlers - Nindorf	 Verband: Demeter
24594 Hohenweststedt Tel. 04871/3124 Schaffelle, Schafprodukte, Milch, Käse, Eier, Geflügel, Fleisch, Wurst Zeiten: nach Vereinbarung	Andreas Werner	Papenau 1 Verband: Bioland
24598 Boostedt Tel. 04393/660 Brot, Saft, Lammfelle, Honig, Bier, Getreide, Obst, Gemüse, Kartoffeln, Eier, Fleisch Zeiten: Sa 10-14	Waldemar Prömel	Stückenredder 20 Verband: Bioland
24613 Aukrug Tel. 04873/348 Getreide, Eier, Fleisch Zeiten: nach Vereinbarung	Karl-Heinz Kütemann	Bökenfeld Verband: Bioland
24616 Hardebeck Tel. 04324/992 Brot, Säfte, Wolle, Getreide, Obst, Gemüse, Kartoffeln, Milch, Käse, Eier, Geflügel, Fleisch, Wurst Zeiten: Fr 14-18, Sa 8-12	Hof Ehlers, Siedlung Hardebeck	 Verband: Demeter

Einkaufen direkt beim Bio-Bauern

24620 Bönebüttel   Dirk und Barbara Kock-Rohwer   Bönebütteler Damm 166
Tel. 04321/224444
Saft, Trockensortiment, Getreide, Obst, Gemüse, Kartoffeln, Milch, Käse, Eier, Fleisch, Wurst
Zeiten: Mi 15-18, Sa 9-13   Verband: Demeter

24628 Hartenholm   Rudolf Rüß, Hof Fünfeichen   Hofstraße 5
Tel. 04195/356
Rohwolle, Lämmerfelle, Lederbekleidung, Gemüse, Kartoffeln, Fleisch
Zeiten: nach Vereinbarung   Verband: Demeter

24640 Schmalfeld   Jochen Bettaque   Dammberg 6
Tel. 04195/849
Sonnenblumen, Zwiebeln, Getreide, Kartoffeln, Fleisch
Zeiten: nach Vereinbarung   Verband: Bioland

24640 Hasenmoor   Hof Ehlers   Dorfstraße 28
Tel. 04195/319
Brot, Säfte, Mehl, Konserven, Getreide, Obst, Gemüse, Kartoffeln, Milch, Käse, Eier, Fleisch, Wurst
Zeiten: Mi+Fr 10-18   Verband: Demeter

24641 Hüttblek   Barbara Schneede, Hof Thies   Dorfstraße 1
Tel. 04194/214
Brot, Saft, Honig, Getreide, Obst, Gemüse, Kartoffeln, Milch, Käse, Eier, Fleisch
Zeiten: Mo,Di,Do,Fr 9-12, 14.30-18.30, Sa 9-13   Verband: Bioland

---

24647 Wasbek   H.-H. Doose   Lindenstraße 22
Tel. 04321/61014
Rindfleisch
Zeiten: nach Vereinbarung   Verband: Naturland

24768 Rendsburg   Rendsburger Werkstätten Marienhof   Kronwerker Moor
Tel. 04331/46780
Brot, Honig, Felle, Keramik, Kerzen, Gemüse, Kartoffeln, Eier, Fleisch
Zeiten: Do 8-16   Verband: Bioland

24800 Elsdorf-Westermühlen   Hof Elsdorf, AWO ABM-Projekt   Dorfstraße 28
Tel. 04332/1711
Honig, Gemüse, Kartoffeln, Eier
Zeiten: Mo-Fr 8-17, Sa, So nach Vereinbarung   Verband: Bioland

---

24802 Bokel bei Rendsburg   Kay Kühl   Hof Kiebitzhörn
Tel. 04330/678
Gemüse, Kartoffeln, Milch, Käse, Eier
Zeiten: nach Vereinbarung   Verband: Demeter

24813 Schülp   H. Eggert Bock   Dorfstraße 31
Tel. 04331/88251
Kartoffeln
Zeiten: nach Vereinbarung   Verband: Bioland

24813 Schülp   Dieter Greve, Der Schülper-Scholle-Shop   An der Sparkasse 9
Tel. 004331/88251
Honig, Erntedekoration, Präsentkörbe, Getreide, Obst, Gemüse, Kartoffeln, Eier, Fleisch
Zeiten: täglich 24 Std. Selbstbedienung   Verband: Bioland

Einkaufen direkt beim Bio-Bauern

24848 Klein Rheide   Redelius   Untere Dorfstraße 5
Tel. 04624/804010
Gemüse, Kartoffeln, Eier, Fleisch
Zeiten: Mo-Fr 9-12, 14.30-18   Verband: Bioland

24850 Hüsby   Hans-Jürgen Gosch, Waldhof   Bergstraße 12
Tel. 04621/4973
Milch
Zeiten: nach Vereinbarung   Verband: Bioland

24855 Bollingstedt   Rainer Callsen-Bracker, Callsen-Hof   Westerschauer Weg 4
Tel. 04625/212
Brot, Säfte, Mehl, Grieß, Flocken, Fleisch n. V., Getreide, Obst, Gemüse, Kartoffeln, Milch, Käse, Eier
Zeiten: Di+Fr 15-18   Verband: Demeter

24855 Bollingstedt   Dieter Köhr   Hauptstraße 2
Tel. 04685/486
Rindfleisch
Zeiten: nach Vereinbarung   Verband: Bioland

24855 Bollingstedt   Hans-Heinrich Joens   Hauptstraße 1
Tel. 04625/509
Lammfleisch
Zeiten: täglich 8-20   Verband: Bioland

24860 Klappholz   Hasso Hasbach   Westscheide
Tel. 04603/334
Gemüse
Zeiten: nach Vereinbarung   Verband: Bioland

24860 Klappholz   Martin Südmeyer   Elmholz 7
Tel. 04603/315
Getreide, Gemüse, Kartoffeln, Eier
Zeiten: nach Vereinbarung   Verband: Bioland

24870 Ellingstedt   Detlef Schmidt   Morgenstern
Tel. 04627/1045
Wein, Honig, Milch, Käse, Fleisch
Zeiten: täglich   Verband: Bioland

24873 Hostrupholz   Kastanienhof Best/Ivers
Tel. 04603/1396
Brot, Felle von Schaf und Ziege, Milch, Käse, Fleisch, Wurst
Zeiten: nach Vereinbarung   Verband: Demeter

24881 Nübel   Wilhelm Höft   Breklingfeld
Tel. 04621/51794
Obst, Gemüse, Kartoffeln, Käse, Eier
Zeiten: Mo-Fr 16-18   Verband: Bioland

24882 Moldenit   Peter Feige   Dorfstraße 16
Tel. 04621/52661
Brot, Getreide, Fleisch
Zeiten: nach Vereinbarung   Verband: Bioland

Einkaufen direkt beim Bio-Bauern

24884 Selk   Claus-Jürgen und Babette Andresen   Moorredder 24
Tel. 04621/37344
Holunderbeersaft, Ferienwohnung, Milch, Eier, Fleisch
Zeiten: nach Vereinbarung
Verband: Bioland

24887 Silberstedt   Heinz-Peter Christiansen   Kamper Weg 6
Tel. 04625/7697
Gemüse, Kartoffeln, Milch, Fleisch
Zeiten: täglich ab 16
Verband: Bioland

24888 Steinfeld   B. Russel und Manfred Hamann   Schwienholt
Tel. 04641/8965
Getreide, Kartoffeln, Fleisch
Zeiten: nach Vereinbarung
Verband: Bioland

24897 Ulsnis   Siegfried Delz, Hof Delz   Kius 19
Tel. 04641/8328
Brot, Trockensortiment, Honig, Säfte, Mehl, Getreide, Obst, Gemüse, Kartoffeln, Fleisch, Wurst
Zeiten: Fr 16-19 und nach Vereinbarung
Verband: Demeter

24944 Flensburg   Ursula und Rainer Niss, Wald-Apfelgarten   Zypressenweg 36
Tel. 0461/36625
Saft, Obst
Zeiten: nach Vereinbarung (im Herbst)
Verband: Bioland

24960 Munkbrarup   Heiner Iversen   Svensteen 8
Tel. 04631/7424
Saft, Honig, Kartoffeln, Eier, Fleisch
Zeiten: Mo-Fr 9-18, Sa 8-12
Verband: Bioland

24963 Tarp   Übergangseinrichtung für Suchtkranke   Braderuper Straße 6
Tel. 04638/1599
Getreide, Gemüse, Kartoffeln, Fleisch
Zeiten: Mo-Sa 8-18
Verband: Bioland

24966 Sörup   Hofgemeinschaft Löstrup   Löstrup
Tel. 04635/2842
Mehl, Grieß, Flocken, Brot, Honig, Getreide, Gemüse, Kartoffeln, Milch, Käse, Eier, Fleisch, Wurst
Zeiten: Di+Fr 15-18, Di+Do 10-12
Verband: Demeter

24966 Sörup   Peter-Heinrich Petersen   Elkierdamm 2
Tel. 03635/1381
Brot, Saft, Wein, Naturkost, Honig, Getreide, Obst, Gemüse, Kartoffeln, Milch, Käse, Eier, Fleisch
Zeiten: Mo, Do, Fr 15-18, Di, Sa 10-12.30
Verband: Bioland

24975 Husby   Boy und Inken Gondesen   Dorfstraße 20
Tel. 04634/9027
Schafprodukte, Naturkost, Getreide, Obst, Gemüse, Kartoffeln, Milch, Käse, Eier, Fleisch
Zeiten: täglich 7.30-19.30
Verband: Bioland

24977 Westerholz   Hans-Heinrich Petersen   Meiereistraße 9
Tel. 04636/319
Honig, Getreide, Obst, Gemüse, Kartoffeln, Eier, Fleisch
Zeiten: Mo-Sa 9-12, 14-18
Verband: Bioland

Einkaufen direkt beim Bio-Bauern

24977 Langballig   Christa und Peter Lorenzen, Lorenzenhof   An de Beek 4
Tel. 04636/225
Brot, Mehl, Grieß, Flocken, Getreide, Gemüse, Kartoffeln, Milch, Käse, Eier, Fleisch, Wurst
Zeiten: Di+Fr 16-18, Sa 9-12   Verband: Demeter

24980 Norderfeld   Hans-H. Petersen   Haffstraße 29
Tel. 04636/398
Eier, Fleisch
Zeiten: nach Vereinbarung   Verband: Bioland

24986 Rüde   Christian Petersen, Hof Ankersholt   Hauptstraße 17
Tel. 04633/8115
Bier, Getreide, Eier, Fleisch
Zeiten: Selbstbedienung 6-21   Verband: Bioland

24986 Groß Rüde   Hof Ankersolt Christian Petersen   Hauptstraße 17
Tel. 04633/8115
Ferienwohnung, Brot, Getreide, Obst, Gemüse, Kartoffeln, Milch, Käse, Eier, Geflügel, Fleisch, Wurst
Zeiten: Mi 15-19, Sa 9-13 und nach Vereinbarung   Verband: Bioland

---

24991 Freienwill   Herbert Petersen   Freudenhof
Tel. 04602/312
Brot, Saft, Erdbeeren, Getreide, Obst, Gemüse, Kartoffeln, Milch, Käse, Eier, Geflügel, Fleisch, Wurst
Zeiten: Mo-Fr 15-18.30   Verband: Bioland

24996 Sterup   Hans und Hanna Hansen   Bremholm 11
Tel. 04637/340
Brot, Getreide, Gemüse, Kartoffeln, Milch, Käse, Fleisch, Wurst
Zeiten: Di+Fr 15-18, Sa 9-12   Verband: Demeter

25337 Kölln-Reisiek   André Rostock, Köllner Hof   Dorfstraße 3
Tel. 04121/74901
Saft, Obst, Gemüse, Kartoffeln, Eier
Zeiten: Mi, Fr 15-18   Verband: Bioland

25358 Sommerland   Joachim Scharmer   Nr. 40
Tel. 04126/1302
Lämmer, Säfte, Obst
Zeiten: nach Vereinbarung   Verband: Demeter

25358 Horst   Betriebsgemeinschaft Hof Dannwisch
Tel. 04126/1456
Brot, Säfte, Konserven, Getreide, Obst, Gemüse, Kartoffeln, Milch, Käse, Eier, Geflügel, Fleisch, Wurst
Zeiten: Di 15-18, Fr 13-18   Verband: Demeter

25364 Brande   Martina und Willfried Schümann, Eichenhof   Hof Schümann, Kreuzweg 1
Tel. 04127/227
Brot, Säfte, Mehl, Getreide, Obst, Gemüse, Kartoffeln, Milch, Käse, Eier, Geflügel, Fleisch, Wurst
Zeiten: Di+Fr 13.30-17.30   Verband: Demeter

25364 Brande-Hörnerkirchen   Jochen Schwarz   Hof Schwarz, Dorfstraße 21
Tel. 04127/694
Obst, Gemüse, Kartoffeln, Eier, Fleisch, Wurst
Zeiten: WoMa HH-Winterhude Mi 12-18   Verband: Demeter

Einkaufen direkt beim Bio-Bauern

25379 Herzhorn — Jobst von Arnim — Kamerlander Deich 1
Tel. 04124/2733
Lammfleisch und Rindfleisch auf Bestellung, Getreide, Fleisch
Zeiten: nach Vereinbarung — Verband: Naturland

25551 Lohbarbek — Hans und Maria Böckmann — Margarethenhof, Dorfstraße 1
Tel. 04826/1668
Brot, Getreideprodukte, Konserven, Getreide, Obst, Gemüse, Kartoffeln, Milch, Käse, Eier, Fleisch, Wurst
Zeiten: Fr 16-18 — Verband: Demeter

25551 Winseldorf — Gustav und Margret Stolzenburg — Lohbarbeker Straße 4
Tel. 047826/5702
Brot, Geflügel nach Vereinbarung, Gemüse, Kartoffeln, Milch, Käse, Eier, Geflügel, Fleisch, Wurst
Zeiten: Wochenmarkt Do Itzehoe, Sa HH-Eimsbüttel — Verband: Demeter

---

25560 Hadenfeld — Harry Lieske — Landweg 2
Tel. 04892/1683
Gemüse, Kartoffeln, Milch, Eier, Fleisch
Zeiten: täglich 16-18 und nach Vereinbarung — Verband: Bioland

---

25581 Poyenberg — Hofgemeinschaft Poyenberg — Reihe 24
Tel. 04877/691
Brot, Saft, Getreide, Obst, Gemüse, Kartoffeln, Eier
Zeiten: nach Vereinbarung — Verband: Bioland

25584 Holstenniendorf — Hans-Heinrich Behrens — Hauptstraße 17
Tel. 04827/3115
Fleisch
Zeiten: nach Vereinbarung — Verband: Bioland

25590 Osterstedt — Jörg Lutz — Hof Rüwkamp
Tel. 04874/1613
Milch, Käse, Fleisch, Wurst
Zeiten: nach Vereinbarung — Verband: Bioland

25709 Kronprinzenkoog — Rolf Hell — Sophienkoog 20
Tel. 04851/3201
Brot, Saft, Wein, Honig, Naturkost, Getreide, Obst, Gemüse, Kartoffeln, Milch, Fleisch, Wurst
Zeiten: Mo, Mi, Fr 14-18, Sa 9-14 — Verband: Bioland

25761 Westerdeichstrich — Reimer Strufe — Krimmer Weg 4
Tel. 04834/8516
Getreide, Gemüse
Zeiten: nach Vereinbarung — Verband: Naturland

25761 Hedwigenkoog — Johann-Friedrich Peters — Koogchaussee 20
Tel. 04833/2453
Fleisch
Zeiten: nach Vorbestellung — Verband: Bioland

25762 Hedwigenkoog — Irene und Volker Brandt — Koogchaussee 3
Tel. 04834/2242
hausgemachtes Brot, Kuchen, Café, Getreide, Obst, Gemüse, Kartoffeln, Eier, Fleisch, Wurst
Zeiten: Mo-Fr 8-18, Sa 8-12 — Verband: Naturland

Einkaufen direkt beim Bio-Bauern

25764 Wesselburen Tel. 04833/890 oder Getreide, Gemüse, Fleisch, Wurst Zeiten: nach Vereinbarung	Landbau Wesselburen	Bahnhofstraße 20 Verband: Bioland
25764 Hillgroven Tel. 04833/2792 Brot, Säfte, Wein, Bier, Erdbeeren, Getreide, Obst, Gemüse, Kartoffeln, Eier Zeiten: Mo-Sa 9-12 und 14-18	Hans-Jürgen Sievers	Ökohof Altenkoog Verband: Naturland
25764 Friedrichsgabekoog Tel. 04839/9101 Brot, Saft, Wein, Honig, Bier, Schafprodukte, Getreide, Obst, Gemüse, Kartoffeln, Käse, Eier, Fleisch Zeiten: Mo-Fr 8.30-18, Sa 8.30-13	Rainer Carstens	Zum Westhof 6 Verband: Bioland
25764 Norddeich Tel. 04833/2453 Fleisch Zeiten: nach Vereinbarung	Gudrun Wieczorek	Deichstraße 1 Verband: Bioland
25764 Norddeich Tel. 04833/2304 Gemüse, Kartoffeln, Eier Zeiten: nach Vereinbarung	Dagmar und Claus Duehrsen	 Verband: Bioland
25764 Süderdeich Tel. 04833/775 Kartoffeln, Fleisch Zeiten: nach Vereinbarung	Eggert Wollatz	Hollschener Chaussee 14 Verband: Bioland
25767 Bunsoh Tel. 04835/7283 Brot, Getreide, Obst, Gemüse, Kartoffeln, Milch, Käse, Geflügel, Fleisch, Wurst Zeiten: 17.30-19	Josef Bexte, Hofgemeinschaft Bunsoh	Waldstraße 3 Verband: Demeter
25776 Schlichting Tel. 04882/910 Getreide, Gemüse Zeiten: nach Vereinbarung	David Westphal	Hof Hauberg Verband: Bioland
25779 Fedderingen Tel. 04836/1535 Saft, Getreide, Obst, Gemüse, Kartoffeln, Eier, Fleisch Zeiten: nach Vereinbarung	Johann Dithmer	Hauptstraße 15 Verband: Bioland
25797 Wöhrden Tel. 04839/1299 Säfte, Getreide, Gemüse, Kartoffeln, Milch, Käse, Eier, Geflügel, Fleisch, Wurst Zeiten: nach Vereinbarung	Hofgemeinschaft Großbüttel Chr. Chroos, A. Rahlff	 Verband: Demeter
25813 Husum Tel. 04841/4901 Eier, Fleisch Zeiten: nach Vereinbarung	Heinrich Thomas Johannsen	Nordbahnhofstraße 43 Verband: Bioland

Einkaufen direkt beim Bio-Bauern

25821 Reußenköge Kurt Petersen, Hof Nordlicht Desmerciereskoog 7
Tel. 04671/6607
Mehl, Grieß, Flocken, Nudeln, Ätherische Öle, Getreide
Zeiten: Di+Fr 15-18.30, Sa 9-12 Verband: Demeter

25821 Reußenköge Paysenhof Desmerciereskoog 1
Tel. 04671/6381
Brot, Säfte, Gemüse-Abo Kiel, Hamburg, Obst, Gemüse, Kartoffeln, Eier, Fleisch, Wurst
Zeiten: nach Vereinbarung Verband: Demeter

25821 Reußenköge Dirk Ketelsen, Dirkshof Sönke-Nissen-Koog 58
Tel. 04674/1485
Brot, Saft, Wein, Getreide, Obst, Gemüse, Kartoffeln, Käse, Eier, Geflügel, Fleisch, Wurst
Zeiten: April-Okt 10-18 undnach Vereinbarung Verband: Bioland

---

25821 Reußenköge Nis-Richard Peters, Ulmenhof Sophie-Magdalenen-Koog 5
Tel. 04671/899
Naturkost, Saft, Getreide, Obst, Gemüse, Kartoffeln, Eier, Fleisch
Zeiten: Mo-Fr 9-12, 14-18, Sa 9-12 Verband: Bioland

25826 St.-Peter-Ording Edeltraut und Lothar Wischhusen Tümlauer Chaussee 12
Tel. 04863/8713
Fleisch und Wurst vom Lamm, Lammfelle, Käse
Zeiten: täglich ab 14 Verband: Bioland

25836 Grothusenkoog Karl und Ingrid Hubatsch Eckhof
Tel. 04862/288
Getreide, Kartoffeln
Zeiten: nach Vereinbarung Verband: Bioland

25836 Welt Johann Pauls Markenkoog
Tel. 04862/949
Milch, Käse, Fleisch
Zeiten: täglich 17-19 Verband: Bioland

25836 Welt Peter H. Hagge, Katharinenhof Tuellweg 1
Tel. 04862/8918
Getreide, Eier, Fleisch
Zeiten: nach Vereinbarung Verband: Bioland

25836 Garding Karin und Harald Glawe Nordergeestweg 42
Tel. 04862/1445
Speiseöl, ätherische Öle, Getreide
Zeiten: nach Vereinbarung Verband: Bioland

25836 Vollerwiek Rolf Hach Westerdeich
Tel. 04862/974
Gemüse, Milch, Käse
Zeiten: täglich Verband: Bioland

25842 Langenhorn Karl Ebsen Hochacker 3
Tel. 04672/283
Brot, Saft, Honig, Urlaub, Getreide, Obst, Gemüse, Kartoffeln, Käse, Eier, Geflügel, Fleisch, Wurst
Zeiten: normale Ladenzeiten Verband: Bioland

Einkaufen direkt beim Bio-Bauern

25842 Langenhorn Tel. 04672/835 Brot, Getreide, Gemüse, Kartoffeln, Fleisch Zeiten: nach Vereinbarung	Olde Oldsen	Dorfstraße 148 Verband: Bioland
25849 Pellworm Tel. 04844/513 Getreide, Milch, Käse Zeiten: nach Vereinbarung	Sönke Bruhn, Gurde	Klostermitteldeich 1 Verband: Bioland
25849 Pellworm Tel. 04844/266 Brot, Honig, Milch, Käse, Fleisch Zeiten: Mo, Di, Do, Fr 17-18.30	Betriebsgemeinschaft Petersen/Peterssen GbR	Bupheverkoog 28 Verband: Bioland
25849 Pellworm Tel. 04844/230 Brot, Naturkost, Getreide, Gemüse, Kartoffeln, Käse, Eier, Fleisch Zeiten: Mo-Sa 16-18	Cluas und Silke Zetl, Ütermarkerhof	Ütermarkerkoog Verband: Bioland
25849 Pellworm Tel. 04844/1278 Ferienwohnungen, Brot, Getreide Zeiten: nach Vereinbarung	Uwe Ziemer	Norden Verband: Bioland
25849 Pellworm Tel. 04844/765 Sahne, Butter, Quark, Buttermilch, Milch, Käse, Eier, Geflügel Zeiten: nach Vereinbarung	Jens-Uwe Jensen	Süderhoogweg 6 Verband: Bioland
25849 Pellworm Tel. 04844/454 Gemüse, Kartoffeln Zeiten: nach Vereinbarung	Joerg Backsen	Edenswarf Verband: Bioland
25853 Bohmstedt Tel. 04671/2323 Naturkost, Getreide Zeiten: Mi 14-18, Sa 8-12	Hinrich Hansen	Stienkenshof Verband: Bioland
25853 Bohmstedt Tel. 04671/2109 Zuckermais, Gemüse, Kartoffeln, Fleisch Zeiten: nach Vereinbarung	Uwe Jens Petersen	Heselbarg Verband: Bioland
25853 Hattstedt Tel. 04846/738 Saft, Heu, Stroh, Getreide, Obst, Gemüse, Kartoffeln, Eier, Fleisch Zeiten: nach Vereinbarung	Michael Drechsler	Bundesstraße 5 Verband: Bioland
25858 Högel Tel. 04673/621 Ziegenfleisch und -käse, Honig, Käse, Eier, Fleisch Zeiten: nach Vereinbarung	Alexa Bartoschewitz	Joldelunder Straße 4 Verband: Bioland

Einkaufen direkt beim Bio-Bauern

25862 Joldelund Tel. 04673/244 Schafskäse Zeiten: nach Vereinbarung	Susanne und Horst Frühling	Bahnhofstraße 3 Verband: Naturland
25864 Löwenstedt Tel. 04673/828 Milch, Käse, Eier, Geflügel Zeiten: nach Vereinbarung	Peter Andersen	Norderfeld 11 Verband: Bioland
25870 Oldenswort Tel. 04864/420 Fleisch, Wurst Zeiten: nach Vereinbarung	Hans-Rudolf Graack	Hochbrücksiel Verband: Bioland
25881 Tating Tel. 04862/17184 Ferienhof, Ponyreiten, Brot, Getreide, Fleisch, Wurst Zeiten: nach Vereinbarung	Kai-Hermann Hostrup, Ponyhof Hostrup	Medehop 4 Verband: Bioland
25881 Tating Tel. 04863/7301 Brot,Honig,Wolle,Ferienwohnung, Getreide, Obst, Gemüse, Kartoffeln, Milch, Eier, Geflügel, Fleisch Zeiten: Jun-Okt 10-18, Nov-Mai 15-18, Sa immer 9-12	Anja Kuehl, De Höhnerhof	Esing 4 Verband: Bioland
25884 Viöl Tel. 04843/2247 Lammfleisch, Fleisch, Wurst Zeiten: nach Vereinbarung	Frerk Petersen	Boxlundfeld 1 Verband: Bioland
25885 Oster-Ohrstedt Schwabstedter Damm 8 Milch, Käse, Fleisch Zeiten: Mo-Sa 8-18	Martina und Ernst Metzger-Petersen, Backensholz Tel. 04626/344	 Verband: Bioland
25885 Ahrenviöl Tel. 04847/1063 Fleisch Zeiten: Mo-Sa 8-12, 13-18	Gunnar Soeth	Hauptstraße 64 Verband: Bioland
25899 Galmsbüll Tel. 04661/8557 Getreide Zeiten: nach Vereinbarung	Jess Jessen, Biohof Westküste	Osterhof Verband: Bioland
25899 Galmsbüll Tel. 04665/751 Schaf-, Ziegenprodukte, Milch, Fleisch Zeiten: täglich	Rolf Haug	Marienkoog Verband: Bioland
25938 Utersum Tel. 04683/865 Milch Zeiten: täglich 18.30-19.30	Erk Woegens	Hoofstich Verband: Bioland

Einkaufen direkt beim Bio-Bauern

25980 Tinnum/Sylt   Heinrich und Elisabeth Grönwoldt   Südhorn 7
Tel. 04651/31900
Getreide, Gemüse, Kartoffeln
Zeiten: Mo-Fr 8-12, 14-18, Sa 8-12   Verband: Demeter

25996 Wenningstedt   Inge und Helmut Dethlefs   Buchholzstieg 1
Tel. 04651/42436
Brot, Saft, Honig, Bier, Getreide, Obst, Gemüse, Kartoffeln, Milch, Käse, Eier, Geflügel, Fleisch, Wurst
Zeiten: Mo-Fr 9-12.30, 15-18, Sa 9-12.30   Verband: Bioland

26121 Oldenburg   Sylvia Heinrich, „Kräuterei"   Alexanderstraße 29
Tel. 0441/882368
Saatgut, biol. Planzenpflegemittel, Gewürz- und Heilkräuter, Gemüse
Zeiten: Mi, Do 9-13   Verband: Bioland

26180 Rastede-Nethen   Jürgen und Uschi Steenken   Hirtenweg 65
Tel. 04402/7583
hinzugekauftes Obst, Gemüse, Kartoffeln, Eier
Zeiten: nach Vereinbarung   Verband: Bioland

26180 Rastede-Nethen   Adolf Kreye, Kösterhof   Kreyenstraße 148
Tel. 04402/7587
(auf Bestellung), Gemüse, Geflügel
Zeiten: nur nach Vereinbarung   Verband: Bioland

26188 Edewecht-Osterscheps   Werner Rabben,
Gärtnerhof an der Aue   Tel. 04405/338
Bücher, Getreide, Obst, Gemüse, Kartoffeln, Milch, Käse, Eier, Geflügel, Fleisch, Wurst
Zeiten: Sa 9.30-12.30   Verband: Demeter

26188 Edewecht-Osterscheps   Bernhard Himpsl   Waterkamp 4
Tel. 04405/6918
Saft, Wein, Sauerkraut, Abokisten-Service, Getreide, Obst, Gemüse, Kartoffeln, Käse, Eier, Fleisch
Zeiten: Fr 9-17   Verband: Bioland

26197 Großenkneten   Eduard Hüsers   Hosüner Sand 2
Tel. 04487/580
Saft, Honig, Belieferungsservice, Getreide, Obst, Gemüse, Kartoffeln
Zeiten: Sa 10-13   Verband: Bioland

26203 Wardenburg-Westerholt   Hannelore Brand   Glumstraße 80
Tel. 04407/5823
Schafskäse, -milch, -wurst, Wolle, Felle, Gemüse
Zeiten: Mo-Fr 9-18, Sa 9-13   Verband: Bioland

26209 Hatten   Hartmann und Kluin GbR, „Erdfrüchte"   Landschulheimweg 14
Tel. 04481/7651
Saft, Brot, Wein, Getreide, Obst, Gemüse, Kartoffeln, Eier
Zeiten: Fr 17.30-19.30   Verband: Bioland

26209 Hatten/Schmede   Ruth und Manfred Siber-Alpers   Hornmoor 3
Tel. 04482/638
Kartoffeln
Zeiten: nach Vereinbarung   Verband: Bioland

Einkaufen direkt beim Bio-Bauern

26209 Hatten-Schmede Regina Stolle-Brüers Schmeder Weg 8
Tel. 04482/391
Dauer- und Dosenwurst von Rind und Schwein, Getreide, Kartoffeln, Eier
Zeiten: Sa 9-12 Verband: Bioland

26209 Hatten-Hatterwüsting Anton Kastenholz Fasanweg 25
Tel. 04481/8584
Obst, Gemüse, Kartoffeln
Zeiten: Fr 15-18 Verband: Bioland

26209 Hatten-Munderloh Siegfried Engelken, Plietenberger Hof Plietenberger Weg 32
Tel. 04482/8388
Brot, Gemüse, Kartoffeln, Eier
Zeiten: Di,Do,Sa Findorff, Mi Wolmerh., Fr Domsh Verband: Demeter

---

6303 Wardenburg-Astrup Marion Barelmann, Astruper Hof Huntloser Straße 122
Tel. 04407/6869
Brot, Obst, Gemüse, Kartoffeln, Eier
Zeiten: Di, Fr 9-18.30, Sa 9-12.30 Verband: Bioland

26316 Varel-Büppel Klaus Schüting, Eckenhof Flachsweg 40
Tel. 04451/4649
Brot, Saft, Wein, Bier, Honig, Getreide, Obst, Gemüse, Kartoffeln, Milch, Käse, Eier, Geflügel, Fleisch
Zeiten: Mo, Di, Do, Fr 16-18.30, Sa 10-12.30 Verband: Bioland

---

26389 Wilhelmshaven Janis und Gisela Porikis, „Apfelparadies" Schaarreihe 82
Tel. 04421/82619
Belieferungsservice, Obst
Zeiten: nach Vereinbarung Verband: Bioland

26409 Wittmund Renske Janssen, Renskes Apfelhof In den Kämpen 3
Tel. 04462/6096, 35
Obstwein, Obstler, Brot, Backwaren, Liköre, Honi, Obst, Gemüse, Kartoffeln, Eier, Wurst
Zeiten: Mo-Sa 8-18, So 10-12 Verband: Bioland

26419 Schortens Albert Gerdes, Galloway-Hof Klein Ostiemer Weg 86
Tel. 04461/83828
Honig, Brot, Saft,, Getreide, Obst, Gemüse, Kartoffeln, Milch, Käse, Eier, Fleisch, Wurst
Zeiten: Mo-Do 10-13, Mo-Mi 16-18.30, Fr 9-18.30 Verband: Bioland

---

26434 Wangerland Peter Fimmen Andelhof
Tel. 04464/398
Getreide, Gemüse, Kartoffeln, Milch, Käse, Fleisch, Wurst
Zeiten: nach Vereinbarung Verband: Demeter

26434 Wangerland Roland Berger Klein Wiefels
Tel. 04461/5664
Schaffelle, Wein, Obst, Gemüse, Eier, Fleisch, Wurst
Zeiten: nach Vereinbarung Verband: Bioland

26506 Norden Karl Heuer Großschulenburger Polder
Tel. 04931/1601
Schweinefleisch auf Bestellung, Getreide, Kartoffeln, Eier, Fleisch, Wurst
Zeiten: nach Vereinbarung Verband: Naturland

Einkaufen direkt beim Bio-Bauern

26524 Theener K. L. Rafflenbeul Julianenhof
Tel. 04938/402
Gemüse, Kartoffeln
Zeiten: nach Vereinbarung Verband: Naturland

26624 Südbrookmerland Jakobus Müller Uiterdyk 15
Tel. 04942/1538
Getreide, Kartoffeln, Milch, Käse, Fleisch, Wurst
Zeiten: Sa 9-13 Verband: Bioland

26629 Großefehn Wolfram Linden, Lindenhof Hauptwieke Nord 58
Tel. 04943/4450
Lämmer, Ferkel, Fleisch
Zeiten: nach Vereinbarung Verband: Bioland

26632 Ihlow Albert Trauernicht Ostersander, Holtroper Straße
Tel. 04943/2466
Brot, Säfte, Mehl, Demeter-Trockenprogramm, Getreide, Kartoffeln, Milch, Käse, Fleisch, Wurst
Zeiten: nach Vereinbarung Verband: Demeter

26670 Uplengen Jürgen ter Veen, Gärtnerhof ter Veen Dorfstraße 29
Tel. 04956/791
Obst, Gemüse, Kartoffeln, Fleisch, Wurst
Zeiten: Fr 14-17 Verband: Bioland

26723 Emden Karl-Heinz Kehl Kloster Langenstraße 19
Tel. 04921/65454
Kalbfleisch in Viertelhälften nach Vorbestellung, Getreide, Gemüse, Kartoffeln
Zeiten: nach Vereinbarung Verband: Demeter

26725 Emden H. Liebich Leeranerstr. 46
Tel. 04921/56792
Milch, Käse, Fleisch, Wurst
Zeiten: nach Vereinbarung Verband: Naturland

26736 Krummhörn-Schoonorth Garrelt Agena Hagenpolder 1
Tel. 04920/318, Fax
Brot-, Backwaren, Tee, Kaffee, Säfte, Bier, Honi, Getreide, Obst, Gemüse, Kartoffeln, Eier
Zeiten: Fr 9-18, Sa 9-13, Gemüse-Abo Verband: Bioland

26817 Rhauderfehn Meinhard und Hilde Freese, Hof am Batzenweg Batzenweg 30
Tel. 04952/7970
Salat, Kräuter, Saft, Getreide, Obst, Kartoffeln, Fleisch, Wurst
Zeiten: Fr 15-17 Verband: Bioland

26831 Dollart Rolf-Peter Löblein Landschaftspolder 71
Tel. 04953/413
Fleisch/Wurst im Herbst, Getreide, Gemüse, Geflügel, Fleisch, Wurst
Zeiten: Mo-Fr 9-18, Sa 9-14 Verband: Naturland

26831 Dollart Peter Heuer Kanalpolder 58
Tel. 04959/291
Getreide, Kartoffeln, Fleisch
Zeiten: nach Vereinbarung Verband: Naturland

Einkaufen direkt beim Bio-Bauern

26831 Dollart W. de Boer Hof Butendiek
Tel. 04959/245
Gemüse, Kartoffeln
Zeiten: nach Vereinbarung Verband: Naturland

26842 Ostrhauderfehn Albrecht Bruns Pappelhof
Tel. 04957/584
Käse
Zeiten: nach Vereinbarung Verband: Bioland

26871 Papenburg St. Josef e.V., Gabriele Heidkamp, Sozialer Ökohof Am Seitenkanal 16
Tel. 04968/392
Ziegenprodukte, Obst, Gemüse, Kartoffeln, Milch, Käse, Eier, Fleisch, Wurst
Zeiten: Mo-Do 9-16 Verband: Bioland

26903 Surwold Gerd Middendorf Kolpingstraße 12
Tel. 04965/1386
Fleisch
Zeiten: nach Vereinbarung Verband: Bioland

26904 Börger Christof Gertken Gartenstraße 2
Tel. 05953/1381
Obst, Gemüse, Kartoffeln, Eier
Zeiten: nach Vereinbarung Verband: Bioland

26904 Börger Georg Langen Glupen 41
Tel. 05953/1406
Getreide, Obst, Gemüse, Kartoffeln
Zeiten: Sa 10-13 Verband: Bioland

26919 Brake Jutta Grube Weserstraße 78
Tel. 04401/8383
Mühlen, Flocken, Keimautomaten, Lieferdienst, Getreide, Kartoffeln
Zeiten: Mo-Fr 8.30-17.00 Verband: Naturland

26937 Seefeld Jürgen Bruns und Maike Cornelius-Bruns, Hof Butend Seefelder Außendeich 1
Tel. 04734/218
Honig, Getreide, Kartoffeln, Milch, Käse, Eier, Fleisch, Wurst
Zeiten: Mo-Fr 9-18, Sa 9-12 Verband: Bioland

26939 Ovelgönne-Rüdershausen Heike und Stefan Schwabe, Hof „ab von Patt" Siedlerstraße 39
Tel. 04480/1602
Wolle, Lammfelle, Belieferungsservice Wochenmarkt Rodenkirch, Gemüse, Eier, Fleisch, Wurst
Zeiten: Sa 10-12 Verband: Bioland

26969 Butjadingen Elisabeth und Jan Gerdes, Hof Butenland Niens
Tel. 04733/219
Getreide, Milch, Käse, Eier, Fleisch, Wurst
Zeiten: Fr 14-16 Verband: Demeter

27313 Dörverden Heinrich Helberg Twachte 5
Tel. 04239/205
Gemüse, Kartoffeln, Milch, Käse
Zeiten: nach Vereinbarung Verband: Bioland

Einkaufen direkt beim Bio-Bauern

27211 Bassum   Heiner Hibbing und Elke Steding   Bassumer Straße 29
Tel. 04241/5199
Brot, Saft, Honig, Kräuter, Naturkost, Getreide, Obst, Gemüse, Kartoffeln, Eier
Zeiten: Mo, Fr 15-18   Verband: Bioland

27211 Bassum   Bernd Mordhorst   Talstraße 30
Tel. 04241/2793
Dinkelnudeln, Getreide, Gemüse, Kartoffeln, Fleisch
Zeiten: nach Vereinbarung   Verband: Bioland

27211 Bassum-Bramstedt   Ursula und Bernd Gundlach   Röllinghauserstr. 11
Tel. 04241/4628
Kulturheidelbeeren
Zeiten: nach Vereinbarung   Verband: Demeter

27239 Twistringen   Heinrich Hartjens   Neuenmarhorster Straße 15
Tel. 04243/2882
Getreide, Gemüse, Kartoffeln, Fleisch, Wurst
Zeiten: nach Vereinbarung   Verband: Demeter

27243 Winkelsett   Dagmar Meyer   Hölingen 15
Tel. 04434/355
Getreide, Gemüse, Kartoffeln, Eier, Fleisch
Zeiten: nach Vereinbarung   Verband: Bioland

27251 Neuenkirchen   Heinrich Kanzelmeier   Sudwalder Weg 1
Tel. 04245/1028
Kräuter, Blumen, Wein, Säfte, Brot, Getreide, Obst, Gemüse, Kartoffeln, Käse, Eier
Zeiten: Mi 16-18, Sa 9-12   Verband: ANOG

27257 Sudwalde   Wilfried Denker   Heidhofstraße 4
Tel. 04247/480
Hofladen, Getreide, Gemüse, Kartoffeln
Zeiten: nach Vereinbarung   Verband: Bioland

27257 Affinghausen   Christa Kröning   Menkehof 12
Tel. 04247/585
Schafprodukte, Fleisch
Zeiten: nach Vereinbarung   Verband: Bioland

27259 Freistatt   Gernot Enders und Frank Kruse, Frei Pro GmbH   von-Lepel-Straße 5
Tel. 05448/8317
Moorschnucken, Gemüse, Kartoffeln, Milch, Käse, Eier, Fleisch
Zeiten: nach Vereinbarung   Verband: Bioland

27259 Freistatt   Naturschutz Freistatt, Helmut Ermshausen   Heimstatt 14
Tel. 0521/1443984
Schaffleisch
Zeiten: nach Vereinbarung   Verband: Bioland

27259 Varrel-Dörrieloh   Jürgen Meyer, Anna-Katharina Hett-Meyer   Dörrieloh 28
Tel. 04274/1577
Gemüse, Kartoffeln, Milch, Eier
Zeiten: nach Vereinbarung   Verband: Bioland

Einkaufen direkt beim Bio-Bauern

27283 Verden Eckhard Kersten Seekante 2
Tel. 04232/7190
Getreide, Obst, Gemüse, Kartoffeln, Käse, Eier, Fleisch
Zeiten: nach Vereinbarung Verband: Bioland

27283 Verden Hermann Meyer Eisselort 32
Tel. 04232/243
Viertel-Rinder, Fleisch
Zeiten: nach Vereinbarung Verband: Bioland

27305 Süstedt Hermann Güber Harmissen 1
Tel. 04240/1078
Getreide, Gemüse, Kartoffeln, Eier
Zeiten: nach Vereinbarung Verband: Bioland

27308 Kirchlinteln Dieter Meyer Eversener Straße 1
Tel. 04230/263
Saft, Honig, Getreide, Obst, Gemüse, Kartoffeln, Eier
Zeiten: Do 16.30-19 Verband: Bioland

27313 Dörverden-Westeb Betriebsgemeinschaft Hülsen-Früchte Kampstraße 18
Tel. 04239/1314
Brot, Saft, Wein, Bier, Honig, Jungpflanzen, Getreide, Obst, Gemüse, Kartoffeln, Käse, Eier
Zeiten: Do 15-18 Verband: Bioland

27313 Dörverden-Westen Ulrike Hubbert-Lohmann und Ehler Lohmann Eichenstraße 24
Tel. 04239/613
Abokisten-Service, Getreide, Obst, Kartoffeln, Fleisch
Zeiten: nach Vereinbarung Verband: Bioland

27318 Hilgermissen-Eitzendorf Heino Cordes Eitzendorf Nr. 4
Tel. 04256/542
Brot, Saft, Wein, Bier, Honig, Getreide, Obst, Gemüse, Kartoffeln, Käse, Eier, Fleisch
Zeiten: Di, Fr 15.30-18.30 Verband: Bioland

27321 Morsum Klaus Suhr und Regina Kämena-Suhr Ahsen 4
Tel. 04204/7033
Brot, Getreide, Obst, Gemüse, Kartoffeln, Milch, Käse, Fleisch, Wurst
Zeiten: Mo-Fr 17-18.30 odernach Vereinbarung Verband: Demeter

---

27321 Thedinghausen Thomas Böing und Ilse Biermann Lindenweg 9
Tel. 04204/443
Fleisch
Zeiten: nach Vereinbarung Verband: Bioland

27324 Hassel Jürgen Kramer Hauptstraße 1
Tel. 04254/1052
Honig, Getreide, Gemüse, Kartoffeln, Käse, Eier
Zeiten: Mo-Sa 8-18 Verband: Bioland

27327 Schwarme Hermann Meyer-Toms Kiebitzheideweg 6
Tel. 04258/241
Saft, Wein, Bier, Honig, Getreide, Obst, Gemüse, Kartoffeln, Milch, Käse, Eier, Geflügel, Fleisch, Wurst
Zeiten: Mo-Fr 9-12, 14-18, Sa 9-12 Verband: Bioland

Einkaufen direkt beim Bio-Bauern

27327 Martfeld Tel. 04255/1396 Getreide, Gemüse, Kartoffeln Zeiten: nach Vereinbarung	August Wessel	Schulstraße 8 Verband: Bioland

27330 Asendorf   Wolfgang und Maren von Grumbkow   Heidekämpe 8
Tel. 04253/1608
Obst, Gemüse, Kartoffeln, Eier
Zeiten: Mo, Mi 15-18, Sa 9-13   Verband: Bioland

27337 Blender-Einste   Michael Homann, Gärtnerei   Einster Hauptstraße 20
Tel. 04233/8049
Gemüsejungpflanzen, Gemüse
Zeiten: Sa 9-13   Verband: Bioland

27367 Stuckenborstel   Jan-Uwe Klee   Neubauer Heide 3
Tel. 04264/9730
Mehl, Säfte, Brot, Konserven, Getreide, Obst, Gemüse, Kartoffeln, Milch, Käse, Eier, Fleisch, Wurst
Zeiten: Di+Fr 15-18, Sa 9-12   Verband: Demeter

27367 Hellwege   Hans Heinrich Henken   Ahauser Straße 9
Tel. 04264/665
Demeter-Trockenprogramm, Konserven, Getreide, Gemüse, Kartoffeln, Milch, Käse
Zeiten: Fr 14-18   Verband: Demeter

27367 Bötersen   Johann Fajen
Tel. 04268/245
Mehl, Grieß, Flocken, Brot, Säfte, Konserven, Getreide, Gemüse, Kartoffeln, Fleisch, Wurst
Zeiten: Mo 8-10, Sa 9-12, Mi 8-9 u. 16-17   Verband: Demeter

27386 Bothel   Ewald Scheele   Bruchstraße 35
Tel. 04266/660
Getreide, Obst, Gemüse
Zeiten: täglich 9-19, Sa 8-11.30   Verband: Demeter

27389 Lauenbrück   v. Beesten Missal   Holderhof, Riepe 17
Tel. 04267/775
Brot, Getreide, Gemüse, Kartoffeln, Milch, Käse, Fleisch, Wurst
Zeiten: nach Vereinbarung   Verband: Demeter

27404 Zeven   Volker Lienau   Hof an der Aue
Tel. 04281/2701
Honig, Brot, Saft, Wein, Bier, Getreide, Obst, Gemüse, Milch, Käse, Eier, Geflügel, Fleisch, Wurst
Zeiten: Mo-Sa 9-12.30, Di, Fr 15-18.30   Verband: Bioland

27404 Zeven   Dietmar Schlüter, Gärtnerhof Badenstedt   Tarmstedter Straße 24
Tel. 04281/6377
Obstgehölze, Baumschulsortiment, Lieferservice
Zeiten: Mo-Fr 9-18, Sa 9-13   Verband: Bioland

27446 Anderlingen   Johannes Meyer   Grafel 12
Tel. 04284/8280
Gemüse, Kartoffeln
Zeiten: nach Vereinbarung   Verband: Bioland

Einkaufen direkt beim Bio-Bauern

27476 Cuxhaven Tel. 04723/3201 Getreide, Fleisch, Wurst Zeiten: nach Vereinbarung	Ada Fischer	Arenscher Straße 56 Verband: Bioland
27478 Cuxhaven Tel. 04723/4734 Säfte, Naturkostsortiment, Getreide, Obst, Gemüse, Kartoffeln, Eier Zeiten: Mo 9-12, Do 14-18.30, Sa 9-12	Helmut Decker	Lüdingworther Straße 58 Verband: ANOG
27612 Loxstedt Tel. 04740/336 Getreide, Fleisch Zeiten: nach Vereinbarung	Walter Danielzik, Hake-Betcken-Hof	Hake-Betcken-Straße 4 Verband: Bioland
27616 Frelsdorf Tel. 04749/8167 Brot, Wein, Bier, Getreide, Obst, Gemüse, Kartoffeln, Käse, Fleisch Zeiten: Di 16-18, Sa 10-12	H. Seidensticker und Katharine Hildebrandt, „Die Q	An den Querteilen 4 Verband: Bioland
27628 Dorfhagen Tel. 04746/6743 Getreide, Kartoffeln, Eier, Fleisch, Wurst Zeiten: nach Vereinbarung	Jürgen Mehrtens Elisabeth Quentin	Lindenstraße 29 Verband: Demeter
27632 Dorum Tel. 04742/8249 Brot, Saft, Wein, Bier, Honig, Schafprodukte, Getreide, Obst, Gemüse, Kartoffeln, Käse, Fleisch Zeiten: Di 15-18, Mi, Sa 10-12	Heidi und Uwe Blank, Biohof Alsum	Alsumer Straße 50 Verband: Bioland
27632 Padingbüttel Tel. 04742/1084 Brot, Getreide, Milch, Käse, Fleisch, Wurst Zeiten: nach Vereinbarung	Hanke Siemsglüß M. Uppenkamp	Altendeich 18 Verband: Demeter
27729 Vollersode Tel. 04793/1654 Säfte, Brot, Mehl, Konserven, Getreide, Obst, Gemüse, Kartoffeln, Milch, Käse, Eier, Geflügel, Fleisch Zeiten: Mi+Fr 9-18, Sa 9-12	Friedrich Lütjen	Verlüßmoor 16 Verband: Demeter
27729 Holste Tel. 04748/3436 Obst, Gemüse, Kartoffeln Zeiten: Mo 16-18, Do 16-18.30, Sa 10-12.30	Gärtnerei Oldendorf	Oldendorf 30 Verband: Demeter
27751 Delmenhorst Tel. 04221/40300 Brot, Obst, Gemüse, Kartoffeln, Eier Zeiten: Do + Sa 8-13	Martin Clausen Gärtnerhof Sandhausen	Stedinger Landstraße 101 Verband: Demeter
27755 Delmenhorst Tel. 04221/83468 Brot, Saft, Wein, Bier, Honig, Getreide, Obst, Gemüse, Kartoffeln, Milch, Käse, Eier, Fleisch, Wurst Zeiten: Di, Sa 10-13, Di, Mi, Fr 16-19 u. n. V.	Gerd und Christa Stührmann, Hof Schillbrok	Schillbrok 4 Verband: Bioland

Einkaufen direkt beim Bio-Bauern

27798 Hude-Grummersort Hofgemeinschaft Grummersort, Fam Kipping, Köster, Hauptmoorweg 3
Tel. 04484/599
Brot, Getreide, Gemüse, Kartoffeln, Milch, Käse, Eier
Zeiten: Fr 15-17
Verband: Demeter

27798 Hude Immenhof Altmoorhausen Pohlweg 8 a
Tel. 04484/1390
Bienenvölker, Honig, Wachs, Kerzen
Zeiten: Di 18-21
Verband: Demeter

27801 Dötlingen Antje Logemann Eggerskamp 8
Tel. 04487/274
Schafffleisch
Zeiten: nach Vereinbarung
Verband: Bioland

27801 Dötlingen Günther Otte Auf dem Berg 1
Tel. 04432/327
Blumen, Saft, Getreide, Gemüse, Kartoffeln
Zeiten: nach Vereinbarung
Verband: Bioland

28277 Bremen Josef Schumacher Alter Kuhweideweg 90
Tel. 0421/875950
Stauden, Gehölze, Jungpflanzen
Zeiten: Mi+Do 9-18, Sa 9-13
Verband: Bioland

28357 Bremen Erika Bohlmann, Anne Obermeyer, Rhizom e.V. Am Kleinen
Moordamm 1 Tel. 0421/275010
Brot, Saft, Wein, Bier, Honig, Getreide, Obst, Gemüse, Kartoffeln, Milch, Käse, Eier, Fleisch, Wurst
Zeiten: Mi 15-18, Sa 9-12.30
Verband: Bioland

28779 Bremen-Blumenthal Ullrich Vey Bockhorner Weg 60
Tel. 0421/6098255
Fleisch, Wurst
Zeiten: nach Vereinbarung
Verband: Bioland

28790 Schwanewede Sabine Stowenau und Volker Ehlers, Hof Meyenburg Uthleder
Straße 9 Tel. 04209/4070
Brot, Honig, Schafprodukte, Getreide, Obst, Gemüse, Kartoffeln, Milch, Käse, Eier, Fleisch, Wurst
Zeiten: Di, Fr 9-12, 14-18
Verband: Bioland

28816 Stuhr Erich Steinforth Heiligenroder Straße 93
Tel. 04206/1057
Getreide, Kartoffeln, Fleisch
Zeiten: nach Vereinbarung
Verband: Bioland

28816 Stuhr Kristine und Bernhard Helmerichs Blockener Straße 40
Tel. 0421/892384
Schottisches Hochlandrind, Fleisch
Zeiten: nach Vereinbarung
Verband: Bioland

28844 Weyhe Dagmar Schröder und Hartmut Brasch, Hof Hahnenfeld Hahnenfelder Weg 1
Tel. 04203/9934
Brot, Saft, Wein, Honig, Getreide, Obst, Gemüse, Kartoffeln, Milch, Käse, Eier, Geflügel, Fleisch, Wurst
Zeiten: Mi 16-18.30, Fr 14-18.30, Sa 10.30-12.30
Verband: Bioland

Einkaufen direkt beim Bio-Bauern

28857 Syke Tel. 04242/7978 Brot, Saft, Wein, Bier, Honig, Getreide, Obst, Gemüse, Kartoffeln, Milch, Käse, Eier, Fleisch, Wurst Zeiten: Mo-Fr 9-12, 15-18.30, Sa 9-12	Beate Krondorf und Jochen Voigt	An der Wassermühle 20 Verband: Bioland
28857 Syke Tel. 04248/573 Brot, Getreide, Kartoffeln, Fleisch, Wurst Zeiten: Di 10-13, Fr 15-18	Jürgen Winters	Kastanienallee 5 + 8 Verband: Bioland
28857 Syke Tel. 04240/1020 Getreide, Gemüse, Kartoffeln, Milch, Käse, Fleisch, Wurst Zeiten: nach Vereinbarung	Hans Heinrich Kastens	Gödestorferstraße 18 Verband: Demeter
29223 Celle Tel. 0514/3912 Schnittblumen, Beet- und Balkonpflanzen, Gemüse, Kartoffeln Zeiten: Mo-Fr 8-15	Neue Arbeit Celle GmbH, Tilmann Brandstätter	Hohe Wende 14 Verband: Bioland
29223 Celle Tel. 05141/33110 Mehl, Brot, Säfte, Gewürze, Tee, Kräuter, Getreide, Obst, Gemüse, Kartoffeln Zeiten: Di+Fr 15-18	Gärtnerei Lahmann	Berkefeldweg 24 Verband: Demeter
29303 Bergen Tel. 05051/4685 Getreide, Gemüse, Kartoffeln, Milch, Käse Zeiten: nach Vereinbarung	Hof Ahrens Ahrens	Wardböhmen 15 Verband: Demeter
29348 Scharnhorst-Endeholz Ulrich Marwede Tel. 05142/672 Brot, Saft, Wein, Bier, Honig, Schafprodukte, Getreide, Obst, Gemüse, Kartoffeln, Käse, Eier Zeiten: Fr 14-18		Marweder Straße 1 Verband: Bioland
29348 Eschede Tel. 05142/870 Honig, Urlaub, Gemüse, Kartoffeln, Eier, Geflügel, Fleisch, Wurst Zeiten: Mo-Sa 16-18	Hilke Kruse	Hermannsburger Straße 50 Verband: Bioland
29351 Eldingen Tel. 05148/4142 Spargel, Erdbeeren, Obst, Gemüse Zeiten: während der Erntezeit Mai - Juli	Peter Sawade	Lindenstraße 16 Verband: Bioland
29361 Höfer Tel. 05146/6667 Mehl, Grieß, Flocken, Brot, Getreide, Obst, Gemüse, Kartoffeln, Eier, Fleisch, Wurst Zeiten: Fr 15.30-18 und nach Vereinbarung	Manfred Precht	An der Plantage 12 Verband: Demeter
29378 Wittingen Tel. 05835/875 Mehl, Grieß, Flocken, Säfte, Getreide, Obst, Gemüse, Kartoffeln, Milch, Käse, Fleisch, Wurst Zeiten: Fr 15-18, Sa 8-12	Gärtnerhof Wendengarten Anders, Flüger	Zasenbeck 16 Verband: Demeter

Einkaufen direkt beim Bio-Bauern

29386 Hankensbüttel-Emmen   Rita und Heinz Schulze   Wiesengrund 2
Tel. 05832/2544
Fleisch, Wurst
Zeiten: nach Vereinbarung   Verband: Bioland

29386 Obernholz-Steimke   Hof Rotdorn Rüdiger Korte, Nicole Knemeyer   Rosenstr. 4
Tel. 05832/1866
Tee, Kräuter, Saft, Brot, Kosmetik, Getreide, Obst, Gemüse, Kartoffeln, Milch, Käse, Fleisch, Wurst
Zeiten: Di+Fr 17-19   Verband: Demeter

29456 Hitzacker-Harlingn   Jürgen Wedler, Gartenhof Tilia   Försterkamp 6
Tel. 05862/203
Brot, Saft, Honig, Konfitüren, Getreide, Obst, Gemüse, Kartoffeln, Milch, Käse, Eier, Geflügel, Fleisch
Zeiten: Fr ab 15   Verband: Bioland

29462 Wustrow-Klennov   Frieder Schietzelt   Dolgower Straße 5
Tel. 05841/5223
Hofladen, Brot, Schafprodukte, Wein, Saft, Milch, Käse
Zeiten: Mo-Sa 8-13   Verband: Bioland

29465 Schnega   Der Heidberghof Inge und Wolfgang Rettberg   Billerbeck Nr. 1
Tel. 05842/840
Gänse, Enten, Spargel, Erdbeeren, Obst, Gemüse, Kartoffeln, Eier, Geflügel
Zeiten: nach Vereinbarung Di ab 17   Verband: Demeter

29468 Bergen-Belau   Carsten Misselhorn, terra est vita GmbH   Belau Nr. 6
Tel. 05845/218
geräucherter Schinken, Speck, Schaffelle, Gemüse, Kartoffeln, Fleisch
Zeiten: Mo-Fr 8.30-16   Verband: Bioland

29476 Gusborn   Wilhelm Meyer   Alte Dorfstraße 13
Tel. 05865/1471
Brot, Getreide, Kartoffeln, Eier, Geflüge, Fleisch, Wurst
Zeiten: nach Vereinbarung   Verband: Bioland

29476 Gusborn   Michael Reubert   Zur Lucie 2
Tel. 05865/202
Gemüse
Zeiten: nach Vereinbarung   Verband: Bioland

29479 Jameln   Hartmut Schulz, Schulzen-Hof   Platenlaase 7
Tel. 05864/527
Brot, Getreide, Obst, Gemüse, Kartoffeln, Milch, Käse, Eier, Geflügel, Fleisch, Wurst
Zeiten: Mo-Sa 8-18   Verband: Bioland

29485 Lemgow   Frank Schmitt, Hof Schmarsau   Ahrendseer Straße 7
Tel. 05883/221
Brot, Wein, Honig, Ziegen- und Schafprodukt, Getreide, Obst, Gemüse, Kartoffeln, Milch, Käse, Eier
Zeiten: Mo,Do 16-18, Di, Fr,Sa 9-12   Verband: Bioland

29487 Luckau   Annette und Ulrich Quis   Mammoißel Nr. 16
Tel. 05844/1411
Brot, Saft, Wein, Bier, Honig, Getreide, Obst, Gemüse, Kartoffeln, Milch, Käse, Eier, Fleisch, Wurst
Zeiten: Mi, Fr 16-18 und nach Vereinbarung   Verband: Bioland

Einkaufen direkt beim Bio-Bauern

29487 Luckau Tel. 05844/1694 Bier, Honig, Getreide, Gemüse, Kartoffeln, Fleisch Zeiten: Fr 14-18, Sa 10-12	Jochen Kulow	Zargleben Nr. 5 Verband: Bioland
29487 Luckau Tel. 05843/7117 Kartoffeln, Milch Zeiten: nach Vereinbarung	Werner Rieck	Nr. 7 Verband: Bioland
29487 Luckau Tel. 05881/1623 Kartoffeln, Milch, Fleisch, Wurst Zeiten: nach Vereinbarung	Manfred Ebeling, „Wilde Henne"	Nr. 16 Verband: Bioland
29494 Trebel-Groß Breese Tel. 05848/833 Brot, Saft, Wein, Honig, Getreide, Obst, Gemüse, Kartoffeln, Milch, Käse, Eier, Geflügel, Fleisch, Wurst Zeiten: Mo-Fr 9-11, 13-18, Sa 9-13	Eckhard Tietke	Groß Breese 2 Verband: Bioland
29494 Trebel-Nemitz Tel. 05848/1232 Spargel, Honig, Kartoffeln, Milch, Käse, Fleisch Zeiten: Mo-Sa 8-19	Hans-Jörg Peters	Nemitz 5 Verband: Bioland
29496 Waddeweitz-Gohlau Tel. 05849/582 Ziegenprodukte, Konfitüren, Gelees, Gemüse Zeiten: nach Vereinbarung	Dr. Claus Centurier	Gohlau 10 Verband: Bioland
29496 Waddeweitz Tel. 05849/1213 Getreide, Gemüse, Kartoffeln Zeiten: im Sommer tägl bis 19	Matthias Schulz-Gerstenmaier	Diahren 12 Verband: Bioland
29496 Waddeweitz-Diahren Tel. 05844/675 Schafskäse, Felle, Wolle, Likör, Fleisch, Wurst Zeiten: nach Vereinbarung	Giselher Kühn, Milchschafhof	Diahren 10 Verband: Bioland
29499 Zernien Tel. 05863/366 Kräuter, Spargel, Schafprodukte, Saft, Getreide, Obst, Gemüse, Kartoffeln, Milch, Käse, Eier, Geflügel Zeiten: nach Vereinbarung	Lothar Krüger, Göhrde-Hof	Glieneitz 3 Verband: Bioland
29525 Uelzen Tel. 0581/73435 Brot, Säfte, Konserven, Getreide, Obst, Gemüse, Kartoffeln, Milch, Käse, Eier, Geflügel, Fleisch, Wurst Zeiten: Fr 14-18, Sa 8-12	Lisa Bauck, Bauckhof	Klein-Süstedt Verband: Demeter
29525 Uelzen Tel. 0581/90160 Brot, Bücher, Kerzen, Konserven, Getreide, Obst, Gemüse, Kartoffeln, Milch, Käse, Eier, Fleisch, Wurst Zeiten: Di 16.30-18, Fr 14-18, Sa 8-12	Bauckhof Klein Süstedt	 Verband: Demeter

Einkaufen direkt beim Bio-Bauern

29549 Bad Bevensen   Martin Feller   Schweizerhof
Tel. 05821/43448
Brot, Saft, Wein, Bier, Getreide, Obst, Gemüse, Kartoffeln, Milch, Käse, Eier, Geflügel, Fleisch, Wurst
Zeiten: Mo-Fr 9-12, 15-18 Sa 9-12   Verband: Bioland

29553 Bienenbüttel   Ulrike Ködel und Peter Kreiselmaier, Eitzbachhof   Zum Eitzener Bruch 11-13
Tel. 05823/7938
Ziegenprodukte, Getreide, Gemüse, Kartoffeln, Fleisch, Wurst
Zeiten: Mo 18-20, Sa 10-12   Verband: Bioland

29553 Bienenbüttel-Bornsen   Dieter Dreyer   Alte Dorstraße 2
Tel. 05823/7217
Gemüse, Kartoffeln, Eier
Zeiten: nach Vereinbarung   Verband: Bioland

29553 Bienenbüttel-Beverbeck   Claus-Wilhelm Eichhoff   Beverbecker Straße 2
Tel. 05823/7656
Getreide, Gemüse, Kartoffeln, Eier, Geflügel, Fleisch, Wurst
Zeiten: Mi-Sa 17-18 und nach Vereinbarung   Verband: Bioland

29553 Bienenbüttel-Steddorf   Handels-Speicher & Gärtnerei   Fichtenweg 10
Tel. 05823/7395
Brot Stand auf dem Hamburger Großmarkt, Getreide, Obst, Gemüse, Kartoffeln, Milch, Eier
Zeiten: Mi 14-18.30, Sa 8-13   Verband: Naturland

29571 Rosche   Bauckhof Stütensen
Tel. 05803/9640
Brot, Säfte, Mehl, Bücher, Kerzen, Getreide, Obst, Gemüse, Kartoffeln, Milch, Käse, Fleisch, Wurst
Zeiten: Fr 16-18, Sa 9.30-13   Verband: Demeter

29571 Rosche   Gertz und Meyer, Hofgemeinschaft Schmölau   Schmölau Nr. 2 /Meyerhof
Tel. 05863/479
Kartoffeln, Milch
Zeiten: nach Vereinbarung   Verband: Bioland

29576 Barum   Karsten Ellenberg   Ebstorfer Straße 1
Tel. 05806/304
Kartoffeln
Zeiten: nach Vereinbarung   Verband: Bioland

29584 Himbergen   Matthias Meyer   Rohrstorf 5
Tel. 05828/257
Säfte, Getreide, Obst, Gemüse, Kartoffeln, Fleisch, Wurst
Zeiten: Sa 9-11 und nach Vereinbarung   Verband: Demeter

29584 Himbergen-Groß Thondorf   Jürgen Thiele Strother
Weg 2   Tel. 05828/1474
Kartoffeln
Zeiten: nach Vereinbarung   Verband: Bioland

29596 Stadensen   Heinrich Hamborg   Stadenser Straße 1
Tel. 05802/4878
Zwiebeln, Kartoffeln
Zeiten: nach Vereinbarung   Verband: Bioland

Einkaufen direkt beim Bio-Bauern

29596 Stadensen-NettelkampUlrich Andreas Elbers, Elbers-Hof An der Kirche 5
Tel. 05802/4049
Saft, Brot, Trockensortiment, Fleisch auf Best., Gemüse
Zeiten: Fr 15-18 Verband: Demeter

29597 Groß-Malchau-Stoetze Humanopolis
Tel. 05872/810
Gemüse, Kartoffeln
Zeiten: nach Vereinbarung Verband: Demeter

29597 Malchau-Stoetze Humanopolis
Tel. 05872/810
Gemüse, Kartoffeln
Zeiten: nach Vereinbarung Verband: Demeter

29614 Soltau Walter und Eva Asche Visselhöveder Straße 90
Tel. 05191/15141
Brot, Honig, Getreide, Obst, Gemüse, Kartoffeln, Eier, Geflügel
Zeiten: Di, Fr 14-18.30 Verband: Bioland

29614 Soltau Jürgen Lehmberg Barmbruch 10
Tel. 05191/3947
Saft, Schafprodukte, Getreide, Milch, Käse, Eier, Geflügel, Fleisch, Wurst
Zeiten: morgens bis 10 Uhr, abends ab 17 Uhr Verband: Bioland

---

29633 Munster-Ilster Hans-Heinrich Alvermann Ilster Nr. 2
Tel. 05192/2518
Gemüse, Kartoffeln
Zeiten: Mo-Fr 8-18 Verband: Bioland

29640 Lünzen-Riep K. E. Osthaus Hofgemeinschaft Riephof
Tel. 05193/1231
Brot, Mehl, Grieß, Flocken, Gemüse, Kartoffeln, Milch, Käse, Eier, Geflügel, Fleisch, Wurst
Zeiten: täglich Verband: Demeter

29640 Schneverdingen Werner Schröder, Dreyershof Dreyershofer Weg 26
Tel. 05193/3565
Kartoffeln, Fleisch, Wurst
Zeiten: nach Vereinbarung Verband: Bioland

29643 Neuenkirchen-Vahlzen Grete Baden, Lütenhof
Vahlzen Nr. 3 Tel. 05195/654
Gemüse, Kartoffeln, Eier, Geflügel, Fleisch, Wurst
Zeiten: nach Vereinbarung Verband: Bioland

29664 Walsrode Gärtnerhof Hoops GmbH Am Beetenbusch 6a
Tel. 05161/1727
Brot, Naturkost, Urlaub, Hofladen, Getreide, Obst, Gemüse, Kartoffeln, Käse, Eier
Zeiten: Mo-Fr 15-18, Sa 9-12 Verband: Bioland

29664 Walsrode Gärtnerhof Düshorn, L. V. Laardingerbroek Am Berge 8
Tel. 05161/74242
Honig, Abokisten, Obst, Gemüse, Kartoffeln
Zeiten: Mo-Fr 7.30-18, Sa 8-12 Verband: Bioland

Einkaufen direkt beim Bio-Bauern

29664 Walsrode-Cordingen   Jürgen Leutnant   Grenzweg 32
Tel. 05161/47883
Zierpflanzen, Bier, Bro, Getreide, Obst, Gemüse, Kartoffeln, Käse, Eier, Geflügel, Fleisch, Wurst
Zeiten: Di, Fr 16-18.30   Verband: Bioland

29664 Walsrode-Ebbingen   Carsten Wittkopf, Heidehof   Ebbingen 3
Tel. 05161/2874
Weihnachtsgänse, Tannen, Eier
Zeiten: nach Vereinbarung   Verband: Bioland

29690 Gilten   Hans Tappe, Gärtnerei Suderbruch   Behrens Twachte 3
Tel. 05074/1496
Gemüse, Kartoffeln
Zeiten: nach Vereinbarung   Verband: Bioland

29690 Gilten-Suderbruch   Hanna Meyer, Gärtnerei Suderbruch   Zum Heuland 6
Tel. 05074/587
Kräutertöpfe, Stauden, Gemüse
Zeiten: nach Vereinbarung   Verband: Bioland

29693 Ahlden   Heiner Helberg, Villa Kunterbunt   Eilte 27
Tel. 05164/1441
Gemüse, Kartoffeln, Milch, Käse
Zeiten: Mo-Sa 10-12   Verband: Bioland

Einkaufen direkt beim Bio-Bauern

30826 Garbsen   Joachim Wieding und Herald Ario, Hofgemeinschaft Frielinger Straße 6
Tel. 05131/55538
Lammfleisch, Felle, Honig, Wein, Getreide, Obst, Gemüse, Kartoffeln, Eier
Zeiten: Di, Fr 16-18, Sa 10-12   Verband: Bioland

30890 Barsinghausen   Irmin Benne   Schmiedestraße 17
Tel. 05105/8972
Getreide, Kartoffeln
Zeiten: Fr 18-19   Verband: Bioland

30900 Wedemark   Ines Meyerhoff   Am Jürsenende 10
Tel. 05130/40279
Kartoffeln, Fleisch, Wurst
Zeiten: nach Vereinbarung   Verband: Bioland

30900 Wedemark   Hermann Hemme   Marktstraße 2
Tel. 05130/3447
Honig, Gemüse, Kartoffeln, Eier, Geflügel, Fleisch, Wurst
Zeiten: Di, Fr 9-12, 15-18, Sa 9-12   Verband: Bioland

330916 Isernhagen   Frederic Pein, Karin Hein, Gärtnerei Rothenfeld Gb Alter Postweg 8
Tel. 051/137685
Abokisten, Obst, Gemüse, Kartoffeln
Zeiten: Fr 16-18   Verband: Bioland

30926 Seelze   Kurt und Irmtraut Grages   Altes Dorf 9
Tel. 05031/71421
Mehl, Brot, Säfte, Konserven, Getreide, Obst, Gemüse, Kartoffeln, Milch, Käse, Eier
Zeiten: Di 9-12 u. 15.30-18, Fr 14-18, Sa 9-12   Verband: Demeter

---

30952 Ronnenberg   Ernst-Friedrich Maage   Hermann-Löns-Straße 18
Tel. 05108/3528
Brot, Saft, Wein, Honig, Schafprodukte, Getreide, Obst, Gemüse, Kartoffeln, Milch, Käse, Eier
Zeiten: Di, Mi 10-13, 15-18.30, Fr 10-18.30, Sa 9-12   Verband: Bioland

---

30966 Hemmingen-Hiddestorf   Cord Baxmann, Kampfelder Hof   Hauptstraße 31
Tel. 05101/12505
Brot, Saft, Bier, Honig, Schafprodukte, Getreide, Obst, Gemüse, Kartoffeln, Milch, Käse, Eier, Geflügel
Zeiten: Di+Fr 10-13 und 15-18.38, Sa 9-13   Verband: Bioland

31008 Elze   Friedrich-August Weber, Naturhof Mehle   Wiedfelder Straße 10
Tel. 05068/3715
Brot, Saft, Honig, Getreide, Obst, Gemüse, Kartoffeln, Milch, Käse, Eier, Geflügel, Fleisch, Wurst
Zeiten: Di, Fr, Sa 10-13, Di, Fr 15-18.30   Verband: Bioland

31036 Eime   Gärtnerei Deilmissen, Wiese und Nowicki GbR   Dorfstraße 28 a
Tel. 05182/7467
Saft, Obst, Gemüse, Kartoffeln, Eier, Geflügel
Zeiten: Di, Do 15-18   Verband: Bioland

31061 Alfeld   Heinz Hoffmeister   Heidegrunder Straße 30
Tel. 05181/6260
Obst
Zeiten: nach Vereinbarung   Verband: Bioland

Einkaufen direkt beim Bio-Bauern

31085 Everode   Heide und Wilhelm Bertram, Hof Luna   Hauptstraße 7
Tel. 05184/8328
Brot, Mehl, Grieß, Säfte, Flocken, Getreide, Gemüse, Kartoffeln, Milch, Käse, Eier, Fleisch, Wurst
Zeiten: Fr 15-19, Sa 9-13   Verband: Demeter

31135 Hildesheim-Einum   Hartmut Hollemann   Lindenstraße 2
Tel. 05121/510694
Sauerkirschen, Getreide, Kartoffeln
Zeiten: nach Vereinbarung   Verband: Bioland

31171 Nordstemmen   Ulrich Gehrke   Im Winkel 3
Tel. 05044/1370
Getreide, Kartoffeln
Zeiten: Fr 16-18, Sa 10-13   Verband: Bioland

31174 Schellerten   Gerhard Tertsch   Pastorenbrink 4 a
Tel. 05121/12139
Getreide
Zeiten: nach Vereinbarung   Verband: Bioland

31177 Harsum-Borsum   Engelbert Hartmann   Am Bäckerbrink 4
Tel. 05127/6849
Getreide, Kartoffeln, Fleisch
Zeiten: Sa 9-13 und nach Vereinbarung   Verband: Bioland

31234 Edemissen   Ulf Lahmann   Eichkamp 16
Tel. 05176/1538
Honig, Bienenwachskerzen, Met, Schaffelle, Brot, Wein, Getreide, Obst, Gemüse, Kartoffeln, Eier, Fleisch
Zeiten: Fr 14-19, Sa 9-11 und nach Vereinbarung   Verband: Bioland

---

31234 Edemissen-Plockhorst Biohof Plockhorst Beyer/Pein GbR   Im Deilen 8
Tel. 05372/8459
Kräuter, Honig, Brot, Wein, Getreide, Obst, Gemüse, Kartoffeln, Eier, Geflügel, Fleisch, Wurst
Zeiten: Fr 15-18, Sa 9-12   Verband: Bioland

31249 Hohenhameln   Friedrich Knop   Kirchstraße 4
Tel. 05128/4265
Fleisch von Schaf und Rind, Felle, Wolle
Zeiten: nach Vereinbarung   Verband: Bioland

31249 Hohenhameln   Reinhard Hölzer   Falkenberger Straße 1
Tel. 05128/4279
Getreide, Gemüse, Kartoffeln
Zeiten: nach Vereinbarung   Verband: Bioland

31275 Lehrte-Hämelerwald   Henning Hartmann   Gut Adolphshof, Hämelerwald
Tel. 05175/4535
Brot, Wolle, Felle, Kerzen, Keramik, Getreide, Obst, Gemüse, Kartoffeln, Milch, Käse, Eier, Geflügel
Zeiten: Fr 13-19   Verband: Demeter

31275 Lehrte   Heinrich Vollmer, Gärtnerei   Dammbusch 26
Tel. 05175/4211
Brot, Mehl, Grieß, Flocken, Kräuter, Erdbeeren, Gemüse, Kartoffeln
Zeiten: Fr 13-17, Sa 9-13   Verband: Demeter

Einkaufen direkt beim Bio-Bauern

31303 Burgdorf Gerald Meller Grüne Allee 7
Tel. 05085/6155
Brot, Saft, Wein, Honig, Ziegenprodukte, Bier, Getreide, Obst, Gemüse, Kartoffeln, Käse, Eier
Zeiten: Di 15-18, Fr 14-18, Sa 9-12 Verband: Bioland

31303 Burgdorf Hans-Hermann Tauschke Im Moore 1
Tel. 05136/3227
Kartoffeln, Eier
Zeiten: nach Vereinbarung Verband: Bioland

31311 Uetze Michael Stolze An der Kapelle 5
Tel. 05175/2140
Brot, Saft, Wein, Honig, Schafprodukte, Getreide, Obst, Gemüse, Kartoffeln, Milch, Käse, Eier, Geflügel
Zeiten: Fr 14-18.30 Verband: Bioland

31311 Uetze-Katensen Thomas Klages Am Angerkamp 10
Tel. 05173/24494
Brot, Saft, Wein, Spargel, Jungpflanzen, Getreide, Obst, Gemüse, Kartoffeln, Fleisch
Zeiten: Fr 15-18 Verband: Bioland

31319 Sehnde Franz-Josef Sautmann, Gärtnerei Kiebitz Am Punpe 4
Tel. 05183/4341
Honig, Brot, Saft, Obst, Gemüse, Kartoffeln, Eier, Geflügel, Fleisch, Wurst
Zeiten: Di 15-18, Fr 9-13 und 14-18 Verband: Bioland

31515 Wunstorf Rudolf Speckhan Maschstraße 12
Tel. 05031/74961
Saft, Wein, Jungpflanzen, Bier, Getreide, Obst, Gemüse, Kartoffeln, Milch, Käse, Eier, Geflügel, Fleisch
Zeiten: Mo-Do 9-13 und 15-18, Sa 9-13 Verband: Bioland

31535 Neustadt Michael Schaper Zum Bodenkamp 11
Tel. 05032/3368
Kartoffeln
Zeiten: nach Vereinbarung Verband: Bioland

31535 Neustadt Ulrich Dorn, Friedenshof Kommunität Hammersteinstraße 3
Tel. 05073/7022
Gemüsekisten auf Bestellung, Saft, Honig, Getreide, Obst, Gemüse, Kartoffeln, Eier
Zeiten: nach Vereinbarung Verband: Bioland

31535 Neustadt a. Rüb. /Esperk Thilo Gröne, Blaumenhof Lange Straße 35
Tel. 05073/530
Brot, Säfte, Getreide, Obst, Gemüse, Kartoffeln
Zeiten: nach Vereinbarung Verband: Demeter

31535 Stöckendrebber Friedrich Bohm, „Bundschuh" Junkernstraße 1
Tel. 05073/7411
Brot, Wein, Backzutaten, Honig, Saft, Getreide, Kartoffeln, Käse, Fleisch, Wurst
Zeiten: Di, Do 14.30-18.30 Verband: Bioland

31547 Rehburg-Loccum Joachim Grieger Brunnenstraße 37
Tel. 05037/3344
Schaffleisch, Kartoffeln
Zeiten: nach Vereinbarung Verband: Bioland

Einkaufen direkt beim Bio-Bauern

31547 Rehburg-Loccum, Winzlar Harald Mergenthaler, Rosenhof — Auf der Horst 30
Tel. 05037/5244
Saft, Wein, Bier, Honig, Brot, Getreide, Obst, Gemüse, Kartoffeln, Eier, Geflügel
Zeiten: Di + Fr 10.30-12.30 und 17-19 — Verband: Bioland

31547 Rehburg-Loccum Anni und Ernst Wesemann — Mindener Straße 80
Tel. 05766/367
Brot, Hofladen, Getreide, Gemüse, Kartoffeln, Eier, Fleisch, Wurst
Zeiten: nach Vereinbarung — Verband: Bioland

31547 Rehburg-Loccum Gerhard Wildhagen — Auf der Horst 22
Tel. 05037/5025
Brot, Wein, Bier, Honig, Brotaufstriche, Getreide, Obst, Gemüse, Kartoffeln, Käse, Eier, Geflügel
Zeiten: Fr 15-19, Sa 10-13 — Verband: Bioland

31582 Nienburg Reiner Bosse und Magdalene Kern — Geestkante 2
Tel. 05021/7155
Saft, Wein, Honig, Trockensortiment, Obst, Gemüse, Kartoffeln, Milch, Fleisch, Wurst
Zeiten: Mo-Fr 15-18 — Verband: Bioland

31595 Steyerberg Franz-Georg Lukat, Franzens Gärtnerhof — Wellie 24
Tel. 05023/707
Saft, Wein, Stauden, Getreide, Obst, Gemüse, Kartoffeln, Eier, Geflügel
Zeiten: Di, Fr 9-12, 15-18 — Verband: Bioland

31595 Steyerberg Ernst Röhrs, Auehof Reese — Reese 5
Tel. 05764/93142
Brot, Bier, Honig, Trockensortiment, Saft, Wein, Getreide, Obst, Gemüse, Kartoffeln, Eier
Zeiten: Mo, Mi 10-13 u. 15-18.30, Fr 10-18.30 — Verband: Bioland

---

31600 Uchte Elfriede und Karl Tiedemann — Höfen 45
Tel. 05763/2773
Heidschnucken, Getreide, Gemüse, Kartoffeln, Fleisch, Wurst
Zeiten: nach Vereinbarung — Verband: Demeter

31604 Raddestorf Horst Tiedemann — Dierstorf 3
Tel. 05765/1286
Sortiment erfragen
Zeiten: nach Vereinbarung — Verband: Demeter

31604 Raddestorf-Jenhorst Heinrich Heineking — Jenhorst 42
Tel. 05763/2286
Kartoffeln, Milch, Eier, Fleisch
Zeiten: Mo-Sa 8-18 — Verband: Bioland

31604 Raddestorf Hartmut Berghorn — Huddestorf 43
Tel. 05765/217
Saft, Getreide, Obst, Eier, Geflügel
Zeiten: Fr + Sa 8-13, Eier täglich 9-12 — Verband: Bioland

31618 Liebenau Ulrike und Volmar von Kuenheim — Kampstraße 6
Tel. 05023/2469
Honig aus eigener Imkerei, Getreide, Kartoffeln
Zeiten: nach Vereinbarung — Verband: Bioland

Einkaufen direkt beim Bio-Bauern

31626 Haßbergen Hof Leman Hauptstraße 101
Tel. 05024/1212
Spargel, Getreide, Gemüse, Kartoffeln, Milch, Käse, Fleisch, Wurst
Zeiten: Fr 14-17 Verband: Demeter

31629 Estorf Petra-Christine Bauke Alte Schulstraße 3
Tel. 05025/204
Honig
Zeiten: nach Vereinbarung Verband: Bioland

31629 Estorf Carsten Meyer und Regina Kraft-Meyer Alte Schulstraße 10
Tel. 05025/228
Spargel, Getreide
Zeiten: nach Vereinbarung Verband: Bioland

31637 Rodewald Wilfried Rabe Dorfstraße 133
Tel. 05074/1219
Hofladen, Gemüse
Zeiten: Mi, Fr 13-18, Sa 9-13 Verband: Bioland

31655 Stadthagen Gärtnerei Kirschblüte, Ute Strakerjahn Kreisstraße 22
Tel. 05721/3926
Honig, Obst, Gemüse, Kartoffeln, Eier, Geflügel
Zeiten: Mi 14.30-18.30 Verband: Bioland

31655 Stadthagen SPFK Wohnen und Arbeit GmbH Lüdersfelder Straße 10
Tel. 05721/72786
Brot, Honig, Getreide, Gemüse, Kartoffeln, Eier, Fleisch
Zeiten: Mo-Sa 9-12 und 15-18 Verband: Bioland

31675 Bückeburg Hans-Jürgen Hornung und Waltraud Loose-Hornung Retholzstraße 1
Tel. 05722/6126
Beerenobst, Obst, Gemüse, Kartoffeln, Eier
Zeiten: Di 16-18.30, Sa 9-12 Verband: Bioland

31675 Bückeburg Heinz Loose Retholzstraße 1
Tel. 05722/6127
Kartoffeln, Fleisch, Wurst
Zeiten: Di 16-18, Sa 9-12 und nach Vereinbarung Verband: Bioland

---

31700 Heuerßen Thomas Ellersiek Domäne Lohhof
Tel. 05725/366
Bier, Honig, Saft, Wein, Brot, Getreide, Obst, Gemüse, Kartoffeln, Milch, Käse, Eier, Geflügel
Zeiten: Di 9-10.30 und 16-18.30, Fr 16-18.30 Verband: Bioland

---

31702 Lüdersfeld Dagmar Strauß Ziegenhof Obernhagen 13
Tel. 05725/8744
Ziegenkäse, Milch, Käse
Zeiten: Sa nach Vereinbarung Verband: Demeter

31702 Lüdersfeld Manfred und Stephanie Thies Niedernhagen 31
Tel. 05725/5539
Schafprodukte, Eier, Fleisch
Zeiten: Fr 8-12, 15-18 Verband: Bioland

Einkaufen direkt beim Bio-Bauern

31715 Meerbeck   Hof Wiebe   Volksdorf 15
Tel. 05721/3395
Getreide, Milch, Käse
Zeiten: nach Vereinbarung   Verband: Demeter

31719 Wiedensahl   Christian Deterding   Hauptstraße 37
Tel. 05726/679
Brot, Honig, Getreide, Gemüse, Kartoffeln, Milch, Käse, Fleisch
Zeiten: Sa 10-12 und nach Vereinbarung   Verband: Bioland

31737 Rinteln   Wilhelm Mohrmann   Im Obernfeld 1
Tel. 05751/3482
Brot, Saft, Wein, Bier, Schafprodukte, Getreide, Obst, Gemüse, Kartoffeln, Milch, Käse, Eier, Geflügel
Zeiten: Di, Fr 15-18, Fr, Sa 10-12   Verband: Bioland

31737 Rinteln   Gerhard Strathe   Breiter Bören 2
Tel. 05751/2150
Kartoffeln, Milch
Zeiten: nach Vereinbarung   Verband: Bioland

31749 Auetal-Poggenhagen Albert Haeke   Poggenhagen
Tel. 05753/345
Leinsamen, Grünkern, Getreide
Zeiten: nach Vereinbarung   Verband: Bioland

31789 Hameln   Manuel Reichholz   Im Berkeler Feld 22
Tel. 05152/61562
Sortiment erfragen
Zeiten: nach Vereinbarung   Verband: Demeter

31789 Hameln   Wilhelm Rathing   Gut Oehrsen 1
Tel. 05151/15896
Getreide, Gemüse, Kartoffeln
Zeiten: Mi 15-18, Sa 8-12 und nach Vereinbarung   Verband: Bioland

---

31812 Bad Pyrmont   Kathrin Nitsche & Klaus Eickermann   Im Unterdorf 8
Tel. 05281/3207
Brot, Saft, Wein, Bier, Honig, Gemüse, Obst, Gemüse, Kartoffeln, Milch, Käse, Eier, Fleisch, Wurst
Zeiten: Mi, Fr 16-18, Sa 10.30-12.30   Verband: Bioland

31832 Springe   Friedrich Bartels, Eschenhof   Industriestraße 15
Tel. 05041/971626
Brot, Saft, Honig, Getreide, Obst, Gemüse, Kartoffeln, Käse, Eier, Fleisch
Zeiten: Di, Fr 15-18   Verband: Bioland

31832 Springe   Ellen Wulfert, Lüderser Obsthof   Am Wehrturm 16
Tel. 05045/6233
Kräuter, Obst
Zeiten: nach Vereinbarung   Verband: Demeter

31832 Springe   Gernot Ehlers   Im Alten Land 7
Tel. 05041/2806
Wein, Honig, Ziegenkäse, Getreide, Gemüse, Kartoffeln, Milch, Käse, Eier, Fleisch
Zeiten: Mo-Sa 6-20   Verband: Bioland

Einkaufen direkt beim Bio-Bauern

31840 Hessisch Oldendorf   Udo und Petra Frevert   Dammstraße 4
Tel. 05152/61447
Brot, Hofladen, Getreide, Obst, Gemüse, Kartoffeln
Zeiten: Fr 16-18   Verband: Bioland

31840 Hessisch Oldendorf-Bense   Heinrich Meier-Köpke   Über den Höfen 2
Tel. 05152/6743
Brot, Wein, Getreide, Gemüse, Kartoffeln, Milch, Käse, Eier, Geflügel, Fleisch, Wurst
Zeiten: nach Vereinbarung   Verband: Bioland

31840 Hessisch Oldendorf   Lothar Kaiser   Pötzer Landwehr 1
Tel. 05151/88553
Geflügel auf Bestellung, Getreide, Kartoffeln, Eier
Zeiten: tägl. ab 17 Uhr   Verband: Naturland

31848 Bad Münder   Christian Siegmann, Ziegenhof Nettelrede   Zum Texas 6
Tel. 05042/4138
Ziegenmilch, -käse, Bier, Honig, Wein, Saft, Getreide, Obst, Kartoffeln, Käse, Eier, Geflügel
Zeiten: täglich 8-18.30   Verband: Bioland

31855 Aerzen   Reinhard Bade, Grießehof   Oberer Anger 26
Tel. 05154/2391
Waschmittel und Kosmetik, Schafprodukte, Brot, Getreide, Obst, Gemüse, Kartoffeln, Eier, Fleisch
Zeiten: Di, Fr 10-13. u. 15-18, Sa 10-13   Verband: Bioland

31855 Aerzen-Selxen   Annette und Alfred Schuldt   Gärtnerei Alteburg
Tel. 05154/3511
Gemüsejungpflanzen, Naturkost, Honig, Obst, Gemüse, Kartoffeln
Zeiten: Mo-Sa 8-13, Mo, Di,Fr 15-18, Do 15-19   Verband: Bioland

---

31855 Aerzen   Joachim Meyer
Tel. 05154/3441
Getreide, Käse
Zeiten: nach Vereinbarung   Verband: Bioland

31855 Aerzen   Friedrich und Henning Pettig   Schulstraße 11
Tel. 05154/1729
Brot, Kartoffeln
Zeiten: nach Vereinbarung   Verband: Bioland

31855 Aerzen   Eberhard und Dorothea Schulz   Beberstraße 1
Tel. 05154/2307
Wein, Getreide, Kartoffeln, Milch, Fleisch, Wurst
Zeiten: tägl 17-18   Verband: Bioland

31855 Aerzen-Grießem   Wilfried Zachert   Oberer Anger 22
Tel. 05154/3377
Charolais-Zuchtvieh, Saathafer, Getreide, Kartoffeln, Fleisch
Zeiten: nach Vereinbarung   Verband: Bioland

31855 Aerzen   Volker Böger   Ahorn 6
Tel. 05154/8625
Getreide, Gemüse, Kartoffeln
Zeiten: nach Vereinbarung   Verband: Bioland

Einkaufen direkt beim Bio-Bauern

31855 Aerzen — Ernst Podewski — Puckmühle 1
Tel. 05154/563
Getreide, Kartoffeln, Eier
Zeiten: Fr 16-18 und nach Vereinbarung
Verband: Bioland

31860 Emmerthal — Peter Weiberg und Helmut Sobottka, Marienhof Esper
Kniepstraße 3 — Tel. 05157/368
Saft, Wein, Honig, Getreide, Obst, Gemüse, Kartoffeln, Eier, Fleisch
Zeiten: Di 16-19, Sa 9-12
Verband: Bioland

32051 Herford-Laar — Alexander Hoffmann — Lübbecker Straße 185
Tel. 05221/32169
Ziegenprodukte, Zuchttiere, Fleisch
Zeiten: Di, Fr 19-20 und nach Vereinbarung
Verband: Bioland

32052 Herford — Karl-Hermann Priem — Elverdisser Str. 489
Tel. 05221/72706
Saft, Brot, Wein, Getreide, Obst, Gemüse, Kartoffeln, Milch, Käse, Eier, Geflügel, Fleisch, Wurst
Zeiten: Mo+Mi 15-18, Do+Fr 10-12+15-18, Sa 9-13
Verband: Bioland

32052 Herford-Elverdissen — Hans-Ulrich Brünger — Im großen Siek 32
Tel. 05221/75626
Lammfleisch, Obst
Zeiten: Fr 15-18.30, Sa 9-13
Verband: Bioland

32052 Herford — Gerhard Flachmeier — Im Heidsiek 69
Tel. 05221/71155
Saft, Getreide, Obst, Gemüse, Kartoffeln, Fleisch
Zeiten: nach Vereinbarung
Verband: Bioland

32107 Bad Salzuflen — Werner Weißenbach, Knollmannshof — Fritz-Niewaldweg 1
Tel. 05227/72377
Hofladen
Zeiten: Di 10-12+15-17, Fr 10-12+15-18, Sa 9-12
Verband: Demeter

32108 Bad Salzuflen — Udo Schirneker-Reineke — Papenhauser Straße 10
Tel. 05222/2658
Säfte, Getreide, Obst, Gemüse, Kartoffeln
Zeiten: Mi, Fr 15-18, Sa 9-12
Verband: ANOG

32120 Hiddenhausen — Friedel Gieseler und Elke Holtermann — Lippinghauser Straße 112
Tel. 05221/62575
Brot, Trockenprodukte, Hauslieferung, Gemüse, Kartoffeln, Fleisch, Wurst
Zeiten: Di 16.30-18.30, Fr 15-18.30, Sa 10-12
Verband: Bioland

32139 Spenge — Heinrich-Hermann Beckhoff — Hücker Dorf 3
Tel. 05225/3338
Getreide, Kartoffeln
Zeiten: Mo-Fr 9-12, 15-18, Sa 9-12
Verband: Bioland

32139 Spenge — Friedrich-Wilhelm Graefe zu Baringdorf — Am Berninghof 2
Tel. 05225/1744
Brot, Honig, Saft, Getreide, Obst, Gemüse, Kartoffeln, Eier, Fleisch, Wurst
Zeiten: Mi 16-18, Sa 10-13
Verband: Bioland

Einkaufen direkt beim Bio-Bauern

32139 Spenge — Wilfried Hauptmann — Stiller Frieden 84
Tel. 05225/4867
Getreide, Kartoffeln, Eier
Zeiten: nach Vereinbarung — Verband: Bioland

32289 Rödinghausen — Erwin Vogel von Falckenstein — Holzeler Weg 5
Tel. 05746/8546
Eierlikör, Eiernudeln, Hühnerfleisch, Eier, Geflügel, Fleisch, Wurst
Zeiten: nach Vereinbarung — Verband: Naturland

32289 Rödinghausen — Wilfried Springhorn — Kleiner Weg 10
Tel. 05746/1344
Getreide, Kartoffeln
Zeiten: Sa 9.30-11.30 und nach Vereinbarung — Verband: Bioland

32339 Espelkamp — Friedrich Hoffmeier — Niederstraße 7
Tel. 05743/8562
Getreide, Gemüse, Kartoffeln
Zeiten: nach Vereinbarung — Verband: Demeter

32351 Steinwede — Rolf Pollmüller, Haldemer Hof — Haldem 4
Tel. 05474/6399
Brot, Saft, Wein, Bier, Honig, Getreide, Obst, Gemüse, Kartoffeln, Milch, Käse, Eier, Geflügel, Fleisch
Zeiten: Do 16-18, Fr 9-12, 15-18 — Verband: Bioland

32351 Stemwede — Ulrich und Annette Dreyer — Sunderort 3
Tel. 05474/769
Gemüse, Kartoffeln, Eier
Zeiten: nach Vereinbarung — Verband: Bioland

32351 Stemwede-Oppenwehe — Wilfried Rausch — Vorm Fledder 5
Tel. 05773/1310
Saft, Wein, Bier, Getreide, Obst, Gemüse, Kartoffeln, Eier
Zeiten: Mi, Fr 14-18 — Verband: Bioland

32351 Levern-Destel — Gärtnerhof Westerwinkel — Halinger Ort 25
Tel. 05745/2720
Gartenbau, Hofladen
Zeiten: Mi 15-18, Sa 10-16 — Verband: Demeter

32361 Preußisch-Oldendorf — Wilhelm Püffke — Auf dem Buchholz 1
Tel. 05743/1703
Brot, Getreide, Obst, Gemüse, Kartoffeln, Milch, Käse, Eier, Geflügel, Fleisch, Wurst
Zeiten: Di 14-18, Fr 9-18, Sa 9-12 — Verband: Naturland

32361 Preußisch-Oldendorf — Hans-Gerd Hüffmeier — Mindener Straße 43
Tel. 05742/2345
Getreide, Kartoffeln
Zeiten: Mo-Sa 9-18 — Verband: Bioland

32425 Minden — Günther Becker, Bulthof — Auf der Bult 21
Tel. 0571/48786
Gemüse, Kartoffeln, Eier, Geflügel
Zeiten: nach Vereinbarung — Verband: Bioland

Einkaufen direkt beim Bio-Bauern

32429 Minden Tel. 05734/1611 Getreide, Kartoffeln, Milch Zeiten: nach Vereinbarung	Ursula Kinkelbur	Zum Hopfengarten 2 Verband: Bioland
32457 Porta Westfalica Tel. 05706/1093 Sortiment erfragen (Landwirtschaft) Zeiten: nach Vereinbarung	Hof Löwenburg	Im Harksiek 54 Verband: Demeter
32468 Petershagen Tel. 05707/383 Sortiment erfragen Zeiten: nach Vereinbarung	Schausters Heidehof	Feuerschicht 42 Verband: Demeter
32469 Petershagen Tel. 05702/9506 Brot, Naturkost, Säfte, Getreide, Obst, Gemüse, Kartoffeln, Milch, Käse, Eier, Geflügel, Fleisch, Wurst Zeiten: nach Vereinbarung	Heiner Klöpper	Unterdorf 16 Verband: ANOG
32479 Hille-Holzhausen Tel. 0571/48786 Obst, Gemüse, Kartoffeln, Eier Zeiten: Fr 15-18	Günter Becker, Bulthof	Mindenerheider Straße 17 Verband: Bioland
32549 Bad Oeynhausen Tel. 05733/4511 Brot, Säfte, Pilze, Getreide, Obst, Gemüse, Kartoffeln, Milch, Käse, Eier, Geflügel, Fleisch, Wurst Zeiten: Di,Sa 9-12,Mi 15-18,Fr 14.30-18 u. n. V.	Arnulf Rolfsmeyer	Deesberger Allee 6 Verband: ANOG
32584 Löhne Tel. 05732/72848 Obst, Gemüse, Kartoffeln Zeiten: Mo-Fr 9-18, Sa 8-19	Gärtnerei Ulenburg	Dorfstr. 89 Verband: Bioland
32584 Löhne Tel. 05732/3317 Schafprodukte, Käse, Fleisch Zeiten: nach Vereinbarung	Angelika und Heinrich Meurer	In der Pagenhelle 18 Verband: Bioland
32602 Vlotho Tel. 05228/7260 Getreide, Obst, Eier Zeiten: nach Vereinbarung	Ingo Ellermann und Sabine Wiegers	Hollenhagen 127 Verband: Bioland
32657 Lemgo Tel. 05266/1824 Sortiment erfragen (Landwirtschaft) Zeiten: nach Vereinbarung	Grabbenhof, Friedrich Arnign	Im Rüschken 15 Verband: Demeter
32657 Lemgo Tel. 05261/10695 Schaf- und Ziegenprodukte, Saft, Wein, Obst, Kartoffeln, Käse, Fleisch, Wurst Zeiten: Fr 17-18, Sa 12-14	Karla Ebert	Weißer Weg 109 Verband: Bioland

Einkaufen direkt beim Bio-Bauern

32676 Lügde   Heinrich Büker   Untere Dorfstr. 21
Tel. 05283/1285
Brot, Ziegenprodukte, Kartoffeln, Milch, Käse, Eier, Geflügel, Fleisch, Wurst
Zeiten: nach Vereinbarung
Verband: Bioland

32683 Barntrup   Karl-Heinz Drake   Frettholz 7
Tel. 05263/4808
Sortiment erfragen (Landwirtschaft)
Zeiten: Sept-Dez Sa 9-17
Verband: Demeter

32683 Barntrup   Herbrechtsmeier   Struchtrup 1
Tel. 05263/2314
Getreide, Kartoffeln
Zeiten: nach Vereinbarung
Verband: ANOG

32689 Kalletal   Gerd von Chamier-Glisczinski   Rentorf 5
Tel. 05261/4053
Obst, Kartoffeln, Milch, Käse, Eier, Geflügel, Fleisch, Wurst
Zeiten: nach Vereinbarung
Verband: Bioland

32689 Kalletal   Antje und Udo Christoph/Frentzel   Elfenborn 5
Tel. 05755/346
Stauden, Forellen, Obst, Gemüse, Kartoffeln, Eier
Zeiten: Mo-Fr 8-16
Verband: Demeter

32694 Dörentrup   Gut Wendlinghausen
Tel. 05265/7682
Sortiment erfragen
Zeiten: nach Vereinbarung
Verband: Demeter

32699 Extertal   Berghof Bolay   Hackemackweg 31
Tel. 05262/4641
Brot, Getreide, Kartoffeln, Milch, Fleisch, Wurst
Zeiten: nach Vereinbarung
Verband: Bioland

32699 Extertal   Andreas Flötotto   Drömscherstraße 26
Tel. 05262/3452
Brot, Schafprodukte, Saft, Wein, Bier, Honig, Getreide, Obst, Gemüse, Kartoffeln, Milch, Käse, Eier
Zeiten: Fr 15-18.30 und nach Vereinbarung
Verband: Bioland

32704 Detmold   Lebenshilfe für Behinderte   Postfach 1465
Tel. 05231/7406-0
Saft, Wein, Brot, Honig, Produkte aus der Wfb, Getreide, Obst, Gemüse, Kartoffeln
Zeiten: Mo-Sa 9-13, Mo, Di,Do, Fr 15-18
Verband: Bioland

32758 Detmold   Heinrich Brinkmann   Kerkweg 15
Tel. 05231/21527
Gemüse
Zeiten: nach Vereinbarung
Verband: Bioland

32760 Detmold   Lebenshilfe Detmold e.V. Lohmannshof   Erbhofstr. 30
Tel. 05231/985161
Brot, Obst, Gemüse, Kartoffeln
Zeiten: Mo-Sa 9-13, Mo, Di,Do, Fr 15-18
Verband: Bioland

Einkaufen direkt beim Bio-Bauern

32760 Detmold Lebenshilfe Detmold e.V. Gut Johannettental
Tel. 05231/921344
Brot, Obst, Gemüse, Kartoffeln
Zeiten: Mo-Sa 9-13, Mo,Di,Do,Fr 15-18 Verband: Bioland

32791 Lage F.W. Brinkmann Fröbelstraße 4
Tel. 05232/5749
Landwirtschaft, Hofladen
Zeiten: Mo-Sa 9-12 + 15-18Di,Sa nachm geschl. Verband: Demeter

---

32791 Lage-Hagen Wolfgang und E. Schröder Afrikastraße 31
Tel. 05232/3264
Brot, Erdbeeren, Getreide, Obst, Gemüse, Kartoffeln, Milch, Käse, Eier, Geflügel, Fleisch, Wurst
Zeiten: Mo-Fr 9.30-13 und 16-18, Sa 9.30-12 Verband: Naturland

---

32816 Schieder Marx Bennerbergstraße 13
Tel. 05282/1775
Fleisch, Wurst
Zeiten: nach Vereinbarung Verband: ANOG

32825 Blomberg Gerhard Lödige Tegerstraße 40
Tel. 05236/284
Brot, Schafprodukte, Saft, Wein, Bier, Getreide, Obst, Gemüse, Kartoffeln, Milch, Käse, Eier, Geflügel
Zeiten: Mi, Fr 10-18, Sa 9-12 Verband: Bioland

32825 Blomberg-Dallborn Gabi und Ulf Allhof-Cramer, Eichenhof Hauptstraße 69c
Tel. 05236/541
Wein, Fleisch
Zeiten: Do, Fr 14-18 Verband: Bioland

32839 Steinheim-Ottenhausen Adolf Bruns Am Anger 30
Tel. 05233/8248
Naturkost, Milch, Käse, Fleisch, Wurst
Zeiten: Di,Do,Fr 16-17.30, Sa 10-12.30 Verband: Naturland

33034 Brakel Imkerei Hensel Bellersen, Im Hohlen
Graben 12 Tel. 05276/8792
Honig
Zeiten: nach Vereinbarung Verband: Bioland

33039 Nieheim Gut Holzhausen
Tel. 05274/ 308
Sortiment erfragen (Landwirtschaft)
Zeiten: nach Vereinbarung Verband: Demeter

33154 Salzkotten-Verne Heinrich Wieneke Enkhausen 6
Tel. 05258/8304
Erdbeeren zum Selbstpflücken, Getreide, Gemüse, Kartoffeln
Zeiten: nach Vereinbarung Verband: Naturland

33154 Salzkotten-Verne Josef Manfraß Kittelstraße 4
Tel. 05258/7628
Zuckermais, Getreide, Gemüse, Kartoffeln, Eier, Geflügel, Fleisch, Wurst
Zeiten: nach Vereinbarung Verband: Naturland

Einkaufen direkt beim Bio-Bauern

33154 Salzkotten Tel. 05258/7240 Gartenbau, Hofladen Zeiten: Mo-Fr 10-18, Sa 9-12	Franz Glahe	Vernerholz 23 Verband: Demeter
33154 Salzkotten Tel. 02955/302 Getreide, Kartoffeln, Fleisch Zeiten: nach Vereinbarung	Karl-Josef Meyer, Richterhof	Ellinghausen 1 Verband: Bioland
33165 Lichtenau Tel. 05295/1586 Lammfleisch, -felle Zeiten: nach Vereinbarung	Josef Gottwick	Lange Straße 20 Verband: Bioland
33165 Lichtenau Tel. 05295/1787 Getreide Zeiten: nach Vereinbarung	Eugen Hundertmark	Nordheimer Weg 2 Verband: Bioland
33165 Lichtenau Tel. 05295/1573 Schafprodukte, Fleisch, Wurst Zeiten: nach Vereinbarung	Wolfgang Scholle	Lange Str. 23 Verband: Bioland
33165 Lichtenau Tel. 05295/1566 Brot, Getreide, Obst, Gemüse, Kartoffeln, Eier Zeiten: Di, Mi 9-14	Ulrich Bentler, Heggehof	Asselner Straße 22 Verband: Bioland
33165 Lichtenau Tel. 05295/411 Kartoffeln Zeiten: nach Vereinbarung	Marietheres & Johannes Michaelis	Ringstraße 17 Verband: Bioland
33165 Lichtenau Tel. 05295/8535 Nacktgerste, Grünkern, Nackthafer, Getreide Zeiten: nach Vereinbarung	Hartmut Böhner	Heggeweg 1 Verband: Naturland
33165 Lichtenau Tel. 05295/1392 Getreide, Kartoffeln Zeiten: nach Vereinbarung	Heinz-Josef Krawinkel	Bahnhofstraße 50 Verband: Bioland
33165 Lichtenau Tel. 05295/274 Saft, Honig, Schafprodukte, Getreide, Kartoffeln, Milch, Käse, Eier, Fleisch, Wurst Zeiten: Di 9-12.30, Fr 14-18.30	Rita Schäfers	Heggehof 2 Verband: Bioland
33165 Lichtenau Tel. 05259/235 Grünkern, Rindfleisch, Brot, Getreide, Fleisch Zeiten: täglich 9-18 Uhr	Günther Tewes	Husenerstraße 23 Verband: Naturland

Einkaufen direkt beim Bio-Bauern

33178 Borchen Tel. 05254/38525 Sortiment erfragen (Landwirtschaft) Zeiten: nach Vereinbarung	Werkgemeinschaft Schloß Hamborn	Schloß Hamborn 52 Verband: Demeter
33178 Borchen Tel. 05292/1624 Lammfelle, -fleisch, Saft, Eier Zeiten: nach Vereinbarung	Marietheres und Martin Nolte, Meierhof Etteln	Im Winkel 14 Verband: Bioland
33181 Wünnenberg Tel. 02984/2059 Getreide, Eier, Fleisch Zeiten: nach Vereinbarung	Schmidt	Rosenstraße 22 Verband: Naturland
33334 Gütersloh Tel. 05241/67822 Kartoffeln, Fleisch Zeiten: nach Vereinbarung	Gerd Ostermann	Berliner Straße 395 Verband: Bioland
33334 Gütersloh Tel. 05241/75331 Getreide, Kartoffeln, Milch, Käse, Fleisch Zeiten: Mo-Sa 9-12	Ulrich Kaupenjohann	Im Lütken Ort 74 Verband: Bioland
33334 Gütersloh Tel. 05241/6133 Gartenbau Zeiten: Fr 14-18	H.-Dieter Roggenkamp	Blankenhagener Weg Verband: Demeter
33334 Gütersloh Tel. 05241/502264 Getreide, Gemüse, Kartoffeln Zeiten: nach Vereinbarung	Gutswirtschaft Kiebitzhof	Buxelstraße 83 Verband: Bioland
33335 Gütersloh Tel. 05241/7102 Hofladen, Obst, Gemüse, Kartoffeln, Eier Zeiten: Di + Fr 10-12 u. 15-18	Bruno Westerbarkey	Immelstraße 158 Verband: Demeter
33335 Gütersloh Tel. 05209/2137 Getreide, Kartoffeln, Eier Zeiten: Mo-Fr 9-12, 14-18, Sa 9-12	Arnold Meier-Schulte aufm Erley	Auf'm Erley 51 Verband: Bioland
33378 Rheda-Wiedenbrück Tel. 05242/3179 Brot, Saft, Wein, Bier, Getreide, Obst, Gemüse, Kartoffeln, Milch, Käse, Eier, Fleisch, Wurst Zeiten: Di, Do 16-18, Sa 10-12	Hermann Vollmer	Schildstraße 4 Verband: Bioland
33378 Rheda-Wiedenbrück Tel. 05242/43285 Brot, Saft, Wein, Bier, Honig, Getreide, Obst, Gemüse, Kartoffeln, Milch, Käse, Eier, Fleisch, Wurst Zeiten: Di, Fr 14.30-18.30	Maria Bexten	Moorweg 91 Verband: Bioland

Einkaufen direkt beim Bio-Bauern

33397 Rietberg   Hof Mertens/Schweer   Schellertstraße 25
Tel. 05244/1839
Sortiment erfragen (Landwirtschaft)
Zeiten: nach Vereinbarung   Verband: Demeter

33397 Rietberg   Antfängers Mühle Kulage und Goldbeck GbR   In den Marken 33
Tel. 05244/5184
Milch, Eier, Fleisch
Zeiten: nach Vereinbarung   Verband: Bioland

33397 Rietberg   J. und M. Wiesbrock   Schulstraße 123
Tel. 05244/1817
Brot, Obst, Gemüse, Kartoffeln, Eier
Zeiten: Fr 14-18   Verband: Naturland

33415 Verl   Haus Mühlengrund (Gärtnerei) Bodelschwinghsche Ans   Am Ölbach 283
Tel. 05246/3449
Honig, Obst, Gemüse, Kartoffeln, Eier
Zeiten: Mo, Mi, Fr 10-12, Do15-16   Verband: Bioland

33415 Verl   Bestenshof   Isselhorster Straße 101
Tel. 05209/2603
Sortiment erfragen
Zeiten: nach Vereinbarung   Verband: Demeter

33428 Harsewinkel   Stefanie und Ludger Strotdrees   Im witten Sand 20
Tel. 05247/6611
Saft, Kartoffeln, Milch, Eier, Fleisch
Zeiten: nach Vereinbarung   Verband: Bioland

33615 Bielefeld   Hans-Joachim Bannier   Dorotheenstraße 26
Tel. 0521/121635
Naturkostsortiment, Äpfel (alte Sorten), Obst
Zeiten: nach Vereinbarung   Verband: Naturland

33617 Bielefeld   Ralf Müller Landwirtschaft Quellenhof   Quellenhofweg 116
Tel. 0521/1443163
Brot, Säfte, Naturkost, Schaf- u. Ziegenprodukte, Getreide, Obst, Gemüse, Kartoffeln, Milch, Käse, Eier
Zeiten: Mo,Mi,Fr 15-18 Uhr,Di, Do vorm. U   Verband: Bioland

33619 Bielefeld   Elke Wörmann, „Das Baumgärtchen"   Kirchdornberger Straße 79
Tel. 0521/100315
Saft,Wein,Brot,Honig,Naturkost,Schafprodukte, Obst, Gemüse, Kartoffeln, Milch, Käse, Eier
Zeiten: Mo-Fr 9.15-13, 15-18.30, Sa 8-13   Verband: Bioland

33619 Bielefeld   Martina und Jochen Meyer zu Müdehorst, Köcker-Hof Babenhauser Straße 30
Tel. 0521/890832
Brot, Wein, Saft, Bier, Honig, Schafprodukte, Getreide, Obst, Gemüse, Kartoffeln, Milch, Käse, Eier
Zeiten: Mi, Fr, Sa 9.30-13,Di, Fr 15-19   Verband: Bioland

33649 Bielefeld   Siegfried Kampmannn   Erpestraße 91 a
Tel. 05241/67874
Getreide, Gemüse, Kartoffeln, Eier, Fleisch
Zeiten: Mo-Fr 17-19, Sa 9-12   Verband: Bioland

Einkaufen direkt beim Bio-Bauern

33649 Bielefeld Gertrud und Michael Seidel Kupferstraße 45
Tel. 0521/45833
Obst, Gemüse, Kartoffeln, Milch, Eier, Fleisch
Zeiten: Di 17-19 Verband: Bioland

33649 Bielefeld Ralf Müller Waldquellenweg 42
Tel. 0521/1443163
Brot, Saft, Honig, Schafprodukte, Getreide. Obst, Gemüse, Kartoffeln, Milch, Käse, Eier, Fleisch, Wurst
Zeiten: Mo, Mi 15-18, Di, Do 9-11.30, Fr 10-18 Verband: Bioland

33659 Bielefeld Schillinghof - von Bodelschwingh'sche Anstalten Kampstraße 53
Tel. 0521/499-315
Saft, Obst, Gemüse, Kartoffeln, Eier
Zeiten: Mo-Fr 9.30-15.30 Verband: Bioland

33689 Bielefeld Fichtenhof - von Bodelschwingh's che Anstalten Wilhelmsdorfer Str. 140
Tel. 05205/752586
Gemüse, Kartoffeln, Eier, Fleisch, Wurst
Zeiten: Mo-Fr 8.30-11.30, Mo-Do 13-16 Verband: Bioland

33719 Bielefeld OLGA-Projekt, Werner Baumeister Altenhagener Straße 124
Tel. 0521/392921
Gemüse, Kartoffeln
Zeiten: Mo-Do 9-16, Fr 9-13 Verband: Bioland

33758 Schloß Holte-Stukenbrock Gerhard Brechmann Paderborner Straße 36
Tel. 05207/2551
Saft, Wein, Bier, Honig, Getreide, Obst, Gemüse, Kartoffeln, Käse, Eier, Fleisch, Wurst
Zeiten: Do, Fr 15-18, Sa 9.30-12 Verband: Bioland

33775 Versmold Matthias Hoffmeier Oesterweger Straße 52
Tel. 05423/2158
Gärtnerhof, Gemüse
Zeiten: nach Vereinbarung Verband: Demeter

33790 Halle Christa und Hermann Künsemöller Mühlenhof 11
Tel. 05201/7600
Brot, Saft, Wein, Bier, Honig, Schafprodukte, Getreide, Obst, Gemüse, Kartoffeln, Milch, Käse, Eier
Zeiten: Di, Fr 16-18.30 Verband: Bioland

33803 Steinhagen Gemüsehof Ströhen Ströher Straße 5
Tel. 05204/8107-10
Gartenbau, Hofladen
Zeiten: Di+Fr 15-18 Verband: Demeter

33803 Steinhagen Gerhard Niederwahrenbrock Bahnhofstraße 56
Tel. 05204/3274
Brot, Saft, Wein, Bier, Honig, Schafprodukte, Getreide, Obst, Gemüse, Kartoffeln, Milch, Käse, Eier
Zeiten: Mo-Fr 17-18.30,Di,Fr10-11.30,Sa 10-12.30 Verband: Bioland

33803 Steinhagen Annette Seyfried und Klaus van Zadelhoff Ascheloher Straße 40
Tel. 05201/70593
Gemüse, Kartoffeln
Zeiten: nach Vereinbarung Verband: Bioland

Einkaufen direkt beim Bio-Bauern

33824 Werther Tel. 05203/5094 Brot, Säfte, Masthähnchen, Getreide, Obst, Gemüse, Kartoffeln, Milch, Käse, Eier, Fleisch, Wurst Zeiten: Fr 15-18, Sa 9-13	Meyer zu Theenhausen	Theenhausener Straße 3 Verband: Naturland
33824 Werther Tel. 05203/970627 Sortiment erfragen Zeiten: nach Vereinbarung	Evang. Waldheimat	Teutoburger Waldweg 7 Verband: Demeter
33829 Borgholzhausen Tel. 05425/7293 Getreide, Kartoffeln, Milch, Käse, Fleisch Zeiten: werktags 17.30-19	Früchte des Zorns, Hartwig Blotenberg	Sundernstr. 39 Verband: Bioland
33829 Borgholzhausen Tel. 05425/5647 Getreide, Milch, Käse Zeiten: nach Vereinbarung	Heinrich Vehrling	Barnhausen 37 Verband: Naturland
34127 Kassel Tel. 0561/312741 Obst, Gemüse Zeiten: nach Vereinbarung	Beruf und Umwelt Waldhof	Nußallee 3 Verband: Demeter
34128 Kassel-Harleshausen Tel. 0561/88845 Heu, Stroh und Futter für Kleintiere Zeiten: nach Vereinbarung	Heiner Range	Kronenstraße 7 Verband: Bioland
34225 Baunatal Tel. 0561/494307 Getreide, Kartoffeln, Milch Zeiten: nach Vereinbarung	Appel	Hof Fehrenberg Verband: Demeter
34225 Baunatal Tel. 05665/5914 Käse, Eier, Fleisch Zeiten: Di, Do, Fr 9-12, 15-18, Sa 8-13	Uwe und Heinrich Brede	Dorfstraße 5 Verband: Bioland
34225 Baunatal-Guntershausen Tel. 05665/6165 Brot, Saft, Wein, Bier, Honig, Keramik, Getreide, Obst, Gemüse, Kartoffeln, Milch, Käse, Eier, Fleisch Zeiten: Mo, Do, Fr 9-18, Sa 9-13	Eckhardt Eisenach, Hof Eisenach	Holzhäuser Straße 8 Verband: Bioland
34253 Lohfelden-Vollmarshausen Brunnenstraße 1 Tel. 05608/1233 Brot, Getreide, Kartoffeln Zeiten: nach Vereinbarung		Henner Gröschner Verband: Bioland
34260 Kaufungen Tel. 0561/512221 Gemüse Zeiten: nach Vereinbarung	Kasseler Werkstätten	Im Schwabenfeld 5 Verband: Naturland

Einkaufen direkt beim Bio-Bauern

34260 Niederkaufungen Kommune Kaufungen Schneidern, Marten, Michalak Kirchweg 1
Tel. 05605/80070
Obst, Gemüse, Kartoffeln, Eier
Zeiten: Di, Fr 16-18 Verband: Bioland

34286 Spangenberg Reinhard Wuppermann
Tel. 05663/1330
Getreide, Kartoffeln, Eier, Geflügel, Fleisch
Zeiten: jederzeit Verband: Naturland

34292 Niedenstein J.& P. Siebert-Wolf Luisenhof, Emstalstraße 20
Tel. 05603/4108
Brot, Schaffelle, Rohwolle, Getreide, Obst, Kartoffeln, Milch, Käse, Fleisch, Wurst
Zeiten: Mi 17-18.30 und nach Vereinbarung Verband: Demeter

34292 Ahnatal-Weimar Ranier Pape Böllhöfe 9
Tel. 05609/9723
Kräuter
Zeiten: nach Vereinbarung Verband: Bioland

34298 Helsa-Wickenrode Dietmar Degener Steinstraße 3
Tel. 05604/5429
Obst
Zeiten: nach Vereinbarung Verband: Bioland

34311 Naumburg Joachim Löber Waldeckerstr. 2
Tel. 05625/398
Hofladen, Getreide, Kartoffeln
Zeiten: nach Vereinbarung Verband: Bioland

34311 Naumburg-Elbenberg Claus und Norbert Becker, Gut Waldhof Hahnebachsweg 1
Tel. 05625/1733
Getreide, Gemüse, Kartoffeln, Eier
Zeiten: Di 18-19, Sa 10-12 Verband: Bioland

34323 Malsfeld Harald & Karin Kellner Höhenstr. 11
Tel. 05661/2027
Getreide, Gemüse, Kartoffeln, Milch, Eier, Geflügel, Fleisch, Wurst
Zeiten: Mo-Sa 9-18 Uhr Verband: Bioland

34326 Morschen Serrano LWV Hessen-Jugendheim Karlshof Rittergut Morschen
Tel. 05664/6147
Getreide, Obst, Kartoffeln, Fleisch, Wurst
Zeiten: nach Vereinbarung Verband: Bioland

34327 Körle Bernhard Wicke, Hof Wicke Zum Rot 15
Tel. 05665/1403
Honig, Getreide, Kartoffeln, Eier
Zeiten: nach Vereinbarung Verband: Bioland

34355 Staufenberg Ingeborg Haensel Im Kreuzsiegen 8
Tel. 05543/3939
Getreide, Gemüse, Kartoffeln
Zeiten: nach Vereinbarung Verband: Demeter

Einkaufen direkt beim Bio-Bauern

34355 Staufenberg Antonio Merz Gut Kragenhof
Tel. 05543/782
Eier, Geflügel
Zeiten: nach tel. Vereinbar. Verband: Bioland

34355 Staufenberg Jochen und Michaela Höft Gut Kragenhof
Tel. 05543/4003
Erdbeeren zum Selberpflücken, Obst
Zeiten: nach Vereinbarung Verband: Bioland

34360 Gilserberg Karl-Heinrich Kohl Am Weidehof 1
Tel. 06696/307
Getreide, Kartoffeln, Milch
Zeiten: nach Vereinbarung Verband: Naturland

34396 Liebenau-Niedermeiser Helmut Strippelmann Bruchweg 25
Tel. 05676/1039
Getreide
Zeiten: nach Vereinbarung Verband: Bioland

34396 Liebenau-Ostheim Ludwig Rüdiger Im Herfelde 1
Tel. 05676/1749
Schaf- und Lammfleisch, Getreide, Kartoffeln
Zeiten: nach Vereinbarung Verband: Bioland

34414 Warburg Erwin Hartmann, Finnenberghof Am Finnenberg 1
Tel. 05642/8277
Brot, Wein, Saft, Bier, Honig, Getreide, Obst, Gemüse, Kartoffeln, Milch, Käse, Eier, Fleisch, Wurst
Zeiten: Di, Fr 17-18.30, Sa 10-12 Verband: Bioland

34434 Borgentreich Albert Fögen Natzinger Straße 22
Tel. 05643/368
Getreide, Kartoffeln, Fleisch
Zeiten: nach Vereinbarung Verband: Bioland

34434 Borgentreich Heike und Josef Jacobi, Sauerlandshof Mühlentor 28
Tel. 05643/1669
Brot, Honig, Saft, Wein, Dinkelnudeln, Obst, Gemüse, Kartoffeln, Milch, Käse, Eier, Fleisch, Wurst
Zeiten: Do 15-18, Sa 9-12 Verband: Bioland

34439 Willebadessen Andreas, Klaus und Vera Engemann GbR Zum Südholz 11
Tel. 05644/751
Brot, Saft, Wein, Bier, Honig, Nudeln, Getreide, Obst, Gemüse, Kartoffeln, Milch, Käse, Eier, Fleisch, Wurst
Zeiten: Di, Do 9-12, 15-18, Sa 9-12 Verband: Bioland

34439 Willebadessen Martin Dörwaldt Eulenhof
Tel. 05644/1879
Brot, Saft, Wein, Bier, Honig, Nudeln, Getreide, Obst, Gemüse, Kartoffeln, Käse, Eier, Fleisch, Wurst
Zeiten: Di, Do 9-12, 15-18, Sa 9-12 Verband: Bioland

34466 Wolfhagen Betriebsgemeinschaft Eschenhof Bärenbergstr. 1
Tel. 05692/2464
Mehl, Brot, Getreide, Gemüse, Kartoffeln, Milch, Fleisch, Wurst
Zeiten: nach Vereinbarung Verband: Demeter

Einkaufen direkt beim Bio-Bauern

34466 Wolfhagen-Nothfelden   Heinrich Niggemeyer
Tel. 05692/8635
Baumschulpflanzen, Getreide, Kartoffeln, Fleisch
Zeiten: Mo-Fr 8-18, Sa 8-13

Niederelsunger Straße 15

Verband: Bioland

34466 Wolfhagen-Altenhasungen   Henning Jeschke
Tel. 05692/5560
Honig
Zeiten: Mo-Fr 8-18

Hardtstraße 5

Verband: Bioland

34471 Volkmarsen   Franz & Marita Drude, Birkenhof
Tel. 05693/1382
Dinkelnudeln, Getreide, Milch, Fleisch
Zeiten: Mo-Sa 8-18

Warburger Straße 2

Verband: Bioland

34477 Twistetal   Lebenshilfe-Werk
Tel. 05695/97980
Kunsthandwerk, Wein, Getreide, Kartoffeln, Milch, Eier
Zeiten: Mo-Fr 8-15

Hofgut Rocklinghausen

Verband: Bioland

34479 Altenhasungen   M. Bettermann
Tel. 05692/2646
Brot, Vorzugsmilch, Getreide, Gemüse, Kartoffeln, Milch, Fleisch, Wurst
Zeiten: nach Vereinbarung

Eschenhof, Bärenbergstraße 1

Verband: Demeter

34479 Breuna   Peter Knuhr, Gärtnerhof Niederlistingen
Tel. 05676/8411
Hofladen, Naturkostsortiment, Getreide, Obst, Gemüse, Kartoffeln
Zeiten: Fr 16-19

Holländische Str. 18

Verband: Bioland

34497 Korbach   BIO-Garten GmbH Gärtnerei Flechtdorf
Tel. 05633/1688
Zierpflanzen, Gemüsejungpflanzen, Gemüse
Zeiten: Mo-Do 8-12, 13-15.30, Fr 8-12, 13-14

Am Stege 4

Verband: Bioland

34513 Waldeck   Alfred Figge
Tel. 05634/7831
Brot, Getreide, Kartoffeln, Milch, Käse, Fleisch, Wurst
Zeiten: täglich 7-20

Vöhler Straße 1

Verband: Bioland

34513 Waldeck-Oberwerbe   Siegfried Grzeczka
Tel. 05634/7715
Jungpflanzen, Obst, Gemüse, Kartoffeln
Zeiten: nach Vereinbarung

Luisenstraße 41

Verband: Bioland

34516 Vöhl   Gerd Henkel
Tel. 05635/1622
Getreide, Kartoffeln, Milch, Fleisch, Wurst
Zeiten: nach Vereinbarung

Forstweg 10

Verband: Demeter

34516 Vöhl-Buchenberg   Bert Halberstadt
Tel. 05635/8634
Getreide, Kartoffeln, Milch, Fleisch, Wurst
Zeiten: nach Vereinbarung

Zur Sasselbach 12

Verband: Demeter

Einkaufen direkt beim Bio-Bauern

34519 Diemelsee   Reinhard Gerhard   Massenhäuser Str. 30
Tel. 02993/284
Getreide
Zeiten: nach Vereinbarung   Verband: Bioland

34537 Bad Wildungen-Braunau   Karl-Reinhard Wagener   Die Schmittenhöfe 9
Tel. 05621/3271
Eier, Geflügel
Zeiten: nach Vereinbarung   Verband: Bioland

34537 Bad Wildungen   Karin Barthel   Schloßstraße 7
Tel. 05621/2779
Wein, Saft, Brot, Honig, Getreide, Obst, Gemüse, Kartoffeln, Milch, Käse, Eier, Fleisch, Wurst
Zeiten: Mo-Fr 15-18.30, Sa 10-13   Verband: Bioland

34549 Edertal   Neuzeitliche Diät- und Lebensschule   Kurstr. 4-6
Tel. 05623/4025
Gemüse
Zeiten: nach Vereinbarung   Verband: Bioland

34560 Fritzlar   Klaus Werner   Kasseler Str. 4
Tel. 05622/6690
Sortiment erfragen
Zeiten: nach Vereinbarung   Verband: Bioland

34560 Fritzlar-Lohne   Dr. Ernst-August Hildebrandt   Emstaler Straße 23
Tel. 05622/3959
Getreide, Kartoffeln
Zeiten: nach Vereinbarung   Verband: Bioland

34576 Homberg   Thomas Hartel-Heppe   Rinnetalstraße 13
Tel. 05681/2964
Produkte aus Schafhaltung, Getreide, Kartoffeln, Milch, Käse, Fleisch, Wurst
Zeiten: nach Vereinbarung   Verband: Demeter

34576 Homberg/Efze   Helmut Koch   Am Mühlenberg 26
Tel. 05681/71393
Getreide
Zeiten: nach Vereinbarung   Verband: Bioland

34576 Homberg-Mühlhausen   Dietmar Groß   Dorfbrunnen 1
Tel. 05681/2607
Brot, Saft, Wein, Bier, Honig, Getreide, Obst, Gemüse, Kartoffeln, Milch, Käse, Eier, Fleisch, Wurst
Zeiten: Di. 14-19 und nach Vereinbarung   Verband: Bioland

34587 Felsberg   Fam. Berninger   Hauptstraße 12
Tel. 05662/2972
Getreide, Gemüse, Kartoffeln, Milch
Zeiten: nach Vereinbarung   Verband: Demeter

34596 Bad Zwesten   Martin und Marianne Häusling   Heideweg 1
Tel. 05626/261
Brot, Saft, Wein, Schafprodukte, Bier, Honig, Getreide, Obst, Gemüse, Kartoffeln, Milch, Käse, Eier
Zeiten: Mo, Di, Do, Fr 14-18, Sa 10-13   Verband: Bioland

Einkaufen direkt beim Bio-Bauern

34613 Schwalmstadt-Rörshain
Wolfshainsiedlung 5   Tel. 06691/4729
Getreide, Kartoffeln, Eier
Zeiten: nach Vereinbarung

Ludwig Seibert

Verband: Bioland

34621 Frielendorf-Todenhausen
Krutzinna   Am Glockenturm 12
Getreide, Kartoffeln, Milch
Zeiten: nach Vereinbarung

Matthias und Anita
Tel. 05684/6453

Verband: Bioland

34628 Willingshausen   Kulturpädagogische Lebens- und Werkgemeinschaft Junker Hooss 4
Tel. 06691/5312
Kräuter, Pilze, Blumen, Gemüse, Kartoffeln, Eier
Zeiten: Mi 9-12.30 u. 14.30,Fr 17-18.30, Sa 9-12   Verband: Demeter

---

34628 Wasenberg   Walter Todt
Tel. 06691/24204
Getreide, Fleisch, Wurst
Zeiten: nach Vereinbarung

Hauptstraße 11

Verband: Naturland

34632 Jesberg   Hephata WFB-Landwirtschaft
Tel. 06695/420
Kartoffeln
Zeiten: nach Vereinbarung.

Hofgut Richerode

Verband: Demeter

34637 Schreck.-Röllshausen Waldemar Braunleder
Tel. 06698/1742
Getreide, Milch, Fleisch, Wurst
Zeiten: nach Vereinbarung

An der Trockenbach 12

Verband: Demeter

35043 Marburg-Bauerbach   Petra und Peter Ritter
Tel. 06421/22420
Saft, Getreide, Obst, Gemüse, Kartoffeln, Milch, Eier
Zeiten: täglich 17-18

Zum Lahnberg 13

Verband: Bioland

35066 Frankenberg Hofgem. Basitenberghof Saalfrank, van Bent Landgraf-Friedrich-Straße 40
Tel. 06451/23947, 2
Gemüsejungpflanzen, Käse, Fleisch
Zeiten: Mo-Sa 8-19   Verband: Bioland

35083 Wetter-Mellnau   Walter Klös
Tel. 06423/6207
Eier, Geflügel
Zeiten: nach Vereinbarung

Alte Höhle 15

Verband: Bioland

35085 Ebsdorfergrund   Dieter Bier
Tel. 06424/4791
Obst
Zeiten: nach Vereinbarung

Erbsengasse 7

Verband: Bioland

35085 Ebsdorfergrund   Uwe und Annemarie Duske
Tel. 06424/6831
Brot, Honig, Getreide, Kartoffeln, Milch
Zeiten: täglich 17-18.30, Brot Di + Fr 17-18.30

Potsdamer Straße 7

Verband: Bioland

Einkaufen direkt beim Bio-Bauern

35085 Ebsdorfergrund-Dreihause   Harry Kull
Tel. 06424/4716
Jungpflanzen, Obst, Gemüse, Kartoffeln
Zeiten: nach Vereinbarung

Gartenstraße 2

Verband: Bioland

35085 Ebsdorfergrund-Hachborn
Tel. 06424/2719
Brot, Getreide, Kartoffeln
Zeiten: Di, Fr 9-12, 14-17

Reiner Claar   Gasse 14

Verband: Bioland

35085 Ebsdorfergrund   Carmen und Herbert Gaus-Staubitz
Tel. 06424/2028
ganze und halbe Lämmer, Obst, Gemüse, Kartoffeln
Zeiten: nach Vereinbarung

Moischter Straße 2

Verband: Bioland

35085 Ebsdorfergrund   Stefan Mann
Tel. 06424/1070
Getreide, Milch
Zeiten: nach Vereinbarung

Dorfstraße 9

Verband: Bioland

35091 Cölbe   Synanon gemeinn. GmbH
Tel. 06427/92210
Brot, Honig, Ziegenkäse, Töpferei, Getreide, Obst, Gemüse, Kartoffeln, Milch, Käse, Fleisch, Wurst
Zeiten: Mo-Fr 8-12 u. 15-18, Sa 8.30-15

Hof Fleckenbühl

Verband: Demeter

35096 Weimar   J. Gabriel
Tel. 06426/7234
Getreide, Gemüse, Kartoffeln, Milch, Käse, Eier, Fleisch, Wurst
Zeiten: Sa 10-18

Stedebach 2

Verband: Demeter

35102 Lohra   Fam. Heuner Krebsbachhof
Tel. 06462/1696
Getreide, Kartoffeln, Fleisch, Wurst
Zeiten: Di+Fr 16-18.30, Sa 9.30-13

Rodenhäuser Str. 12

Verband: Demeter

35102 Lohra OT Damm   Peter und Ulrike Plitt
Tel. 06426/7866
Brot, Wein, Saft, Schafprodukte, Bier, Honig, Getreide, Obst, Gemüse, Kartoffeln, Milch, Käse, Eier
Zeiten: Di, Fr 16-18.30, Sa 9.30-13

Fronhäuser Straße 12

Verband: Bioland

35104 Lichtenfels-Neukirchen   Hermann Schnell
Tel. 06454/874
Getreide, Kartoffeln, Fleisch
Zeiten: nach Vereinbarun

Scheidstraße 6

Verband: Bioland

35104 Lichtenfels   Heinrich Isken
Tel. 06454/1454
Getreide, Kartoffeln
Zeiten: nach Vereinbarung

Waldeckerstr. 46

Verband: Bioland

35104 Lichtenfels-Neukirchen   Karl Schäfer
Tel. 06454/876
Brot, Wein, Getreide, Milch, Eier, Fleisch
Zeiten: nach Vereinbarung

Zum Mittelfeld 1

Verband: Bioland

35104 Lichtenfels-Sachsenberg Ludwig und Gerda Artzt Tel. 06454/310 Getreide, Kartoffeln, Milch Zeiten: nach Vereinbarung	Am Dörnchen 1 Verband: Bioland
35104 Lichtenfels Hans Papenfuss Tel. 06454/1427 Jungpflanzen, Blumen, Gemüse Zeiten: Mo-Fr 9-18, Sa 9-14	Fasanenweg 1 Verband: Bioland
35112 Fronhausen K.-D. Reimann Tel. 06426/7519 Schafhaltung, Getreide, Gemüse, Kartoffeln, Fleisch, Wurst Zeiten: nach Vereinbarung	Waldstr. 4 Verband: Demeter
35112 Fronhausen Manfred Haas, Kastanienhof Tel. 06426/6429 Jungpflanzen, Blumen, Kräuter, Gemüse, Kartoffeln Zeiten: Di, Fr 16-18 und nach Vereinbarung	Sonnbach 3 Verband: Bioland
35112 Fronhausen Fam. Rieck Tel. 06426/821 Schafhaltung, Wolle, Felle, Milch, Käse, Fleisch, Wurst Zeiten: nach Vereinbarung	Hauptstraße 40 Verband: Demeter
35112 Fronhausen-Sichertsh. Walter Brede Tel. 06426/6163 Kartoffeln, Milch Zeiten: nach Vereinbarung	Hauptstraße 41 Verband: Naturland
35114 Haina Klinik für gerichtliche Psychiatrie Tel. 06456/343 Kartoffeln, Eier, Geflügel Zeiten: Mo-Sa 8-18 Uhr	Außenstelle Fischbach Verband: Bioland
35287 Amöneburg-Erfurtshausen Hauptstraße 8 Tel. 06429/1657 Getreide, Kartoffeln, Eier, Fleisch Zeiten: nach Vereinbarung	Carl-Ludwig Pfeiffer Verband: Bioland
35288 Wohratal Hans Helmut Rey Tel. 06453/1464 Getreide, Obst, Käse, Fleisch Zeiten: jederzeit	Mühlweg 8 Verband: Bioland
35305 Grünberg Fam. Junker Tel. 06401/8675 Brot, Getreide, Gemüse, Kartoffeln, Milch, Fleisch, Wurst Zeiten: nach Vereinbarung	Alte Licher Straße 9 Verband: Demeter
35305 Grünberg Helmut Keller Tel. 06401/3995 Sortiment erfragen Zeiten: Nach Vereinbarung	Neumühle Verband: Bioland

Einkaufen direkt beim Bio-Bauern

35315 Homberg Tel. 06633/5343 Fleisch Zeiten: nach Vereinbarung	Hans-Werner Sehrt	Appenröder Straße 9 Verband: Bioland
35325 Mücke Ruppertenrod Tel. 06400/7564 Brot, Honig, Eier, Geflügel, Fleisch Zeiten: nach Vereinbarung	Damm, Meckel Betriebsgemeinschaft	Lindengasse 4 Verband: Bioland
35325 Mücke Tel. 06634/8396 Fleisch, Wurst Zeiten: nach Vereinbarung	Klaus Malek	Grüner Weg 1 Verband: Bioland
35325 Mücke Tel. 06400/6011 Brot, Getreide, Fleisch, Wurst Zeiten: nach Vereinbarung	Fam. Müller	Darmstädter Str. 1 Verband: Demeter
35325 Mücke Ruppertenrod Tel. 06400/6787 Stallhasen, Eier Zeiten: nach Vereinbarung	Rainer Löser	Hintergasse 23 Verband: Bioland
35329 Gemünden Tel. 06634/1540 Getreide, Gemüse, Kartoffeln, Fleisch, Wurst Zeiten: nach Vereinbarung	Gerhard Knies	Ermenröder Str. 9 Verband: Bioland
35329 Gemünden-Otterbach Tel. 06634/8299 Getreide, Fleisch Zeiten: nach Vereinbarung	Betriebsgemeinschaft Otterbacher Hof	Hofgut Otterbach Verband: Bioland
35398 Gießen Tel. 06403/72189 Fleisch, Wurst Zeiten: nach Vereinbarung	Familie Figura	Untergasse 17 Verband: Bioland
35418 Buseck Tel. 06408/3108 Zierpflanzen, Kräuter, Obst, Gemüse, Kartoffeln Zeiten: Di, Fr 8-15	Rainer Eimers, Martin Weinelt, ZAUG GmbH	Grüner Weg Verband: Bioland
35428 Langgöns Tel. 06085/2579 Sortiment erfragen Zeiten: nach Vereinbarung	Uwe Frauenlob	Aulbachstraße 31 Verband: Bioland
35428 Langgöns-Dornholzhausen Tel. 06447/6216, Fa Brot, Wein, Saft, Schafprodukte keine Direktvermarktung mehr, nur noch Lieferdienst, Getreide, Zeiten: Abo-Lieferdienst	Traute und Volker Weber GBR,	BIOMOBIL Rothhof Verband: Bioland

Einkaufen direkt beim Bio-Bauern

35428 Langgöns-Cleeberg　Hans-Jürgen Müller　　Untere Pforte 18
Tel. 06085/3409
Honig, Pollen, Propolis, Kerzen, Honigwein
Zeiten: nach Vereinbarung　　　　　　　　　　　Verband: Bioland

35428 Langgöns　　　　Burkhard Frey　　　　　Amthausstraße 27
Tel. 06403/72758
Brot, Saft, Wein, Bier, Honig, Schafprodukte, Getreide, Obst, Gemüse, Kartoffeln, Milch, Käse, Eier
Zeiten: Mo, Di, Do-Sa 9-12,15-18　　　　　　　Verband: Bioland

35447 Reiskirchen-Ettinghausen　　　　　　　　Renz Hornischer
Flugplatzstraße 12　　Tel. 06461/6622
Brot, Getreide, Fleisch
Zeiten: nach Vereinbarung　　　　　　　　　　　Verband: Bioland

35457 Lollar　　　　　Hofgemeinschaft für heilende Arbeit　　Hofgut Friedelhausen
Tel. 06406/75212
Lieferservice, Gemüse-Abo, Brot, Obst, Gemüse, Kartoffeln, Milch, Käse, Fleisch, Wurst
Zeiten: Di+Fr 15-18.30, Mi+Sa 9.30+12.30　　　Verband: Demeter

35457 Lollar　　　　　Fam. Geißler　　　　　　Kirchberg 3
Tel. 06406/3153
Getreide, Kartoffeln, Milch, Eier, Geflügel
Zeiten: nach Vereinbarung　　　　　　　　　　　Verband: Demeter

35510 Butzbach　　　　Hofgemeinschaft Blattlaus　　Hauptstr. 17
Tel. 06033/64990
Fruchtweine, Säfte, Obst, Gemüse, Milch, Käse
Zeiten: nach Vereinbarung　　　　　　　　　　　Verband: Bioland

35519 Rockenberg　　　Alfons Landvogt　　　　　Bad Nauheimer Str. 2 a
Tel. 06033/72322
Getreide, Kartoffeln
Zeiten: nach Vereinbarung　　　　　　　　　　　Verband: Bioland

35606 Solms　　　　　Gerhard Schwarz　　　　Bergstraße 3
Tel. 06442/8311
Brot, Honig, Wein, Getreide, Obst, Gemüse, Kartoffeln, Milch, Käse, Eier, Geflügel, Fleisch, Wurst
Zeiten: Mo-Fr 14-18　　　　　　　　　　　　　Verband: Bioland

35619 Braunfels-Neukirchen Falk Zinke, Sonnenhof　　Weingartenstraße 1
Tel. 06445/5257
Honig, Brotaufstriche, Trockenwar, Getreide, Obst, Gemüse, Kartoffeln, Eier, Fleisch
Zeiten: Fr 8-13 und nach Vereinbarung　　　　　Verband: Bioland

35625 Hüttenberg　　　Hans Nauditt　　　　　　Hauptstraße 216
Tel. 06403/4867
Säfte, Obst, Gemüse, Kartoffeln, Eier
Zeiten: Di+Fr 15-18　　　　　　　　　　　　　Verband: ANOG

35630 Ehringshausen　　Henner Böhm　　　　　　Am Kichplatz 2
Tel. 06443/5760, 93
Getreide
Zeiten: nach Vereinbarung　　　　　　　　　　　Verband: Bioland

Einkaufen direkt beim Bio-Bauern

35638 Leun   Lothar Klein   Junkerhof 1
Tel. 06473/1582
Getreide, Kartoffeln, Milch, Fleisch
Zeiten: Mo-Fr 12-13 und nach Vereinbarung   Verband: Bioland

35641 Schöffengrund Laufdorf   Dr. Ruth Engelbert und Eckhard Hirsch   Kiefernweg 5
Tel. 06445/1747
Erdbeeren und anderes Obst zum Selberpflücken, Obst, Gemüse, Kartoffeln
Zeiten: nach Vereinbarung   Verband: Bioland

35644 Hohenahr-Erda   Wilfried Hillebrand   Zu den Linden 17 a
Tel. 06446/2689
Getreide, Fleisch, Wurst
Zeiten: nach Vereinbarung   Verband: Bioland

35647 Waldsolms   Wolfgang Busch   Bornbachstraße 2
Tel. 06085/440
Brot, Honig, Naturkostsortiment, Getreide, Gemüse, Kartoffeln, Eier, Fleisch, Wurst
Zeiten: nach Vereinbarung   Verband: Bioland

35686 Dillenburg-Donsbach   Horst Eisenbach   Hauptstr. 4 a
Tel. 02771/35601
Fleisch, Wurst
Zeiten: nach Vereinbarung   Verband: Bioland

35708 Haiger   Lucie Milbradt   Inselstrase 22
Tel. 02773/71462
Geflügel
Zeiten: Immer in der Saison   Verband: Bioland

35753 Greifenstein Rodenroth   Klaus und Horst Hasselmann, Nebelhof   Brunngenstraße 30
Tel. 06779/370
Milch, Käse, Fleisch, Wurst
Zeiten: nach Vereinbarung   Verband: Bioland

35756 Mittenaar   Jürgen Orth   Hauptstr. 38 A
02772/63906
Kräuter, Gemüse
Zeiten: nach Vereinbarung   Verband: Bioland

35759 Driedorf   Ludger Wagener   Berliner Straße 9
Tel. 02775/1817
Rinder in Vierteln
Zeiten: nach Vereinbarung   Verband: Bioland

35767 Breitscheid   Wolfgang Henrich   Hauptstr. 42
Tel. 02777/6739
Getreide, Kartoffeln, Milch, Käse
Zeiten: nach Vereinbarung   Verband: Bioland

35767 Siegbach   Martin   Übernthalerstraße 8
Tel. 02778/6146
Getreide, Gemüse, Fleisch, Wurst
Zeiten: Mo-Sa 8-9.30 u. 18-20   Verband: Demeter

Einkaufen direkt beim Bio-Bauern

35781 Weilburg Otto Vonhausen Steinzler Hof
Tel. 06471/62341
Brot, Getreide, Milch, Fleisch, Wurst
Zeiten: nach Vereinbarung Verband: Naturland

35789 Weilmünster Fam. Weinbrenner Laimbach
Tel. 06472/7122
Getreide, Gemüse, Kartoffeln
Zeiten: nach Vereinbarung Verband: Demeter

35789 Weilmünster Radu Rathsbacher Hof, Aulenhäuser W
Tel. 06472/2177
Brot, Getreide, Gemüse, Kartoffeln, Milch, Käse, Eier, Geflügel, Fleisch, Wurst
Zeiten: nach Vereinbarung Verband: Demeter

36039 Fulda-Lehnerz Claus Hillenbrand Leipziger Straße 163
Tel. 0661/64515
Brot, Honig, Getreide, Kartoffeln, Milch, Käse, Fleisch
Zeiten: Mo-Sa 17-19, Mi 14-19 Verband: Bioland

36041 Fulda Sankt-Antonius-Heim - Gartenbau Martin Günzel An St. Kathrin 4
Tel. 0661/109783
Honig, Brot, Saft, Schafprodukte, Naturkost, Getreide, Obst, Gemüse, Kartoffeln, Milch, Käse, Eier
Zeiten: Mo,Di,Do 8-15.30, Fr 8-13, Sa 9-12 Verband: Bioland

36041 Fulda St. Antonius-Heim - Landwirtsch. Peter Linz An St. Kathrin 4
Tel. 0661/23130
Saft, Getreide, Kartoffeln, Milch, Käse
Zeiten: Mo-Do 8-12, 13-16.30, Fr 8-12.30 Verband: Bioland

36088 Hünfeld Aloys Mihm, Bauernmarkt Wendelinushof
Tel. 06652/2936
Brot, Schaffelle, Wolldecken, Getreide, Eier, Fleisch
Zeiten: Do ab 14 Verband: Bioland

36103 Flieden Werner Hartmann Fuldaer Straße 18

Brot, Backwaren, Milch
Zeiten: nach Vereinbarung Verband: GÄA

36110 Schlitz Hofgut Sassen
Tel. 06642/80245
Brot, Getreide, Gemüse, Kartoffeln, Milch, Käse, Fleisch, Wurst
Zeiten: nach Vereinbarung Verband: Demeter

36110 Schlitz Richthof Gärtnerei
Tel. 06653/1452
Beet- und Balkonpflanzen, Gemüse
Zeiten: Mo-Fr 8-12 u.14-17,Sa 9-10.30 Verband: Demeter

36119 Rotenburg H.-J. Müller Zum Grund 14
Tel. 06623/5754
Brot, Getreide, Gemüse, Eier
Zeiten: nach Vereinbarung Verband: Demeter

Einkaufen direkt beim Bio-Bauern

36124 Eichenzell Tel. 06659/3287 Ziegenmilch und -käse, Eier, Fleisch Zeiten: Mo-Fr 18.30-19.30	Helmut Schönberger	Rohingstraße 22 Verband: Bioland
36132 Eiterfeld Tel. 06672/425 Getreide, Kartoffeln Zeiten: nach Vereinbarung	Willi Lohfink	Erlenweg 3 Verband: Bioland
36132 Eiterfeld-Soisdorf Tel. 06676/1312 naturgegerbte Schaf- u. Lammfelle, Strickwolle, Fleisch, Wurst Zeiten: nach Vereinbarung	Frieder Beyer, Schäferei Goldvlies	Am Dorfwasser 2 Verband: Bioland
36145 Hofbieber-Mahlerts Milch Zeiten: nach Vereinbarung	Oswald Henkel	Mahlerts Nr. 6 Verband: GÄA
36145 Hofbieber-Wiesen Milch, Käse, Fleisch, Wurst Zeiten: nach Vereinbarung	Familie Wingenfeld	Dorfstraße 14 Verband: GÄA
36148 Kalbach Tel. 09742/1283 Obst Zeiten: nach Vereinbarung	Hans Berthold	Grabenstr. 2 Verband: Bioland
36148 Kalbach-Mittelkalbach Raiffeisenstraße 13 Fleisch, Wurst Zeiten: nach Vereinbarung		Norbert Werner Verband: GÄA
36148 Kalbach Tel. 09742/1469 Fleisch, Wurst Zeiten: nach Vereinbarung	Alfred Müller	Friedensstraße 6 Verband: Demeter
36151 Burghaun-Großenmoor Talstr. 14 Tel. 06653/454 Getreide, Käse, Eier, Fleisch Zeiten: nach Vereinbarung		Stefan Hämmelmann Verband: Bioland
36151 Burghaun Tel. 06653/1276 Fleisch, Wurst Zeiten: nach Vereinbarung	Heinrich Schmidt	Am Born 3 Verband: Bioland
36151 Eiterfeld Tel. 06672/591 Stauden (Freiland-Zierpflanzen) Zeiten: Mo-Sa 8-12 und nach Vereinbarung	Andrea von Keitz	Hof Schwarzenborn Verband: Bioland

Einkaufen direkt beim Bio-Bauern

36154 Hosenfeld-Jossa Werner und Zorica Jägermann Altwiesenhof
Tel. 06669/595
Ziegenmilch und -käse, Fleisch
Zeiten: nach Vereinbarung Verband: Bioland

36154 Hosenfeld-Pfaffenrod Astrid Göbel und Wolfgang Kaul, Paulishof Baumstraße 18
Tel. 06669/571
Saft, Wein, Schafprodukte, Getreide, Obst, Gemüse, Kartoffeln, Eier, Fleisch
Zeiten: nach Vereinbarung Verband: Bioland

36154 Hosenfeld-Hainzell Paul Scheibelhut Hessehhofstraße 18

Milch, Käse, Fleisch, Wurst
Zeiten: nach Vereinbarung Verband: GÄA

36160 Dippenz Kohlgrund Ingeborg Gutberlet Kohlgrunderweg 1
Tel. 06657/8934
Rinderhälften, -viertel, Obst, Fleisch
Zeiten: nach Vereinbarung Verband: Bioland

36163 Poppenhausen-Rauschelbach Herbert und Brigitte Bernhard, Pfaffenhof Rauschelbach 3
Tel. 06658/208
Getreide, Obst, Gemüse, Kartoffeln, Eier, Fleisch
Zeiten: nach Vereinbarung Verband: Bioland

36179 Bebra Rudolf von Trott zu Solz Gut Gunkelrode
Tel. 06627/218
Campveranstaltungen, Getreide, Gemüse, Kartoffeln
Zeiten: nach tel.Vereinbar. Verband: Bioland

36179 Bebra-Imhausen Betriebsgem. Tannenhof Zernikow-Kayßer, Ku Tannenbergweg 11
Tel. 06622/42432
Tee und Gewürzkräuter, Leinsamen, Getreide, Gemüse, Kartoffeln
Zeiten: nach Vereinbarung Verband: Bioland

36199 Rotenburg Müller Zum Grund 14
Tel. 06623/5754
Brot, Getreide, Gemüse, Kartoffeln, Eier
Zeiten: nach Vereinbarung Verband: Demeter

36205 Sontra Wölfterode Dietmar Gümpel Herleshäuserstr. 7
Tel. 06621/922822
Kartoffeln, Fleisch, Wurst
Zeiten: ab 18 Uhr und nach Vereinbarung Verband: Bioland

36208 Wildeck Gilbert Schindler Hof Wildeck
Tel. 06678/763

Zeiten: nach tel.Vereinbar. Verband: Bioland

36208 Wildeck-Richelsdorf Michael Krutzinna Schildhofstraße 9
Tel. 06626/564
Getreide, Fleisch
Zeiten: nach Vereinbarung Verband: Bioland

Einkaufen direkt beim Bio-Bauern

36211 Alheim-Licherode Tel. 05664/8889 Kartoffeln, Fleisch Zeiten: täglich ab 18	Manfred Möller-Sauter	Lindenstraße 31 Verband: Bioland
36211 Alheim Tel. 06623/7850 Getreide, Kartoffeln, Milch, Käse, Fleisch, Wurst Zeiten: Verkauf täglich	Harald Brandau	Sterkelshauserstr. 3 Verband: Bioland
36211 Alheim Tel. 05664/1798 Naturkostsortiment, Wein, Saft, Nudeln, Obst, Gemüse, Kartoffeln, Käse, Fleisch, Wurst Zeiten: Mi 9.30-12 u. 14-17,Fr 14-17, Sa 9.30-12	Kirchhof Betriebsgemeinschaft	An der Kirche 6 Verband: Demeter
36214 Nentershausen Bauhaus Forsthaus Triesch Tel. 06627/8218 Brot, Saft, Wein, Bier, Trockensortiment, Getreide, Obst, Gemüse, Kartoffeln, Käse, Eier Zeiten: Fr 10-18, Sa 15-18		Stefan Krüßmann Verband: Bioland
36219 Cornberg Tel. 05650/391 Getreide, Kartoffeln, Eier, Geflügel, Fleisch, Wurst Zeiten: wochentags 16-18	Achim und Doris Großkurth	Am Wasser 9 Verband: Bioland
36251 Ludwigsau-Mecklar Tel. 06621/64495 Naturkostsortiment, Eier, Fleisch, Wurst Zeiten: nach Vereinbarung	Karl Georg Apel	Lindenallee 4 Verband: Naturland
36251 Bad Hersfeld Tel. 06621/71512 Ferienwhg., Nudeln, Rindfl. (Achtel), Metzgerei, Getreide, Kartoffeln, Eier, Geflügel, Fleisch, Wurst Zeiten: nach Vereinbarung	Familie Mawick	Hermannshof Verband: Bioland
36269 Philippsthal Tel. 06624/8366 Fleisch, Wurst Zeiten: nach Vereinbarung	Horst Bein	Werrastr. 29 Verband: Bioland
36284 Hohenroda Tel. 06629/519 Getreide, Obst, Gemüse, Kartoffeln, Fleisch Zeiten: nach Vereinbarung	Friedhelm & Hildegard Manß	Tulpenstraße 26 Verband: Bioland
36284 Hohenroda-Glaam Tel. 06676/603 Wein, Bier, Urgesteinsmehl, Ziegenkäse, Getreide, Gemüse, Kartoffeln, Eier, Fleisch Zeiten: nach Vereinbarung	Kurt und Ute Bachmann	Am Sandacker 8 Verband: Bioland
36287 Breitenbach Tel. 06675/472 Fleisch Zeiten: nach Vereinbarung	Helga und Claus Holthusen	Zum Herzberg 2 Verband: Bioland

Einkaufen direkt beim Bio-Bauern

36287 Breitenbach — Hephata Herzberghaus
Tel. 06675/591
Gemüse, Kartoffeln, Fleisch, Wurst
Zeiten: Di + Fr 8-17
Verband: Bioland

36304 Alsfeld — Kasper — Am Oberhof 8
Tel. 06631/71144
Mittwochs Brot, Getreide, Gemüse, Kartoffeln, Geflügel, Fleisch, Wurst
Zeiten: Mo-Sa 8-18
Verband: Demeter

36318 Schwalmtal — Hofgemeinschaft Melchiorsgrund
Tel. 06638/1291
Getreide, Kartoffeln, Käse
Zeiten: nach Vereinbarung
Verband: Demeter

36318 Schwalmtal — Fam. Lindner — Strebendorfer Straße 5
Tel. 06630/706
Getreide, Gemüse, Kartoffeln
Zeiten: nach Vereinbarung
Verband: Demeter

36320 Heimertshausen — Familie Haberlach — Ober-Gleener-Straße 1
Tel. 06635/635
Brot, Getreide, Gemüse, Kartoffeln, Milch
Zeiten: nach Vereinbarung
Verband: Demeter

36320 Heimertshausen — Walter Schmidt — Zeller Straße 18
Tel. 06535/655
Sortiment erfragen
Zeiten: nach Vereinbarung
Verband: Bioland

36320 Kirtorf — Friedel Hess-Heydt — Hochstr. 8
Tel. 06692/7893
Getreide, Gemüse, Kartoffeln, Milch, Käse, Fleisch, Wurst
Zeiten: nach Vereinbarung
Verband: Demeter

36320 Kirtorf — Lothar Erb — Alsfelder Straße 9
Tel. 06635/1313
Getreide, Obst, Kartoffeln, Fleisch
Zeiten: nach Vereinbarung
Verband: Bioland

36320 Kirtorf Wahlen — Berthold Stumpf — Pfarrweg 4
Tel. 06692/1785
Fleisch
Zeiten: nach Vereinbarung
Verband: Bioland

36323 Grebenau — Galions e.V. biol.-dyn. Gärtnerhof — Brunnenstraße 3
Tel. 06646/252
Mehl Gemüse-Abo, Getreide, Obst, Gemüse, Kartoffeln, Käse, Eier, Geflügel, Fleisch, Wurst
Zeiten: nach Vereinbarung
Verband: Demeter

36329 Romrod-Strebendorf — Dr. Heinz-Jürgen und B. Schäfer — Lindengarten 19
Tel. 06636/285
Fleisch
Zeiten: nach Vereinbarung
Verband: Bioland

Einkaufen direkt beim Bio-Bauern

36341 Lauterbach   Siegfried Schmelz   Vogelsbergstr. 151
Tel. 06641/7812
Brot, Hofladen, Getreide, Kartoffeln
Zeiten: Do u. Fr 10-18.30 u.nach telef. Vereinb.   Verband: Bioland

---

36358 Herbstein   Gemeinschaft Altenschlirf   Erlenweg 9
Tel. 06643/70918
Torten und Kuchen, Brot, Getreide, Obst, Gemüse, Kartoffeln, Milch, Käse, Fleisch, Wurst
Zeiten: nach Vereinbarung   Verband: Demeter

36358 Herbstein   Gemeinschaft Altenschlirf   Müser Straße 1
Tel. 06647/410
Gemüse
Zeiten: nach Vereinbarung   Verband: Demeter

36358 Herbstein   Hardy und Andreas Baumbach   Lanzenhainer Straße 31
Tel. 06643/8345
Fleisch
Zeiten: nach Vereinbarung   Verband: Bioland

36358 Lanzenhain   Ulrich Geist   Oberdorfstraße 12
Tel. 06643/1651
Getreide, Kartoffeln, Milch, Fleisch, Wurst
Zeiten: nach Vereinbarung   Verband: Demeter

36367 Wartenberg   Erhard Schmitt   Friedhofstr. 10
Tel. 06648/2261
Getreide, Obst, Kartoffeln, Milch, Fleisch, Wurst
Zeiten: nach Vereinbarung   Verband: Bioland

36381 Schlüchtern   Michael Rupp   Schoppenhof
Tel. 06661/5672
Ziegenkäse, Obst, Kartoffeln
Zeiten: nach Vereinbarung   Verband: Bioland

36381 Schlüchtern   Dieter und Renate Euler   Hofgut Lindenberg
Tel. 06661/5193
Saft, Getreide, Obst, Gemüse, Kartoffeln
Zeiten: nach Vereinbarung   Verband: Bioland

36396 Steinau   Herbert und Roswitha Rudolph   Taunusstraße 2
Tel. 06663/5830
Getreide, Obst, Kartoffeln, Milch, Käse, Eier, Fleisch
Zeiten: Mo-Sa 18-19   Verband: Bioland

36399 Freiensteinau   Armgard Berthold   Gartenstr. 11
Tel. 06644/1370
Schaffleisch und -felle., Fleisch, Wurst
Zeiten: nach Vereinbarung   Verband: Bioland

36399 Freiensteinau   Katrin und Dirk Pötter   Borngasse 9
Tel. 06644/1877
Freien auf d. Bauernhof, Reiten, Schaffelle, Kartoffeln, Käse, Eier, Geflügel, Fleisch, Wurst
Zeiten: Mo + Mi 15-17, Sa 10-12 Uhr   Verband: Bioland

Einkaufen direkt beim Bio-Bauern

37075 Göttingen   Bodo Bertsch   An der Lutter 30
Tel. 0551/22731
Hörner und Felle von Highlands, Fleisch, Wurst
Zeiten: nach Vereinbarung   Verband: Bioland

37077 Göttingen   Andreas und H.W. Jenß   Deppoldshausen 1
Tel. 0551/31456
Hofladen, Brot, Getreide, Eier, Fleisch
Zeiten: Mo und Fr 8-17   Verband: Bioland

37124 Rosdorf   Roselies Lehmköster   Hessebergstraße 10
Tel. 05509/2327
Obst, Gemüse, Kartoffeln, Eier, Geflügel
Zeiten: nach Vereinbarung   Verband: Bioland

37124 Dramfeld   Albert Langner, Betriebsgemeinschaft   Hauptstraße 40
Tel. 05509/2395
Brot, Obst, Gemüse, Kartoffeln, Milch, Käse, Eier, Geflügel
Zeiten: nach Vereinbarung   Verband: Bioland

37130 Gleichen   Christoph Müller und Andrea Oelbke-Müller   Neuendorfer Straße 15
Tel. 05508/8803
Getreide, Gemüse, Kartoffeln
Zeiten: nach Vereinbarung   Verband: Bioland

37130 Gleichen-Rittmarshausen Karl Ohmes, „Rote Rübe/Schwarzer Rett   Gartestraße 56
Tel. 05592/5182
Saft, Obst, Gemüse, Kartoffeln
Zeiten: nach Vereinbarung   Verband: Bioland

37130 Gleichen   S. Maurer, R. von Schmeling Eichenhof Bischhausen Drosselweg 5
Tel. 05592/1400
Brot, Säfte, Lammfelle, Getreide, Gemüse, Kartoffeln, Milch, Käse, Fleisch, Wurst
Zeiten: nach Vereinbarung   Verband: Demeter

37130 Gleichen   Wolfgang Munzel, „Insel Naturkost"   Schwarze Gasse 1
Tel. 0551/796836
Kräuter,Zierpfl.,Pilze,Wein,Saft,Bier,Honig,Brot, Getreide, Obst, Gemüse, Kartoffeln, Milch, Käse, Eier
Zeiten: Mo-Fr 15-18.30, Di 18-20   Verband: Bioland

37133 Friedland   Wilfried Zugwurst   Deideröder Str. 13
Tel. 05504/581
Brot, Wein, Saft, Schafprodukte, Getreide, Obst, Gemüse, Kartoffeln, Milch, Käse, Eier, Geflügel
Zeiten: nach Vereinbarung   Verband: Bioland

37133 Friedland   Manfred Gebhardt, Obsthof   Rhienstraße 21
Tel. 05509/2313
Obst- und Gemüsesäfte, Obst
Zeiten: nach Vereinbarung   Verband: Bioland

37133 Friedland   Francisco Verdejo Exposito   Zum Ahrenbach 2
Tel. 05509/723
Getreide, Obst, Gemüse, Kartoffeln
Zeiten: nach Vereinbarung   Verband: Bioland

Einkaufen direkt beim Bio-Bauern

37136 Landolfshausen   Heide Ulrich und Eberhard Prunzel-Ulrich, Käsehof   Oberdorf 24
Tel. 05507/7236
Schafprodukte, Getreide, Milch, Fleisch
Zeiten: jederzeit   Verband: Bioland

37136 Landolfshausen   Kerstin Krämer und Andreas Lechte, Gärtnerhof   Oberdorf 5
Tel. 05507/2645
Brot, Wein, Saft, Bier, Honig, Felle, Getreide, Obst, Gemüse, Kartoffeln, Käse, Eier, Geflügel, Fleisch
Zeiten: Di 9-13.30, Fr 13-18.30   Verband: Bioland

37136 Waake   Johann von Grafenstein, Brothof Waake   Oberdorf 13
Tel. 05507/2290
Brot, Wein, Saft, Honig, Lammfelle, Getreide, Obst, Gemüse, Kartoffeln, Käse, Eier, Geflügel, Fleisch
Zeiten: Di, Fr 15-18, Do 17-19, Sa 11-13   Verband: Bioland

37155 Duderstadt   Christoph Böning-Spohr, Malus e. V.   Im Holztal 13
Tel. 05529/266
Obst
Zeiten: nach Vereinbarung   Verband: Bioland

37176 Nörten-Hardenberg   Volker Wedemeyer   Auf dem Placke 14
Tel. 05594/234
Jungpflanzen, Kräuter, Saatgut, Sommerblumen, Obst, Gemüse, Kartoffeln
Zeiten: nach Vereinbarung   Verband: Bioland

37181 Hardegsen-Hevensen   Walter Feindt   Hardegser Weg 1
Tel. 05505/2036
Getreide, Kartoffeln, Milch, Eier
Zeiten: Mo-Fr 10-12, 17-19   Verband: Bioland

37181 Hardegsen   H. und H. Schaeper   Fehrlinger Straße 7
Tel. 05505/1427
Brot, Getreide, Obst, Gemüse, Kartoffeln, Milch, Eier, Fleisch
Zeiten: nach Vereinbarung   Verband: Bioland

37181 Hardegsen-Espol   Kurt Scheibner, Eichelberghof   Brinkstraße 10
Tel. 05555/368
Brot, Honig, Saft, Wein, Bier, Getreide, Obst, Gemüse, Kartoffeln, Milch, Käse, Eier, Fleisch
Zeiten: Di, Fr 16-18, Sa 10-12   Verband: Bioland

37186 Moringen   Andreas Zabel, Hofgemeinschaft Nienhagen   Dorfstraße 2
Tel. 05554/760
Käse, Fleisch, Wurst
Zeiten: Mo-Fr 8-18   Verband: Bioland

37186 Moringen   Ulrike Könnecke   Mörlihäuser Straße 6
Tel. 05503/8584
Hofladen, Getreide, Gemüse, Kartoffeln
Zeiten: Di+Fr 15-18   Verband: Bioland

37191 Katlenburg-Lindau   Karl Albert Deppe, Britta Jung   Kalbertal 13
Tel. 05556/4332
Getreide, Kartoffeln, Milch
Zeiten: nach Vereinbarung   Verband: Bioland

Einkaufen direkt beim Bio-Bauern

37194 Bodenfelde   Rosemarie und Wilhelm Blomeyer   Scharottweg 4
Tel. 05572/1060
Getreide, Kartoffeln, Eier, Fleisch
Zeiten: Mo-Sa 12-13, 16-18   Verband: Bioland

37194 Wahlsburg   Friedhelm Henne   Verliehäuser Straße 8
Tel. 05571/7357
Obst, Fleisch
Zeiten: nach Vereinbarung   Verband: Bioland

37213 Witzenhausen   Norbert Lennartz   Nordbahnhofweg 16
Tel. 05542/71529
Saft, Wein, Obst
Zeiten: nach Vereinbarung   Verband: Bioland

37213 Witzenhausen-Freudenthal   Max Weiland   Am Mittelberg 6   Tel. 05542/71525
Wein, Saft, Brot, Schafprodukte, Bier, Getreide, Obst, Gemüse, Kartoffeln, Milch, Käse, Eier, Geflügel
Zeiten: Mo-Fr 14-18.30, Fr, Sa 9-13   Verband: Bioland

37216 Witzenhausen-Dohrenbach   Betriebsgem. Weidinger, Müller, Raue   Gut Fahrenbach
Tel. 05542/6388
Brot, Honig, Getreide, Kartoffeln, Fleisch
Zeiten: normale Geschäftszeiten   Verband: Bioland

37218 Witzenhausen   Betriebsgemeinschaft Ökologischer Landbau   Hübenthal 3
Tel. 05542/71077
Getreide, Obst, Gemüse, Kartoffeln
Zeiten: nach Vereinbarung   Verband: Bioland

37242 Bad Sooden-Allendorf-Ell   Armin Trube   Landstraße 20
Tel. 05652/1377
Wein, Brot, Bier, Honig, Getreide, Obst, Gemüse, Kartoffeln, Milch, Käse, Eier, Fleisch, Wurst
Zeiten: nach Vereinbarung   Verband: Bioland

37242 Bad Sooden-Allendorf   Hutzelberghof   Hilgershäuser Straße 20
Tel. 05542/72080
Getreide, Obst, Gemüse, Fleisch, Wurst
Zeiten: nach Vereinbarung   Verband: Demeter

37242 Bad Sooden-Allendorf   Björn Jans   Lehmkaute 12
Tel. 05652/3021
Pilse, Getreide, Gemüse, Kartoffeln, Eier, Geflügel
Zeiten: Mo-Fr.10-12 u.16-19   Verband: Bioland

37249 Neu-Eichenberg   Christian Schulin   Neuenrode 1
Tel. 05504/338
Karpfen, Heidschnucken, Getreide, Fleisch
Zeiten: nach Vereinbarung   Verband: Bioland

37249 Neu-Eichenberg   Versuchshof GHK Kassel, Joachim Keil   Ringstraße 16
Tel. 05542/8386
Getreide, Kartoffeln, Eier
Zeiten: Mo-Fr 16-17.30   Verband: Bioland

Einkaufen direkt beim Bio-Bauern

37269 Eschwege-Oberhone   Christian Lingemann   Hintergasse 9
Tel. 05651/21641
Brot, Bier, Wein, Getreide, Obst, Gemüse, Kartoffeln, Milch, Käse, Eier, Fleisch, Wurst
Zeiten: Mo-Fr 16-18.30, Sa 9-12   Verband: Bioland

37269 Eschwege   Werkstatt f. junge Menschen e.V. Frau Meibohm   Schützenweg 2
Tel. 05651/6399
Gemüse
Zeiten: Mo-Do 8-16, Fr 8-14   Verband: Bioland

37284 Waldkappel-Bischhausen   Hans-Karl und Christel Kratzenberg   Mühlenstraße 2
Tel. 05658/1454
Getreide, Kartoffeln, Milch
Zeiten: nach Vereinbarung   Verband: Bioland

37284 Waldkappel   Karl-Wilhelm Wetzel   Thüringer Straße 24
Tel. 05656/4288
Getreide, Kartoffeln, Milch, Fleisch
Zeiten: nach Vereinbarung   Verband: Bioland

37287 Wehretal   Herbert und Cornelia Sandrock   Am Weinberg
Tel. 05651/4377
Honig, Getreide, Eier
Zeiten: Mo, Di, Do, Fr 8-18.30, Mi, Sa 8-13.30   Verband: Bioland

---

37290 Meißner-Germerode   Dieter und Ulla Trampenau-Rutz   Schwemme 4
Tel. 05657/7374
Honig, Schaf-, Ziegenprodukte, Brot, Wein, Getreide, Käse, Eier, Fleisch, Wurst
Zeiten: nach Vereinbarung   Verband: Bioland

37293 Herleshausen   Helmut Tröll   Hof Holzlichte
Tel. 05654/6146
Erdbeeren zum Selberpflücken, Getreide, Obst, Gemüse, Kartoffeln, Eier
Zeiten: Mo-Sa 8-12, 14.30-18   Verband: Bioland

37293 Herleshausen   Ute & Henner Göpel   Fockenberghof
Tel. 05654/1050
Hofladen, vollst. Wein., Getreide, Obst, Kartoffeln, Milch, Käse, Eier, Geflügel, Fleisch, Wurst
Zeiten: Tägl. 9-18 Uhr   Verband: Bioland

37297 Berkatal-Frankershausen   ÖX Kneipe und Landwirtschaft Jörg Kaiser   Neue Straße 9
Tel. 05657/1098
Wein, Honig, Getreide, Obst, Kartoffeln, Eier
Zeiten: Mo-Sa 9-12, 15-18   Verband: Bioland

37297 Berkatal-Frankenhain   Jutta Seesing   Wiesenstraße 2
Tel. 05657/7636
Schafprodukte, Honig, Käse
Zeiten: ab 18 und nach Vereinbarung   Verband: Bioland

37299 Weißenborn   Rudolf Franke   Raiffeisenstr. 2
Tel. 05659/305
Fleisch, Wurst
Zeiten: nach Vereinbarung   Verband: Bioland

Einkaufen direkt beim Bio-Bauern

37308 Wiesenfeld   Peter Mock Gut Hessel   Dorfstraße 33

Kartoffeln, Milch
Zeiten: nach Vereinbarung   Verband: Demeter

37318 Schönhagen   Kuhmuhne Schönhagen   Dorfstraße 12

Milch, Käse, Fleisch, Wurst
Zeiten: Di, Mi, Fr + Sa 9-12   Verband: Demeter

37318 Lindewerra   Lindenhof, Lampe & Bleich   Am Rasen 6
Tel. 05652/4079
Stutenmilch, Milch, Käse, Fleisch, Wurst
Zeiten: nach Vereinbarung   Verband: Demeter

37434 Bodensee   Franz Becker   Speckenstraße 5
Tel. 05507/7141
Getreide, Kartoffeln
Zeiten: nach Vereinbarung   Verband: Bioland

37520 Osterode-Förste   Jens und Ruth Röh, Marienhof   Wassergasse 17
Tel. 05522/84161
Brot, Mehl, Grieß, Flocken, Getreide, Obst, Gemüse, Kartoffeln, Milch, Käse, Eier, Geflügel
Zeiten: Di+Fr 15-18, Sa 9-12   Verband: Demeter

37586 Dassel   Hartmut Demann   Allerbachstraße 26
Tel. 05562/6546
Hofladen, Getreide
Zeiten: Sa 11-13   Verband: Bioland

37586 Dassel-Amelsen   Detlef Heise, Lindenhof   Hannoversche Straße 15
Tel. 05562/1236
Brot, Saft, Wein, Körperpflegemittel, Getreide, Obst, Gemüse, Kartoffeln, Milch, Käse, Eier, Fleisch
Zeiten: Mo-Sa 9-13 und 15-18   Verband: Bioland

37619 Kirchbrak   Karlheinz und Barbara Vogler, Voglerhof   Tiebrink 5
Tel. 05533/1514
Brot, Saft, Wein, Honig, Schafprodukte, Getreide, Obst, Gemüse, Kartoffeln, Milch, Käse, Eier, Geflügel
Zeiten: Fr, Sa 10-12, Di 15-18   Verband: Bioland

37649 Heinsen   Thomas Schröder   Wilmeröder Berg 1
Tel. 05535/8609
Getreide, Obst, Gemüse, Kartoffeln, Eier, Fleisch
Zeiten: nach Vereinbarung   Verband: Bioland

37671 Höxter-Bruchhausen   Ulrich Hesse, Sonnenhof   Am Silberbach 26
Tel. 05275/8240
Getreide
Zeiten: nach Vereinbarung   Verband: Bioland

38108 Braunschweig   Bernd Barnstorf-Brandes   Am Markt 5
Tel. 05309/1963
Brot, Saft, Bier, Honig, Schafprodukte, Kosmetik, Getreide, Obst, Gemüse, Kartoffeln, Käse, Eier, Geflügel
Zeiten: Mo, Mi, Fr 16-19, Sa 11-13   Verband: Bioland

Einkaufen direkt beim Bio-Bauern

38162 Gr. Dahlum Tel. 05332/2637 Kräuter, Obst, Gemüse, Kartoffeln Zeiten: nach Vereinbarung	Sybille Timm-Nagel und Hilmar Nagel	Südstraße 34 Verband: Demeter

38170 Kneitlingen　　Norbert Haiduk und Tine Pade, Hofgemeinschaft Lind Presseweg 6
Tel. 05332/3547
Brot, Saft, Wein, Bier, Honig, Schafprodukte, Getreide, Obst, Gemüse, Kartoffeln, Milch, Käse, Eier
Zeiten: Mo, Di, Fr 16-18.30, Sa 11-13　　　　　　　　　　　　Verband: Bioland

---

38173 Evessen　　Erika und Dieter Plättner　　Über dem Heisterbeeke 14
Tel. 05333/777
Obst, Gemüse, Kartoffeln
Zeiten: Fr 16-19　　　　　　　　　　　　　　　　　　　Verband: Demeter

38176 Wendeburg-Wense　　Hans-Hinrich Giffhorn　　Dorfstraße 3
Tel. 05303/3262
Wein, Honig, Ziegenkäse, Gemüse, Kartoffeln, Eier, Fleisch, Wurst
Zeiten: Di-Fr 9-12, 14-18, Sa 9-13　　　　　　　　　　　　Verband: Bioland

---

38176 Wendeburg　　Albert Schäfer　　Aueweg 2 a
Tel. 05303/1728
Spargel, Getreide, Gemüse, Kartoffeln
Zeiten: Mo-Sa ab 13　　　　　　　　　　　　　　　　　Verband: Bioland

38272 Berel　　Gudrun Kliemt und Hans Löhr, Ries-Hof　　Schaperstraße 11
Tel. 05347/677
Mehl, Grieß, Flocken, Säfte, Getreide, Kartoffeln, Milch, Käse, Eier, Fleisch, Wurst
Zeiten: Fr 16-18.30　　　　　　　　　　　　　　　　　Verband: Demeter

38274 Elbe　　Carl Jürgen Ramm　　Am Pfarrgarten 1
Tel. 05345/556
Getreide, Kartoffeln
Zeiten: nach Vereinbarung　　　　　　　　　　　　　　Verband: Bioland

38312 Achim-Seinstedt　　Edgar Hille, Ziegenhof Seinstedt　　Bundesstraße 7
Tel. 05334/1399
Ziegenprodukte, Lammfleisch auf Bestellung
Zeiten: täglich 8-18　　　　　　　　　　　　　　　　Verband: Bioland

38312 Heiningen　　Andreas und Susanne Degener　　Klostergut Heiningen
Tel. 05334/6792
Holz, Beeren, Wild, Obst, Milch, Käse
Zeiten: nach Vereinbarung　　　　　　　　　　　　　　Verband: Demeter

38350 Helmstedt-Bramke　　Herwig Mollenhauer　　Zum Stüh 16
Tel. 05356/804
Saft, Wein, Bier, Honig, Getreide, Obst, Gemüse, Kartoffeln, Käse, Eier, Fleisch
Zeiten: Di, Fr 16-18.30　　　　　　　　　　　　　　　Verband: Bioland

38368 Mariental　　Adina und Hans Klein　　Siedlung 1
Tel. 05356/1278
Getreide, Kartoffeln, Eier, Geflügel, Fleisch, Wurst
Zeiten: nach Vereinbarung　　　　　　　　　　　　　　Verband: Bioland

Einkaufen direkt beim Bio-Bauern

38388 Twieflingen Martin Hartmann Winkel 1
Tel. 05352/2998
Getreide, Kartoffeln
Zeiten: nach Vereinbarung Verband: Bioland

38444 Wolfsburg-Heiligendorf Udo Rauhaus, Hof Welkensiek Barnstorfer Straße 10
Tel. 05365/7574
Islandpferdezucht, Reitschule, Pensionspferde, Getreide, Kartoffeln, Eier, Fleisch
Zeiten: nachmittags Verband: Bioland

38464 Groß Twülpstedt Friedrich-Wilhelm Hansmann Rotdornstraße 30
Tel. 05364/2419
Bier, Honig, Brot, Saft, Wein, Getreide, Obst, Gemüse, Kartoffeln, Käse, Eier, Geflügel, Fleisch, Wurst
Zeiten: Mo 16-18, Mi 9-11, Fr 15-18 Verband: Bioland

38536 Meinersen Werner Schmidt Alte Straße 13
Tel. 05372/480
Obst, Gemüse, Kartoffeln, Eier, Geflügel, Fleisch, Wurst
Zeiten: Di und Fr 15-18 Verband: Bioland

38685 Langelsheim Otto Spintig Rodenberg
Tel. 05365/2092
Getreide, Kartoffeln, Fleisch
Zeiten: nach Vereinbarung Verband: Bioland

38690 Vienenburg Detlef und Petra Vollheyde Bergenroderstraße 16
Tel. 05324/6734
Brot, Getreide, Gemüse, Kartoffeln
Zeiten: Fr 17-19 Verband: Bioland

38729 Wallmoden-Neuwallmoden Reiner Sperling
Im Winkel 2 Tel. 05383/1487
Getreide, Kartoffeln
Zeiten: nach Vereinbarung Verband: Bioland

38822 Klein Quenstadt Thomas Handrik Kirchstraße 78
Tel. 03941/442673
Obstsäfte, Obst, Gemüse
Zeiten: nach Vereinbarung Verband: GÄA

38822 Mahndorf Konstantin von Löbbecke Dorfstraße 28
Tel. 03941/441251
Eier
Zeiten: Mo, Mi, Fr 7-18 Verband: Bioland

38838 Schlanstedt Andrea Schuster Burg 1
Tel. 039401/709
Öko-Ochse am Spieß, Fleisch
Zeiten: nach Vereinbarung Verband: GÄA

39018 Terlan Josef Mair, Larchhof Perglweg 13
Tel. 0039/471/25703
Getreide, Obst, Gemüse, Kartoffeln, Eier
Zeiten: nach Vereinbarung Verband: Bioland

Einkaufen direkt beim Bio-Bauern

39057 Eppan Tel. 0039/471/66415 Wein, Gemüse, Kartoffeln Zeiten: nach Vereinbarung	Rudolf Niedermayr	Schulhauser Weg 1 Verband: Bioland
39164 Schleibnitz Tel. 039209/2161 Getreide Zeiten: nach Vereinbarung	Schulze Niehoff	Hauptstraße 44 Verband: Naturland
39167 Hohendodeleben Tel. 039204/61394 Küchenkräuter, Abo-Kisten, Gemüse Zeiten: nach Vereinbarung	Thomas Weißmeyer	Langenweddinger Straße 6 Verband: Demeter
39261 Zerbst Tel. 03923/786287 Küchenkräuter, Gemüse Zeiten: Do 16-19, Sa 8-17	Karl-Heinz Milkert	Großer Wall 74 Verband: GÄA
39279 Leitzkau Apfelsaft, Walnüsse, Obst Zeiten: nach Anfrage (Postkarte)	Obstbau Böttcher	Zerbster Straße 50 Verband: GÄA
39326 Loitsche Tel. 039208/23668, Honig, handgesponnene und -gewebte Stoffe, Obst, Gemüse Zeiten: nach Vereinbarung	Diana Godenhart/Pirke	Alte Ziegelei 2 Verband: GÄA
39343 Glüsing Tel. 039202/6348 Gemüse, Kartoffeln, Eier, Fleisch Zeiten: Mi, Fr 10-15.30	Andreas Schindler, Gut Glüsing	Dorfstraße 10 Verband: Bioland
39365 Ummendorf Tel. 039409/6950 Ziegenkäse Zeiten: Mo-Fr 9.30-12.30, 15-17, Sa 9.30-12.30	Marianne Schwienhorst-Bußmann	Schäferstraße 5 Verband: GÄA
39579 Rochau Tel. 039328/482 Kartoffeln Zeiten: nach Vereinbarung	Christa Henning	Breite Straße 57 Verband: GÄA
39596 Staffelde Tel. 03931/712010 Obst, Gemüse, Eier Zeiten: nach Vereinbarung	Rolf Will	Dorfstraße 26 Verband: Demeter
39596 Beelitz Tel. 039321/2266 Demeter, Kartoffeln Zeiten: nach Vereinbarung	Landwirtschaftsbetrieb Naumann	Dorfstraße 17 Verband: GÄA

Einkaufen direkt beim Bio-Bauern

39615 Geestgottberg Tel. 039397/222 Kleinvieh, Getreide, Eier Zeiten: nach Vereinbarung	Ökohof Kallmeter	Dorfstraße 5 Verband: GÄA
39615 Lindenberg Tel. 039398/302 Kartoffeln Zeiten: nach Vereinbarung	Hartmut Wöllner	Dorfstraße 3 Verband: GÄA
39615 Losenrade Tel. 0172/3958979 Urlaub, Getreide, Fleisch Zeiten: nach Vereinbarung	Lutz Koch	Dorfstraße 48 Verband: GÄA
39638 Kassieck/Altmark Tel. 039084/379 Reiterhof, Urlaub, Fleisch Zeiten: nach Vereinbarung	H. und K. Warneke	Dorfstraße 18 Verband: GÄA
39649 Trippigleben Tel. 039004/512 Milch, Käse Zeiten: Mo-Mi,Fr 8-15.30, Do 8-17.30, Sa 8-11.30	GbR Drömlingshof	Dorfstraße 49 Verband: Demeter

Einkaufen direkt beim Bio-Bauern

40667 Meerbusch   Werner Weiers   Necklenbroicher Straße 74
Tel. 02132/5777
Brot, Säfte, Kosmetik, Getreide, Obst, Gemüse, Kartoffeln, Milch, Käse, Eier, Geflügel, Fleisch, Wurst
Zeiten: Di, Mi, Fr 11-18.30, Do 11-20, Sa 8-13   Verband: ANOG

40667 Meerbusch-Büderich   Volker Rahm   Niederlöricker Straße 50a
Tel. 02132/8128
Beeren, Grünspargel, Getreide, Obst, Gemüse, Kartoffeln, Milch, Käse, Eier, Geflügel, Fleisch
Zeiten: Di-Fr 10-12.30 u. 15-18, Sa 10-14 Do ges   Verband: Naturland

40699 Erkrath   Gärtnerei Bretschneider   Nelkenweg 5
Tel. 02104/33962
Stauden-, Kräuter- und Gemüsepflanzen
Zeiten: mo-fr 8-12, 14-19 Auswärtige bitte anruf   Verband: Demeter

40764 Langenfeld   Rheinische Landesklinik Konrad Neuberger   Kölnerstraße 82
Tel. 02173/102428
Sortiment erfragen (Gartenbau)
Zeiten: Di+Do 14-19   Verband: Demeter

41068 Mönchengladbach-Venn   Reiner L. Brungs   Venner Straße 382
Tel. 02161/52435
Brot, Saft, Wein, Brot, Getreide, Obst, Gemüse, Kartoffeln, Milch, Käse, Eier, Geflügel, Fleisch, Wurst
Zeiten: Mo-Do 17-19, Fr,Sa 9-12, Fr 15-18.30, Mi-   Verband: Bioland

41199 Mönchengladbach   Joachim Kamphausen, Lenßenhof   Lenßenhof 174
Tel. 02166/680143
Honig, Naturkostsortiment, Milch, Käse, Eier
Zeiten: Di, Fr 9-12.30, 14.30-18.30   Verband: Bioland

41352 Korschenbroich   Rudi und Carola Bommes, Stollenhof   Mühlenweg 19
Tel. 02161/671437
Brot, Saft, Wein, Bier, Honig, Getreide, Obst, Gemüse, Kartoffeln, Milch, Käse, Eier, Fleisch
Zeiten: Mo, Mi, Fr 10-12, Mo-Do 17-19, Sa 9-13   Verband: Bioland

41363 Jüchen 1   Franz-Josef Essers   Haus Neuenhoven
Tel. 02165/2336
Naturkost, Brot, Säfte, Getreide, Obst, Gemüse, Kartoffeln, Milch, Eier, Fleisch, Wurst
Zeiten: Di, Fr 9-18, Sa 9-13   Verband: Naturland

41366 Schwalmtal   Betriebsgemeinschaft Schwalmtal   End 86
Tel. 02163/1584
Gemüse, Kartoffeln
Zeiten: nach Vereinbarung   Verband: Demeter

41366 Schwalmtal   Gartenpflege-Obstanbau Forche   Roermonder Str. 237
Tel. 02163/3673
Säfte, Obst
Zeiten: nach Vereinbarung   Verband: Bioland

41372 Niederkrüchten   Willi Bolten   Dam 36
Tel. 02163/81898
Brot, Honig, Saft, Wein, Bier, Getreide, Obst, Gemüse, Kartoffeln, Milch, Käse, Eier, Fleisch, Wurst
Zeiten: Di 9-18, Fr 10-18, Sa 9-12   Verband: Bioland

Einkaufen direkt beim Bio-Bauern

41564 Kaarst-Büttgen   Familie Hannen, Lammertzhof   Neulammertzhof
Tel. 02101/518220
Honig, Säfte, Wein, Bier, Schafprodukte, Getreide, Obst, Gemüse, Kartoffeln, Milch, Käse, Eier, Fleisch
Zeiten: Mo,Di,Do,Fr 9-12.30, 14.30-18, Sa 9-13   Verband: Bioland

---

41844 Wegberg   Fried Gebler   Fasanenweg 9
Tel. 02436/1466
Hofladen, Gemüse
Zeiten: Di-Fr 8-18.30, Sa 8-13   Verband: Demeter

41844 Wegberg-Merbeck   Heinz Birx   St. Maternusstraße 6
Tel. 02434/3624
Rindfleisch auf Bestellung, Getreide, Obst, Kartoffeln, Milch, Eier, Geflügel
Zeiten: Mo-Fr 9-12 und 14.30-18.30, Sa 9-12   Verband: Naturland

---

42111 Wuppertal   Troxlerhaus e.V.   Zum Lohbusch 70
Tel. 0202/771202
Gemüse, Milch
Zeiten: nach Vereinbarung   Verband: Demeter

42399 Wuppertal   Hof Sondern   Obersondern 1
Tel. 0202/61068
Brot, Getreide, Obst, Gemüse, Kartoffeln, Milch, Käse, Eier, Fleisch
Zeiten: Fr 11-13, Di, Do, Fr 14-18.30   Verband: Demeter

42399 Wuppertal   Hof Kotthausen   Kotthausen
Tel. 0202/612623
Sortiment erfragen (Landwirtschaft)
Zeiten: nach Vereinbarung   Verband: Demeter

42399 Wuppertal   Werkgemeinschaft Rexroth   Am Kriegerdenkmal 3a
Tel. 0202/612130
Sortiment erfragen
Zeiten: nach Vereinbarung   Verband: Demeter

42553 Velbert   Arne Mehrens, Hof Judt   Windrather Straße 190
Tel. 02053/3236
Brot, Honig, Wein, Getreide, Obst, Gemüse, Kartoffeln, Milch, Käse, Eier, Fleisch, Wurst
Zeiten: Fr 12-18, Sa 9-12   Verband: Bioland

42553 Velbert-Neviges   Friedrich Bredtmann   Lüpkesberger Weg 105
Tel. 02053/2157
Getreide, Kartoffeln
Zeiten: nach Vereinbarung   Verband: Naturland

42553 Velbert   Betriebsgemeinschaft Hof Zur Hellen   Windrather Straße 197
Tel. 02053/3239
Brot, Säfte, Konserven, Getreide, Obst, Gemüse, Kartoffeln, Milch, Käse, Eier, Fleisch, Wurst
Zeiten: Mi 15-17, Fr 12-18, Sa 9-12   Verband: Demeter

42553 Velbert   Betriebsgemeinschaft Schepershof   Windrather Straße 134
Tel. 02120/2306
Mehl, Brot, Säfte, Teigwaren, Getreide, Obst, Gemüse, Kartoffeln, Milch, Käse, Eier, Geflügel, Fleisch
Zeiten: Mi 14.30-18, Sa 9-12.30   Verband: Demeter

Einkaufen direkt beim Bio-Bauern

42553 Velbert Wamsler, Glashoff, Bewig Betriebsgemeinschaft Hof Nordrather Straße 281
Tel. 02053/2306
Brot, Brötchen, Säfte, Getreide, Obst, Gemüse, Kartoffeln, Milch, Käse, Eier, Fleisch, Wurst
Zeiten: Mi 14-18, Fr 14.30-18, Sa 9-12.30 Verband: Demeter

42553 Velbert Lappenhof, Winnemar Fikentscher Nordrather Str. 359
Tel. 02052/7917
Brot, Getreide, Obst, Gemüse, Kartoffeln, Milch, Käse, Eier, Geflügel, Fleisch, Wurst
Zeiten: Sa und nach Vereinbarung Verband: Bioland

42555 Velbert Oerk-Hof Hohlstraße 139
Tel. 02052/7207
Getreide, Gemüse, Kartoffeln, Milch, Käse, Eier, Fleisch, Wurst
Zeiten: Mi 10-13, Mi+Fr 15-18, Sa 9-12.30 Verband: Demeter

42579 Heiligenhaus Martin Grützmacher Alte Höhe 12-14
Tel. 02056/961030
Brot, Saft, Wein, Bier, Honig, Schafprodukte, Getreide, Obst, Gemüse, Kartoffeln, Milch, Käse, Eier
Zeiten: Di, Fr 9-13, 15-18,Sa 9-13 Verband: Bioland

42653 Solingen-Gräfrath Nau Ehren 1
Tel. 0212/312300
Getreide, Kartoffeln, Eier
Zeiten: Mo-Fr 18-19 Verband: Naturland

42697 Solingen-Ohligs Harald und Traude von Müller Krüdersheide 2
Tel. 0212/77791
Gemüse
Zeiten: Di, Fr 15-18 Verband: Demeter

42719 Solingen Karl Dieckmann-Kollodzey Fürkeltrath 3
Tel. 0212/592465
Saft, Getreide, Obst, Gemüse, Kartoffeln, Eier
Zeiten: Sa 10-13 Verband: Bioland

42781 Gruiten Ulrich und Ilona Finger, Fingerhof Osterholzer Straße 120
Tel. 02104/60052
Getreide, Kartoffeln, Milch, Käse, Fleisch, Wurst
Zeiten: Mo-Fr 16-18.30, Sa 9-12 Verband: Bioland

42897 Remscheid Alfred Leonhardt Westerholt
Tel. 02191/668439
Fleisch
Zeiten: nach Vereinbarung Verband: Bioland

44227 Dortmund VinCe Nubbental 14
Tel. 0231/7275581,
Rotwein, Weißwein, Sekt ECOVIN, Weinproben
Zeiten: nach Vereinbarung Verband: BÖW

44287 Dortmund Weinblatt Köln-Berliner-Straße 87
Tel. 0231/458959, F
Rotwein, Weißwein, Sekt ECOVIN, Weinproben
Zeiten: nach Vereinbarung Verband: BÖW

Einkaufen direkt beim Bio-Bauern

44329 Dortmund　　　Werkhof Gärtnerei　　　Werzenkamp 30
Tel. 0231/23732
Gärtnerei, Naturkostladen
Zeiten: Di, Fr 10-15, Do 12-17　　　Verband: Demeter

44534 Lünen-Wethmar　　Elisabeth und Dirk Schulze-Wethmar　　Waldweg 3
Tel. 02306/50390
Säfte, Mai/Juni täglich Spargel, Getreide, Obst, Gemüse, Kartoffeln, Eier, Fleisch, Wurst
Zeiten: Di+Fr 10-18, Sa 10-12　　　Verband: Naturland

45239 Essen　　　Günter Maas, Mittelhammshof　　　Margrefstraße 15
Tel. 0201/409319
Getreide, Kartoffeln, Milch, Eier
Zeiten: Mo-Fr 8-18　　　Verband: Bioland

45239 Essen　　WFB Kunterbunt & Grün Goerdt, Klosterberghof　　Weg am Berge 39
Tel. 0201/533545
Brot, Getreide, Obst, Gemüse, Kartoffeln, Milch, Eier, Fleisch, Wurst
Zeiten: Mo-Fr 17-18　　　Verband: Bioland

45279 Essen　　　Franz Sales Werkstätten Klosterberghof　　Dahlhauser Straße 239
Tel. 0201/533545
Saft, Brot, Honig, Getreide, Gemüse, Kartoffeln, Milch, Eier, Fleisch
Zeiten: Mo-Fr 17-18　　　Verband: Bioland

45470 Mülheim　　　Hermann Schulten-Baumer　　　Riemelsbeck 72
Tel. 0208/373111
Getreide, Kartoffeln
Zeiten: Mo-Sa 9-18　　　Verband: ANOG

45470 Mülheim　　　Walter Lehnhoff　　　Pettenkoferstraße 8
Tel. 0208/374950
Hofladen, Gemüse
Zeiten: Mo-Fr 10-12, 16-18　　　Verband: Demeter

45470 Mülheim　　　Kremer auf der Heidt, Klaus Felchner　　Bollenberg 76
Tel. 0208/371577
Obst, Gemüse, Kartoffeln, Eier
Zeiten: Mi 15-19, Sa 10-13　　　Verband: Bioland

45478 Mülheim　　Helga Albrecht-Faßbender & A. Gahmann　　Hansa Str. 16
Tel. 0208/762699
Getreide, Obst, Gemüse, Kartoffeln, Milch, Käse, Eier, Geflügel, Fleisch, Wurst
Zeiten: Di+Fr 14-18, Sa 9.30-13　　　Verband: Bioland

45527 Hattingen-Oberbeuel　Detlev Haarmann, Ziegenhof　　Salzweg 30
Tel. 02324/53314
Ziegenfleisch, -milch, -käse, Gemüse, Kartoffeln, Eier
Zeiten: Mo, Mi, Fr 17-19, Sa 10-12　　　Verband: Bioland

45529 Hattingen　　　Gut Marienhof　　　Felderbachstraße 60
Tel. 02052/3774
Getreide, Obst, Gemüse, Kartoffeln, Milch, Käse, Eier, Fleisch
Zeiten: Fr 15-18, Sa 9-11　　　Verband: Demeter

Einkaufen direkt beim Bio-Bauern

45739 Oer-Erkenschwick   Theo Schürmann, Theos Farm   Börster Grenzweg 56
Tel. 02368/1242
Bier, Honig, Trockensortiment, Saft, Wein, Getreide, Obst, Gemüse, Kartoffeln, Eier, Fleisch, Wurst
Zeiten: Mo, Mi, Fr 10-18, Sa 10-14   Verband: Bioland

46244 Bottrop-Kirchhellen   Rotthoff's Hof   Münsterstraße 43
Tel. 02045/3891
Flugenten, Kaninchen, Spanferkel, Getreide, Obst, Kartoffeln, Eier, Fleisch, Wurst
Zeiten: Mo-Fr 8-16   Verband: Naturland

46325 Borken   DRK-Bildungshaus Lensing   Burloer Str. 148
Tel. 02861/62036
Gemüse, Kartoffeln, Eier
Zeiten: nach Vereinbarung   Verband: Bioland

46325 Borken   Johannes Finke, Finkes Hof   Op den Booken 5
Tel. 02861/2191
Brot, Saft, Wein, Bier, Honig, Getreide, Obst, Gemüse, Kartoffeln, Milch, Käse, Eier, Fleisch, Wurst
Zeiten: Di, Do, Fr 9-12, 14.30-18.30, Sa 9-12   Verband: Bioland

---

46325 Borken-Rhedebrügge   Deutsches Rotes Kreuz, Jugendhof GmbH   Bocholter Straße 305
Tel. 02861/9214-0
Gemüse, Kartoffeln, Eier
Zeiten: nach Vereinbarung   Verband: Bioland

46348 Raesfeld-Erle   Norbert Brömmel   Werlo 43
Tel. 02866/4148
Obst, Gemüse, Kartoffeln, Milch, Käse
Zeiten: Mo,Do 17.30-19.30, Di,Fr 9-12, 16-18.30   Verband: Bioland

---

46446 Emmerich   Helga Gallung   Reeser Straße 544
Tel. 02828/8148
Ziegenprodukte
Zeiten: täglich 10-19   Verband: Bioland

46446 Emmerich   Hermann Egging   Heidpool 30
Tel. 02828/670
Rind- und Kalbfleisch nur nach Bestellung
Zeiten: nach Vereinbarung   Verband: Bioland

46446 Emmerich   Gärtnerei Voorthuysen Wittenhorst   Kuckucksdahl 2
Tel. 02828/7670
Obst, Gemüse, Milch, Käse
Zeiten: nach Vereinbarung   Verband: Bioland

46446 Emmerich   Johannes Schott   Regenittstr. 196
Tel. 02828/8802
Milch, Käse, Fleisch
Zeiten: nach Vereinbarung   Verband: Bioland

46487 Wesel-Bislich   Rolf Clostermann, Neuhollandshof   Jöckern 2
Tel. 02859/325
Honig, Walnüsse, Obstsäfte, Getreide, Obst, Gemüse, Kartoffeln, Geflügel
Zeiten: Mo-Sa 9-12, Mo-Fr 14-18, Di geschlossen   Verband: Demeter

Einkaufen direkt beim Bio-Bauern

46487 Wesel   Andreas Hankel, Natur-Pur   Perricher Weg 56 c
Tel. 02803/8412
Obst, Gemüse, Kartoffeln, Eier
Zeiten: Fr 16-19   Verband: Bioland

46499 Hamminkeln   Hof Seegers   Isselbruch 1
Tel. 02852/1203
Sortiment erfragen (Gartenbau)
Zeiten: nach Vereinbarung   Verband: Demeter

46509 Xanten   Thomas Benk   Weseler Str. 4
Tel. 02842/42001
Sortiment erfragen
Zeiten: Di+Fr 14-18   Verband: Demeter

46509 Xanten   Hendrine Evers   Orwatersweg 12
Tel. 02801/2025
Eier
Zeiten: nach Vereinbarung   Verband: Bioland

46514 Schermbeck-Altschermbeck   Klaus Deiters   Buschhausenerweg 12
Tel. 02853/3556
Brot, Saft, Wein, Bier, Honig, Getreide, Obst, Gemüse, Kartoffeln, Milch, Käse, Eier, Geflügel, Fleisch
Zeiten: Di-Fr 10-12, 16-19   Verband: Bioland

46514 Schermbeck   Michael Pütz, Gärtnerei „Am hohen Ufer"   Waldaustraße
Tel. 02853/802
Keimsaaten, Gewürze, Obst, Gemüse, Kartoffeln
Zeiten: Di, Fr 10-12, 16-19   Verband: Bioland

46519 Alpen   Schanzenhof   Winnentaler Str. 41
Tel. 02802/6303
Sortiment erfragen
Zeiten: nach Vereinbarung   Verband: Demeter

46535 Dinslaken-Eppinghoven   Hagge, Scholtenhof   Rotbachstraße 7
Tel. 02064/70067
Brot, Säfte, Fleisch von Charolais-Rinder, Gänse, Getreide, Obst, Gemüse, Kartoffeln, Milch, Käse, Eier
Zeiten: Di-Fr 10-13, 15-18, Sa 9-13   Verband: Demeter

46537 Dinslaken   Franz Josef Güldenberg   Luisenstraße 187
Tel. 02064/2872
Fleisch
Zeiten: nach Vereinbarung   Verband: Bioland

47447 Moers   Clemens und Angelika Toschki, Boschheide-Hof   Lauersforter Waldweg 14
Tel. 02841/63583
Brot, Säfte, Getreide, Obst, Gemüse, Kartoffeln
Zeiten: Di + Fr 14-18   Verband: Demeter

47475 Kamp-Lintfort-Saalhoff   Trude Karrenberg   Alpener Straße 43
Tel. 02842/42866
Grünspargel, Brot, Naturkost, Käse, Getreide, Obst, Gemüse, Kartoffeln, Eier
Zeiten: Fr 10-17.30; Sa 10-13   Verband: Demeter

Einkaufen direkt beim Bio-Bauern

47495 Rheinberg-Budberg   Herbert Stempel   Rheinkamper Straße 10
Tel. 02843/2539
Brot, Kräuter, Naturkostsortiment, Säfte, Getreide, Obst, Gemüse, Kartoffeln, Milch, Eier
Zeiten: Di+Fr 15-18.30
Verband: Naturland

47509 Rheurdt   Heinrich Hoenen   Kirchstraße 130
Tel. 02845/69835
Brot, Saft, Wein, Ziegenprodukte, Getreide, Obst, Gemüse, Kartoffeln, Milch, Käse, Eier, Fleisch
Zeiten: Mo, Do 10-12, 14-18.30
Verband: Bioland

47533 Kleve   Theo Sonderfeld   Banndeich 8
Tel. 02821/92717
Brot, Wein, Saft, Bier, Honig, Getreide, Obst, Gemüse, Kartoffeln, Käse, Eier, Fleisch, Wurst
Zeiten: Do 14-18, Fr 14-19, Sa 9.30-12.30
Verband: Bioland

47533 Kleve   SOS Ausbildung und Beschäftigung   Kermsidahlstraße 7
Tel. 02821/24698
Obst, Gemüse, Kartoffeln, Eier
Zeiten: Fr 13-15.30
Verband: Bioland

47559 Kranenburg   Gerhard Vierboom   Hauptstraße 62
Tel. 02826/1845
Brot, Saft, Wein, Bier, Honig, Getreide, Obst, Gemüse, Kartoffeln, Milch, Käse, Fleisch, Wurst
Zeiten: Di 9-18, Fr 10-18, Sa 9-12
Verband: Bioland

47624 Kevelaer   Gemüsebau Niemandsland   Humboldtstraße 2
Tel. 02832/5276
Sortiment erfragen (Gartenbau)
Zeiten: Fr 13-17, Sa 9-13
Verband: Demeter

47626 Kevelaer-Kervenheim Anne Verhoeven   Sonsbecker Straße 40
Tel. 02825/7233
Honig, Käse, Eier, Fleisch
Zeiten: Mo-Sa 10-16
Verband: Bioland

47626 Kevelaer   Thoreys Kieselhof   Xantener Straße 5
Tel. 02838/2531
Sortiment erfragen
Zeiten: nach Vereinbarung
Verband: Demeter

47638 Straelen   Wilfried Holz, Holzhof   Kastanienburg 9
Tel. 02834/6874
Demeter Trockenprodukte, Getreide, Obst, Gemüse, Kartoffeln, Milch, Eier, Fleisch
Zeiten: Fr 14-18, Sa 10-12
Verband: Demeter

47652 Weeze   Johannes & Barbara Büsch, Wohlgemut; Lindenhöfe Niederhelsum 1 a
Tel. 02837/2050
Brot, Säfte, Naturkost, Getreide, Obst, Gemüse, Kartoffeln, Milch, Käse, Eier, Geflügel, Fleisch, Wurst
Zeiten: Di 15-17.30, Fr 9-11.30 + 15-18
Verband: Bioland

47665 Sonsbeck   Erika Fehreschild   Pauenstraße 37
Tel. 02838/1887
Obst, Gemüse, Eier
Zeiten: Mo-Sa 13-17
Verband: Bioland

Einkaufen direkt beim Bio-Bauern

47798 Krefeld Monika Fildebrandt Südwall 68
Tel. 02151/317849
Obst
Zeiten: nach Vereinbarung Verband: Bioland

47802 Krefeld-Traar Heilmannshof Maria-Sohmann-Straße 93
Tel. 02151/560410
Honig, Walnüsse, Obstsäfte, Spargel, Erdbeeren, Getreide, Obst, Kartoffeln, Geflügel
Zeiten: Mo-Fr 8-12 und 14-18, Sa 8-13 Verband: Demeter

47877 Willich Bartholomäus Thees Hausbroicher Straße 314
Tel. 02156/5659
Honig, Küchenkräuter, Obst, Gemüse, Kartoffeln, Eier
Zeiten: Di, Fr 9-12, 15-19 Verband: Bioland

47918 Tönisvorst Josef Lambertz Berliner Straße 40
Tel. 0172219-4880
Sortiment erfragen (Gartenbau)
Zeiten: nach Vereinbarung Verband: Demeter

48149 Münster Josef Lütke-Jüdefeld Gasselstiege 115
Tel. 0251/28316
Getreide, Kartoffeln, Milch, Käse
Zeiten: nach Vereinbarung Verband: Naturland

48157 Münster Franz Borghoff Werse 27
Tel. 0251/311890
Brot, Saft, Wein, Bier, Honig, Getreide, Obst, Gemüse, Kartoffeln, Milch, Käse, Eier, Fleisch, Wurst
Zeiten: Mo, Di, Do, Fr 10-13, 15-18.30, Sa 9-13 Verband: Bioland

---

48161 Münster-Nienberge Josef Rölver Am Rüschhaus 41
Tel. 0251/1610
Honig, Getreide
Zeiten: nach Vereinbarung Verband: Naturland

48231 Warendorf-Freckenhorst Hof Schulze-Schleppinghoff Gronhorst 6
Tel. 02581/4301
Hofladen, Gemüse
Zeiten: Di-Fr 9-18, Sa 8-13 Verband: Demeter

48231 Warendorf Konrad Höing Zum Emstal 5
Tel. 02582/5605
Gartenbau
Zeiten: Mo-Fr 8-18, Sa 8-13 Verband: Demeter

48231 Warendorf Theo Röper Buddenbaum 17
Tel. 02585/353
Getreide, Milch, Eier, Fleisch, Wurst
Zeiten: nach Vereinbarung Verband: Bioland

48268 Greven Heinrich Wening Westeroder Straße 31
Tel. 02571/6627
Rindfleisch von Limousin, Getreide, Gemüse, Kartoffeln, Fleisch, Wurst
Zeiten: nach Vereinbarung Verband: Naturland

Einkaufen direkt beim Bio-Bauern

48268 Greven Hubertus Brockmann-Könemann Wittler Damm 25
Tel. 02575/1351 bzw
Brot, Schafprodukte, Getreide, Obst, Gemüse, Kartoffeln, Milch, Käse, Eier, Geflügel, Fleisch, Wurst
Zeiten: Mo,Mi,Do,Fr,Sa 10-12 Verband: Bioland

48301 Nottuln Heinrich Neiteler Baumberg 68
Tel. 02543/336
Honig, Obst, Gemüse, Kartoffeln
Zeiten: Di, Fr 9.30-13, 14-18 Verband: Bioland

48308 Senden Gut Wewel Gettrup 13
Tel. 02597/5256
Hofladen, Sortiment erfragen
Zeiten: Fr 15-18, Sa 9-12 Verband: Demeter

48308 Senden Heinrich Bölling Dorfbauernschaft 109
Tel. 02597/8349
Getreide, Gemüse, Kartoffeln, Milch
Zeiten: Mo, Fr 14-18, Sa 8-12 Verband: Naturland

48308 Senden Lutz Lambert und Thomas Kreimeier Schölling 1a
Tel. 02597/8583
Obst, Gemüse, Kartoffeln
Zeiten: Fr 15-18.30 Verband: Bioland

48317 Drensteinfurt Johannes Deventer Altendorf 56
Tel. 02538/663
Brot, Saft, Wein, Bier, Honig, Getreide, Obst, Gemüse, Kartoffeln, Milch, Käse, Eier, Fleisch, Wurst
Zeiten: Mo-Fr 15-18, Di,Do,Fr 9-12.30, Sa 9-12 Verband: Bioland

48317 Drensteinfurt Peter und Heinrich Angenendt Mersch 21
Tel. 02387/703
Obst, Kartoffeln, Fleisch
Zeiten: nach Vereinbarung Verband: Bioland

48324 Sendenhorst Hof Lütke Ahrenhorst Ahrenhorst 34 a
Tel. 02535/1369
Sortiment erfragen (Landwirtschaft)
Zeiten: nach Vereinbarung Verband: Demeter

48329 Havixbeck Günter Herzkamp Natrup 26
Tel. 02507/1325
Honig, Obst, Gemüse, Kartoffeln
Zeiten: Di, Fr 14-18 Verband: Bioland

48341 Altenberge Drunter & Drüber Entrup 119
Tel. 02505/3361
Gärtnerhof, Hofladen
Zeiten: Di 11-13, Fr 16.30-18.30 Verband: Demeter

48432 Rheine Helmut Schulte-Walter Schwanenburg 8
Tel. 05975/8736
Brot,Saft,Wein,Bier,Honig,Kosmetik,Getreide, Obst, Gemüse, Kartoffeln, Milch, Käse, Eier, Fleisch
Zeiten: Di-Fr 9-12, 14.30-18, Sa 9-12 Verband: Bioland

Einkaufen direkt beim Bio-Bauern

48480 Lünne Tel. 05906/1357 Schafe, Kartoffeln, Eier Zeiten: nach Vereinbarung	Joachim Forstreuter	Vorbrückenstraße 9 Verband: Bioland
48531 Nordhorn-Hesepe Tel. 05921/79855 Brot, Naturkostsortiment, Gemüse, Kartoffeln, Milch, Eier Zeiten: Di+Fr 9-12 u. 15-18	Elke und Everhard Hüsemann	Feldkämpe 5 Verband: Naturland
48565 Steinfurt Tel. 02551/7506 Sortiment erfragen Zeiten: nach Vereinbarung	Camphill Dorfgemeinschaft	Sellen 101 Verband: Demeter
48653 Coesfeld Tel. 02541/8060 Säfte, Obst Zeiten: Mo-Di 8-12 u. 13.30-17	Haus Hall Marienburg	Borkener Straße Verband: ANOG
48653 Coesfeld Tel. 02546/525 Getreide, Gemüse, Kartoffeln, Eier Zeiten: Mo,Di+Fr 16-18, Mi 8.30-14	Ursula & Heinz Bayer	Letterberg 44 Verband: Bioland
48653 Coesfeld-Lette Tel. 02546/7064 Saft, Wein, Getreide, Obst, Gemüse, Kartoffeln, Käse, Eier Zeiten: Di, Fr 14.30-18.30, Mi 9-14	Claudia Kögel und Andreas Wüstefeld	Letter Berg 44 Verband: Bioland
48683 Ahaus Tel. 02565/5860 Eier, Fleisch Zeiten: nach Vereinbarung	Biologische Station Zwillbrock Vogel	Graeser Brook 13 Verband: Bioland
48691 Vreden Tel. 02564/34265 Kartoffeln Zeiten: jederzeit	Georg und Francis Michaelis	Wennewick 19 Verband: Bioland
48703 Stadtlohn Tel. 02542/6154 Getreide, Kartoffeln, Milch, Käse, Eier Zeiten: nach Vereinbarung	Elke und Heinrich Volmer	Büren 19 Verband: Bioland
48703 Stadtlohn Tel. 02563/3154 Brot, Saft, Wein, Bier, Honig, Getreide, Obst, Gemüse, Kartoffeln, Milch, Käse, Eier, Fleisch, Wurst Zeiten: Fr 14.30-18, Sa 9-12	Franz-Josef Lesker	Heideweg 52 Verband: Bioland
48712 Gescher Tel. 02542/7030 Konfitüre, Säfte Zeiten: Mo-Fr 8-12, 13-17	Werkstätten für Behinderte von Haus Hall	Haller Weg Verband: ANOG

Einkaufen direkt beim Bio-Bauern

48720 Rosendahl-Holtwick Franz-Josef Barenbrügge Heger Ort 48
Tel. 02566/749
Getreide, Kartoffeln, Milch, Käse
Zeiten: täglich 18-19 Verband: Naturland

49143 Bissendorf Jeggener Hof, Thomas Krochmann-Lengermann Bauernschaft Jeggen 2
Tel. 05402/3762
Saft, Wein, Honig, Getreide, Obst, Gemüse, Kartoffeln, Käse, Eier, Fleisch, Wurst
Zeiten: Mo, Mi, Fr 17-19 Verband: Bioland

49143 Bissendorf Hofgemeinschaft Dicke Eiche Lunau, Schwämmle, Volm Dicke Eiche 9
Tel. 05402/8075
Schafprodukte, Brot, Wein, Naturkost, Saft, Bier, Getreide, Obst, Gemüse, Kartoffeln, Milch, Käse, Eier
Zeiten: Di, Fr 15.30-18.30, Sa 9-13 Verband: Bioland

49143 Bissendorf Reinhard und Sabine Langenberg Cronsundern 15
Tel. 05409/1287
Säfte, Getreide, Obst, Gemüse, Kartoffeln, Milch, Käse, Eier, Geflügel, Fleisch, Wurst
Zeiten: Fr 15.30-18.30 und nach Vereinbarung Verband: Demeter

---

49176 Hilter Aloys Twellmeyer Düppelweg 5
Tel. 05409/1242
Säfte, Getreide, Obst, Gemüse, Fleisch, Wurst
Zeiten: nach Vereinbarung Verband: Bioland

49176 Hilter Heiner Bischof Brambrook 1
Tel. 05409/572
Sortiment erfragen (Landwirtschaft), Hofladen
Zeiten: nach Vereinbarung Verband: Demeter

49179 Ostercappeln Hof Bünte (Fam. Zahn) Schlingheide 11
Tel. 05476/206
Mehl, Grieß, Flocken, Brot, Getreide, Obst, Gemüse, Kartoffeln, Milch, Käse, Eier, Geflügel, Fleisch
Zeiten: täglich außer Mi Verband: Demeter

49191 Belm Anton Schreiber Belmer Straße 11
Tel. 05406/3128
Wein, Saft, Bier, Honig, Getreide, Obst, Gemüse, Kartoffeln, Milch, Käse, Eier, Fleisch, Wurst
Zeiten: Mi, Fr, Sa 10-12, Mi 16-18, Fr 15-18 Verband: Bioland

---

49191 Belm Joachim Deckers Am Sportplatz 1
Tel. 05406/9383
Eier, Geflügel, Fleisch, Wurst
Zeiten: Mi 10-12, Fr 15-18, Sa 10-12 Verband: Bioland

49196 Bad Laer Hans-Hermann Peters Linnenkamp 7
Tel. 05424/8504
Honig, Gemüse, Kartoffeln
Zeiten: Fr 15-18 Verband: Bioland

49201 Dissen Kloster Oesede, Christian Borghardt Im Wiesengrund 9
Tel. 05424/69535
Brot, Saft, Wein, Bier, Getreide, Obst, Gemüse, Kartoffeln, Käse, Eier, Fleisch
Zeiten: Do 16-19 Verband: Bioland

Einkaufen direkt beim Bio-Bauern

49201 Dissen   Wilhelm Meyer zu Erpen   Donneresch 2
Tel. 05424/1444
Getreide, Kartoffeln, Milch, Käse
Zeiten: nach Vereinbarung   Verband: Bioland

49324 Melle   Heinz Imrecke   Laerbachwiesen 8
Tel. 05422/2392
Brot, Säfte, Naturkostsortiment, Getreide, Fleisch, Wurst
Zeiten: nach Vereinbarung   Verband: Naturland

49324 Melle   Meyerhof zu Bakum   Bakumer Straße 80
Tel. 05422/5784
Honig, Getreide, Kartoffeln, Milch, Fleisch
Zeiten: Mo-Fr 17-18.30, Sa 9-12   Verband: Bioland

49324 Melle   Wolfgang Kreimer   Föckinghauser Weg 9
Tel. 05422/8994
Gemüsesaatgut
Zeiten: nach Vereinbarung   Verband: Bioland

49326 Melle   Norbert Meyer, Gemüsehof Redecke   Höltingstraße 5
Tel. 05428/1919
Obst, Gemüse, Kartoffeln, Eier
Zeiten: Sommer: Di,Fr 17-19, Winter: Di,Fr 16-18   Verband: Bioland

---

49328 Melle   Rudolf Herbord   In den Höfen 14
Tel. 05427/476
Getreide, Milch, Käse, Fleisch
Zeiten: nach Vereinbarung   Verband: Bioland

49328 Melle   Karl Hermann Heller, Der Hellerhof   Barkhausener Straße 25
Tel. 05427/704
Milch, Eier, Fleisch
Zeiten: nach Vereinbarung   Verband: Bioland

49377 Vechta   Hans Dammann   Im Kühl 12, Oythe
Tel. 04441/3461, Fa
Kartoffeln
Zeiten: nach Vereinbarung

49377 Vechta   Gisela Mählmann   Stoppelmarkt 8
Tel. 04441/5950
Honig, Honigwein, Weihnachstbäume, Gestecke, Kartoffeln, Eier, Geflügel, Wurst
Zeiten: 8-19

49377 Vechta   Hans Thöle, Vossberg Hof   Vossberger Weg 9, Bergstrup
Tel. 04441/3119
Spargel, Himbeeren, Heidelbeeren
Zeiten: nach Vereinbarung

49393 Lohne   Jürgen Göttke-Krogmann   Diepholzer Straße 21
Tel. 04442/4433
Fleisch
Zeiten: nach Vereinbarung   Verband: Bioland

Einkaufen direkt beim Bio-Bauern

49406 Eydelstedt　　　Bärbel und Stephan Korte　　　Wohlstreck 28
Tel. 05442/492
Wein, Saft, Beerenobst zum Selberpflücken, Obst, Gemüse, Kartoffeln, Fleisch
Zeiten: Fr 17-19 und nach Vereinbarung　　　Verband: Bioland

49419 Wagenfeld/Ströhen　　　Ingo Poll　　　Pusteler Weg 21
Tel. 05774/272
Heidelbeerkulturen
Zeiten: nach Vereinbarung zur Ernte　　　Verband: Demeter

49424 Goldenstedt　　　Karl-Heinz Hanken　　　Fichtenstraße 2
Tel. 04444/1792, Fa
Nudeln, Saft, Wein, Bier, Honig, Konfitüre, Sauerkraut, Obst, Gemüse, Kartoffeln, Käse, Eier, Geflügel
Zeiten: Mi 15-18, Sa 9.30-13　　　Verband: Bioland

49424 Goldenstedt　　　Engelbert Böske, Hof an der Arkeburg　　　Arkeburg 1
Tel. 04444/574
Getreide, Kartoffeln, Fleisch
Zeiten: nach Vereinbarung　　　Verband: Bioland

49434 Neuenkirchen-Nellinghof　　　Hof Schürmann　　　Holdorferstraße 24
Tel. 05493/348
Sortiment erfragen
Zeiten: nach telefonischer Bestellung　　　Verband: Demeter

49434 Neuenkirchen-Wenstrup　　　Gisela Mustermann-Fiedler　　　Wenstrup 19
Tel. 05494/404
Wein, Honig, Gemüse, Kartoffeln, Eier
Zeiten: Mo-Fr 10-18　　　Verband: Bioland

49448 Brockum　　　Gerhard Jacob　　　Schwacker Hagen 36
Tel. 05443/360
Saft, Brot, Getreide, Obst, Gemüse, Kartoffeln, Fleisch
Zeiten: nach Vereinbarung　　　Verband: Bioland

49453 Rehden　　　Mathias Dreyer　　　Ulenhof, Am Geestmoor 5
Tel. 05446/1330
Schaffleisch u. -Wurst, Felle u. Wolle
Zeiten: nach Vereinbarung　　　Verband: Demeter

49453 Rehden　　　Heinrich Koch　　　Von-Wuthenau-Straße 4
Tel. 05444/284
Getreide, Kartoffeln
Zeiten: nach Vereinbarung　　　Verband: Bioland

49479 Ibbenbüren　　　Klaus Jaschinski　　　Fuchsweg 50
Tel. 05451/88343
Brot, Honig, Getreide, Obst, Gemüse, Kartoffeln, Käse, Eier
Zeiten: Fr 15-19.30　　　Verband: Bioland

49479 Ibbenbüren　　　Albrecht Goldbeck　　　Rochusstraße 15
Tel. 05451/3530
Naturkost, Getreide, Obst, Fleisch
Zeiten: nach tel. Vereinb. Lieferung frei Haus　　　Verband: Naturland

Einkaufen direkt beim Bio-Bauern

49492 Westerkappeln   Hermann Wieligmann   Sünte Rendelweg 3
Tel. 05456/1206
Himbeeren, Erdbeeren zum Selbstpflücken, Getreide, Obst, Gemüse, Kartoffeln, Fleisch, Wurst
Zeiten: nach Vereinbarung   Verband: Naturland

49492 Westerkappeln   Uwe Mauerhöfer   Hügelstraße 1
Tel. 05404/2971
Getreide, Kartoffeln, Eier
Zeiten: nach Vereinbarung   Verband: Bioland

49497 Mettingen   Martin Simon   Neuenkirchener Straße 420
Tel. 05452/3336
Wein, Saft, Honig, Getreide, Obst, Gemüse, Kartoffeln, Käse, Eier, Fleisch
Zeiten: Di,Mi 10-12,Mi 15-18,Do,Fr 9-12.30,15-18   Verband: Bioland

---

49525 Lengerich   Werner Harlinghausen   Wechterstraße 42
Tel. 05482/1603
Brot, Honig, Spargel, Wein, Saft, Obst, Gemüse, Kartoffeln, Eier
Zeiten: Mo-Fr 9-13, 15.30-18.30 Mai-August   Verband: Bioland

---

49525 Lengerich   Ledder Werkstätten, Winfried Hein   Stapenhorster Straße 38
Tel. 05481/37100
Getreide, Kartoffeln, Milch
Zeiten: nach Vereinbarung   Verband: Bioland

49536 Lienen   Vosshof   Baggerien 4
Tel. 05483/282
Hofladen, Gärtnerhof, Gemüse
Zeiten: Fr 15-17, Sa 9-12   Verband: Demeter

49536 Lienen   Friedrich Stegemann   Zum Wasserfall 10
Tel. 05483/616
Obst, Kartoffeln, Fleisch
Zeiten: täglich 8-18 in derObstsaison   Verband: Bioland

49545 Tecklenburg   Gaby Peikert-Harms und Klaus-Dieter Harms   Haus Hülshoff 2
Tel. 05482/1096
Brot, Saft, Wein, Bier, Honig, Schaffelle, Getreide, Obst, Gemüse, Kartoffeln, Milch, Käse, Eier, Fleisch
Zeiten: Di, Fr 15-18.30, Sa9.30-13   Verband: Bioland

49545 Tecklenburg   Raimund Bäumer   Niederdorf 24
Tel. 05455/623
Brot, Spargel, Erdbeeren, Honig, Saft, Getreide, Obst, Gemüse, Kartoffeln, Milch, Käse, Eier, Fleisch
Zeiten: Di, Fr 14.30-18, Fr, Sa 9.30-12   Verband: Bioland

49545 Tecklenburg   Ledder Werkstätten, Klaus Glombowski, Hof Feldmann   Am Proll 12
Tel. 05482/6016
Getreide, Gemüse, Kartoffeln, Eier, Fleisch
Zeiten: Mo-Fr 8-16, Sa 8-12   Verband: Bioland

49565 Bramsche   Matthias Krause, Gärtnerei Kalkriese GbR   Zu den Dieven 19
Tel. 05468/6978
Gemüse, Kartoffeln, Eier
Zeiten: Di, Fr 16-18   Verband: Bioland

Einkaufen direkt beim Bio-Bauern

49565 Bramsche Werner Roddewig Rolkerskamp 8
Tel. 05468/1732
Brot, Mehl, Säfte, Konserven, Getreide, Obst, Gemüse, Kartoffeln, Milch, Käse, Eier, Geflügel, Fleisch
Zeiten: Mi + Do ab 15, Fr 9-12 u. 15-18, Sa 9-12   Verband: Demeter

---

49565 Bramsche-Balkum G. Hüls Am Naturschutz
Tel. 05465/1789
Landwirtschaft
Zeiten: nach Vereinbarung   Verband: Demeter

49565 Bramsche Gregor Bock Zum Knapp 10
Tel. 05461/1509
Kartoffeln, Eier, Fleisch
Zeiten: nach Vereinbarung   Verband: Bioland

49577 Ankum Maria und Detert Brummer-Bange Loxtener Straße 5
Tel. 05462/238
Brot, Saft, Wein, Bier, Honig, Tee, Getreide, Obst, Gemüse, Kartoffeln, Milch, Käse, Eier, Fleisch, Wurst
Zeiten: Di, Do, Fr 16-18, Mi 10.30-12, Sa 9-12   Verband: Bioland

---

49596 Gehrde Gärtnerei Grünzeug, Stephan Puls Rüsfort 5
Tel. 05439/436
Wein, Bier, Honig, Getreide, Obst, Gemüse, Kartoffeln, Eier
Zeiten: nach Vereinbarung   Verband: Bioland

49624 Löningen-Angelbeck Irmgard und Bernhard Burs Zum Ehrener Wald 2
Tel. 05432/694
Honig
Zeiten: nach Vereinbarung   Verband: Bioland

49632 Essen Matthias Windhaus Mühlendeich 1
Tel. 05434/3506
Kartoffeln
Zeiten: nach Vereinbarung   Verband: Bioland

49635 Badbergen Herman Brunswinkel Bergfelder Hof, Grothe
Tel. 05433/368
Brot, Honig, Nudeln, Säfte, Weine, Getreide, Gemüse, Kartoffeln, Milch, Eier, Fleisch
Zeiten: Di und Fr 9-12 und 15-18   Verband: Demeter

49635 Badbergen-Wehdel Wilfried Hardt Wehdel Nr. 21
Tel. 05433/329
Getreide, Kartoffeln
Zeiten: nach Vereinbarung   Verband: Bioland

49635 Badbergen Wilfried Gerke Wehdel 63
Tel. 05433/6529
Getreide, Kartoffeln, Eier, Fleisch
Zeiten: nach Vereinbarung   Verband: Bioland

49637 Menslage Hermann und Maria Maßmann Kampstraße 2
Tel. 05437/733
Brot, Naturtextilien, Honig, Getreide, Obst, Gemüse, Kartoffeln, Milch, Käse, Eier, Fleisch, Wurst
Zeiten: Sa 9-12   Verband: Demeter

Einkaufen direkt beim Bio-Bauern

49637 Menslage Johann Meyer Hohe Eschstraße 7
Tel. 05437/1556
Brot, Honig, Getreide, Obst, Gemüse, Kartoffeln, Eier
Zeiten: nach Vereinbarung Verband: Bioland

49661 Cloppenburg Sabine Juerss Kanalweg 4
Tel. 04471/85667
Schafe, Käse, Fleisch
Zeiten: nach Vereinbarung Verband: Bioland

49685 Höltinghausen Aloys Pöhler, Baumschule-Gartengestalt Flachmoor 1
Tel. 04473/1335
Sortiment erfragen
Zeiten: nach Vereinbarung Verband: Bioland

49716 Meppen Beschäftigungs-Initiative Meppen Kosse-Hof Vogelpohlstraße 3
Tel. 05931/29029
Brot, Saft, Getreide, Obst, Gemüse, Kartoffeln, Käse, Eier
Zeiten: Mo-Do 8.30-15.30, Fr 8.30-13.30 Verband: Bioland

49733 Haren Karin und Dr. Dr. Hannes Meist Rütenmoor West 3
Tel. 05934/1622
Rind- und Ochsenfleisch, Baby-Beef, Kartoffeln, Fleisch
Zeiten: nach Vereinbarung, Fleisch a. Bestellung Verband: Bioland

---

49751 Sögel Projekt für Arbeit und Weiterbildung Tiefenfehnskämpe 2
Tel. 05952/2583
Honig, Erdbeeren, Obst, Gemüse, Kartoffeln, Eier
Zeiten: Sa 9-13 Verband: Bioland

49774 Lähden Dirk Preuß, Ökohof Ahmsen Am Kloster 10
Tel. 05964/1518
Obst, Gemüse, Kartoffeln, Eier, Geflügel, Fleisch
Zeiten: Fr 16-19 Verband: Bioland

49808 Lingen Manfred Grote Estringen 8, Am Kreuzbach 6
Tel. 0591/65597
Getreide, Obst, Gemüse, Kartoffeln, Eier, Fleisch
Zeiten: nach Vereinbarung Verband: Bioland

49811 Lingen Alfred Krüßel Estringer Straße 23
Tel. 05906/1334
Saft, Honig, Getreide, Obst, Gemüse, Kartoffeln, Eier
Zeiten: Di, Fr 16-18.30 Verband: Bioland

Einkaufen direkt beim Bio-Bauern

50169 Kerpen-Türnich   Obstpark Schloß Türnich Graf Hoensbroech Schloß Türnich
Tel. 02237/7501
Apfelsaft, Apfel-Holunder-Nektar, Apfelkraut, Obst
Zeiten: Wochenmärkte: Türnich, Horrem, Kerpen,   Verband: Demeter

50181 Bedburg   Bremer   Weiler Hohenholz
Tel. 02272/3959
Säfte, Obst
Zeiten: Mo-Fr 9-12 u. 15-18, Sa 8.30-12.30   Verband: ANOG

50189 Elsdorf   Haus Etzweiler   Haus Etzweiler 4
Tel. 02274/3754
Brot, Getreide, Gemüse, Kartoffeln, Milch, Käse, Eier, Fleisch, Wurst
Zeiten: Mi, Sa 8.30-12 + 15.30-17.30   Verband: Demeter

50259 Pulheim   Reinhard Kamp   Maarweg 6
Tel. 02238/15224
Sortiment erfragen, Gemüse
Zeiten: nach Vereinbarung   Verband: Demeter

50374 Erftstadt   Gottfried und Willi Heinz Kurth   Lichtstraße 4
Tel. 02235/73348
Getreide, Kartoffeln
Zeiten: Mo-Sa 8-20   Verband: Bioland

50670 Köln   Heuschrecke GmbH   Krefelder Straße 18
Tel. 0221/728085, F
Rotwein, Weißwein, Sekt ECOVIN
Zeiten: nach Vereinbarung   Verband: BÖW

50735 Köln   Ökobau GmbH   Niehler Str. 252
Tel. 0221/7601893
Erdbeeren, Obst, Gemüse, Kartoffeln
Zeiten: nach Vereinbarung   Verband: Bioland

50765 Köln-Volkhofen   Willi Peter   Am Donatushof 13
Tel. 0221/9793000
Wein, Saft, Brot, Blumen, Honig, Bier, Getreide, Gemüse, Kartoffeln, Milch, Käse, Eier, Geflügel
Zeiten: Mo-Fr 8.30-12.30, 15-18.30, Sa 8.30-13   Verband: Bioland

50767 Köln   Bernd Pöschke   Im Gewerbegebiet 12
Tel. 02236/65835
Gemüse
Zeiten: Mo-Do 8.30-16, Fr 8-13   Verband: Bioland

50769 Köln-Fühlingen   Ferdinand Otto   Roggendorfer Weg 7
Tel. 0221/7088509
Honig, Kompostwürmer, Getreide, Obst, Gemüse, Kartoffeln, Milch, Käse, Eier, Fleisch, Wurst
Zeiten: Mo-Sa 9-13, Mo-Fr 15-18.30, Mi geschloss   Verband: Bioland

50769 Köln   Heinz Hanßen   Senfweg
Tel. 0221/785338
Getreide, Obst, Gemüse, Kartoffeln, Milch, Käse, Eier, Geflügel, Fleisch, Wurst
Zeiten: nach Vereinbarung   Verband: Naturland

Einkaufen direkt beim Bio-Bauern

50859 Köln   „Stammhaus" GmbH   Aachener Straße 1413
Tel. 02234/77355
Kaninchen, Gemüse, Kartoffeln
Zeiten: Mo-Do 15-18, Sa-So 14-18, Fr geschlossen   Verband: Naturland

---

50939 Köln   Rebstöckle   Siebengebirgsallee 7
Tel. 0221/442230
Rotwein, Weißwein, Sekt ECOVIN, Weinproben
Zeiten: nach Vereinbarung   Verband: BÖW

51105 Köln   Werner und Gisela Rouhselli   Roddergasse 1
Tel. 0221/838537
Weine, Biere, Säfte, Honig, Nudeln, Getreide, Obst, Gemüse, Kartoffeln, Milch, Käse, Eier, Fleisch
Zeiten: Mo-Fr 9-18, Sa 9-14   Verband: ANOG

51377 Leverkusen   Thomas Schwarz   Im Kirberg 27
Tel. 0214/92600
Gartenbau, Hofladen
Zeiten: Mi, Fr 16-18   Verband: Demeter

51503 Rösrath   Stöcker   Fußheide 34
Tel. 02205/3445
Brot, Naturkostsortiment, Getreide, Obst, Gemüse, Kartoffeln, Milch, Käse, Eier, Fleisch, Wurst
Zeiten: Mo-Fr 14-18.30, Sa 10-13   Verband: ANOG

51515 Kürten   Harald Koch, Ökodrom   Rottfelder Weg 36
Tel. 02207/7801
Getreide, Obst, Gemüse, Kartoffeln
Zeiten: Di 9-13, 15-18.30, Sa 9-13   Verband: Bioland

51570 Windeck   Albert Wegert   Röhringshof 11
Tel. 02292/5462
Sortiment erfragen (Landwirtschaft)
Zeiten: nach Vereinbarung   Verband: Demeter

51570 Windeck   Dagmar Jürgens   Sommerring 20
Tel. 02292/7194
Pilze, Pilzbrut
Zeiten: nach Vereinbarung   Verband: Bioland

51588 Nümbrecht-Schönthal   Andreas und Mechthild Klose   Hardt 16
Tel. 02293/3308
Säfte, Wein, Naturkostsortiment, Brot, Getreide, Obst, Gemüse, Kartoffeln, Eier, Geflügel
Zeiten: Mi-Sa 9-12, Mi+Do 15-18, Fr geschlossen   Verband: ANOG

51709 Marienheide-Scharde   Sebastian und Karla Schäfer, Schäferhof   Rehbergstraße 63
Tel. 02264/1585
Schafprodukte, Honig, Wein, Trockensortiment, Kartoffeln, Milch, Käse, Eier, Fleisch, Wurst
Zeiten: Mo, Mi, Fr 9-12.30,14.30-16.30, Sa 9-12   Verband: Bioland

---

51789 Lindlar   Birgit und Bernd Althoff   Hinterrübach 1
Tel. 02266/3346
Brot, Schafprodukte, Getreide, Obst, Gemüse, Kartoffeln, Milch, Käse, Eier, Fleisch, Wurst
Zeiten: Di 10-18, Fr 9-18, Sa 9-13   Verband: Bioland

Einkaufen direkt beim Bio-Bauern

52064 Aachen Mario Böttcher Talbotstraße 33
Tel. 0241/166615
Kräuter, Erdbeeren, Gemüse-Abo, Obst, Gemüse, Kartoffeln, Eier
Zeiten: Sa 9-14 Verband: Bioland

52072 Aachen-Horbach Haus Heyden
Tel. 02407/3170
Hofladen, Gemüse
Zeiten: Mi 9-13+15-18, Fr 15-18, Sa 9-13 Verband: Demeter

52076 Aachen Waltraud Hoven Steinkaulplatz 8 a
Tel. 02408/3155
Honig, Naturkost, Obst, Gemüse, Kartoffeln
Zeiten: Di + Do 8-13, Fr 16-18.30, Sa 9-14 Verband: Demeter

52076 Aachen Johanneshof, Gerald Preis Grindelweg 25
Tel. 0241/61583
Gartenbau, Hofladen Mi nur nachm., Sa nur vorm.
Zeiten: Mo-Sa 10-11.30, 17.30-18.30 Verband: Demeter

52249 Eschweiler-Nothberg Otto Manstetten Gut Bovenberg
Tel. 02403/65985
Getreide, Kartoffeln, Eier, Fleisch, Wurst
Zeiten: nach Vereinbarung Verband: Demeter

52351 Düren Irmgard Bochröder Stockheimer Landstraße 171
Tel. 02421/51774
Brot, Kuchen, Getreide, Gemüse, Kartoffeln, Milch, Käse, Eier, Fleisch, Wurst
Zeiten: Fr 10-12, Di+Fr 15-17.30 Verband: Demeter

52351 Düren Wilhelm Schmitz Binsfelderstraße 301
Tel. 02421/72736
Gartenbau, Naturkostladen
Zeiten: Mo,Mi,Fr 9-18.30, Sa 9-13,Di+Do 14-18.30 Verband: Demeter

---

52379 Langerwehe Franz-Hermann Simons Hauptstraße 33
Tel. 02423/5501
Fisch, Spargel, Erdbeeren, Getreide, Obst, Gemüse, Kartoffeln, Milch, Käse, Eier, Geflügel, Fleisch
Zeiten: Di 9-12.30 u. 15-18, Fr 9-18, Sa 8-12.30 Verband: Demeter

---

52379 Langerwehe Michael Krieger Schloßstraße 2
Tel. 02423/1530
Gartenbau, Hofladen
Zeiten: Di, Fr 15-18.30, Sa9-12.30 Verband: Demeter

52385 Nideggen Aloysius Knein Frankenstr. 69
Tel. 02427/251
Obstgehölze, Obst
Zeiten: nach Vereinbarung Verband: Bioland

52388 Nörvenich Dreschmann Margarethastraße 17
Tel. 02426/5083
Brot, Naturkostsortiment, Getreide, Obst, Gemüse, Kartoffeln, Milch, Käse, Eier
Zeiten: täglich außer Mi 18-19 Verband: ANOG

Einkaufen direkt beim Bio-Bauern

52388 Nörvenich Landesgut Hommelsheim
Tel. 02426/4063
Getreide, Obst, Gemüse, Kartoffeln, Eier
Zeiten: nach Vereinbarung Verband: ANOG

52388 Nörvenich-Irresheim Birgit Wieland Annastraße 11a
Tel. 02426/5145
Naturkost, Wein, Säfte, Getreide, Obst, Gemüse, Kartoffeln, Milch, Käse, Eier, Fleisch, Wurst
Zeiten: Di 15-19, Fr 9-19 Verband: ANOG

52428 Jülich-Broich Anneliese Jumpertz Alte Dorfstraße 160
Tel. 02461/8687
Brot, Säfte, Getreide, Obst, Gemüse, Kartoffeln, Milch, Käse, Eier, Geflügel, Fleisch, Wurst
Zeiten: Di 15-19, Fr 14-19,Sa 9-14 Verband: ANOG

52428 Jülich-Altenberg Hof Altenburg Kurfürstenstraße 18
Tel. 02461/4299
Garten-, Obstbau, Landwirtschaft
Zeiten: Mo,Mi,Do 16-20 Verband: Demeter

52428 Jülich Ahrens Fronhoffstr. 3
Tel. 02461/59502
Milch, Käse
Zeiten: nach Vereinbarung Verband: ANOG

52525 Heinsberg Elli Schiffers Waldhufenstraße 160
Tel. 02452/5756
Sortiment erfragen (Landwirtschaft)
Zeiten: nach Vereinbarung Verband: Demeter

53175 Bonn-Friesdorf Helgo Schmidt und Michael Peters, Leyenhof Im Bachele 1b
Tel. 0228/310815
Brot, Wein, Naturkost, Getreide, Obst, Gemüse, Kartoffeln, Milch, Käse, Eier, Geflügel, Fleisch, Wurst
Zeiten: Di,Fr 9-13, 15-18.30, Sa 9-13 Verband: Bioland

53332 Bornheim Max Apfelbacher Rücksgasse 16
Tel. 02222/3277
Obst, Gemüse, Kartoffeln
Zeiten: Mo, Do 18-20 Verband: Bioland

53332 Bornheim-Waldorf Heinz-Josef Bursch Weidenpeschweg 31
Tel. 02227/3781, Fa
12.30, Säfte, Brot, Wein, Getreide, Obst, Gemüse, Kartoffeln, Milch, Käse, Eier, Fleisch, Wurst
Zeiten: Di 10-12 u. 14-18.30, Fr8.30-18.30 Sa 8- Verband: Bioland

---

53332 Bornheim-Uedorf Leonhard Palm Bornheimer Straße 30
Tel. 02222/81887
Naturkostsortiment, Getreide, Gemüse, Kartoffeln
Zeiten: nach Vereinbarung Verband: Naturland

53332 Bornheim Wolfgang Schulz Blutpfad 3
Tel. 02222/4544
Brot, Wein, Saft, Bier, Honig, Schafprodukte, Getreide, Obst, Gemüse, Kartoffeln, Milch, Käse, Eier
Zeiten: Mi, Fr 8-18 Verband: Bioland

Einkaufen direkt beim Bio-Bauern

53340 Meckenheim   Hubert und Sabine Bois, Obst und Gemüsehof Wüst   Wormersdorfer Straße 1
Tel. 02225/7824
Wein, Naturkost, Hofladen, Getreide, Obst, Gemüse, Kartoffeln, Milch, Käse, Eier
Zeiten: Di-Fr 9-18.30, Sa 9-13, Mi gschlossen   Verband: Demeter

---

53343 Wachtberg   M. Hagemann und B. Luhmer   Auf dem Langenberg
Tel. 0228/347033
Brot, Wein, Honig, Getreide, Obst, Gemüse, Kartoffeln, Milch, Käse, Fleisch
Zeiten: Di, Fr 16-19, Milchjederzeit   Verband: Bioland

53359 Rheinbach-Klein-Schlebac Peter Reuter, Schlebacher Hof   Schlebacher Straße 2
Tel. 02226/3132
Brot, Säfte/Wein, Nudeln , Getreide, Obst, Gemüse, Kartoffeln, Milch, Käse, Eier, Fleisch, Wurst
Zeiten: Mo-Fr 16-18.30, Sa 10-13, Mi geschlossen   Verband: Bioland

---

53359 Wormersdorf   Obsthof Wüst   Kantenberg 15
Tel. 02225/7824
Sortiment erfragen (Obstbau, Hofladen)
Zeiten: Di, Do, Fr 9-18.30,Sa 9-13   Verband: Demeter

53474 Ahrweiler   Christoph Richter   Bachemerstraße 21
Tel. 02641/31506
Weißwein, Rotwein, Sekt/Ahr, ECOVIN, Weinproben
Zeiten: nach Vereinbarung   Verband: BÖW

53474 Ahrweiler   Winzergenossenschaft Ahrweiler Winzerverein e.G. Walporzheimer Straße 19
Tel. 02641/34376, F
Rotwein, Weißwein, Sekt/Ahr
Zeiten: nach Vereinbarung   Verband: BÖW

53489 Sinzig   Martina und Johannes Steinheuer, Hollerhof Ahrentaler Straße 8
Tel. 02642/6641
Getreide, Kartoffeln, Fleisch
Zeiten: nach Vereinbarung   Verband: Bioland

53501 Grafschaft   Hubert Krämer   Wiesenweg 14
Tel. 02641/21821
Abo-Kisten, Säfte, Obst, Gemüse, Kartoffeln
Zeiten: Mo 14-17, Fr 9-12   Verband: Bioland

53501 Grafschaft   Wolfgang und Edith Simons, Landhof Simons   Altbroicher Weg
Tel. 02225/4855
Apfelwein, Säfte, Getreide, Obst, Gemüse, Kartoffeln, Eier
Zeiten: nach Vereinbarung   Verband: Bioland

53508 Mayschoß   Christoph Bäcker   Waagstraße 16
Tel. 02643/7517
Rotwein, Weißwein, Sekt (Ahr), ECOVIN, Weinproben
Zeiten: nach Vereinbarung   Verband: BÖW

53757 Sankt Augustin-Menden   Gärtnerei Biotopia
Meindorfer Straße 120   Tel. 02241/316859,
Brot- und Backwaren, Getreide, Obst, Gemüse, Kartoffeln, Milch, Käse, Eier, Fleisch, Wurst
Zeiten: Di, Mi, Fr 9-12.30 +14.30-18.30, Sa 9-13   Verband: Demeter

Einkaufen direkt beim Bio-Bauern

53773 Hennef Dr. Helmut Hüsgen Auf der Sandkaule 22
Tel. 02248/2684 ode
Brot, Säfte, Naturkost, Kräuter, Getreide, Obst, Gemüse, Kartoffeln, Milch, Käse, Eier
Zeiten: Mo-Fr 13-18.30, Fr 9-12, Sa 8-14 Verband: ANOG

53773 Hennef-Geistingen Josef Klein Geistinger Straße 81
Tel. 02242/81372, F
Getreide, Kartoffeln, Milch, Käse, Eier
Zeiten: Mo-Fr 8-10 u. 17-19, Sa 8-11 u. 17-19 Verband: ANOG

53773 Hennef Wiesengut Rösgen Siegaue 16
Tel. 02242/80757
Rindfleisch in Hälften, Getreide, Obst, Kartoffeln, Fleisch
Zeiten: Mo-Fr 8-12 Verband: Naturland

53783 Eitorf-Schiefen Clemens Dohrmann Zum Heckerhof 8
Tel. 02243/4732
Getreide, Kartoffeln, Milch, Käse, Fleisch, Wurst
Zeiten: täglich 17-19 Verband: ANOG

53804 Much Hans und Norbert Henn, Rathshof Tillinghausen 8
Tel. 02245/3992
Sortiment erfragen (Landwirtschaft)
Zeiten: täglich 17-18.30 und nach Vereinbarung Verband: Demeter

---

53804 Much Paul Fürbach, Milchschäferei Alefeld Alefeld 21
Tel. 02245/5001
Schafprodukte, Fleisch
Zeiten: nach Vereinbarung Verband: Bioland

53879 Blankenheim-Dollendorf Angelika und Wolfgang Hattenrath Lampertzweg 14
Tel. 02697/1452
Sortiment erfragen
Zeiten: Okt-Dez nach Vereinbarung Verband: Bioland

53894 Mechernich Hansjörg Kursch & Claudia Ebert Eifelstr. 37
Tel. 02484/2175
Wolle, Felle, Steppware, Schafs- + Ziegenfleisch, Eier, Geflügel, Fleisch, Wurst
Zeiten: nach Vereinbarung Verband: Bioland

53902 Bad Münstereifel-Maulbach Wendelin Meyer-Rummel Ringstraße 30
Tel. 02257/7678
Schafskäse, -milch, Fleisch
Zeiten: nach Vereinbarung Verband: Bioland

53902 Hilterscheid Hesse Hauptstraße 39
Tel. 02257/1454
Eier, Fleisch, Wurst
Zeiten: nach Vereinbarung Verband: ANOG

53909 Obervenich Betriebsgemeinschaft Haus Bollheim Bollheimer Straße
Tel. 02252/1095 u.
Brot, Mehl, Grieß, Säfte, Flocken, Getreide, Gemüse, Kartoffeln, Milch, Käse, Eier, Fleisch, Wurst
Zeiten: Mi 15-17.30, Sa 9-12 Verband: Demeter

Einkaufen direkt beim Bio-Bauern

53909 Zülpich Tel. 02252/4691 Obst, Gemüse, Kartoffeln, Eier Zeiten: nach Vereinbarung	Wilma und Thomas Lomb	St. Nikolausstraße 36 Verband: Bioland
53945 Blankenheim Tel. 02449/1793 Wolle, Felle, Pensionspferde, Kartoffeln, Fleisch, Wurst Zeiten: nach Vereinbarung	Güttig	Oberdorf 14 Verband: ANOG
53947 Holzmülheim Tel. 02440/329 Landwirtschaft, Hofladen Zeiten: Fr 15-18	Ralf und Toni Noll, Ralfs Eifelhof	Trierer Straße 10 Verband: Demeter
53947 Nettersheim-Engelgau Tel. 02486/1055 Wein, Saft, Honig, Bier, Öl, Bücher, Getreide, Obst, Gemüse, Kartoffeln, Milch, Käse, Eier, Fleisch Zeiten: Di 14-18, Fr 9-12 und 14-18, Sa 9-12	Gerd Neuy, Mühlenhof	Frohngauer Straße Verband: Bioland
53947 Nettersheim-Engelgau Tel. 02486/7067 Fleisch, Wurst Zeiten: nach Vereinbarung	Renate und Adolf Hansen	Taubenstraße 10 Verband: Bioland
53947 Aachen Tel. 02486/1609 Sortiment erfragen (Landwirtschaft) Zeiten: nach Vereinbarung	Siegfried Poth	Keltenring 24 Verband: Demeter
53949 Kronenburg Tel. 06557/395 Käseversand, Landwirtschaft, Milch, Käse Zeiten: Do-Sa 16-19, Sa 10-12	Hasenberghof	Gerichtsstraße 12 Verband: Demeter
53949 Dahlem Tel. 02447/1617 Getreide, Milch, Käse, Fleisch, Wurst Zeiten: nach Vereinbarung	Klaus Stadtfeld	Siedlung Eichenhof Verband: Demeter
54298 Igel Tel. 06501/12492 Obst Zeiten: nach Vereinbarung	Wilhelm Deutschen	Moselstr. 6 Verband: Bioland
54317 Herl Tel. 06500/8910, Fa Naturkostsortiment, Getreide, Kartoffeln, Milch, Käse, Fleisch, Wurst Zeiten: Mo,Mi,Fr 18-19, Sa 11-16	Knospenhof	Bergstraße 8 Verband: Demeter
54329 Konz Tel. 06501/2264, Fa Weißwein/Sekt/Mosel ECOVIN, Weinproben Bewirtung, Gästezimmer Zeiten: nach Vereinbarung	Josef Luy	Am Berendsborn 20 Verband: BÖW

Einkaufen direkt beim Bio-Bauern

54341 Fell Johannes Portz Fellerhof
Tel. 06500/488
Brot, Säfte, Wild, Schinken, Getreide, Obst, Gemüse, Kartoffeln, Milch, Käse, Eier, Geflügel, Fleisch
Zeiten: Mi-Fr 14-18, Sa 9-14 Verband: Naturland

54424 Burtscheid Gerhard Sommerfeld Sonnenhof
Tel. 06504/737
Getreide, Kartoffeln, Milch, Fleisch
Zeiten: nach Vereinbarung Verband: Bioland

54426 Malborn Paul Kluth Ermlandhof
Tel. 06503/6191
Getreide, Kartoffeln, Fleisch
Zeiten: nach Vereinbarung Verband: Bioland

54441 Schoden Claudia Loch, Weinhof Herrenberg Hauptstraße 80
Tel. 06581/1258, Fa
Weißwein, Sekt/Mosel ECOVIN, Weinproben Gästezimmer
Zeiten: nach Vereinbarung Verband: BÖW

54457 Wincheringen Hans-Jürgen Stempien Mühlenweg 24
Tel. 06583/849
Weißwein, Rotwein/Mosel ECOVIN, Honigwein, -likö
Zeiten: nach Vereinbarung Verband: BÖW

54457 Wincheringen Rudolf Holbach Reiterstraße 24
Tel. 0651/35740
Weißwein/Mosel ECOVIN, Weinproben
Zeiten: nach Vereinbarung Verband: BÖW

54470 Bernkastel-Wehlen Martin Schäfer Fischerstraße 3
Tel. 06534/6742
Fleisch
Zeiten: nach Vereinbarung Verband: Bioland

54484 Maring-Noviand Johannes Schneider Am Honigberg 16
Tel. 06535/406, Fax
Weißwein, Rotwein, Sekt/Mosel ECOVIN, Weinproben Bewirtung, Gästezimmer
Zeiten: nach Vereinbarung Verband: BÖW

54484 Maring-Noviand Dr. Müller-Lindenlauf Hof Kreuzberg
Tel. 06535/7603
Lämmer, Angus-Rinder, Lammfelle, Honig, Getreide, Fleisch
Zeiten: nach Vereinbarung Verband: Demeter

54484 Maring-Noviand Hans Dienhart In der Duhr 6
Tel. 06535/430, Fax
Weißwein, Sekt/Mosel ECOVIN, Weinproben Gästezimmer
Zeiten: nach Vereinbarung Verband: BÖW

54497 Morbach Rüdiger Born Oderter Hof 2
Tel. 06533/5945
Getreide, Kartoffeln, Eier
Zeiten: nach Vereinbarung Verband: Bioland

Einkaufen direkt beim Bio-Bauern

54497 Morbach Dankmar Weiss Reinhardsmühle
Tel. 06533/5591
Ziegenkäse, Getreide, Fleisch
Zeiten: nach Vereinbarung Verband: Bioland

54516 Wittlich Paul Brandsma Hof Breit
Tel. 06571/3248
Fleisch auf Vorbestellung, Getreide, Gemüse, Kartoffeln, Milch, Käse, Fleisch
Zeiten: Sa 9-12.30 Verband: Demeter

54518 Altrich Johannes Graf, Johanneshof Andreasstraße 12
Tel. 06571/5811
Naturkostsortiment, Butter, Brot, Getreide, Obst, Gemüse, Kartoffeln, Milch, Käse
Zeiten: Do 18-20.30, Sa 9-12 Verband: Demeter

54518 Minheim Werner Feilen Klausener Straße 22
Tel. 06507/5120
Wein/Mosel-Saar-Ruwer ECOVIN
Zeiten: nach Vereinbarung Verband: BÖW

54518 Osann-Monzel Klaus Schweisel Noviander Weg 11
Tel. 06535/7570
Weißwein, Rotwein, Sekt/Mosel ECOVIN, Weinproben Gästezimmer
Zeiten: nach Vereinbarung Verband: BÖW

54536 Kröv Artur Mentges Zum Herrenberg 11 Kövenig
Tel. 06541/3246
Wein/Mosel-Saar-Ruwer ECOVIN
Zeiten: nach Vereinbarung Verband: BÖW

54536 Kröv Udo Wick Stablostraße 37
Tel. 06541/9674, Fa
Weißwein, Sekt/Mosel ECOVIN, Weinproben
Zeiten: nach Vereinbarung Verband: BÖW

54538 Kinheim-Kindel Rudolf Trossen Bahnhofstraße 7
Tel. 06532/2714 Fax
Weißwein, Sekt/Mosel ECOVIN, Weinproben
Zeiten: nach Vereinbarung Verband: Demeter

54550 Daun Bruno Thomé Kapellenstraße 20
Tel. 06596/583
Gartenbau, Naturprodukte
Zeiten: Do ab 17 und nach Vereinbarung Verband: Demeter

54552 Sarmersbach Stefan und Ute Frangen, Ulmenhof Hauptstraße 17
Tel. 06592/3712
Hofladen, Käsespezialitäten, Getreide, Milch, Käse, Fleisch
Zeiten: Fr 14-17, Sa 10-12 und nach Vereinbarung Verband: Demeter

---

54570 Mürlenbach Bernhard Weiers, Hof Grindelborn Meisburgerstraße 19
Tel. 06594/1678
Urlaub auf dem Bauernhof, Milch, Käse, Fleisch, Wurst
Zeiten: nach Vereinbarung Verband: ANOG

Einkaufen direkt beim Bio-Bauern

54578 Basberg   Gisela Koschig-Gehm   Dorfstr. 10
Tel. 06593/1553
Schafe, Schafkäse, Joghurt, Milch, Käse
Zeiten: nach Vereinbarung   Verband: Bioland

54597 Reuth   Harald Huse   Auf dem großen Stein
Tel. 06552/7110
Wein, Ziegenkäse, Schafe, Getreide, Kartoffeln, Käse, Eier
Zeiten: Do-So ab 15.00 Uhr   Verband: Bioland

54597 Schwirzheim   Peter Krump   Auf dem Kopp 88
Tel. 06558/1026
Lammfleisch, Schaffelle, Wolle (roh u. handgesp)
Zeiten: nach Vereinbarung   Verband: Demeter

54597 Auw   Felix und Annette Schürmann, Reles-Hof   Lindenweg 4
Tel. 06552/5632
Fleisch
Zeiten: nach Vereinbarung   Verband: Bioland

54608 Sellerich   Hermann Josef Weber   Herscheid 10
Tel. 06551/2423
Getreide, Kartoffeln, Fleisch, Wurst
Zeiten: nach Vereinbarung   Verband: Demeter

54655 Malberg   Franz-Josef Heintges   Finstinger Straße 6
Tel. 06563/1354
Lieferservice, Gemüse, Kartoffeln, Eier, Fleisch
Zeiten: nach Vereinbarung   Verband: Bioland

54668 Alsdorf   Lorenz Wansart   Querenhof, Hauptstraße 59
Tel. 06568/303
Hofladen, Getreide, Kartoffeln, Milch, Fleisch
Zeiten: Fr 14-18   Verband: Demeter

54689 Reipeldingen   Bärbel Guckuk und Klaus Essers   Dorfstraße 26
Tel. 06550/1478
Schaffelle, Fleisch
Zeiten: nach Vereinbarung   Verband: Bioland

55128 Mainz   Karl-Heinz Schrohe   Im Tiefental 1
Tel. 06131/35502
Getreide, Obst, Gemüse, Eier
Zeiten: Mi 14-18   Verband: ANOG

55128 Mainz   Hugo Bender   An der Oberpforte 1
Tel. 06131/35495
Naturkostsortiment, Säfte, Brot, Getreide, Gemüse, Kartoffeln
Zeiten: 8-13 u. 15-18.30   Verband: ANOG

55218 Ingelheim   Wolfgang Orth   Haxthäuser Hof
Tel. 06132/56117
Brot, Wein, Saft, Honig, Schafprodukte, Getreide, Obst, Gemüse, Kartoffeln, Milch, Käse, Eier, Fleisch
Zeiten: Mo-Fr 16-18, Sa 10-12   Verband: Bioland

Einkaufen direkt beim Bio-Bauern

55218 Ingelheim Hans Walter Korn, Weingut Burghof An der Burgkirche 12
Tel. 06132/40741
Weißwein, Rotwein, Sekt/Rheinhessen ECOVIN Traubensaft, Trauben, Weinproben, Obst
Zeiten: nach Vereinbarung Verband: BÖW

55218 Ingelheim Arndt Werner Mainzer Straße 97
Tel. 06132/1090, Fa
Weißwein, Rotwein, Sekt/Rheinhessen ECOVIN, Weinproben, Obstweine, Essig, Obst
Zeiten: nach Vereinbarung Verband: BÖW

55218 Ingelheim Gerhard Huf Mainzer Straße 36
Tel. 06132/2002
Weißwein, Rotwein, Sekt/Rheinhessen ECOVIN Weinproben
Zeiten: nach Vereinbarung Verband: BÖW

55218 Ingelheim Jutta und Raimund Huster Rosenstraße 13
Tel. 06130/1563, Fa
Weißwein, Rotwein, Sekt/Rheinhessen ECOVIN Weinproben
Zeiten: nach Vereinbarung Verband: BÖW

55218 Ingelheim Lunkenheimer Lager Schwabenheimer Straße 34
Tel. 06130/1094, Fa
Weißwein, Rotwein/Rheinhessen ECOVIN, Weinproben
Zeiten: nach Vereinbarung Verband: BÖW

55218 Ingelheim R. und M. Weidenbach Bahnhofstraße 86
Tel. 06132/2173, Fa
Weißwein, Rotwein, Sekt/Rheinhessen ECOVIN Weinproben
Zeiten: nach Vereinbarung Verband: BÖW

55218 Ingelheim Eckhard Weitzel Backesgasse 7
Tel. 06130/447, Fax
Weißwein, Rotwein, Sekt/Rheinhessen ECOVIN Weinproben, Brände, Essig
Zeiten: nach Vereinbarung Verband: BÖW

55234 Bermersheim Heinz-Walter Metzler Albiger Straße 13
Tel. 06731/8634, Fa
Rotwein, Weißwein, Sekt/Rheinhessen ECOVIN Weinproben, Gästezimmer, Sektgelee
Zeiten: nach Vereinbarung Verband: BÖW

55234 Biebelnheim Eugen Schönhals Hauptstraße 23
Tel. 06733/960050,
Rotwein, Weißwein, Sekt/Rheinhessen ECOVIN Weinproben
Zeiten: nach Vereinbarung Verband: BÖW

55234 Ober-Flörsheim Klaus Knobloch Saurechgäßchen 7
Tel. 06735/344, Fax
Weißwein, Rotwein, Sekt/Rheinhessen ECOVIN Weinproben, Brände, Likör, Essig
Zeiten: nach Vereinbarung Verband: BÖW

55234 Gau-Heppenheim Harald Scholl Amtsgasse 19
Tel. 06731/42844
Rotwein, Weißwein, Sekt/Rheinhessen ECOVIN Weinproben, Gästezimmer
Zeiten: nach Vereinbarung Verband: BÖW

Einkaufen direkt beim Bio-Bauern

55237 Bornheim   Dr. Helmut Scholl   Hindenburgring 9
Tel. 06734/8428
Weißwein, Rotwein, Sekt/Rheinhessen ECOVIN Weinproben
Zeiten: nach Vereinbarung   Verband: BÖW

55239 Gau-Köngernheim   Wolfgang Lenz, Gärtnerei Dornröschen   Schulstraße 23
Tel. 06733/7501
Kräuter, Jungpflanzen, Obst, Gemüse, Kartoffeln
Zeiten: nach Vereinbarung   Verband: Demeter

55239 Gau-Odernheim   Helmut und Walfried Sander   Wormser Straße 63/64
Tel. 06733/372 oder
Wein, Naturkostsortiment, Getreide, Gemüse, Kartoffeln, Fleisch, Wurst
Zeiten: Mi 17-19, Sa 9-12.30   Verband: Demeter

55239 Gau-Odernheim   Adi Nierstheimer   Alzeyer-Nebenstr. 27
Tel. 06733/380
Wein, Sekt
Zeiten: nach Vereinbarung   Verband: Bioland

55270 Klein-Winternheim Stefan Schreiber   Am Wingertsweg
Tel. 06136/87193
Saft, Brot, Bier, Honig, Getreide, Obst, Gemüse, Kartoffeln, Milch, Käse, Eier, Fleisch
Zeiten: Mi, Fr 15-18, Sa 9-12   Verband: Bioland

55270 Zornheim   Bardo Kneib, Jakobshof   Universitätsstraße 3
Tel. 06136/43928, F
Weißwein, Rotwein, Sekt/Rheinhessen ECOVIN, Weinproben, Essig, Präsente
Zeiten: nach Vereinbarung   Verband: BÖW

55271 Stadecken-Elsheim Frank Bernhard, Weingut Wambolderhof   Langgasse 8
Tel. 06136/6114, Fa
Weißwein, Rotwein, Sekt/Rheinhessen ECOVIN Weinproben, Bewirtung
Zeiten: nach Vereinbarung   Verband: BÖW

55276 Dienheim   Franz-Josef Duttenhöfer, Weingut Marienhof   Rheinstraße 48
Tel. 06133/1366
Weißwein, Rotwein, Sekt/Rheinhessen ECOVIN Weinproben, Bewirtung
Zeiten: nach Vereinbarung   Verband: BÖW

55278 Ludwigshöhe   Familie Pfeffer-Müller   Mainzerstraße 3
Tel. 06249/8430, Fa
Weißwein, Rotwein, Sekt/Rheinhessen ECOVIN Weinproben
Zeiten: nach Vereinbarung   Verband: BÖW

55278 Uelversheim   Hubertus Weinmann, Weingut Neumer   Rathausplatz 6
Tel. 06249/8258, Fa
Weißwein, Rotwein, Sekt/Rheinhessen ECOVIN Weinproben
Zeiten: nach Vereinbarung   Verband: BÖW

55283 Nierstein   Freih. H. z. He., Isa und Peter von Weymarn   Mathildenhof, Langgasse 3
Tel. 06133/5120
Wein/Rheinhessen ECOVIN
Zeiten: nach Vereinbarung   Verband: BÖW

Einkaufen direkt beim Bio-Bauern

55283 Nierstein Georg-Heinrich Borngässer Schloßstraße 17
Tel. 06133/58864
Saft, Sekt, Wein, Trauben, Getreide, Gemüse, Kartoffeln, Fleisch
Zeiten: Mo-Do 18-19.30, Fr 15-18.30, Sa 8-12.30 Verband: Bioland

---

55283 Nierstein Weingut Reinhold Senfter Wörrstädter Str. 18
Tel. 06133/5566
Wein/Rheinhessen
Zeiten: nach Vereinbarung Verband: Naturland

55286 Wörrstadt Drollmühle, Heiner Simon Rommersheim
Tel. 06732/2334
Wein/Rheinhessen ECOVIN
Zeiten: nach Vereinbarung Verband: BÖW

55288 Armsheim Karlheinz und Claudia Schäfer, Birkenhof Bäreneck 4
Tel. 06734/501, Fax
Weißwein, Rotwein, Sekt/Rheinhessen ECOVIN Weinproben, Essig
Zeiten: nach Vereinbarung Verband: BÖW

55288 Schornsheim Klaus Krost, Weingut Hof Selene Friedrich-Ebert-Straße 13
Tel. 06732/3760
Wein, Traubensaft, Naturkost-Sortiment, Getreide, Gemüse, Kartoffeln
Zeiten: Mi 17-19, Sa 9-13 und nach Vereinbarung Verband: Demeter

---

55288 Armsheim Ulla Grall, Karl Flohr Mühlstraße 22
Tel. 06734/8098
Obst, Gemüse, Eier
Zeiten: nach Vereinbarung Verband: Bioland

55411 Bingen St. Ursula Weinkellerei GmbH Mainzer Straße 186
Tel. 06721/7020, Fa
Weißwein/Rheinhessen ECOVIN
Zeiten: nach Vereinbarung Verband: BÖW

55413 Manubach Edelfaul Brunnenstraße 7
Tel. 06743/2943, Fa
Weißwein, Sekt/Mittelrhein ECOVIN
Zeiten: nach Vereinbarung Verband: BÖW

55413 Manubach Joachim Scherer In der Zech 3
Tel. 06743/2978
Weißwein, Sekt/Mittelrhein, Weinproben
Zeiten: nach Vereinbarung Verband: BÖW

55422 Bacharach Dr. Randolph Kauer Blücherstraße 75
Tel. 06743/2272
Weißwein, Sekt/Mittelrhein ECOVIN, Weinproben
Zeiten: nach Vereinbarung Verband: BÖW

55437 Ober-Hilbersheim Berthold und Liesel Schmitt Sprendlinger Straße 19
Tel. 06728/259, Fax
Weißwein, Rotwein, Sekt/Rheinhessen ECOVIN Weinproben, Gästezimmer, Essig, Wein-/Traubengelee
Zeiten: nach Vereinbarung Verband: BÖW

Einkaufen direkt beim Bio-Bauern

55444 Seibersbach   Hans-Willi und Regina Planz, Dinkel-Naturkost-Hof Füllenbacher Hof
Tel. 06724/8647 Fax
Dinkel, Apfelsaft, Honig, Getreide, Gemüse, Kartoffeln, Eier
Zeiten: Mo-Fr 9-10, 17-18.30u. nach Vereinbarung   Verband: Demeter

---

55444 Dörrebach   Johannes und Regina Falk   Hof Lehnmühle
Tel. 06724/3526
Käserei, Getreide, Milch, Käse
Zeiten: Mi und Fr 16-18, Sa 10-14   Verband: Demeter

55444 Waldlaubersheim   Ulrich Schilling   Weingut Weincastell
Tel. 06707/498
Wein/Nahe, Sekt, Traubensaft, Obst
Zeiten: jederzeit nach Vereinbarung   Verband: Naturland

55444 Waldlaubersheim   Weingut Fuchs-Jacobus   Im Schloßhof
Tel. 06707/1722, Fa
Rotwein, Weißwein, Sekt/Nahe ECOVIN, Weinproben
Zeiten: nach Vereinbarung   Verband: BÖW

55450 Langenlonsheim   Hartmut Heintz, Weingut im Zwölberich   Schützenstraße 14
Tel. 06704/9200 Fax
Wein, Sekt, Traubensaft, Betriebsbesichtigungen
Zeiten: nach Vereinbarung   Verband: Demeter

55452 Guldental   Stefan Herde   Unterstraße 8
Tel. 06707/8033
Saft, Obst, Kartoffeln
Zeiten: nach Vereinbarung   Verband: Bioland

55452 Guldental   Hans-Gerhard Hamann   Pfarriusstraße 6
Tel. 06707/1518
Rotwein, Weißwein/Nahe ECOVIN, Weinproben Gästezimmer
Zeiten: nach Vereinbarung   Verband: BÖW

55452 Windesheim   Andrea Knodel, Weingut Konrad Knodel   Kreuznacher Straße 23
Tel. 06707/232, Fax
Rotwein, Weißwein, Sekt/Nahe ECOVIN, Weinproben
Zeiten: nach Vereinbarung   Verband: BÖW

55452 Windesheim   Reinhold Großmann   Im Setzling 8
Tel. 06707/583, Fax
Rotwein, Weißwein, Sekt/Nahe ECOVIN, Weinproben
Zeiten: nach Vereinbarung   Verband: BÖW

55452 Windesheim   Hans-Werner Ohler   Kirchgasse 15
Tel. 06707/518
Wein/Nahe ECOVIN
Zeiten: nach Vereinbarung   Verband: BÖW

55452 Laubenheim   Max und Johannes Häußling, Weingut Häußling   Oberer Weidenpfad 28
Tel. 06704/1313
Wein/Nahe
Zeiten: nach Vereinbarung   Verband: Bioland

Einkaufen direkt beim Bio-Bauern

55452 Rümmelsheim   Georg Forster   Burg-Layer-Straße 20
Tel. 06721/45123
Weißwein/Nahe ECOVIN, Weinproben
Zeiten: nach Vereinbarung   Verband: BÖW

55459 Aspisheim   R. und K. Hothum, Weingut Am Rothes   Germaniastraße 30
Tel. 06727/8696, Fa
Weißwein, Rotwein, Sekt/Rheinhessen ECOVIN Weinproben, Brände
Zeiten: nach Vereinbarung   Verband: BÖW

55471 Sargenroth   Horst Neuls   Neuweg 4
Tel. 06761/6281
Getreide, Kartoffeln, Fleisch
Zeiten: nach Vereinbarung   Verband: Demeter

55471 Sargenroth   Werner Ternis   Neuweg 7
Tel. 06761/7168
Lammwurst, Brot, Nudeln, Gemüse, Kartoffeln, Wurst
Zeiten: nach Vereinbarung   Verband: Demeter

55471 Reich   Stefan Schneider   Ringstraße 12
Tel. 06761/5199
Brot, Leinsamen, Getreide, Kartoffeln
Zeiten: nach Vereinbarung   Verband: Bioland

55497 Schnorbach   Maria Liesch-Klöckner u. Gerhard Klöckner   Hauptstraße 11
Tel. 06764/2468
Getreide, Kartoffeln, Fleisch
Zeiten: nach Vereinbarung   Verband: Bioland

55546 Volxheim   Hans-Peter Müller, Weingut Brühler Hof   Talgartenstraße 12
Tel. 06703/606, Fax
Weißwein, Rotwein, Sekt/Nahe ECOVIN, Weinproben
Zeiten: nach Vereinbarung   Verband: BÖW

55546 Schwabenheim   Aloys Müller   Zum Bosenberg
Tel. 06701/7126, Fa
Weißwein/Nahe ECOVIN
Zeiten: nach Vereinbarung   Verband: BÖW

55546 Biebelsheim   Villa Waldorf, Schulz GmbH   Hauptstraße 26-30
Tel. 06701/93230, F
Weißwein, Rotwein, Sekt/Nahe ECOVIN, Weinproben Essig, Traubenkern- und Sonnenblumenöl
Zeiten: nach Vereinbarung   Verband: BÖW

55546 Fürfeld   Gerhard Schmidt, Hollerhof   Kreuzstraße 28
Tel. 06706/320
Wein, Saft, Brot, Bier, Honig, Trockensortiment, Getreide, Obst, Gemüse, Kartoffeln, Eier
Zeiten: Fr 16-18   Verband: Bioland

55559 Bretzenheim   Wolfgang Hermes   Notgottesweg 3
Tel. 0671/29555
Weinbau
Zeiten: nach Vereinbarung   Verband: Demeter

Einkaufen direkt beim Bio-Bauern

55568 Abtweiler Peter und Birgitt Michel Hauptstraße 37
Tel. 06753/2337 Fax
Apfelsaft, Getreide, Obst, Gemüse, Kartoffeln
Zeiten: nach Vereinbarung Verband: Demeter

55571 Odernheim Hans Pfeffer, Bannmühle Staudenheimer Straße 1
Tel. 06755/1053
Saft, Wein, Honig, Getreide, Obst, Kartoffeln, Eier, Fleisch
Zeiten: Fr 14-18, Sa 9-13 und nach Vereinbarung Verband: Bioland

---

55592 Desloch Lutz Büttner Im Bienengarten 7
Tel. 06753/2737
Obst
Zeiten: nach Vereinbarung Verband: Demeter

55595 Spall Michael Lötzbeyer Gräfenbachstraße 16
Tel. 06706/6222
Fleisch
Zeiten: nach Vereinbarung Verband: Bioland

55595 Wallhausen Prinz zu Salm-Dalberg'sches Weingut Schloßstraße 3
Tel. 06706/289
Wein/Nahe
Zeiten: nach Vereinbarung Verband: Naturland

55595 Gutenberg Johannes Wink Gräfenbachstraße 15
Tel. 06706/6108
Wein/Nahe ECOVIN
Zeiten: nach Vereinbarung Verband: BÖW

55596 Waldböckelheim Karlfried Simon Schloßstraße 6
Tel. 06758/6260 ode
Apfelsaft, Getreide, Fleisch, Wurst
Zeiten: nach Vereinbarung, Fr Markt KH, Sa M. MZ Verband: Demeter

---

55608 Berschweiler Betriebsgemeinschaft Schwalbenhof Rathausstraße 37
Tel. 06752/2106
Brot, Butter, Getreide, Gemüse, Kartoffeln, Käse, Fleisch, Wurst
Zeiten: Mo 17-19, Fr Markt in KH (8-12) Verband: Demeter

55743 Idar-Oberstein Peter Hahn Hauptstr. 35
Tel. 06781/44833
Naturkost, Obst, Gemüse, Kartoffeln
Zeiten: werktags 8.30-18.30 Verband: Bioland

55758 Asbach Richard Steitz Hauptstr. 31
Tel. 06786/1724
Sortiment erfragen
Zeiten: nach telef. Vereinb. Verband: Bioland

55758 Allenbach Jörg Schaupeter Im Kolbenrech 7
Tel. 06786/2473
Stutenmilch, Kartoffeln
Zeiten: Mo-So 8-20 Verband: Bioland

Einkaufen direkt beim Bio-Bauern

55758 Sensweiler Tel. 06786/2365	Lothar Haag	Hauptstraße 15
Wein, Honig, Öl, Nudeln, Essig, Flocken, Tee, Müsli, Getreide, Gemüse, Kartoffeln, Eier, Fleisch Zeiten: Di, Do 15-18, Sa 9-13		Verband: Bioland

55758 Schmidthachenbach Tel. 06757/595 ganze und halbe Lämmer Zeiten: nach Vereinbarung	Heinz Gellweiler	Bergstraße 9 Verband: Bioland

55758 Hellertshausen Tel. 06786/1341 Wolle, Felle, Fleisch Zeiten: nach Vereinbarung	Barbara Schulz, Schafzuchtbetrieb	Unterdorf 7 Verband: Bioland

55767 Leisel Tel. 06787/231 Sortiment erfragen Zeiten: nach Vereinbarung	Gerd Blass, Martina Reidelbach	Hauptstr. 99 Verband: Bioland

55767 Siesbach Tel. 06781/35257 Milch, Fleisch Zeiten: nach Vereinbarung	Mathias Peeters und K. Breuer	Hauptstraße 53, Hof Ameiser Verband: Demeter

55767 Buhlenberg Tel. 06782/2097	Betriebsgemeinschaft Waldhof	
Brot, Abo-Kiste, Getreide, Gemüse, Milch, Käse, Fleisch, Wurst Zeiten: Fr 13-18		Verband: Demeter

55767 Hußweiler Tel. 06787/1240	Betriebsgemeinschaft Bornwiesenhof	Hußweilerstraße 40
Getreide, Gemüse, Kartoffeln, Milch, Käse, Fleisch, Wurst Zeiten: Di und Fr 16.30-18, Sa 9-11.30		Verband: Demeter

56070 Koblenz Tel. 0261/83592	Andreas Ohlig	Zur Bergpflege 10
Beet- und Balkonpflanzen, Gemüse, Kartoffeln Zeiten: nach Vereinbarung		Verband: Bioland

56072 Koblenz Tel. 0261/24546 Säfte, Obst Zeiten: nach Vereinbarung	Reinhard Alsbach	Kilianstraße 58 Verband: Demeter

56077 Koblenz Tel. 0261/69535	Albert Lörsch	Arenberger Straße 230 b
Saft, Futterheu, Stroh, Getreide, Kartoffeln Zeiten: nach Vereinbarung		Verband: Bioland

56112 Lahnstein Tel. 02621/2885	Johannes Dehe	Zehnthof
Wein, Mühlenprodukte, Brot, Schafe, Obst, Gemüse, Kartoffeln, Milch, Käse, Eier, Geflügel, Fleisch Zeiten: Mo-Fr 8-13, 14.30-18.30, Sa 8-15		Verband: Bioland

Einkaufen direkt beim Bio-Bauern

56112 Lahnstein Margit Dehe Bahnhofstr. 18
Tel. 02621/7389
Schafe, Getreide, Gemüse, Kartoffeln, Milch, Eier, Fleisch
Zeiten: nach Vereinbarung Verband: Bioland

56182 Urbar Gerhard Kohl Hof Wildeck
Tel. 0261/69552
Saft, Brot, Wein, Honig, Bier,Getreide, Obst, Gemüse, Kartoffeln, Milch, Käse, Eier, Fleisch, Wurst
Zeiten: Di, Do, Fr 9.30-18.30, Sa 9.30-12.30 Verband: Bioland

---

56244 Rückeroth Eva und Björn Schäfer Hof Keiling
Tel. 02626/5513
Fleisch
Zeiten: nach Vereinbarung Verband: Bioland

56283 Beulich Rudolf Hammes, Ehrbachtaler Hof Im Brunnenweg 6
Tel. 06745/7088
Saft, Getreide, Kartoffeln
Zeiten: nach Vereinbarung Verband: Bioland

56288 Korweiler Luitgard Schnabel Dorfstraße 13
Tel. 06762/6828
Obst, Gemüse, Kartoffeln, Fleisch
Zeiten: nach Vereinbarung Verband: Bioland

56290 Gödenroth H. W. Klein Siedlung Nr. 1
Tel. 06762/6078
Getreide, Kartoffeln
Zeiten: abends Verband: Demeter

56307 Dernbach Alli und Uwe Freund Hof Waldblick
Tel. 02689/1072
Trockensortiment, Brot, Getreide, Obst, Gemüse, Kartoffeln, Eier, Fleisch, Wurst
Zeiten: Di, Fr 16-19, u. Sa 10-13 Verband: Demeter

56330 Kobern-Gondorf Stefan Degen Manderscheiderhof
Tel. 02607/8215
Obst, Gemüse, Kartoffeln
Zeiten: Fr 9-12, 13-18.30, Sa 9-13 Verband: Bioland

56332 Lehmen Uwe Weber, Weingut Karl Weber Hauptstraße 3
Tel. 02607/4042, Fa
Weißwein, Rotwein, Sekt/Mosel ECOVIN, Weinproben Brände, Liköre, Essig
Zeiten: nach Vereinbarung Verband: BÖW

56357 Reichenberg Alfred Hammann Siedlung Borns Höhe
Tel. 06771/2304
Schafe, Getreide, Kartoffeln, Fleisch
Zeiten: nach telef. Vereinb. Verband: Bioland

56357 Kasdorf Dietmar und Inge Bonn Taunusstraße 31
Tel. 06772/8594
Getreide, Kartoffeln, Milch, Fleisch, Wurst
Zeiten: nach Vereinbarung, Di + Fr Brotverkauf Verband: Demeter

Einkaufen direkt beim Bio-Bauern

56357 Niederwallmenach Kai Uwe Bonn, Juchems Hof Lindenstraße 15
Tel. 06772/94966
Getreide, Milch, Käse, Fleisch
Zeiten: Mi 17-19, Sa 9-12

Verband: Demeter

56368 Berghausen Heinz Henrich Hüttengärtenstr. 6
Tel. 06486/8264
Dinkel, Brot, Getreide, Gemüse, Kartoffeln, Käse, Eier, Geflügel, Fleisch
Zeiten: nach telef. Vereinb.

Verband: Bioland

56370 Schönborn Lucie Karlson-Scheib und Uli Scheib Hof Schaufers
Tel. 06486/6924
Milch, Fleisch
Zeiten: nach Vereinbarung

Verband: Bioland

56379 Hömberg Reinhard Kohlschütter Brunnenstraße 3
Tel. 02604/5531
Brot, Saft, Honig, Obst, Gemüse, Kartoffeln, Eier
Zeiten: Mi 15-18.30 und nach Vereinbarung

Verband: Bioland

56379 Hömberg Paul Linscheid Hof Taunusblick
Tel. 02604/5516
Honig, Schaf- und Ziegenkäse, Wein, Saft, Brot, Getreide, Obst, Gemüse, Kartoffeln, Milch, Eier
Zeiten: Mi 16-19, Sa 11-13

Verband: Bioland

56477 Rennerod Peter Doppstadt Albertshof
Tel. 02664/5856
Saft, Wein, Bier, Honig, Brot, Getreide, Obst, Gemüse, Kartoffeln, Milch, Käse, Eier, Fleisch, Wurst
Zeiten: Di, Fr 15-18, Do 9-12

Verband: Bioland

56566 Neuwied Hermann-Josef Hillen An der Marienkirche 5
Tel. 02631/48693
Sonnenblumenöl, Getreide, Kartoffeln
Zeiten: Mi 14-18.30, Sa 8-14

Verband: Bioland

56579 Hardert Dr. Rainer Philippi Hinterstr. 7
Tel. 02634/1823
Brot, Naturkostsortiment, Getreide, Obst, Gemüse, Kartoffeln, Milch, Käse, Eier, Fleisch
Zeiten: Fr 13-18, Sa 9-14

Verband: Bioland

56645 Nickenich Sabine Becker und Nikolaus Mosen, Pellenzhof Hauptstraße 12
Tel. 02632/81460
Wein, Getreide, Obst, Gemüse, Kartoffeln, Milch, Fleisch
Zeiten: Mo-Sa 18-19, Fr 7.45-8.15

Verband: Bioland

56753 Salcherath Johannes Gerken Uranushof
Tel. 02657/633
Spezialitäten aus Schafsmilch, Gemüseabo, Wolle, Gemüse
Zeiten: nach Vereinbarung

Verband: Demeter

56753 Welling Gärtnerhof Welling, Familie Seul Mayener Straße 2
Tel. 02654/6409, Fa
Getreide, Gemüse, Kartoffeln, Milch, Fleisch
Zeiten: Mo-Fr 18-18.30, Mi+Fr 16-18.30, Sa 9-12

Verband: Demeter

Einkaufen direkt beim Bio-Bauern

56759 Eppenberg Tel. 02653/6646 Getreide, Obst, Kartoffeln Zeiten: nach telef. Vereinb.	Rudi Schmitz	Zungerhof Verband: Bioland
56761 Urmersbach Tel. 02653/1502 Eier, Fleisch Zeiten: nach Vereinbarung	Manfred Severin	Hardthöhe, An der Hardt 3 Verband: Bioland
56767 Uess Tel. 02692/8295 Gehölze für Hecken und Wald, Fleisch Zeiten: nach Vereinbarung	P. und G.-W. Schmidt	Hauptstraße 10 Verband: Demeter
56814 Bremm Tel. 02675/508 Weißwein, Sekt/Mosel ECOVIN, Weinproben Gästezimmer Zeiten: nach Vereinbarung	Thomas Franzen-Martiny, Laurentiushof	Gartenstraße 13 Verband: BÖW
56814 Ernst Tel. 02671/8754 Weißwein/Mosel ECOVIN, Weinproben Zeiten: nach Vereinbarung	Gerhard Lönnartz	Auf der Winneburg 29 Verband: BÖW
56820 Senheim Tel. 02673/4448 Weißwein, Sekt/Mosel ECOVIN, Weinproben Zeiten: nach Vereinbarung	Joachim Deis	Marktstraße 74 Verband: BÖW
56828 Alflen Tel. 02678/347 Säfte, Gelee Zeiten: täglich 13-18	Hillesheim	Waldhof Verband: ANOG
56841 Traben-Trarbach Tel. 06541/2810 Weißwein/Mosel ECOVIN Zeiten: nach Vereinbarung	Interessengemeinschaft „Frommer Peter"	Berenbruchstraße 15 Verband: BÖW
56841 Traben-Trarbach Tel. 06541/2810 Wein/Mosel-Saar-Ruwer ECOVIN, Oinos Riesling-Sek Zeiten: nach Vereinbarung	Ulrich Treitz, Wolf	Berenbruchstraße 15 Verband: BÖW
56843 Burg Tel. 06541/6759 Weißwein, Sekt/Mosel ECOVIN, Weinproben Gästezimmer Zeiten: nach Vereinbarung	Hugo Schorn	Schulstraße 18 Verband: BÖW
56856 Zell/Kaimt Tel. 06542/41178, F Weißwein, Rotwein, Sekt/Mosel ECOVIN, Weinproben Essig, Gästezimmer Zeiten: nach Vereinbarung	Klaus Stülb	Untere Barlstraße 20 Verband: BÖW

Einkaufen direkt beim Bio-Bauern

56856 Zell-Merl Tel. 06542/22518, F Weißwein, Rotwein, Sekt/Mosel ECOVIN, Weinproben Gästezimmer Zeiten: nach Vereinbarung	Alfred Cuy	Zandtstraße 82 Verband: BÖW
56856 Zell Tel. 06542/61101, F Weißwein, Rotwein, Sekt/Mosel ECOVIN Gästezimmer Zeiten: nach Vereinbarung	Christoph Rimmele	Zandtstraße 87 Merl Verband: BÖW
56859 Bullay Tel. 06542/2718, Fa Weißwein, Sekt/Mosel ECOVIN, Gästezimmer Zeiten: nach Vereinbarung	Peter Mentges	Lindenplatz 1 Verband: BÖW
56859 Alf Tel. 06542/21065, Weißwein, Rotwein, Sekt/Mosel ECOVIN, Weinproben Gästezimmer Zeiten: nach Vereinbarung	Uwe Kreuter	Auf der Hill 4 Verband: BÖW
56861 Reil Tel. 06542/1246, Fa Weißwein, Sekt/Mosel ECOVIN, Weinproben, Essig Zeiten: nach Vereinbarung	Harald und Marita Steffens-Keß	Moselstraße 63 Verband: BÖW
56862 Pünderich Tel. 06542/22148, F Weißwein, Rotwein, Sekt/Mosel ECOVIN, Weinproben Gästezimmer Zeiten: nach Vereinbarung	Frank Brohl	Zum Rosenberg 2 Verband: BÖW
56862 Pünderich Tel. 06542/22180, F Weißwein, Rotwein, Sekt/Mosel ECOVIN, Weinproben Bewirtung, Gästezimmer Zeiten: nach Vereinbarung	Clemens Busch	Im Wingert 39 Verband: BÖW
57072 Siegen Tel. 0271/316888 Lamm, Lammwurst, Schinken, Getreide, Gemüse, Kartoffeln Zeiten: nach Vereinbarung	Dirk Klinkert	Hubacher Weg 18 Verband: Naturland
57074 Siegen Tel. 0271/62714 Garten- und Obstbau, Hofladen Zeiten: täglich 9-18	Helmut Rinder, Obsthof	Kohrweg 100 Verband: Demeter
57078 Siegen Tel. 0271/84163 Sortiment erfragen (Landwirtschaft) Zeiten: Fr 15-18	Betriebsgemeinschaft Jungclaussen/Roth	Jakob-Scheiner-Straße 7 Verband: Demeter
57234 Wilnsdorf Tel. 02739/47698 Sortiment erfragen Zeiten: nach Vereinbarung	E. Jungclausen, Betr.gem. Birkenhof	Birkenhof Verband: Demeter

Einkaufen direkt beim Bio-Bauern

57319 Bad Berleburg
Tel. 02755/8460
Sortiment erfragen (Garten)
Zeiten: nach Vereinbarung

Gärtnerei am Leisebach

Am Leisebach

Verband: Demeter

57392 Schmallenberg
Tel. 02972/1549
Sortiment erfragen, Hofladen
Zeiten: Fr 16-19

Hof Herntrup

Jagdhauserstraße 15

Verband: Demeter

57392 Schmallenberg-Nordenau Monika & Matthias Rensing
Tel. 02975/281
Saft, Wein, Bier, Honig, Kartoffeln, Eier, Fleisch
Zeiten: Mi, Fr 9.30-12, 15.30-18, Sa 9.30-12

Burghof

Verband: Bioland

57520 Harbach
Tel. 02734/5360
Wein, Schaffelle, Rohwolle, Gemüse, Milch, Käse, Eier, Fleisch
Zeiten: Mo-Fr 9-18

Eckhard Matrisch und Gesa Frerichs-Matrisch

Locherhofer Straße 39

Verband: Bioland

57589 Kratzhahn
Tel. 02682/4897
Fleisch
Zeiten: nach Vereinbarung

Dieter Breuer und Kirsten Pähler

Bergstraße 2

Verband: Bioland

57610 Altenkirchen
Tel. 02681/4806
Getreide, Kartoffeln, Eier, Geflügel
Zeiten: nach telef. Vereinb.

Helmut Nestle

Koberstein

Verband: Bioland

57614 Mudenbach
Tel. 02688/8934
Schafskäse, Lammfleisch
Zeiten: nach Vereinbarung

Heide und Peter Deimling

Hof Farrenau

Verband: Demeter

57632 Flammersfeld
Tel. 02685/7125
Getreide, Kartoffeln
Zeiten: nach Vereinbarung

Bert Bay, Hobenhof

Hoben 8

Verband: Bioland

57632 Giershausen
Tel. 02685/8104
Galloway-Zuchttiere, Kartoffeln, Fleisch
Zeiten: nach Vereinbarung

Iris Schumacher, Galloway-Hof

Hauptstraße 3

Verband: Bioland

57632 Schürdt
Tel. 02685/219
Brot, Wein, Saft, Bier, Getreide, Obst, Gemüse, Kartoffeln, Milch, Käse, Eier, Fleisch
Zeiten: Mi, Do 16-19, Sa 9-12

Annette Scharfenstein und Konrad Mockenhaupt

Mittelstraße 10

Verband: Bioland

57632 Giershausen
Tel. 02685/8104
Fleisch
Zeiten: nach Vereinbarung

Johannes Dieter Brenner

Hauptstraße 3

Verband: Bioland

Einkaufen direkt beim Bio-Bauern

57632 Kescheid Andreas Frey Hauptstraße 15
Tel. 02685/1763
Lammfleisch
Zeiten: nach Vereinbarung Verband: Naturland

57632 Giershausen Manfred und Ingeborg Schumacher, Roschelshof Hauptstraße 14
Tel. 02685/1266
Getreide-Saatgut, Getreide, Fleisch
Zeiten: nach Vereinbarung Verband: Bioland

57638 Neitersen Bettina und Hans-Joachim Hagemann Jägerweg 9
Tel. 02681/1445
Wein, Wolle, Schafe, Getreide, Obst, Gemüse, Kartoffeln
Zeiten: Di+Do 15-18, Mi+Fr 9-18, Sa 9-13 Verband: Bioland

58256 Ennepetal Schultenhof Braselmann/Wirtz Schultenhof 119
Tel. 0202/61951
Sortiment erfragen (Landwirtschaft, Hofladen)
Zeiten: Mi 15.30-18.30, Sa 9-12 Verband: Demeter

58285 Gevelsberg Fritz Kierig, Silscheder Gärtnerhof Kemnade 50
Tel. 02332/50217
Säfte, Brot, Getreide, Obst, Gemüse, Kartoffeln, Eier, Geflügel, Fleisch, Wurst
Zeiten: Fr 13-18.30 Verband: Demeter

58300 Wetter Hof Sackern Albringhauser Straße 22
Tel. 02335/73272
Landwirtschaft, Gartenbau, Hofladen
Zeiten: Di 14-18, Fr 9-18 Verband: Demeter

58300 Wetter Werkstatt für Behinderte Frauenheim Wengern Am Böllberg 185
Tel. 02335/760872
Wein, Honig, Artikel aus der WfB, Obst, Gemüse, Eier
Zeiten: Mi 14-17, Fr 14-18, Sa 9-12 Verband: Bioland

58453 Witten Betriebsgemeinschaft Wartenberg Liedmann Lange Straße 34
Tel. 02302/64983
Getreide, Kartoffeln
Zeiten: Fr 15-18.30 Verband: Bioland

58454 Witten Gärtnerei am Institut für Waldorfpädagogik Annener Berg 15
Tel. 02302/6753
Sortiment erfragen (Gartenbau)
Zeiten: nach Vereinbarung Verband: Demeter

58455 Witten Trantenrother Hof Trantenrotherweg 25
Tel. 02302/57104
Säfte, Brot, Bunzlauer Geschirr, Getreide, Obst, Gemüse, Kartoffeln, Käse, Eier, Geflügel, Fleisch, Wurst
Zeiten: Fr 14-18, Sa 8-12.30 Verband: Demeter

58553 Halver Martin Clever Lingen 4
Tel. 02353/12877
Fleisch
Zeiten: nach Vereinbarung Verband: Bioland

Einkaufen direkt beim Bio-Bauern

58553 Halver Tel. 02353/12106	Natur & Land, Henning Wolf	Heesfelder Mühle 1
Wein, Saft, Bier, Brot, Honig, Getreide, Obst, Gemüse, Kartoffeln, Milch, Käse, Eier, Fleisch, Wurst		
Zeiten: Mo-Fr 10-18.30, Sa 9-13		Verband: Bioland

58553 Halver Tel. 02353/12106	Dirk Vehlewald	Neue Mühle 3
Getreide, Kartoffeln, Fleisch		
Zeiten: nach Vereinbarung		Verband: Bioland

58575 Lüdenscheid Tel. 02357/4952	Walter Schäfer	Stillebeul
Sortiment erfragen		
Zeiten: nach Vereinbarung		Verband: Demeter

58640 Iserlohn Tel. 02378/2333	Uwe Deckert, Ohler Mühle	Ohler Weg 45
Wein, Saft, Brot, Kuchen, Brotaufstrich, Getreide, Obst, Gemüse, Kartoffeln, Milch, Käse, Eier, Fleisch		
Zeiten: Di, Fr 15-18, Sa 10-12		Verband: Bioland

58640 Iserlohn Tel. 02304/50475	Ulrich Theymann, Lettenhof	Letteweg 101
Getreide, Milch, Fleisch		
Zeiten: nach Vereinbarung		Verband: Bioland

58642 Iserlohn Tel. 02374/2594	Friedhelm Geitmann	Kirchstraße 56
Brot, Wein, Saft, Honig, Getreide, Obst, Gemüse, Kartoffeln, Milch, Käse, Eier, Fleisch, Wurst		
Zeiten: Mo, Di, Do, Fr 16-18, Sa 10-12		Verband: Bioland

58642 Iserlohn Tel. 02374/4849	Gerd Ostholt jun.	Papenholzweg 7
Sortiment erfragen (Landwirtschaft, Gartenbau)		
Zeiten: Di 14-18, Fr 9-18		Verband: Demeter

58642 Iserlohn Tel. 02374/3436	Alfred Röttgers-Schulte	Diepke 7
Schafwolle, Felle, Fleisch		
Zeiten: nach Vereinbarung		Verband: Bioland

58730 Fröndenberg Tel. 02373/71129	Hermann Hanses	In den Telgen 23 b
Obst, Gemüse, Kartoffeln		
Zeiten: Fr 13-16		Verband: Bioland

58802 Balve Tel. 02375/1838	Arno und Dorothee Speeth, Hönnewiesenhof	Hönnetalstraße 36
Brot, Saft, Wein, Honig, Getreide, Obst, Gemüse, Kartoffeln, Milch, Käse, Eier, Fleisch, Wurst		
Zeiten: Di, Fr 17-19, Sa 10-12		Verband: Bioland

58802 Balve Tel. 02375/3578	Josef Fabry	Frühlinghausen 3
Kartoffeln, Käse, Eier		
Zeiten: nach Vereinbarung		Verband: Bioland

Einkaufen direkt beim Bio-Bauern

58840 Plettenberg Regine u. Stephan Berger Im Wiesengrund 9
Tel. 02391/12386
Ziegenkäse, Getreide, Obst, Gemüse, Kartoffeln, Milch, Käse, Eier, Fleisch, Wurst
Zeiten: Fr 13-19 Verband: Demeter

58840 Plettenberg Helmut Hülter Sonneborn 1
Tel. 02391/7124
Sortiment erfragen
Zeiten: nach Vereinbarung Verband: Demeter

59069 Hamm Theo Damberg An der Ahse 22
Tel. 02385/2358
Brot, Saft, Wein, Honig, Getreide, Obst, Gemüse, Kartoffeln, Milch, Käse, Eier, Fleisch, Wurst
Zeiten: Mo 17-19, Mi 16-19,Fr 15.30-19,Sa 10-12 Verband: Bioland

---

59077 Hamm Christian Geue und Gudrun Isenbeck-Geue Weetfelder Straße 71
Tel. 02381/401334
Saft, Wein, Bier, Honig, Brot, Getreide, Obst, Gemüse, Kartoffeln, Milch, Käse, Eier, Fleisch, Wurst
Zeiten: Mo,Di,Do,Fr 17-19, Sa 9-12.30 Verband: Bioland

59192 Bergkamen Ulrike und Friedrich Ostendorff Hanenstraße 5
Tel. 02307/62281
Brot, Wein, Saft, Bier, Honig, Getreide, Obst, Gemüse, Kartoffeln, Milch, Käse, Eier, Fleisch, Wurst
Zeiten: Mo, Mi, Fr 15-18.30 Verband: Bioland

59192 Bergkamen Ilona und Walter Höhne Im alten Dorf 25
Tel. 02307/68738
Ferkel, Mastschweine, Mastkälber, Getreide, Obst, Gemüse, Kartoffeln, Eier, Fleisch
Zeiten: nach Vereinbarung Verband: Bioland

59199 Bönen Friedrich Stemper Friedenstraße 37
Tel. 02383/5506
Brot,Bier,Wein,Honig,Tee,Kaffee,Nudeln,Kekse, Getreide, Obst, Gemüse, Milch, Eier, Fleisch, Wurst
Zeiten: Di, Fr 16.30-19 Verband: Bioland

59269 Beckum Reinhold Hövelmann, Laakenhof Enniger Straße 41
Tel. 02525/2560
Gemüse, Kartoffeln, Eier, Fleisch
Zeiten: nach Vereinbarung Verband: Bioland

59302 Oelde Hofgemeinschaft Feldmann, Michael Haaß Zum Stapelbusch 3
Tel. 02542/44620
Obst, Gemüse, Kartoffeln, Eier
Zeiten: nach Vereinbarung Verband: Bioland

59302 Oelde Reinhold Hövelmann Zum Maibach 11
Tel. 02545/6550
Gemüse, Kartoffeln, Eier, Geflügel
Zeiten: nach Vereinbarung Verband: Bioland

59320 Ennigerloh-Enniger Ewald Eggert Pölling 20
Tel. 02528/8426
Kaffee, Tee, Brot, Säfte, Getreide, Obst, Gemüse, Kartoffeln, Milch, Käse, Eier, Fleisch, Wurst
Zeiten: Mo-Fr 14.30-18, Sa 9-14 Verband: Naturland

Einkaufen direkt beim Bio-Bauern

59320 Ennigerloh Tel. 02587/569 Getreide, Gemüse, Eier, Geflügel Zeiten: nach Vereinbarung	Josef Steinhorst	Domhoffstr. 37 Verband: Bioland
59320 Ennigerloh Tel. 02524/4666 Schafskäse, Eier, Fleisch Zeiten: nach Vereinbarung	Herbert Kunschke	Dorfbauernschaft 59 Verband: Bioland
59320 Ennigerloh Tel. 02587/1236 Obst, Gemüse, Kartoffeln, Milch Zeiten: nach Vereinbarung	Heinz Flamme	Holtrup 74 Verband: Bioland
59348 Lüdinghausen Tel. 02591/21739 Getreide, Fleisch, Wurst Zeiten: Mo-Fr 9-18	Norbert Gehrmann	Tetekum 42 Verband: Naturland
59379 Selm-Bork Tel. 02592/61122 Brot, Eier- und Schokolikör, Getreide, Obst, Gemüse, Kartoffeln, Milch, Käse, Fleisch, Wurst Zeiten: Mo, Do, Fr 14.30-18..30, Sa 9-14	Schulze-Altcappenberg	Lünener Straße 300 Verband: Naturland
59394 Nordkirchen Tel. 02596/675 Getreide, Eier Zeiten: nach Vereinbarung	Paul Altfeld	Altfelds Holz 1 Verband: Naturland
59427 Unna-Hemmerde Tel. 02308/761 Getreide, Obst, Gemüse, Kartoffeln, Fleisch Zeiten: Mo-Sa 8-18	Klaus Berz	Auf dem Winkel 14 Verband: Bioland
59457 Werl Tel. 02922/3140 Brot, Saft, Honig, Getreide, Obst, Kartoffeln, Milch, Käse, Eier Zeiten: Mo, Mi-Fr 11-13, 16-18.30, Sa 10-13	Doris und Wilhelm Struwe	Auf dem Hönningen 4 Verband: Bioland
59494 Soest Tel. 02921/2923 Obst, Gemüse, Kartoffeln Zeiten: Fr 16-18	Helene Martin und Klaus Viecenz	Thomästraße 43 Verband: Bioland
59494 Soest Sortiment erfragen (Gärtnerhof) Zeiten: nach Vereinbarung	Gärtnerhof Röllingsen	Am Eichkamp 3 Verband: Demeter
59505 Bad Sassendorf-Lohne Tel. 02921/51340 Brot, Säfte, Öko-Café Biometzgerei, Getreide, Obst, Gemüse, Kartoffeln, Milch, Käse, Eier Zeiten: Mo-Fr 10-11.30+15-17, außer Mi, Sa 10-14	Hans-Dieter Blume, Serkshof	Sauerstraße 19 Verband: Naturland

Einkaufen direkt beim Bio-Bauern

59510 Lippetal   Ulrike und Hubert Westhues   Dolberger Straße 17
Tel. 02527/1270
Wein, Getreide, Kartoffeln, Fleisch
Zeiten: nach Vereinbarung   Verband: Bioland

59514 Welver   Ulrich Kroll-Fiedler, Hüttenfeldhof   Hüttenstraße 7
Tel. 02384/1495
Obst, Gemüse, Kartoffeln
Zeiten: nach Vereinbarung   Verband: Bioland

59514 Welver-Illingen   Hubertus Holtschulte   Osterfeld 4
Tel. 02384/2855
Trockenprodukte, Obst, Gemüse, Kartoffeln, Eier
Zeiten: Mo-Fr 10-12, 15-18, Sa 14-18   Verband: Bioland

59514 Welver-Dinker   Klaus Dreckmann   Hellweg 34
Tel. 02384/1442
Getreide, Kartoffeln
Zeiten: täglich   Verband: Naturland

59519 Möhnesee   Irene und Rudolf Leifert   Oesterweg 15
Tel. 02924/1640
Brot, Wein, Bier, Schafprodukte, Getreide, Milch, Käse, Eier, Fleisch
Zeiten: Fr 16-18.30   Verband: Bioland

59558 Lippstadt-Garfeln   Anton und Elisabeth Ruhr   Dörferweg 7
Tel. 02948/1640
Kräuter, Naturkost, Gemüse, Kartoffeln
Zeiten: Di 15-19, Fr 15-18   Verband: Naturland

59581 Warstein   Sasse & Hermann-Josef Sauerwald   Rangestr. 14
Tel. 02902/3939
Getreide, Kartoffeln
Zeiten: Mi+Sa 9-12 und nach Vereinbarung   Verband: Bioland

59581 Warstein   Christian Kroll-Fiedler   Haarweg 42
Tel. 02902/76706
Getreide, Milch, Eier, Fleisch
Zeiten: nach Vereinbarung   Verband: Bioland

59590 Geseke   Der Flachshof Pollmann & Horstmann   Flachsstraße 38
Tel. 02942/6696
Schafprodukte Biometzgerei, Getreide, Obst, Gemüse, Kartoffeln, Milch, Käse, Eier, Geflügel
Zeiten: Fr 16-18, Sa 10-12   Verband: Bioland

59590 Geseke   Ralf Horstmann, Die Gemüsekiste   Hertingskreuz 18
Tel. 02942/3603
Honig, Obst, Gemüse, Kartoffeln, Eier
Zeiten: Fr 15-18   Verband: Bioland

59597 B-Westerkotten   Hoppe-Klosebaum   Nordstraße 43
Tel. 02943/6149
Getreide, Kartoffeln, Milch, Käse
Zeiten: täglich 12-14 und 18-19 Uhr   Verband: Naturland

Einkaufen direkt beim Bio-Bauern

59602 Rüthen Tel. 02902/57366 Salatöl, Rapsöl, Getreide, Kartoffeln, Milch, Käse, Fleisch, Wurst Zeiten: Do nachmittag	Gyso von Bonin	Gut Körtlinghausen Verband: Demeter
59602 Rüthen Tel. 02952/1380 Hofladen, Getreide, Gemüse, Kartoffeln, Milch, Fleisch Zeiten: Di-Fr 10-12.30 u. 15-18, Sa 9-12.30	Herbert Oel, Schneringhuser Hof	Schneringhuser Straße 2 Verband: Demeter
59602 Rüthen Tel. 02954/577 Sortiment erfragen (Landwirtschaft) Zeiten: Mo-Fr 9-12 u. 13.30-18	Familie Dahlhausen Hof Maas	Hauptstraße 25 Verband: Demeter
59609 Anröchte-Altenmellrich Tel. 02947/4812 Getreide, Gemüse, Kartoffeln Zeiten: Feb-Mai Fr 16-18, Jun-Dez Di+Fr 16.30-18	Elke Bömer	Dorfstraße 8 Verband: Naturland
59889 Eslohe Tel. 02973/1896 Topinambur, Getreide, Kartoffeln Zeiten: nach Vereinbarung	Engelbert Hellermann	Passelweg 3 Verband: Naturland
59929 Brilon Tel. 02964/604 Getreide, Kartoffeln, Fleisch Zeiten: nach Vereinbarung	Josef Raulf	Mookweg 24 Verband: Bioland
59969 Hallenberg-Braunshausen Tel. 02984/538 Getreide, Kartoffeln, Milch, Käse, Fleisch Zeiten: Sa 10-16	Hans Georg und Stefan Knecht	Ederstraße 14 Verband: Bioland

Einkaufen direkt beim Bio-Bauern

61118 Bad Vilbel Brandau Betriebsgem. Dottenfelder Hof
Tel. 06101/64186
Brot, Getreide, Obst, Gemüse, Kartoffeln, Milch, Käse, Fleisch, Wurst
Zeiten: Di, Do, Fr 9-12 u. 15-18, Sa 9-12 Verband: Demeter

61137 Schöneck-Oberdorfelden Hofmann-Nagel
Alte Dorfstr. 18 Tel. 06187/8243
Wein, Obst
Zeiten: nach Vereinbarung Verband: Bioland

61169 Friedberg Philipp Puth Buchenstr. 26
Tel. 06031/91145 o.
Säfte, Obst
Zeiten: nach Vereinbarung Verband: Bioland

61184 Klein-Karben Elke und Albrecht Mager Ulmenweg/Außerhalb 19
Tel. 06039/41789
Getreide, Obst, Gemüse, Kartoffeln, Eier, Fleisch
Zeiten: Mo-Sa 9-18 Verband: Bioland

61203 Reichelsheim-Beienheim Götz Wollinsky, Pappelhof Außenliegend 13
Tel. 06035/18597
Obst, Kartoffeln
Zeiten: nach Vereinbarung Verband: Bioland

61209 Echzell Lebensgemeinschaft Bingenheim Kronstraße 22
Tel. 06035/81273 od
Säfte, Jungpflanzen, Kräuter, Brot, Getreide, Obst, Gemüse, Kartoffeln, Milch, Käse, Fleisch, Wurst
Zeiten: Di 8-10.30, Fr 15-18 Verband: Demeter

61209 Echzell Fam. Plantener & Janz Schloßstraße 9
Tel. 06035/81155 o.
Umstellungsbetrieb, Getreide, Obst, Gemüse, Kartoffeln, Milch, Käse, Fleisch, Wurst
Zeiten: nach Vereinbarung Verband: Demeter

61231 Bad Nauheim E. Schwalm, Bioland-Gärtnerei Zum Sauerbrunnen
Tel. 06032/86170
Wein, Hofladen, Säfte, Schafe, Getreide, Obst, Kartoffeln, Milch, Käse, Eier, Geflügel
Zeiten: Mo, Do 15-19, Sa 10-13, Wochenmärkte Verband: Bioland

---

61231 Bad Nauheim E. Schwalm Zum Sauerbrunnen
Tel. 06032/86170
Brot, Wein, Saft, Bier, Honig, Getreide, Obst, Gemüse, Kartoffeln, Milch, Käse, Eier, Fleisch, Wurst
Zeiten: Mo-Fr 9-12, Di, Do 15-19, Sa 9-13 Verband: Bioland

61250 Usingen-Kransberg Werner Wolf, Mühlenhof Mühlweg 1
Tel. 06081/13478
Brot, Saft, Bier, Naturkost, Getreide, Obst, Gemüse, Kartoffeln, Eier, Fleisch, Wurst
Zeiten: Di, Fr 16-18, Sa 10-12 Verband: Bioland

61273 Wehrheim Roland Eckhardt Am Bahnhof 2
Tel. 06081/59672
Wein, Saft, Schafprodukte, Bier, Honig, Getreide, Obst, Gemüse, Kartoffeln, Milch, Käse, Eier, Fleisch
Zeiten: Mo, Mi, Fr, Sa 9-13, Di, Do 16-18.30 Verband: Bioland

Einkaufen direkt beim Bio-Bauern

61273 Wehrheim Wolfgang Keller Niedernhainer Hof
Tel. 06081/980010
Getreide, Eier, Fleisch, Wurst
Zeiten: nach Vereinbarung Verband: Naturland

61273 Wehrheim Rudi Leidecker Hof am weißen Stein
Tel. 06081/67188
Honig, Getreide, Gemüse, Kartoffeln, Milch, Eier, Fleisch
Zeiten: nach Vereinbarung Verband: Naturland

61276 Weilrod Hochland-Viehzucht Finsternthal M. Zehr Am Sommerberg 49
Tel. 06083/1730
Fleisch, Wurst
Zeiten: nach Vereinbarung Verband: Demeter

61348 Bad Homburg Dieter Dressel Bommersheimer Weg 101
Tel. 02771/35601
Fleisch
Zeiten: nach Vereinbarung Verband: Bioland

61381 Friedrichsdorf-Köppern Remo Stieh Teichmühlenweg 16
Tel. 06175/1350
Saft, Bier, Honig, Getreide, Obst, Gemüse, Kartoffeln, Milch, Käse, Eier, Fleisch, Wurst
Zeiten: Di, Fr, Sa 9-12 Verband: Bioland

61449 Steinbach G. Heinrich Quellenhof, Kirchgasse 9
Tel. 06171/78458
Mehl, Apfelsaft, Honig, Getreide, Obst, Gemüse, Kartoffeln, Milch, Käse, Eier, Geflügel, Fleisch, Wurst
Zeiten: Mo-Fr 8-9.30 u. 17.30-18.30, Sa 8-12 Verband: Demeter

---

63150 Heusenstamm Klaus Ommert Hofgut Patershausen
Tel. 06104/67963
Obst, Gemüse, Kartoffeln, Eier, Fleisch, Wurst
Zeiten: Do 16-20, Fr 9.30-12 Verband: Bioland

63486 Bruchköbel Thomas Stöppler, Marienhof Hanauer Straße 80
Tel. 06181/71465
Brot, Saft, Wein, Bier, Getreide, Obst, Gemüse, Kartoffeln, Eier, Fleisch, Wurst
Zeiten: Mi 15-18.30, Sa 9-14 Verband: Bioland

63546 Hammersbach Marköbel Hartmut Schneider
Langen-Bergheimer-Straße 4 Tel. 06185/2398
Getreide, Kartoffeln, Milch, Eier
Zeiten: jederzeit Verband: Bioland

63579 Freigericht Somborn Wigbert Kiefer Barbarossastraße 22
Tel. 06055/82398
Wein, Saft, Getreide, Obst, Gemüse, Kartoffeln, Käse
Zeiten: Di 15-18, Sa 9-12 Verband: Bioland

63633 Birstein-Kirchbracht Wolfgang und Gisela Schott Unterdorf 8
Tel. 06054/2768
Brot, Getreide, Gemüse, Kartoffeln
Zeiten: nach Vereinbarung Verband: Bioland

Einkaufen direkt beim Bio-Bauern

63633 Birstein Fam. Palmen-Althaus Kastanienhof Völzberger Straße 14
Tel. 06668/1320
Wollprodukte, Lammfleisch, Dinkel, Honig, Brot Postversand von Käse, Getreide, Milch, Käse, Wurst
Zeiten: Mo,Do 16-18, Sa 10-12 Verband: Demeter

63633 Birstein Roth/Kaiser Lärchenhof Zum Ahl 13
Tel. 06668/843
Getreide, Gemüse, Kartoffeln, Milch, Käse, Fleisch, Wurst
Zeiten: nach Vereinbarung Verband: Demeter

63633 Birstein-Kirchbracht Harald und Karla Schott Illnhäuser Weg 5
Tel. 06054/5403
Brot, Getreide, Gemüse, Kartoffeln, Fleisch
Zeiten: nach Vereinbarung Verband: Bioland

63639 Flörsbachtal Christian Streit u. Anita Heigl Ökohof Mosborn,
Waldstr. 15 Tel. 06057/1358
Brot, Wein, Getreide, Gemüse, Kartoffeln, Milch, Käse, Eier, Geflügel, Fleisch, Wurst
Zeiten: Sa 9.30-17 Verband: Bioland

63639 Flörsbachtal-Mosborn Matthias und Friederike Herter, Öko-Hof Mosborn Waldstraße 15
Tel. 06057/1358
Wein, Saft, Brot, Honig, Getreide, Obst, Gemüse, Kartoffeln, Käse, Eier, Fleisch, Wurst
Zeiten: Fr 17-19, Sa 10-15 Verband: Bioland

63654 Büdingen-Düdelsheim Hubert Albrecht Wingertgasse 4
Tel. 06041/8731
Getreide, Obst, Gemüse, Kartoffeln
Zeiten: nach Vereinbarung Verband: Bioland

63667 Nidda Wolfgang und Heidemarie Weigand Am Weinberg 36
Tel. 06043/1001
Saft, Wein, Obst
Zeiten: nach Vereinbarung Verband: Bioland

63667 Nidda-Wallernhausen Wolfgang Koch Am Lerchenrain 3
Tel. 06043/8728
Brot, Wein, Saft, Honig, Getreide, Obst, Gemüse, Kartoffeln, Milch, Käse, Eier, Fleisch, Wurst
Zeiten: Mo, Do 16-20, Di, Fr, Sa 10-12 Verband: Bioland

63667 Nidda Bernd Raschendorfer Frankenstr. 6
Tel. 06043/2913
Getreide
Zeiten: nach Vereinbarung Verband: Bioland

63667 Nidda-Wallernhausen Marianne Hofmann Obergasse 28
Tel. 06043/40711
Vollwert-Buffets(Vorbest.), Brot, Schafprodukte, Obst, Gemüse, Kartoffeln, Käse
Zeiten: nach Vereinbarung Verband: Bioland

63679 Schotten Einartshausen Joachim Brouwer, Oberwaider Hof Außerhalb 46
Tel. 06044/950018
Fleisch
Zeiten: Fr 14-18, Sa 9-13 Verband: Bioland

Einkaufen direkt beim Bio-Bauern

63679 Schotten Michelbach Jürgen Kastell Tel. 06044/4978 Fleisch Zeiten: nach Vereinbarung	Am Friedhof 20 Verband: Bioland	

63683 Ortenberg Gallo Im Bleichental 60
Tel. 06046/7857
Getreide, Obst, Kartoffeln, Fleisch, Wurst
Zeiten: nach Vereinbarung Verband: Demeter

63683 Ortenberg Heim- und Werkstätten Rauher Berg e.V.
Tel. 06049/232 oder
Getreide, Gemüse, Kartoffeln, Milch, Käse, Fleisch, Wurst
Zeiten: nach Vereinbarung Verband: Demeter

63683 Ortenberg-Bergheim Dieter und Annemarie Merz Schäferstraße 6
Tel. 06046/7444
Honig, Säfte, Obst
Zeiten: nach Vereinbarung Verband: Bioland

63683 Ortenberg Helmut Keller Domäne Konradshof
Tel. 06041/50754
Getreide, Milch, Fleisch, Wurst
Zeiten: nach Vereinbarung Verband: Bioland

63755 Alzenau Fam. Sell Taunusring 16
Tel. 06023/8374
Kräuter, Obst, Gemüse
Zeiten: nach Vereinbarung Verband: Demeter

63762 Großostheim Familie Zöschinger, Weilerhof Uhlandstraße 3
Tel. 06026/1682
Brot, Kräuter, Jungpflanzen, Getreide, Obst, Gemüse, Kartoffeln, Milch, Käse, Eier, Geflügel, Fleisch
Zeiten: nach Vereinbarung Verband: Demeter

63768 Hösbach Erich Fleckenstein Hirtenhof
Tel. 06024/9877
Brot, Saft, Schafprodukte, Hofladen, Getreide, Obst, Gemüse, Kartoffeln, Käse, Fleisch, Wurst
Zeiten: Mo, Di, Do, Fr 13-18, Mi, Sa 9-12 Verband: Bioland

63776 Mömbris Fam. Heeg Am Wasen 1
Tel. 06029/7454
Getreide, Obst, Gemüse, Kartoffeln, Käse, Eier, Geflügel, Fleisch, Wurst
Zeiten: nach Vereinbarung Verband: Demeter

63785 Obernburg Bischof Lindenstraße 51
Tel. 06022/8553 (n.
Obst
Zeiten: nach Vereinbarung Verband: Demeter

63820 Elsenfeld-Rück Margarethe und Joachim Schwarzer Gut Neuhof
Tel. 09374/2242
Brot, Getreide, Fleisch, Wurst
Zeiten: nach Vereinbarung Verband: Naturland

Einkaufen direkt beim Bio-Bauern

63846 Laufach — Siegbert Schreiter — Wendelstein 1
Tel. 06093/8801
Gemüse, Kartoffeln, Fleisch
Zeiten: nach Vereinbarung
Verband: Bioland

63856 Mömlingen — Gärtnerhof Vogel — Kettelerstraße 10
Tel. 06022/3389
Schafhaltung, Dinkel, Getreide, Obst, Gemüse, Kartoffeln, Käse, Fleisch, Wurst
Zeiten: nach Vereinbarung
Verband: Demeter

63897 Miltenberg — Gerhard und Gerda Eck — Mainbullau 71
Tel. 09371/7931
Wein, Saft, Nudeln, Lämmer, Getreide, Gemüse, Kartoffeln, Fleisch
Zeiten: nach Vereinbarung
Verband: Bioland

63897 Miltenberg — Ulrich und Regina Frey — Monbrunn 9
Tel. 09371/66368
Ferienwohnung, Getreide, Gemüse, Kartoffeln, Fleisch, Wurst
Zeiten: nach Vereinbarung
Verband: Naturland

64295 Darmstadt — P. Förster — Eichwaldhof, Brandschneise 3
Tel. 06167/2309
Brot, Getreide, Gemüse, Kartoffeln, Milch, Käse, Fleisch, Wurst
Zeiten: nach Vereinbarung
Verband: Demeter

64347 Griesheim — Peter Werth — Draustr. 47
Tel. 06155/61786
Hofladen, Saft, Spargel, Erdbeeren, Obst, Gemüse, Kartoffeln
Zeiten: Mo-Fr, 16-19 Uhr, Sa, 10-12, u. 16-18
Verband: Bioland

64385 Reichelsheim-Gumpen — Jürgen Müller und Anita Arnold — Kriemhildstraße 53
Tel. 06164/3270
Milch, Käse, Eier, Fleisch
Zeiten: nach Vereinbarung
Verband: Bioland

64395 Brensbach — Bernd Klinger — Moorbachstraße 11
Tel. 06161/592
Saft, Getreide, Kartoffeln, Milch, Käse, Fleisch
Zeiten: Mo, Mi, Do, Sa, 18.30-19.30
Verband: Bioland

64397 Modautal — Heidi & Werner Jährling — Althoxhohl 35
Tel. 06162/1767
Trockensortiment, Getreide, Obst, Gemüse, Kartoffeln, Milch, Käse, Eier, Geflügel, Fleisch, Wurst
Zeiten: Mi u. Sa 9-12, Do u.Fr. 16-18
Verband: Demeter

64397 Modautal Neutsch — Ludwig Schuchmann, Hof Gruenau — Neutsch 200
Tel. 06167/7474
Brot, Saft, Wein, Bier, Honig, Getreide, Obst, Gemüse, Kartoffeln, Milch, Käse, Eier, Fleisch, Wurst
Zeiten: Mo-Sa 8.30-13, 15-16
Verband: Bioland

64625 Bensheim Auerbach — Hans-Georg Jährling — Im Bangert 25
Tel. 06251/79127
Getreide
Zeiten: nach Vereinbarung
Verband: Bioland

Einkaufen direkt beim Bio-Bauern

64646 Heppenheim-Hambach   Toni und Paul Röder   Ober Hambach 26
Tel. 06252/75633
Saft, Brot, Getreide, Obst, Kartoffeln, Eier, Fleisch
Zeiten: Do-Sa 14-18   Verband: Bioland

64646 Heppenheim   LWV Hessen Gutsbetrieb   Mozartstr. 76
Tel. 06252/16349
Getreide, Gemüse, Kartoffeln, Fleisch, Wurst
Zeiten: nach Vereinbarung   Verband: Bioland

64658 Fürth   Elke und Mathias Bauer   Linnenbacher Weg 2
Tel. 06253/5578
Wein, Schafprodukte, Trockensortiment, Getreide, Kartoffeln, Käse, Fleisch
Zeiten: Hofladen   Verband: Bioland

64668 Rimbach   Walter Pardonner   Hauptstr. 66
Tel. 06253/84968
Säfte, Obst, Fleisch, Wurst
Zeiten: nach Vereinbarung   Verband: Bioland

64732 Bad König   Georg Wilhelm & Gisela Koch   Fürstengrund 86
Tel. 06063/1444
Apfelsaft, Nüsse, Obst, Gemüse, Kartoffeln
Zeiten: nach Vereinbarung   Verband: Demeter

64732 Bad König-Fürstengrund   Hans und Renate Schäfer
Fürstengrunder Straße 15   Tel. 06063/3132
Getreide, Obst, Gemüse, Kartoffeln, Eier
Zeiten: nach Vereinbarung   Verband: Bioland

64823 Groß-Umstadt   Thomas u. Barbara Heil   Bahnhofstraße 26
Tel. 06078/8761
Getreide, Obst, Gemüse, Kartoffeln, Fleisch, Wurst
Zeiten: nach Vereinbarung   Verband: Demeter

64850 Schaafheim   Burkard Wolff   Straßenmühle
Tel. 06073/80635
Apfelsaft, Obst
Zeiten: nach Vereinbarung   Verband: Demeter

64853 Otzberg   Prinz zu Löwenstein, Hofgut Habitzheim   Schloßgasse 7
Tel. 06162/73494
Naturkostsortiment, Nudeln, Kräuter, Getreide, Kartoffeln, Eier
Zeiten: Mo-Fr 14.30-18.30, Sa 9-13   Verband: Naturland

64853 Otzberg   Jo Jung und Ute Hoffmann   Wiesenstraße 6
Tel. 06162/71909
Saft, Wein, Obst, Gemüse, Kartoffeln, Käse, Eier, Fleisch
Zeiten: Sa 9-14 und nach Vereinbarung   Verband: Bioland

64853 Otzberg   Hans Fritsch   Ringstraße 36
Tel. 06162/72348
Honig, Obstweine, Obst, Gemüse, Kartoffeln
Zeiten: nach Vereinbarung   Verband: Demeter

Einkaufen direkt beim Bio-Bauern

64853 Otzberg Tel. 06162/73909 Saft, Wein, Nüsse, Getreide, Obst, Gemüse, Kartoffeln Zeiten: nach Vereinbarung	Michel	Im Heidenstengel 2 Verband: Demeter
64853 Otzberg-Habitzheim Tel. 06073/64552 Kräuter, Sauerkraut, Apfelschaumwein, Gemüse, Kartoffeln Zeiten: Mai-Okt Mo,Di,Do 17-18.30 u. n. Vereinb.	Ellen und Markus Römermann	Fritzehof Außerhalb Verband: Bioland
65203 Wiesbaden Tel. 0611/54500 Brot, Gartenbedarf, Getreide, Obst, Gemüse, Kartoffeln, Milch, Käse, Fleisch, Wurst Zeiten: nach Vereinbarung	Wilhelm Kumschier	Flandernstraße 81 Verband: Demeter
65205 Wiesbaden Tel. 0611/73740 Brot,Saft,Honig,Öl,Essig,Nudeln,Getreide, Obst, Gemüse, Kartoffeln, Milch, Käse, Eier, Fleisch, Wurst Zeiten: Di-Fr 9-18, Sa 8-13	Wiesbadener Jugendwerkstatt	Erbenheim Verband: Bioland
65239 Hochheim Tel. 06146/5855 Weißwein/Rheingau ECOVIN Zeiten: nach Vereinbarung	Bernd J. Richter	Taunusstraße 3 Verband: BÖW
65239 Hochheim Tel. 06146/9232 Wein/Rheingau ECOVIN, Tresterschnaps Zeiten: nach Vereinbarung	Heinrich Baison	Delkenheimerstraße 18 Verband: BÖW
65307 Bad Schwalbach Tel. 06124/9119 Brot, Getreide, Obst, Gemüse, Kartoffeln, Milch, Käse, Fleisch, Wurst Zeiten: Di + Fr 15-18.30	Betriebsgemeinschaft	Hof Fischbach Verband: Demeter
65307 Bad Schwalbach Tel. 06124/12495 Keimsaaten, Getreide Zeiten: nach Vereinbarung	Wolfgang Keller	Am Heimbacher Pfad 17 Verband: Bioland
65307 Bad Schwalbach Tel. 06124/12913 Kräuter, Nudeln, Brot, Getreide, Obst, Gemüse, Kartoffeln, Milch, Käse, Eier, Fleisch, Wurst Zeiten: tägl. außer Do 17-18.30	Hof Schwalbenblick Züll	Am Schänzchen 40 Verband: Demeter
65321 Heiderod Laufenselden Tel. 06120/8171 Kartoffeln Zeiten: nach Vereinbarung	Karlheinz Kunz	Lindenstraße 2 Verband: Bioland
65326 Heiderod Tel. 06775/8102 ode Brot, Nudeln, Getreide, Milch, Käse, Fleisch, Wurst Zeiten: Di u. Fr 16-18, Sa 10-12	Hof Zorn Müller	An der Ganswiese Verband: Demeter

Einkaufen direkt beim Bio-Bauern

65326 Aarbergen Tel. 06120/5261 Getreide, Fleisch Zeiten: nach Vereinbarung	Günter Rupßus	Hauptstraße 13 Verband: Bioland
65329 Hohenstein Tel. 06128/1674 Saft, Kartoffeln, Fleisch Zeiten: nach Vereinbarung	Cornelia Enders	Pfalzstraße 20 Verband: Bioland
65343 Eltville Tel. 06123/5471 Rot-, Weißwein, Sekt/Rheingau ECOVIN, Weinproben Zeiten: nach Vereinbarung	Michael Albrecht, Weingut Hirt-Albrecht	Schwalbacher Straße 15 Verband: BÖW
65346 Eltville Tel. 06123/676-333, Weißwein, Sekt/Rheingau ECOVIN, Weinproben Bewirtung, Gästezimmer Zeiten: nach Vereinbarung	Schloß Reinhartshausen, Wg Mariannenaue Erbach	 Verband: BÖW
65366 Geisenheim/Johannisberg Tel. 06722/50678 Weißwein/Rheingau ECOVIN Zeiten: nach Vereinbarung		Stefan Muskat Sand 4 Verband: BÖW
65375 Oestrich-Winkel Tel. 06723/2423 Wein/Rheingau Zeiten: nach Vereinbarung	Jakob Hamm	Hauptstraße 60 Verband: Naturland
65385 Rüdesheim Tel. 06722/4616, Fa Weißwein, Rotwein/Rheingau ECOVIN, Weinproben Zeiten: nach Vereinbarung	Peter Kreuzberger, Wg Asbach-Kretschmar	Zum Niederwalddenkmal 2 Verband: BÖW
65391 Lorch Tel. 06726/1614 Weißwein, Sekt/Rheingau ECOVIN, Weinproben Zeiten: nach Vereinbarung	Karl-Günter Altenkirch, Harald Schmidt	Langgasse 4 Verband: BÖW
65391 Lorch Tel. 06726/1019 Weißwein/Rheingau ECOVIN Zeiten: nach Vereinbarung	Reinhard Glassner	Langgasse 12 Verband: BÖW
65391 Lorch Tel. 06726/346, Fax Weißwein, Sekt/Rheingau ECOVIN, Weinproben Bewirtung Zeiten: nach Vereinbarung	Ralf Bengel, Weingut Graf von Kanitz	Rheinstraße 49 Verband: BÖW
65399 Kiedrich Tel. 06123/3876 Weißwein, Sekt/Rheingau ECOVIN, Weinproben Zeiten: nach Vereinbarung	Hans-Josef Engelmann	Rosenstraße 17 Verband: BÖW

Einkaufen direkt beim Bio-Bauern

65399 Kiedrich   Andreas Wenz   Eltviller Straße 18
Tel. 06123/61503
Wein/Rheingau ECOVIN
Zeiten: nach Vereinbarung   Verband: BÖW

65439 Flörsheim   Uwe Struck   Alleestraße 47
Tel. 06145/33811
Honig, Saft, Obst, Gemüse, Kartoffeln, Eier
Zeiten: Mo, Mi 16-18, Fr 15-18   Verband: Bioland

65589 Hadamar-Faulbach   Eckard Egenolf und Katharina Winter   Feldstraße 1
Tel. 06433/3125
Saft, Wein, Bier, Brot, Honig, Getreide, Obst, Gemüse, Kartoffeln, Milch, Käse, Eier, Fleisch, Wurst
Zeiten: Mo,Di,Mi,Fr,Sa 9-12, Di, Fr 16.30-18.30   Verband: Bioland

---

65597 Hünfelden-Dauborn   Jesus-Bruderschaft Gnadenthal Herr Widmann   Hof Gnadenthal
Tel. 06438/810
Brot, Honig, Wein, Saft, Getreide, Obst, Gemüse, Kartoffeln, Milch, Käse, Eier, Fleisch, Wurst
Zeiten: Fr 14-18, Sa 9.30-12.30   Verband: Bioland

65606 Villmar   Lehr- und Versuchsbetrieb ökologischer Landbau   Gladbacher Hof
Tel. 06474/209
Wein, Saft, Brot, Bier, Honig, Obst, Gemüse, Kartoffeln, Milch, Käse, Eier, Geflügel, Fleisch, Wurst
Zeiten: Mi, Fr 15-18, Sa 9-12   Verband: Bioland

65606 Villmar-Falkenbach   Peter König   Furfürter Hof
Tel. 06476/357
Brot, Getreide, Milch, Eier, Geflügel, Fleisch, Wurst
Zeiten: nach Vereinbarung   Verband: Bioland

65698 Rheinbrohl   Josef Küpper   Hartmannshof
Tel. 02635/5487
Gemüse, Kartoffeln
Zeiten: nach Vereinbarung   Verband: Bioland

65719 Hofheim   Karl-Heinz Stoll   Casteller Straße 47
Tel. 06192/3081
Nudeln, Brot, Schafprodukte, Saft, Bier, Getreide, Obst, Gemüse, Kartoffeln, Milch, Käse, Eier, Geflügel
Zeiten: Di 9-11, 16-18, Do 16-18, Sa 8-12   Verband: Bioland

65719 Hofheim Wildsachsen   Hubertus Fischer   An den Erzgruben 13
Tel. 06198/2386
Wolle, Felle, Honig, Obstwasser, Obst
Zeiten: nach Vereinbarung   Verband: Bioland

65719 Hofheim/Taunus   Main-Taunus Streuobst e.V. Barbara Helling   Am Kreishaus 1-5
Tel. 06192/201393
Saft
Zeiten: nach Vereinbarung: M0-Fr 8-17   Verband: Bioland

65812 Bad Soden   Herbert und Gertrud Pfeifer   Kirchstraße 15
Tel. 06174/7587
Saft, Wein, Brot, Getreide, Obst, Gemüse, Kartoffeln, Milch, Käse, Eier, Geflügel, Fleisch, Wurst
Zeiten: Mo-Mi,Fr,Sa 7.30-9.15,18-19, Do 7.30-12   Verband: Bioland

Einkaufen direkt beim Bio-Bauern

65843 Sulzbach   Jürgen und Waltraud Schaar   Mainzer Straße 2
Tel. 06196/71871
Saft, Wein, Honig, Nudeln, Sonnenblumenöl, Getreide, Obst, Gemüse, Kartoffeln, Eier, Geflügel, Fleisch
Zeiten: Mo-Fr 9-12+15-18 außer Mi nachm, Sa 9-13   Verband: Bioland

---

65929 Frankfurt   Reha-Werkstatt Niederrad   Silostraße 55
Tel. 069/310018
Sortiment erfragen
Zeiten: nach Vereinbarung   Verband: Bioland

66265 Heusweiler - Bübingen   Obere Saar e.V. Lebenshilfe für Behinderte   Industriestr. 8
Tel. 06805/8030
Getreide, Gemüse, Kartoffeln, Milch, Eier, Geflügel
Zeiten: tägl. 16-18   Verband: Bioland

66271 Kleinblittersdorf   Lebenshilfe für Behinderte e. V.   Wintringer Hof
Tel. 06805/1045
Honig, Getreide, Gemüse, Kartoffeln, Milch, Eier, Fleisch
Zeiten: Mo-Sa 16-18   Verband: Bioland

66386 St. Ingbert-Hassel   Betriebsgemeinschaft Hochscheid   Hof Hochscheid
Tel. 06894/88530
Gemüse, Milch, Käse, Fleisch
Zeiten: Mo, Mi, Fr 16-18   Verband: Demeter

66399 Ommersheim   Werner und Monika Wack   Eichelberger Hof
Tel. 06803/1214
Brot, Wein, Saft, Bier, Honig, Schafprodukte, Getreide, Obst, Gemüse, Kartoffeln, Milch, Käse, Eier
Zeiten: Mi 14-17, Sa 10-14,Mo-Sa 18.30-19 au.Do   Verband: Bioland

---

66399 Mandelbachtal   Rosi und Wolf Maurenbrecher, Th. Schmidt   Gärtnerei Am Roten Wald
Tel. 06803/1613
Obst, Gemüse
Zeiten: Di, Do, Fr 15-18   Verband: Demeter

66399 Mandelbachtal   Peter Abel   Krähberg 15
Tel. 06803/549
Eier, Geflügel
Zeiten: nach Vereinbarung   Verband: Bioland

66399 Erfweiler-Ehlingen   Wolgang Welsch   Bruchhof
Tel. 06803/1766
Getreide, Milch
Zeiten: täglich 8.30-10, 18-19.30 u. n. Vereinb.   Verband: Bioland

---

66440 Blieskastel   Haus Sonne   Neukahlenberger Hof
Tel. 06842/51401, F
Milch, Käse, Fleisch, Wurst
Zeiten: Milch Mo-Sa 17-18.30,Käserei Mi+Fr 17-18   Verband: Demeter

---

66440 Blieskastel   Werner Brengel   Vogesenstraße 12
Tel. 06844/632
Getreide, Kartoffeln, Fleisch
Zeiten: nach Vereinbarung   Verband: Bioland

Einkaufen direkt beim Bio-Bauern

66453 Gersheim Alfons Anna, Annahof Walsheimer Straße 10
Tel. 06843/8221
Saft,Wein,Honig,Obstschnaps,-essig,Schaffelle, Getreide, Obst, Fleisch
Zeiten: nach Vereinbarung Verband: Bioland

66453 Gersheim Haus Sonne Walsheim, Gärtnerei J Hecht Brühlgasse 3
Tel. 06843/900033
Kräuter, Sommerblumen, Gestecke, Kränze, Gemüse
Zeiten: Mo-Fr 8-12 + 14-17, Sa 8-12 Verband: Demeter

66453 Gersheim Karl Bamberger Erfweilerstraße 31
Tel. 06843/326
Kartoffeln, Fleisch
Zeiten: nach Vereinbarung Verband: Bioland

66543 Gersheim Franz Weber Hauptstraße 27
Tel. 06843/1378
Getreide, Obst, Gemüse, Kartoffeln
Zeiten: Di + Fr 17-18, Sa 10-12 Verband: Demeter

66497 Contwig Manfred und Marianne Nafziger Wahlbacherhof
Tel. 06336/362
Wein, Saft, Brot, Bier, Honig, Getreide, Obst, Gemüse, Kartoffeln, Milch, Käse, Eier, Fleisch, Wurst
Zeiten: Mi 14-18.30, Sa 9-14, Milch tägl. 18.30 Verband: Bioland

---

66540 Neunkirchen Klaus Ranker Grubenstraße 83
Tel. 06821/71935
Lammfleisch, Schafswurst
Zeiten: nach Vereinbarung Verband: Demeter

66564 Ottweiler Josef Wiesner Lenzenthaler Hof
Tel. 06824/3127
Getreide, Kartoffeln, Milch, Eier, Fleisch
Zeiten: nach Vereinbarung Verband: Bioland

66564 Ottweiler Karl-Heinz Gehring Am Burg 2
Tel. 06824/8368
Getreide, Gemüse, Kartoffeln
Zeiten: Di, Fr 17-18, Sa 10-12 Verband: Demeter

66578 Schiffweiler Günter Vogel Zum Klopp 18
Tel. 06824/1861
Getreide, Gemüse, Kartoffeln, Milch
Zeiten: nach Vereinbarung Verband: Bioland

66606 St Wendel-Osterbrücken Gerhard Kempf, Martinshof In der Brombach 6
Tel. 06856/272
Wein, Saft, Bier, Honig, Schaf- und Ziegenprodukte, Getreide, Obst, Gemüse, Kartoffeln, Milch, Käse, Eier
Zeiten: Fr 9-13, 14-18, Sa 12 Verband: Bioland

66606 St. Wendel Heinz und Sabine Closter Saaler Straße 38
Tel. 06856/1535
Getreide, Kartoffeln
Zeiten: nach Vereinbarung Verband: Bioland

Einkaufen direkt beim Bio-Bauern

66625 Nohfelden Tel. 06857/6035 Kartoffeln Zeiten: nach Vereinbarung	Manfred Bill	Friedenbergstraße 28 Verband: Bioland
66636 Tholey Tel. 06853/1679 Wein, Saft, Bier, Honig, Trockensortiment, Getreide, Kartoffeln, Milch, Käse, Eier, Fleisch, Wurst Zeiten: Di, Fr 16.30-18.30	Thomas Meier, Hofgemeinschaft Imsbach	Hofgut Imsbach Verband: Bioland
66636 Tholey-Sotzweiler Tel. 06853/6967 Rinderviertel, Fleisch Zeiten: nach Vereinbarung	Herbert und Gertrud Schneider	Bonner Straße 19 Verband: Bioland
66646 Marpingen Tel. 06853/5900 Getreide, Kartoffeln, Fleisch Zeiten: nach Vereinbarung	Toni Ames	Buchenweg 24 Verband: Bioland
66649 Oberthal Tel. 06854/6902 Wolle, Felle, Saft, Fleisch Zeiten: nach Vereinbarung	Werner Staub	Buchewnweg 11 Verband: Bioland
66679 Losheim Tel. 06872/4846 Getreide, Kartoffeln, Fleisch Zeiten: Di, Fr nachmittags	Konrad und Reinhold Meiers	Im Dell 28 Verband: Bioland
66693 Mettlach Tel. 06864/1293 Getreide, Kartoffeln, Milch Zeiten: nach telef. Vereinb.	Hubert Kirsch	Auf Wollscheidt 8 Verband: Bioland
66701 Beckingen Tel. 06832/7162 Wein, Saft, Brot, Honig, Getreide, Obst, Gemüse, Kartoffeln, Milch, Käse, Eier, Geflügel, Fleisch, Wurst Zeiten: Mi 15-18.30, Sa 10-14	Udo und Sigrid Selzer	Kapellenstraße 24 Verband: Bioland
66787 Wadgassen Tel. 06834/43880 Getreide, Kartoffeln Zeiten: nach Vereinbarung	Friedrich Comtesse	Feldstraße 10 Verband: Bioland
66793 Saarwellingen Tel. 06838/2724 Brot, Getreide, Kartoffeln, Milch, Fleisch Zeiten: nach Vereinbarung	Heinrich Reinhart	Vorstadtstraße 111 Verband: Bioland
66793 Saarwellingen Tel. 06838/2202 Naturkost, Getreide, Obst, Gemüse, Kartoffeln, Eier Zeiten: tägl. 8-12+14.30-18 Mi,Sa nachm.nicht	Friedrich Latz	Labachstr. 67 Verband: Bioland

Einkaufen direkt beim Bio-Bauern

66798 Wallerfangen   Verein f. Sozialpsychiatrie Bio-Gärtnerei   Schlachthausweg 1
Tel. 06831/60507
Beet- und Balkonpflanzen, Gemüse
Zeiten: Mo-Do 14-17, Fr 9-12
                                                        Verband: Demeter

66809 Nalbach   Sabine und Mathias Paul   Hauptstraße 118
Tel. 06838/6098
Jungpflanzen, Wein, Saft, Schafkäse, Körperpflege, Getreide, Obst, Gemüse, Kartoffeln, Milch, Käse
Zeiten: Di, Fr 16-18.30, Mi, Sa 9-12.30
                                                    Verband: Bioland

66871 Albessen   Kornelius Burgdörfer, Hof am Weiher   Burgweg 1
Tel. 06384/7859
Brot, Wein, Saft, Bier, Honig, Getreide, Obst, Gemüse, Kartoffeln, Milch, Käse, Eier, Geflügel, Fleisch
Zeiten: Mo-Sa 14.30-18.30
                                       Verband: Bioland

66882 Hütschenhausen   Dieter Nau   Eckstraße 10
Tel. 06372/3196
Brot, Bier, Honig, Wein, Saft, Schafprodukte, Getreide, Obst, Gemüse, Kartoffeln, Milch, Käse, Eier
Zeiten: Mo-Fr 8-12 und 13.30-18, Sa 8-12
                                  Verband: Bioland

66882 Hütschenhausen   Gerd Braun   Heidehof
Tel. 06372/1266
Brot, Wein, Saft, Bier, Honig, Schafprodukte, Getreide, Obst, Gemüse, Kartoffeln, Milch, Käse, Eier
Zeiten: täglich 9-12 und 14-18
                               Verband: Bioland

66882 Hütschenhausen   Roland Kühn   Hauptstraße 123
Tel. 06372/2663
Getreide, Kartoffeln
Zeiten: nach Vereinbarung
                          Verband: Naturland

66887 Bosenbach   Karl Allenbacher   Flurstraße 3
Tel. 06385/1814
Getreide, Kartoffeln
Zeiten: nach Vereinbarung
                          Verband: Bioland

66894 Langwieden   Kurgestüt Sickinger Höhe Dr. med. vet. E. Guth   Eckstraße 16
Tel. 06372/8911
Stutenmilch, Getreide, Obst
Zeiten: nach Vereinbarung
                          Verband: Naturland

66919 Herschberg   Otto Bohl   Friedhofstraße 5
Tel. 06375/5917
Honig, Obst, Gemüse, Kartoffeln, Eier, Geflügel
Zeiten: nach Vereinbarung
                          Verband: Bioland

66919 Herschberg   Torsten Gomille   Eckersgasse 3
Tel. 06375/6328
Obst, Gemüse, Kartoffeln
Zeiten: nach Vereinbarung
                          Verband: Bioland

66957 Eppenbrunn   Frank Walther, Tonhof   Nasshecke
Tel. 06335/7835
Ziegenkäse, Jungpflanzen, Obst, Kartoffeln, Fleisch
Zeiten: Mo-Fr 8-12 und 13-18, Sa 8-13
                          Verband: Bioland

Einkaufen direkt beim Bio-Bauern

66994 Langwieden   Dr. med. vet. F. Guth   Eckstraße 16
Tel. 06372/8911
Stutenmilch, Getreide, Obst
Zeiten: nach Vereinbarung   Verband: Naturland

66996 Schindhard   Peter Guth   Bärenbrunnerhof
Tel. 06391/1564
Brot, Wein, Saft, Honig, Naturkost, Ziegenkäse, Getreide, Kartoffeln, Fleisch
Zeiten: Fr, Sa 10-18   Verband: Bioland

67098 Bad Dürkheim   Klaus Wolf, Weingut Isegrimhof   Spielbergweg 24
Tel. 06322/7731
Wein, Sekt, Saft, Obst, Kartoffeln
Zeiten: Di-Fr 18-19, Sa 9-16u. n. Vereinbarung   Verband: Bioland

---

67098 Bad Dürkheim   Weinbau der Lebenshilfe, Herr Glaser   Dr.-Kaufmann-Straße 4
Tel. 06322/9380
Wein, Sekt
Zeiten: Mo-Do 8-12, 13-15.30, Fr 8-12   Verband: Bioland

67098 Bad Dürkheim   Hans Pflüger und Sohn   Gutleutstraße 4
Tel. 06322/63148, F
Rotwein, Weißwein, Sekt/Pfalz ECOVIN, Weinproben
Zeiten: nach Vereinbarung   Verband: BÖW

67127 Rödersheim-Gronau   Klaus Fix   Hauptstr. 35
Tel. 06231/7032
Hofladen, Honig
Zeiten: Mo-Fr 10-18   Verband: Bioland

67133 Maxdorf   Bioland-Gärtnerei Blattlaus Karl-Ernst Wingerter   Hauptstraße 2
Tel. 06237/59217
Brot, Wein, Saft, Bier, Honig, Getreide, Obst, Gemüse, Kartoffeln, Milch, Käse, Eier, Fleisch
Zeiten: Di 16-18, Fr 15-18, Sa 10-12   Verband: Bioland

67146 Deidesheim   Weingut Georg Siben Erben   Weinstraße 21
Tel. 06326/214
Wein/Rheinpfalz
Zeiten: nach Vereinbarung   Verband: Naturland

67158 Ellerstadt   Walter Merk   Gönnheimer Straße 50
Tel. 06237/8548, Fa
Rotwein, Weißwein, Sekt/Pfalz ECOVIN, Weinproben
Zeiten: nach Vereinbarung   Verband: BÖW

67161 Gönnheim   Rainer Eymann   Ludwigstraße 35
Tel. 06322/2808, Fa
Weißwein, Rotwein, Sekt/Pfalz ECOVIN, Weinproben Bewirtung
Zeiten: nach Vereinbarung   Verband: BÖW

67161 Gönnheim   Ralf Swillus   Ludwigstraße 17
Tel. 06322/61402
Wein/Rheinpfalz ECOVIN
Zeiten: nach Vereinbarung   Verband: BÖW

Einkaufen direkt beim Bio-Bauern

67169 Kallstadt — Hartmut Stauch, Sekt- und Weingut — Weinstraße 130
Tel. 06322/63927, F
Rotwein, Weißwein, Sekt/Pfalz ECOVIN, Weinproben Bewirtung
Zeiten: nach Vereinbarung — Verband: BÖW

67251 Freinsheim — Robert Oberholz — Winterhalde 100
Tel. 06353/1812
Getreide, Obst, Gemüse, Kartoffeln, Milch, Eier
Zeiten: Di, Fr 15-19 — Verband: Bioland

67251 Freinsheim — Egon Hohl — Am Mandelgarten 10
Tel. 06353/1084
Wein/Rheinpfalz ECOVIN
Zeiten: nach Vereinbarung — Verband: BÖW

67251 Freinsheim — Hans Manck — Burgstraße 17
Tel. 06353/989169
Wein, Saft, Obst
Zeiten: nach Vereinbarung — Verband: Bioland

67259 Kleinniedesheim — Fred Blaulntau — Wormser Straße 1
Tel. 06239/3381
Brot, Wein, Saft, Honig, Ziegenkäse, Getreide, Obst, Gemüse, Kartoffeln, Milch, Käse, Eier, Fleisch
Zeiten: Di, Fr 16-18, Sa 10-12, Milch tägl 17-18 — Verband: Bioland

67273 Dackenheim — Christian Friedrich — Freinsheimerstraße 12
Tel. 06353/3508
Ziegenmilch, Ziegenkäse, Brot, Getreide, Milch
Zeiten: Di ab 17, Fr ab 18 — Verband: Demeter

67278 Bockenheim — Karin Deutscher — Leininger Ring 43
Tel. 06359/4277
Weißwein, Rotwein/Pfalz ECOVIN, Weinproben
Zeiten: nach Vereinbarung — Verband: BÖW

67278 Bockenheim — Weingut Wöhrle — Leininger Ring 64
Tel. 06359/4215, Fa
Rotwein, Weißwein, Sekt/Pfalz ECOVIN, Weinproben
Zeiten: nach Vereinbarung — Verband: BÖW

67280 Ebertsheim — Martin Heynold, Biologischer Gemüsebau — Eduard-Mann-Straße 1-7
Tel. 06359/85982
Wein, Saft, Brot, Bier, Honig, Getreide, Obst, Gemüse, Kartoffeln
Zeiten: Di, Mi, Fr 10-11.30, 17-18.30, Sa 10-12 — Verband: Bioland

67295 Bolanden — Ortwin Galle, Weierhof — Crayenbühlstraße 10
Tel. 06352/5471
Brot, Honig, Getreide, Kartoffeln, Eier, Fleisch
Zeiten: Di 15-19, Sa 9-12 — Verband: Bioland

67304 Kerzenheim — Hartmut Risser — Eisenberger Straße 18
Tel. 06351/6674
Wein, Saft, Brot, Honig, Naturkost, Getreide, Obst, Gemüse, Kartoffeln, Milch, Käse, Eier, Fleisch
Zeiten: Mo-Fr 7-10, 18-19.30, Sa 7-11 — Verband: Bioland

Einkaufen direkt beim Bio-Bauern

67308 Zellertal-Zell Jochen Wick, Weingut Fippinger-Wick Hauptstraße 2
Tel. 06355/2201
Rotwein, Weißwein, Sekt/Pfalz ECOVIN, Weinproben Wein-/Traubengelee
Zeiten: nach Vereinbarung Verband: BÖW

67308 Zellertal-Zell Helmut Krauß & Sohn Hauptstraße 3
Tel. 06355/655, Fax
Weißwein, Rotwein, Sekt/Pfalz ECOVIN, Weinproben
Zeiten: nach Vereinbarung Verband: BÖW

67308 Zellertal-Harxheim Christine Bernhard Hauptstraße 5
Tel. 06355/1781, Fa
Rotwein, Weißwein, Sekt/Pfalz ECOVIN, Weinproben Walnüsse, Sekt in Piccolos, Kiwimarmelade
Zeiten: nach Vereinbarung Verband: BÖW

67317 Altleiningen Georg-Markus Goyert Neuhof 1
Tel. 06356/253
Brot, Getreide, Gemüse, Kartoffeln, Milch, Käse, Fleisch, Wurst
Zeiten: nach Vereinbarung Verband: Demeter

67317 Altleiningen Kleinsägmühlerhof der Lebenshilfe e.V. Bad Dürkhei R. Danner
Tel. 06356/8905, Fa
Backwaren, Gemüse, Kartoffeln, Milch, Käse, Eier, Fleisch, Wurst
Zeiten: Di-Fr 16.30-18.30, Di + Sa 8.30-11 Verband: Demeter

67354 Römerberg Otto Schulz-Marquardt Rosenweg 10
Tel. 06232/82334
Obst, Gemüse
Zeiten: nach Vereinbarung Verband: Demeter

67354 Römerberg Werner Müller Hofgemeinschaft Mechtersheim Schwegenheimer Straße 5
Tel. 06232/84959
Obst, Gemüse, Kartoffeln, Milch, Käse, Eier
Zeiten: Di, Fr 17-19, Sa 9-13 Verband: Bioland

67354 Römerberg Joachim Schulz-Marquardt Brucknerstraße 17

Honig, Apfelsaft, Obst, Gemüse, Kartoffeln
Zeiten: nach Vereinbarung Verband: Demeter

67433 Neustadt Bernd Naumer, Akazienhof Speyerdorfer Straße 161
Tel. 06321/14652
Brot, Wein, Saft, Honig, Schafprodukte,Getreide, Obst, Gemüse, Kartoffeln, Milch, Käse, Eier, Fleisch
Zeiten: Fr ab 16 Verband: Bioland

67435 Neustadt Walter Schwarztrauber Lauterbachstr. 20
Tel. 06321/68575
Wein, Sekt, Obst
Zeiten: Mo-Do 17-19, Fr+Sa 9-17 u. n. Vereinb. Verband: Bioland

67482 Böbingen Berthold Renner Martinshof
Tel. 06327/5705, Fa
Sonnenblumenöl, Säfte, Wein, Getreide, Obst, Gemüse, Kartoffeln
Zeiten: Di 16.30-18.30, Sa 15-17 Verband: Demeter

Einkaufen direkt beim Bio-Bauern

67483 Kleinfischlingen   Lilo Croissant, Tätigerhof   Hauptstraße 48
Tel. 06347/7386
Brot,Wein,Saft,Tofu,Bier,Honig,Schafprodukte, Getreide, Obst, Gemüse, Kartoffeln, Milch, Käse, Eier
Zeiten: Di, Fr 17-19   Verband: Bioland

67487 St Martin   Reinhold Kiefer, Weingut Stephanshof   Jahnstraße 42
Tel. 06323/4577
Wein, Saft, Sekt, Branntwein, Hefe
Zeiten: nach Vereinbarung   Verband: Bioland

67487 St Martin   Winfried Seeber, Weingut Seeber   Edenkobener Straße 31
Tel. 06323/2301
Wein, Sekt, Saft, Spirituosen
Zeiten: nach Vereinbarung   Verband: Bioland

67487 Maikammer   Peter Breiling   Bahnhofstraße 15
Tel. 06321/5020
Saft, Wein, Sekt, Traubenkernöl
Zeiten: nach Vereinbarung   Verband: Bioland

67550 Worms   Heinrich und Irene Glaser   Donaustraße 17
Tel. 06242/4382
Obst
Zeiten: nach Vereinbarung   Verband: Demeter

67551 Worms   Werner Fath   Heppenheim, Dorfgrabenstraße 4
Tel. 06241/37174
Wein/Rheinhessen ECOVIN
Zeiten: nach Vereinbarung   Verband: BÖW

67551 Worms-Horchheim   Helmut Kloos   Obere Hauptstraße 72
Tel. 06241/36585, F
Weißwein, Rotwein, Sekt/Rheinhessen ECOVIN
Zeiten: nach Vereinbarung   Verband: BÖW

67574 Osthofen   Weinkellerei am Goldberg   Goldbergstraße 34
Tel. 06242/2056, Fa
Rotwein, Weißwein, Sekt/Rheinhessen ECOVIN Weinproben
Zeiten: nach Vereinbarung   Verband: BÖW

67577 Alsheim   Albrecht Schütte   Kesselgasse 4
Tel. 06249/5508, Fa
Weißwein, Rotwein, Sekt/Rheinhessen ECOVIN
Zeiten: nach Vereinbarung   Verband: BÖW

67580 St Martin   Reinhard Volz   Hauptstraße 14
Tel. 06246/7725
Saft, Getreide, Obst, Kartoffeln, Eier
Zeiten: nach Vereinbarung   Verband: Bioland

67582 Mettenheim   Gerhard Sander   In den Weingärten 11
Tel. 06242/1583
Wein/Rheinhessen, Sekt, Traubensaft
Zeiten: nach Vereinbarung   Verband: Naturland

Einkaufen direkt beim Bio-Bauern

67582 Mettenheim Tel. 06242/1463 Wein/Rheinhessen, Hefebranntwein Zeiten: nach Vereinbarung	Weingut Günter Lehnerhof	Hauptstraße 22 Verband: Naturland
67582 Mettenheim Tel. 06242/5430 ode Naturkostsortiment, Saft, Wein, Getreide, Obst, Gemüse, Käse Zeiten: tägl. 17.30-18.30,Mi+Fr 15-18.30,Sa 9-13	Armin Ackermann	Wiesenweg 30 Verband: Demeter
67583 Guntersblum Tel. 06249/2320, Fa Weißwein, Rotwein, Sekt/Rheinhessen ECOVIN Zeiten: nach Vereinbaurng	Burkhard Schnell	Eimsheimer Straße 36 Verband: BÖW
67583 Guntersblum Tel. 06249/2444, Fa Weißwein, Rotwein, Sekt/Rheinhessen ECOVIN Weinproben Zeiten: nach Vereinbarung	Ute und Sieghard Rösch-Spies	Gimbsheimer Straße 4-6 Verband: BÖW
67591 Offstein Tel. 06243/8649 Wein, Getreide, Gemüse, Kartoffeln Zeiten: nach Vereinbarung	Dieter Klein	Neuoffsteinerstraße 70 Verband: Naturland
67592 Flörsheim Tel. 06243/7501 Traubensaft, Wein Zeiten: nach Vereinbarung	Volker Feth	Rodensteinerstraße 17 Verband: Demeter
67593 Westhofen Tel. 06244/7042 Wein/Rheinhessen, Getreide Zeiten: nach Vereinbarung	Weingut Günter Wittmann	Mainzer Straße 19 Verband: Naturland
67593 Westhofen Tel. 06244/349, Fax Weißwein, Rotwein, Sekt/Rheinhessen ECOVIN Weinproben Zeiten: nach Vereinbarung	Walther Zimmer, Hirschhof	Seegasse 29 Verband: BÖW
67598 Gundersheim Tel. 06244/7846 Wein/Rheinhessen Zeiten: nach Vereinbarung	Fred Jené	Untere Grabenstraße 25 Verband: BÖW
67681 Sembach-Wartenberg Tel. 06302/3190 Getreide, Milch, Fleisch Zeiten: nach Vereinbarung	Gerhard Krehbiel	Mühlhof 1 Verband: Demeter
67688 Rodenbach Tel. 06374/1501 Brot, Wein, Saft, Honig, Schaf- und Ziegenkäse, Getreide, Obst, Gemüse, Kartoffeln, Milch, Käse, Eier Zeiten: Mi 10-18, Sa 9-12	Gerd Lang	Hauptstraße 22 Verband: Bioland

Einkaufen direkt beim Bio-Bauern

67722 Winnweiler-Alsenbrück Hugo Dreßler Mühlstraße 4
Tel. 06502/3306
Brot, Getreide, Obst, Eier
Zeiten: Mo-Fr 18-20 Verband: Bioland

67744 Löllbach Georg Rhein, Rheinshof Oberdorf 14
Tel. 06753/5921
Ziegenkäse, Brot, Wein, Saft, Honig, Naturkost, Getreide, Obst, Gemüse, Kartoffeln, Käse, Eier, Fleisch
Zeiten: nach Vereinbarung Verband: Bioland

67746 Unterjeckenbach Erik von Witzleben Hauptstr. 1
Tel. 06788/7133
Getreide, Kartoffeln, Milch, Eier, Geflügel
Zeiten: nach telef. Vereinb. Verband: Bioland

67808 Imsweiler Uwe Christmann Alsenzstraße 9
Tel. 06361/8000
Getreide, Kartoffeln
Zeiten: Mo-Fr 8-18, Sa 8-13 Verband: Bioland

67808 Sulzhof Christopher Tute Züchtergemeinschaft
Tel. 06361/7382
Gemüse, Milch, Käse, Fleisch
Zeiten: nach Vereinbarung Verband: Naturland

67811 Dielkirchen Anni und Hermann Steitz Alsenzstraße 9
Tel. 06361/1062, Fa
Weißwein, Rotwein, Sekt/Nahe ECOVIN, Weinproben
Zeiten: nach Vereinbarung Verband: BÖW

67822 Mannweiler-Cölln Martina und Peter Linxweiler, Weingut Hahnmühle Alsenzstraße 25
Tel. 06362/2693, Fa
Rotwein, Weißwein, Sekt/Nahe ECOVIN
Zeiten: nach Vereinbarung Verband: BÖW

67823 Obermoschel Jupp Monz-Hummel Schneidergasse 7
Tel. 06362/3798
Schaffelle, -wolle, Brot, Obst, Gemüse, Kartoffeln, Eier, Fleisch
Zeiten: Do 17-18.30 Verband: Bioland

67829 Callbach Werner und Martin Mohr Schmittweiler Straße 6
Tel. 06753/3462
Brot, Saft, Honig, Trockensortiment, Getreide, Gemüse, Kartoffeln, Eier
Zeiten: Do 14-18 Verband: Bioland

67829 Reiffelbach Hans Maurer Glastalstraße 2
Tel. 06753/2052
Kartoffeln, Fleisch, Wurst
Zeiten: nach Vereinbarung Verband: Naturland

67843 Edesheim Friedrich Graf Kehrweg 5
Tel. 06323/1210
Wein, Sekt, Traubengelee, Kartoffeln
Zeiten: nach Vereinbarung Verband: Bioland

Einkaufen direkt beim Bio-Bauern

68307 Mannheim   Biotopia-Gemüsebau Verein für ökologische Arbeit Oberer Bruchrand
Tel. 0621/785154
Wein, Saft, Brot, Bier, Honig, Schnittblumen, Obst, Gemüse, Kartoffeln, Milch, Käse, Eier
Zeiten: Mo 10-16, Fr 10-17   Verband: Bioland

68307 Mannheim   Gemeinschaftswerk Arbeit und Umwelt e.V. Blumenauer Bruch 3
Tel. 0621/788221
Gemüse, Kartoffeln, Eier
Zeiten: Fr 9-12   Verband: Bioland

68600 Neuf-Brisach (Vogelsheim Schmidt père et fils)   Pulvermühle
Tel. 0033-89725654
Brot, Saft, Getreide, Obst, Gemüse, Kartoffeln
Zeiten: Mi, Fr 18-20   Verband: Bioland

68753 Waghäusel   Roland Käpplein   Lindenallee 34
Tel. 07254/6974
Ölsaaten, Getreide
Zeiten: nach Vereinbarung   Verband: Naturland

68809 Neulußheim   Hubert Merz   Waghäuseler Straße 27
Tel. 06205/32170
Saft, Wein, Honig, Getreide, Obst, Gemüse, Kartoffeln, Eier, Fleisch
Zeiten: Mo-Fr 9-12, 17-18, Sa 9-13   Verband: Bioland

69118 H.-Ziegelhausen Abtei Neuburg   Stiftweg 2
Tel. 06221/895-124
Fische, Obst, Milch
Zeiten: täglich   Verband: Naturland

69121 Heidelberg   Elke Koppert und Roland Ribbat, Gärtnerei Wiesenäc   Mühltalstraße 23
Tel. 06221/419164
Saft, Wein, Bier, Honig, Beet- und Balkonpflanzen, Getreide, Obst, Gemüse, Kartoffeln, Eier
Zeiten: Di, Fr 16-18.30   Verband: Bioland

69121 Heidelberg-Handschuhsheim   Gärtnerei Wiesenäcker
Mühltalstr. 23   Tel. 06221/419164
Kräuter, Blumen, Obst, Gemüse, Kartoffeln
Zeiten: Di, Fr 16-18.30   Verband: Bioland

69168 Wiesloch-Schatthausen   Wolfgang Hoffmann
Hof Langenstein   Tel. 06224/73816
Getreide, Obst, Gemüse, Kartoffeln
Zeiten: Do 16-19   Verband: Bioland

69198 Schriesheim   Georg Pfisterer   Landstraße 78
Tel. 06203/61288
Wein, Saft, Obst
Zeiten: Mo-Fr 9-13, 14-19, Sa 9-16   Verband: Bioland

69226 Nußloch   Werner und Markus Schmutz   Ortsstraße 8
Tel. 06224/170462
Saft, Wein, Brot, Bier, Honig, Getreide, Obst, Gemüse, Kartoffeln, Milch, Käse, Eier, Fleisch, Wurst
Zeiten: Mo-Fr 7-9, 19.30-20.30, Sa 9-13   Verband: Bioland

Einkaufen direkt beim Bio-Bauern

69412 Eberbach   Hans Lubig und Hiltrud Rein, Hof Breitenstein   Breitenstein 2
Tel. 06271/1721
Gemüse
Zeiten: Mo, Mi, Do, Sa 16-18   Verband: Demeter

Einkaufen direkt beim Bio-Bauern

70329 Stuttgart   Reinhard Ortlieb   Uhlbacher Straße 201
Tel. 0711/328969
Brot, Wein, Saft, Ziegenkäse, Bier, Jungpflanzen, Getreide, Obst, Gemüse, Milch, Eier, Fleisch, Wurst
Zeiten: Di,Fr 14-18.30, Fr 9-12   Verband: Bioland

70439 Stuttgart   Jugend-Missions-Sozialwerk   Korntaler Straße 8
Tel. 0711/801653
Brot, Saft, Wein, Bier, Honig, Getreide, Obst, Gemüse, Kartoffeln, Milch, Käse, Eier, Fleisch, Wurst
Zeiten: Di, Do 16-18   Verband: Bioland

70565 Stuttgart-Vaihingen   Stuttgarter Werkstätten   Jurastr. 32
Tel. 0711/7800319
Saft, Obst, Gemüse
Zeiten: Mo-Fr 9-15.30   Verband: Bioland

70567 Stuttgart   Reyerhof Simpfendörfer   Unteraicher Straße 8
Tel. 0711/711890
Hofladen, Naturkost-Sortiment, Getreide, Obst, Gemüse, Kartoffeln, Milch, Käse
Zeiten: Di - Fr 9-12, 15-18.30, Sa 8-12   Verband: Demeter

70599 Stuttgart   Haldenhof Rolf und Monika Mayer   Halden 1
Tel. 0711/4569517
Sortiment erfragen, eigene Hofbäckerei
Zeiten: Di 16-18.30, Fr 15-18.30   Verband: Demeter

70619 Stuttgart   Klaus Wais   Eichenparkstraße 2
Tel. 0711/474165
Sortiment erfragen
Zeiten: Mo-Fr 18-19   Verband: Demeter

70619 Stuttgart   Gärtnerei Gehrung GmbH   Nellingerstraße 30
Tel. 0711/443624
Naturkost-Sortiment
Zeiten: übliche Ladenöffnungszeiten   Verband: Demeter

70666 Baltmannsweiler   Demeterhof Scharpf   Marienstraße 1
Tel. 07153/42470 od
Obst, Gemüse
Zeiten: nach Vereinbarung   Verband: Demeter

70734 Fellbach   Walter Seibold   Pfarrstr. 41/1
Tel. 0711/580987
Säfte, Getreide, Gemüse, Kartoffeln
Zeiten: Di+Do-Sa 8-12 und nach Vereinbarung   Verband: Bioland

---

70771 Leinfelden   Martin und Marita Schäfer   Michaelshof am Streitgraben
Tel. 0711/793951
eigene Sauerkrautherstellung, Getreide, Gemüse, Kartoffeln
Zeiten: Fr 15-18   Verband: Demeter

70771 Leinfelden   Eselsmühle, Rudolf Gmelin GmbH & Co.
Tel. 0711/7542535
Sortiment erfragen, Holzofenbäckerei, Mühle
Zeiten: übliche Ladenöffnungszeiten   Verband: Demeter

Einkaufen direkt beim Bio-Bauern

70794 Filderstadt 4   Rolf Kurfess   Schönbuchstr. 4
Tel. 0711/772222
Obst
Zeiten: Mo-Fr 16-18

Verband: Bioland

70794 Bonlanden   Jörg und Beate Hörz   Oberdorfstraße 14

Schnittblumen, Obst, Gemüse, Kartoffeln, Eier
Zeiten: Di-Sa 8-18

Verband: Bioland

70825 Korntal-Münchingen   Jürgen Walter, Gärtnerei   Am Lotterberg 13a
Tel. 0711/8380437
Floristik, Balkonpflanzen, Kränze, Gestecke, Saft, Obst, Gemüse, Kartoffeln
Zeiten: Mo-Fr 9-12.30, 14.30-19, Sa 9-13

Verband: Bioland

71065 Sindelfingen   Heinrich Hamm   Brenzstraße 1
Tel. 07031/812182
Säfte
Zeiten: Mo-Fr 8.30-12.30, Di, Mi 13.30-17.30

Verband: Bioland

71083 Herrenberg   Gärtnerei Schweitzer   Rheinstraße 16
Tel. 07032/31261
Obst, Gemüse
Zeiten: Di,Fr 8-12, 14-18; Sa 8-12.30

Verband: Demeter

71083 Herrenberg   Heinrich Marquardt   Hägisstraße 54
Tel. 07032/31823
Sortiment erfragen
Zeiten: 18.30-19.30 und nach Vereinbarung

Verband: Demeter

71083 Herrenberg-Oberjesingen   Thomas Blaich   Sturmerweg 15
Tel. 07032/33921
Saft, Beet- und Balkonpflanzen, Obst, Gemüse, Kartoffeln
Zeiten: Mo-Fr 9-12.30, 14.30-18.30, Sa 10-13

Verband: Bioland

71093 Weil im Schönbuch   Karl Ohmenhäuser   Poststraße 7
Tel. 07157/63204
Saft, Getreide, Obst, Gemüse, Kartoffeln, Milch, Käse, Eier
Zeiten: Fr 16-18, Sa 8-12

Verband: Bioland

71101 Schönaich   Horst Schönhaar   Schillerstraße 31
Tel. 07031/655609
Saft, Honig, Getreide, Obst, Gemüse, Kartoffeln, Milch, Käse, Eier
Zeiten: Mi, Sa 9-13

Verband: Bioland

71116 Gärtringen   Klaus Sindlinger   Hanfweg 6
Tel. 07034/20960
Sortiment erfragen
Zeiten: nach Vereinbarung

Verband: Demeter

71120 Grafenau   Markus Wernado   Döffingerstraße 58
Tel. 07033/43143
Schafe, Getreide, Kartoffeln, Fleisch
Zeiten: nach Vereinbarung

Verband: Naturland

Einkaufen direkt beim Bio-Bauern

71131 Jettingen Emil Baitinger Nagoldstraße 17
Tel. 07452/75667
Obst, Gemüse
Zeiten: Sa 10-13 Verband: Demeter

71139 Ehningen Theodor Bauer Königstr. 81
Tel. 07034/7804
Sortiment erfragen
Zeiten: nach Vereinbarung Verband: Demeter

71139 Ehningen Eberhard Bodemer Königstraße 31/1
Tel. 07034/7502
Puten zu Weihnachten, Saft, Bier, Getreide, Obst, Gemüse, Kartoffeln, Milch, Käse, Eier, Fleisch
Zeiten: Di, Fr 9-12.30, 15.30-18 Verband: Bioland

71144 Steinenbronn Eckhard Laible Schlechtsmühle
Tel. 0711/799501
Mindestabnahme: 1 Hälfte (ca. 90 kg), Fleisch
Zeiten: nach Vereinbarung Verband: Bioland

71149 Bondorf Thomas Hiller Speckgasse 22
Tel. 07457/1660
Getreide, Gemüse, Kartoffeln
Zeiten: Fr 16-19, Sa 9-13 und nach Vereinbarung Verband: Bioland

---

71206 Leonberg J. Greif und E. Ziermann, Philadelphia-Verein Postfach 1663
Tel. 07152/25035
Saft, Getreide, Obst, Gemüse, Kartoffeln
Zeiten: nach Vereinbarung Verband: Bioland

71229 Leonberg Werkstatt für Behinderte, Inge Schmidt Böblinger Straße 28
Tel. 07152/41024
Obst, Gemüse, Kartoffeln
Zeiten: Di, Do, Fr 8-17 Verband: Bioland

71254 Ditzingen Arnold Güldner Eichweg 2
Tel. 07152/52103
Brombeeren, Obst
Zeiten: nach Vereinbarung Verband: Bioland

71254 Ditzingen Wilfried Grieshaber Im Weidle 3
Tel. 07156/39654
Saft, Wein, Brot, Bier, Honig, Getreide, Obst, Gemüse, Kartoffeln, Milch, Käse, Eier, Fleisch, Wurst
Zeiten: Di 15-18, Sa 9-12.30 Verband: Bioland

71254 Ditzingen-Heimerdingen Marcus Arzt Drosselweg 3
Tel. 07152/52282
Säfte, Getreide, Obst, Gemüse, Kartoffeln, Eier
Zeiten: nach Vereinbarung Verband: Bioland

71263 Weil der Stadt-Merklingen Kurt Holzhäuser Bühlstraße 26
Tel. 07033/31119
Erdbeeren, Obst, Gemüse
Zeiten: nach Vereinbarung Verband: Bioland

Einkaufen direkt beim Bio-Bauern

71263 Weil der Stadt-Merklingen Wilhelm Schmidt Waldweg 101
Tel. 07033/31649
Getreideflocken, Mehl, Grünkern, Weizenpops, Getreide, Gemüse, Kartoffeln, Milch, Käse, Eier, Fleisch
Zeiten: Mo, Mi 17-18, Sa 9-11 Verband: Bioland

71263 Weil der Stadt-Schafhaus Erhard Eisenhardt Stubenberg 58
Tel. 07033/42181
Nudeln, Weizenpops, Getreide, Gemüse, Kartoffeln, Milch, Käse, Eier, Fleisch
Zeiten: Mo, Mi, Fr 16-18 Verband: Bioland

71263 Weil der Stadt-Schafhaus Otto Döffinger Seitenhöfe 3
Tel. 07033/41884
Honig, Getreide, Kartoffeln, Milch, Käse, Eier
Zeiten: Mo, Mi, Fr 18-19.30u. nach Vereinbarung Verband: Bioland

---

71263 Weil der Stadt Lädle Herrenberger Straße 3
Tel. 07033/8585
Naturkost-Sortiment
Zeiten: übliche Ladenöffnungszeiten Verband: Demeter

71296 Heimsheim Walter Gommel Amselweg 13
Tel. 07033/32492
Saft, Erdbeeren auch zum Selberpflücken, Getreide, Obst, Kartoffeln, Milch, Käse, Fleisch
Zeiten: Fr 17-18, Sa 9-11 Verband: Demeter

71297 Mönsheim Hubert Kleiner Lerchenhof
Tel. 07044/7367
Getreide, Kartoffeln, Eier
Zeiten: nach Vereinbarung Verband: Bioland

71334 Waiblingen-Beinstein Hans Löffler Krummenland 1
Tel. 07151/31673
Saft, Getreide, Kartoffeln, Milch, Fleisch
Zeiten: Sa 9-12 und nach Vereinbarung Verband: Bioland

71334 Waiblingen-Beinstein Andrea Anhalt Großheppacher Straße 16
Tel. 07151/36462
Honig, Getreide, Obst, Gemüse, Kartoffeln
Zeiten: Di, Do 15-18.30, Sa 8-12 Verband: Bioland

71334 Waiblingen-Beinstein Sabine Löw, Ziegenzucht Habergeis Kleinheppacherstr. 20
Tel. 07151/30766
Kartoffeln, Käse
Zeiten: Do 16-18 Verband: Bioland

71336 Waiblingen Klaus und Ruth Pfleiderer Lange Furche
Tel. 07146/5186
Saft, Getreide, Gemüse, Kartoffeln, Milch
Zeiten: Mo-Do 18-19 Verband: Bioland

71336 Waiblingen-Bittenfeld Werner Stetter Bandhausstr. 20
Tel. 07146/41107
Säfte, Obst
Zeiten: nach Vereinbarung Verband: Bioland

Einkaufen direkt beim Bio-Bauern

71336 Waiblingen Tel. 07151/21773 Sortiment erfragen Zeiten: nach Vereinbarung	Susanne und Walter Klingler	Benningerstr. 9 Verband: Demeter
71336 Waiblingen Tel. 07151/81727 Hofladen, Naturkost-Sortiment, Obst, Gemüse, Käse Zeiten: Do 15.30-18, Fr 10-18, Sa 10-12	Horst Rauleder	Zillhardtshof Verband: Demeter
71336 Waiblingen Tel. 07151/81742 Sortiment erfragen Zeiten: Mo-Fr 17.30-19.30, Sa 8-12	Herbert Gnamm	Am Hummelberg 1 Verband: Demeter
71364 Winnenden-Hermannsweiler Tel. 07195/695-0 Brot, Honig, Erzeugnisse d. Behindertenwerkstatt, Gemüse, Kartoffeln, Milch, Käse, Eier Zeiten: Di 9-12, 13-16, Fr 9-11.30	Paulinenpflege Winnenden	Degenhofer Straße 95 Verband: Bioland
71384 Weinstadt Tel. 07151/65143 Rotwein, Weißwein/Württemberg ECOVIN Zeiten: nach Vereinbarung	Achim Stilz	Haldenstraße 17 Verband: BÖW
71384 Weinstadt-Großheppach Tel. 07151/606400, Weißwein, Rotwein/Württemberg ECOVIN, Weinproben Zeiten: nach Vereinbarung	Siglinger	Rebenstraße 21 Verband: BÖW
71384 Kernen Tel. 07151/41949 Demeter-Bäckerei Zeiten: nach Vereinbarung	Köstlich Kerniges für Genießer Roth	Karlstraße 33 Verband: Demeter
71384 Weinstadt Tel. 07151/66517 Rotwein, Weißwein/Württemberg ECOVIN Zeiten: nach Vereinbarung	Marianne Dippon	Eberhardstraße 5 Verband: BÖW
71384 Weinstadt-Beutelsbach Tel. 07151/68546 Rotwein, Weißwein/Württemberg ECOVIN Zeiten: nach Vereinbarung	Helmut Staib	Marktstraße 53 Verband: BÖW
71384 Weinstadt Tel. 07151/6908, Fa Rotwein, Weißwein/Württemberg ECOVIN, Weinproben Zeiten: nach Vereinbarung	Weinbaugenossenschaft des Remstals e.G.	Kaiserstraße 16 Verband: BÖW
71404 Korb Tel. 07151/32652 Weißwein, Rotwein/Württemberg ECOVIN, Weinproben Gästezimmer Zeiten: nach Vereinbarung	Hermann Schmalzried	Kirchstraße 61/3 Verband: BÖW

Einkaufen direkt beim Bio-Bauern

71522 Backnang-Maubach Georg und Andrea Adrion		Feldkircher Straße 15
Tel. 07191/67381		
Saft, Obst, Gemüse, Kartoffeln		
Zeiten: Di 15.30-18, Fr 15-18		Verband: Bioland

71522 Backnang Naturata Jörg Ottmar Am Schillerplatz 12
Tel. 07191/83535
Naturkost-Sortiment
Zeiten: übliche Ladenöffnungszeiten Verband: Demeter

71540 Murrhardt-Steinberg Berthold Burkhardt, Wacholderhof Wacholderhof 17
Tel. 07192/7710
Honig, Schafprodukte, Gemüse, Kartoffeln, Eier, Fleisch
Zeiten: nach Vereinbarung Verband: Bioland

71546 Aspach Erich und Marianne Holz Karlshof
Tel. 07191/20212
Hofladen, Obst, Gemüse, Käse
Zeiten: Mo-Fr 17-19 Verband: Demeter

71546 Aspach-Großaspach Martin Lachenmaier jun. Schrehengrund 2
Tel. 07191/20845
Getreide, Kartoffeln, Milch
Zeiten: nach Vereinbarung Verband: Bioland

71546 Aspach Frank Strehnisch Röhrachhof
Tel. 07191/23958
Gemüse, Kartoffeln
Zeiten: nach Vereinbarung Verband: Naturland

71554 Weissach Gärtnerhof Steinat Oberer Dresselhof 20
Tel. 07191/57529
Gemüseabo, Obst, Gemüse
Zeiten: nach Vereinbarung Verband: Demeter

71554 Weissach-Cottenweiler Ottmar Dänzer
Bachstraße 18 Tel. 07191/54400
Brot, Saft, Obst, Gemüse, Kartoffeln, Käse, Eier
Zeiten: Di, Fr 14-18 Verband: Bioland

71560 Sulzbach-Siebersbach Hermann Scheub Fichtenstr. 40
Tel. 07193/6917
Saft, Obst
Zeiten: nach Vereinbarung Verband: Bioland

71563 Affalterbach Albrecht Räuchle Erdmannhäuser Straße 26/1
Tel. 07144/37778
Säfte, Brot, Getreide, Obst, Gemüse, Kartoffeln, Milch, Käse, Eier, Fleisch, Wurst
Zeiten: Di,Do 17-18.30, Sa 9-11 Verband: Bioland

71570 Oppenweiler Walter Bühler Rietenauer Weg 29
Tel. 07191/44352
Baby-Beef, Getreide, Obst, Gemüse, Kartoffeln, Milch, Käse, Fleisch, Wurst
Zeiten: nach Vereinbarung Verband: Bioland

Einkaufen direkt beim Bio-Bauern

71573 Allmersbach Tel. 07191/52071 Erdbeeren, Getreide, Obst, Gemüse Zeiten: nach Vereinbarung	Helmut Hahn	Friedhofstraße 10 Verband: Naturland
71577 Großerlach Tel. 07193/57281 Sortiment erfragen, Obst, Gemüse, Milch, Käse, Fleisch, Wurst Zeiten: nach Vereinbarung	Hof Helle Platte	Erlacher Höhe Verband: Demeter
71579 Spiegelberg Tel. 07194/1379 Hofladen, Sortiment erfragen Zeiten: Mi 16-18	Hofgemeinschaft Gärtnerei Höchberg	Hauptstr. 12 Verband: Demeter
71579 Spiegelberg Tel. 07194/286 Naturholzschreinerei, Obst, Gemüse, Käse Zeiten: nach Vereinbarung	Theo Geyer	Hinter den Gärten 24 Verband: Demeter
71642 Ludwigsburg Tel. 07144/7138 Naturkost-Sortiment, Arzneimittel, Kosmetik Zeiten: übliche Ladenöffnungszeiten	Drogerie Escher	Affalterbacher Straße 5 Verband: Demeter
71655 Vaihingen Tel. 07042/14046 Säfte, Brot, Naturkost, Hofladen, Getreide, Obst, Gemüse, Kartoffeln, Milch, Käse, Eier, Fleisch Zeiten: Di, Do, Fr 8-12.30 u. 14-18.30	Werkgemeinschaft Gärtnerei Willmann	Oberriexinger Weg 90 Verband: Demeter
71665 Vaihingen/Enz Tel. 07042/12343 Obst, Gemüse, Kartoffeln Zeiten: 8-18 nach Vereinbarung	Uli Natterer	Leinfelder Str. 41 Verband: Bioland
71665 Vaihingen/Enz-Aurich Tel. 07042/6669 Brot, Saft, Wein, Schafprodukte, Bier, Honig, Getreide, Obst, Gemüse, Kartoffeln, Milch, Käse, Eier Zeiten: Di, Do, Fr 9-11, Mi 14-18, Sa 9-11	Braun + Partner GbR	Hof Hohberg 12 Verband: Bioland
71665 Vaihingen/Enz-Riet Tel. 07042/792157 Blumen, Jung- und Topfpflanzen, Saft, Obst, Gemüse, Kartoffeln Zeiten: Mo, Mi, Fr 17-18.30	Klaus Grabenstein	Raiffeisenstraße 16 Verband: Bioland
71691 Freiberg Tel. 07141/71489 Kräuter Märkte Ludwigsburg Di,Do,Sa, Kornwestheim Di, Fr, Freiberg/, Obst, Gemüse, Kartoffeln, Eier Zeiten: Mo-Fr 17-18	Tylo Strehnisch	Mittlerer Weg 3 Verband: Naturland
71696 Möglingen Tel. 07141/482162 Honig, Brot, Müsli, Öl, Senf, Meerrettich, Saft, Getreide, Obst, Gemüse, Kartoffeln, Milch, Eier Zeiten: Mi, Fr 16-18	Joachim Motz, Schwalbenhof	Im Kornfeld 6 Verband: Bioland

Einkaufen direkt beim Bio-Bauern

71706 Markgröningen   Helmut Mayer   Badgasse 13
Tel. 07145/4226
Getreide, Obst, Gemüse, Kartoffeln
Zeiten: nach Vereinbarung   Verband: Bioland

71711 Murr   Friedhard Bühler   Hohenhartweg 14
Tel. 07144/21484
Obst, Gemüse, Käse
Zeiten: Mo,Mi,Fr 17.45-18.45   Verband: Demeter

71711 Murr   Mechthild von Woedte   Burgweg 5
Tel. 07144/29320
Hofladen, Naturkost-Sortiment, Obst, Gemüse
Zeiten: Mo, Di, Do, Fr 15-18   Verband: Demeter

71717 Beilstein   Eberhard Dippon   Schloßgut Hohenbeilstein
Tel. 07062/4303
Wein, Sekt, Weinbrand
Zeiten: Mo-Fr 9-12 und 14-17, Sa 9-12   Verband: Naturland

71717 Beilstein   Hubertus Both   Farnersberg 22
Tel. 07130/20115
Apfelsaft, Lammfleisch
Zeiten: nach Vereinbarung   Verband: Naturland

71729 Erdmannhausen   Gerhard Herzer, Hofgut Schaubeck   Lauweinbergstraße 1
Tel. 07141/37106
Brot, Wein, Saft, Schafprodukte, Getreide, Obst, Gemüse, Kartoffeln, Milch, Käse, Eier, Fleisch, Wurst
Zeiten: Fr 15-18, Sa 9.30-13   Verband: Demeter

71735 Eberdingen   Otto Elser   Am Pfaffenwald 7
Tel. 07042/77309
Obst, Gemüse, Kartoffeln
Zeiten: Sa 9-12   Verband: Bioland

71735 Eberdingen-Nußdorf   Albert Burger   Kapellpfad 1
Tel. 07042/13227
Gemüse, Kartoffeln
Zeiten: nach Vereinbarung   Verband: Bioland

71735 Eberdingen   Patrick Butz, Laiseacker Stuttgarter Straße 79
Tel. 07042/78220
Saft, Wein, Bier, Brot, Honig, Gemüse-Abo, Getreide, Obst, Gemüse, Kartoffeln, Käse, Eier
Zeiten: Di, Fr 15-18.30   Verband: Bioland

71735 Eberdingen   Manfred und Sieglinde Waldbauer   Sickentaler Hof 3
Tel. 07042/77706
Holzofenbrot, Hofladen, Obst, Gemüse, Käse, Fleisch
Zeiten: Mo, Do 14-18.30   Verband: Demeter

71735 Eberdingen-Nußdorf   Klaus Dillmann   Kelterstraße 6/1
Tel. 07042/13397
Obst, Kartoffeln
Zeiten: nach Vereinbarung   Verband: Bioland

Einkaufen direkt beim Bio-Bauern

71737 Kirchberg Tel. 07144/39259	Robert Trautwein	Schillerstraße 30
Säfte, Wein, Brot, Honig, Bier, Getreide, Obst, Gemüse, Kartoffeln, Milch, Käse, Eier, Fleisch, Wurst Zeiten: Di 16-19, Fr 15-19		Verband: Bioland

71737 Kirchberg Tel. 07144/331633	Albert Hauff	Burgstaller Straße 22
Getreide, Obst, Kartoffeln, Milch Zeiten: nach Vereinbarung		Verband: Bioland

72072 Tübingen Tel. 07071/73462	Rudolf und Anneliese Trescher	Wilonstraße 28
Ziegenkäse, -milch, Getreide, Obst, Gemüse, Kartoffeln, Milch, Käse Zeiten: Mo-Fr 16-18, Sa 9-12		Verband: Demeter

72072 Tübingen-Kilchberg Tel. 07071/72524	R. Keller und J. Schneider, Hofgut Kilchberg	Tessinstraße 46
Teigwaren, Saft, Brot, Mehl, Getreide, Obst, Gemüse, Käse, Eier Zeiten: Mo-Fr 9-12, 14-18, Sa 8-12		Verband: Bioland

72072 Tübingen-Weilheim Tel. 07071/73435	Friedrich Braun	Alte Landstraße 11
Obst, Milch Zeiten: täglich 18.30-19		Verband: Bioland

72074 Tübingen-Lustenau Tel. 07071/37331	Peter Bosch, Sophienhof	Grundwiesen 1
Getreide, Obst, Milch, Eier Zeiten: nach Vereinbarung		Verband: Bioland

72076 Tübingen Tel. 07071/62909	Wolfgang Kenter	Peter-Goessler-Straße 15
Säfte, Obst Zeiten: nach Vereinbarung		Verband: Bioland

72076 Tübingen Tel. 07071/600242	Eckart Wizemann	Waldhausen 5
Erdbeeren, Saft, Wein, Honig, Getreide, Obst, Gemüse, Kartoffeln, Milch, Käse, Eier, Fleisch Zeiten: Mo-Sa 9-9.30, täglich 17.30-19		Verband: Bioland

72108 Rottenburg-Bieringen Tel. 07472/41101	Lorenz Truffner, Maierhof	Neckartalstraße 13
Getreide, Kartoffeln Zeiten: Sa 8-18 und nach Vereinbarung		Verband: Bioland

72108 Rottenburg Tel. 07472/21320	Gregor Rauser	Heuberger Hof 5
Schweinehälften und Rinderviertel, Bier, Mehl, Getreide, Kartoffeln Zeiten: nach Vereinbarung		Verband: Bioland

72108 Rottenburg-Baisingen Tel. 07457/4216	Alois und Klaus Stopper	Weberstraße 3
Brot, Honig, Getreide, Gemüse, Kartoffeln Zeiten: Mo-Sa ab 18 und nach Vereinbarung		Verband: Bioland

Einkaufen direkt beim Bio-Bauern

72108 Rottenburg   Vollzugsanstalt Rottenburg Albrecht Teufel Schloß 1
Tel. 07472/162271
Saft, Getreide, Gemüse, Kartoffeln
Zeiten: Mo-Fr 7.30-15.30   Verband: Bioland

72108 Rottenburg   Alfons Heberle   Bei der Altstadt 1
Tel. 07472/5716
Brot, Saft, Getreide, Obst, Kartoffeln, Milch, Käse, Eier, Fleisch
Zeiten: nach Vereinbarung   Verband: Bioland

72108 Rottenburg   Franz Saile   Dürrbachhof
Tel. 07472/22123
Milch
Zeiten: nach Vereinbarung   Verband: Bioland

72116 Mössingen-Talheim Betriebsgemeinschaft Lindenhof Eissler   Lindenhof
Tel. 07473/23174
Milch
Zeiten: Mo-Mi, Fr 17-18   Verband: Bioland

72116 Mössingen-Talheim Albert Möck   Steinlachmühle 1
Tel. 07473/5257
Forellen, Saft, Wein, Bier, Honig, Getreide, Obst, Gemüse, Kartoffeln, Käse, Eier, Fleisch, Wurst
Zeiten: Mo-Fr 9-12, 15-19, Sa 9-19   Verband: Bioland

72116 Mössingen   Albert Schweikert   Römerstr. 17
Tel. 07473/5473

Zeiten: nach Vereinbarung   Verband: Bioland

72116 Mössingen-Talheim Egon Wagner   Römerstraße 10
Tel. 07473/4919
Lammfleisch
Zeiten: nach Vereinbarung   Verband: Bioland

72124 Pliezhausen-Gniebel Dorothea Beck   Schützenstraße 7
Tel. 07127/70326
Wein, Saft, Bier, Obst, Gemüse, Kartoffeln, Käse, Eier, Fleisch
Zeiten: Mi 15-18.30   Verband: Bioland

72141 Walddorfhäslach   Werner Gaiser und Brigitte Fischer   Dorfstraße 103
Tel. 07127/3021
Saft, Wein, Bier, Honig, Getreide, Obst, Kartoffeln, Milch, Käse, Eier
Zeiten: Di 15.30-18, Fr 7.30-12.30, 14.30-18   Verband: Bioland

---

72160 Horb-Unterthalheim Walter und Renate Klink   Laurentiusstraße 93
Tel. 07486/7313
Bier, Getreide, Gemüse, Kartoffeln
Zeiten: nach Vereinbarung   Verband: Bioland

72160 Horb-Grünmettstetten Alfred Wehle   Bollandstraße 4
Tel. 07486/7436
Weizen-, Dinkel- und Roggenmehl, Getreide, Gemüse, Kartoffeln, Milch, Käse
Zeiten: täglich 18-19   Verband: Bioland

Einkaufen direkt beim Bio-Bauern

72160 Horb-Rexingen Wolfgang Sickler Im Mitteldorf 15
Tel. 07451/3672
Getreide
Zeiten: nach Vereinbarung Verband: Bioland

72172 Sulz-Dürrenmettstetten Martin Frey Dettinger Straße 27
Tel. 07454/3575
kaltgepreßtes Speiseöl, Topinambur, Schnaps, Getreide, Gemüse, Kartoffeln, Eier, Fleisch
Zeiten: Mo-Sa 8-18 Verband: Bioland

72178 Waldachtal Claus Gillich Vörbachmühle
Tel. 07445/2579
Ferien, Seminare, Feiern, Getreide, Kartoffeln, Fleisch
Zeiten: nach Vereinbarung Verband: Bioland

72181 Starzach-Wachendorf Elisabeth Kienzle Frommenhauser Str. 9
Tel. 07478/1743
Getreide
Zeiten: nach Vereinbarung Verband: Bioland

72181 Starzach-Wachendorf Karl Kienzle Brühlstraße 8
Tel. 07478/586
Getreide, Kartoffeln
Zeiten: nach Vereinbarung Verband: Bioland

72189 Vöhringen Albrecht Merz Rosenfelder Straße 17
Tel. 07454/4663
Schaffelle, Wolldecken aus eigener Wolle, Obst, Gemüse, Käse
Zeiten: nach Vereinbarung Verband: Demeter

72218 Wildberg-Gütlingen Otto Schmid Kapellenberg 9
Tel. 07054/5703
Getreide, Kartoffeln
Zeiten: nach Vereinbarung Verband: Bioland

72221 Haiterbach-Altnuifra Christoph Ziechaus-Hartelt Kastanienhof, Oberhofweg 16
Tel. 07456/6769
Saft, Getreide, Milch, Fleisch, Wurst
Zeiten: nach Vereinbarung, tägl. 17.30-18.30 Verband: Bioland

---

72221 Haiterbach Gerhard Brezing Horberstraße 30
Tel. 07456/296
Brot, Getreide
Zeiten: nach Vereinbarung Verband: Bioland

72221 Haiterbach Heinz und Martha Vöhringer Salzstetter Straße 33
Tel. 07456/1373
Getreide, Obst, Gemüse, Kartoffeln
Zeiten: nach Vereinbarung Verband: Demeter

72224 Ebhausen-Rotfelden Gerhard Kempf Effringer Straße 6
Tel. 07054/431
Getreide, Gemüse, Kartoffeln, Eier
Zeiten: nach Vereinbarung Verband: Bioland

Einkaufen direkt beim Bio-Bauern

72224 Ebhausen-Wenden   Heidi Holzäpfel   Müllerweg 2
Tel. 07458/7095
Brot, Getreide, Obst, Gemüse, Kartoffeln, Fleisch
Zeiten: nach Vereinbarung   Verband: Bioland

72229 Rohrdorf   Christof und Wilhelm Mühleisen   Forchenweg 1
Tel. 07452/2925
Getreide
Zeiten: nach Vereinbarung   Verband: Bioland

72250 Freudenstadt-Igelsberg   Karl Schneider   Nagoldstr. 6
Tel. 07442/2932
Getreide, Gemüse, Kartoffeln, Milch, Fleisch, Wurst
Zeiten: werktags ab 18   Verband: Demeter

72250 Freudenstadt-Musbach   Georg und Otto Bohnet   Mühlhaldenstraße 4
Tel. 07443/3990
Getreide, Kartoffeln, Milch, Eier, Fleisch
Zeiten: nach Vereinbarung   Verband: Bioland

72270 Baiersbronn-Klostereiche   Bernhard Schwenkel   Am Wiesenrain 11
Tel. 07442/7200
Getreide, Kartoffeln, Milch
Zeiten: täglich bis 9 und 18-19   Verband: Bioland

72270 Baiersbronn-Röt   Michael und Katja Peterle, Hinter-Jörgenhof   Sommerhalde 23
Tel. 07442/50289
Honig, Essig, Getreide, Milch, Käse, Eier, Fleisch
Zeiten: Mo, Di, Do, Fr 9.30-11.30, Sa 9-12   Verband: Bioland

---

72285 Herzogsweiler   Kurt Hindennach   Herzogstraße 69
Tel. 07445/6319
Getreide, Obst, Gemüse, Kartoffeln, Käse
Zeiten: nach Vereinbarung   Verband: Demeter

72290 Loßburg   Wolfgang Gries   Im Wilkenbrand 1
Tel. 07446/2156
Milch, Fleisch
Zeiten: nach Vereinbarung, Fleisch nur auf Best.   Verband: Bioland

---

72293 Glatten-Böffingen   Albert Friedrich   Im Bellenstein 2
Tel. 07445/6339
Fleisch, Wurst
Zeiten: nach Vereinbarung   Verband: Bioland

72296 Schopfloch   Helmut Kugler   Haslochhof
Tel. 07443/5973
Getreide, Kartoffeln, Milch, Käse, Fleisch
Zeiten: Sa 10-12   Verband: Bioland

72297 Seewald-Schernbach   Förderzentrum Seewald, Thomas Häcker   Unterer Hof
Tel. 07448/9210
Nudeln, Saft, Getreide, Gemüse, Kartoffeln, Eier, Fleisch
Zeiten: Do, Fr 13-17   Verband: Bioland

Einkaufen direkt beim Bio-Bauern

72336 Balingen-Ostdorf   Hermann Maier   Dorfstraße 42
Tel. 07433/21774
Saft, Wein, Getreide, Käse, Fleisch
Zeiten: zu den üblichen Ladenzeiten   Verband: Bioland

72336 Balingen   Ernst Heß   Ulmenstraße 8
Tel. 07433/35134
Obst
Zeiten: Mo-Sa 14-18   Verband: Demeter

72336 Balingen   Uwe Glöckler und U. Vogelsang   Brühlstraße 5
Tel. 07433/37583
Hofladen, Naturkost-Sortiment, Obst, Gemüse
Zeiten: Di 10-12.15, Fr 15-18   Verband: Demeter

72336 Balingen-Dürrwangen   Ulrich Schmidt   Stockenhauserstr. 9
Tel. 07433/36971
Fleisch, Wurst
Zeiten: nach Vereinbarung   Verband: Bioland

72344 Rosenfeld   Hofgemeinschaft Fischermühle   Fischermühle
Tel. 07428/3544, 35
Hofladen, Naturkost-Sortiment, Obst, Gemüse, Milch, Käse, Fleisch, Wurst
Zeiten: Mo-Fr 16-18.30, Mi+Fr 9-12, Sa 9-12   Verband: Demeter

---

72358 Dormettingen   Hof L. und G. Weckenmann   Lange Gasse 8
Tel. 07427/3445
Sortiment erfragen, Obst
Zeiten: täglich 11-12, 17-19   Verband: Demeter

72379 Hechingen-Schlatt   Wolfgang Markowis   Brunnenwörthstraße 26
Tel. 07477/1634
Ziegenkäse, -milch
Zeiten: nach Vereinbarung   Verband: Bioland

72379 Hechingen   Gangolf Gindele   Killertalstraße 30
Tel. 07477/1277
Gemüse, Eier
Zeiten: Mi 15-18.30   Verband: Bioland

72401 Haigerloch-Gruol   Gebrüder Kränzler   Heiligkreuzstr. 11
Tel. 07474/6266

Zeiten: nach Vereinbarung   Verband: Bioland

72414 Rangendingen   Herbert Beiter   Obere Gasse 4
Tel. 07471/8593
Honig, Wachskerzen, Schaffelle, Wein, Müsli, Brot, Getreide, Obst, Gemüse, Kartoffeln, Käse, Eier
Zeiten: Mo-Fr 17-19, Sa 8-13   Verband: Bioland

72419 Neufra   Josef Dickreuter   Untere Gasse 25
Tel. 07574/3385
Getreide, Kartoffeln, Fleisch
Zeiten: nach Vereinbarung   Verband: Bioland

Einkaufen direkt beim Bio-Bauern

72461 Albstadt-Onstmettingen Willi Keinath Allenberghöfe 1
Tel. 07432/21874
Getreide, Kartoffeln, Milch, Eier, Fleisch
Zeiten: Mo-Sa 17.30-18.30 und nach Vereinbarung Verband: Bioland

---

72475 Bitz Marjetta und Hans-Jürgen Titze Schwantelhof 2
Tel. 07431/81979
Kartoffeln, Fleisch
Zeiten: nach Vereinbarung, Lieferservice Verband: Bioland

72488 Sigmaringen Bruno Stehle Christlhof
Tel. 07571/52116
Getreide, Fleisch
Zeiten: Fr 16-18 Verband: Bioland

72501 Gammertingen Konrad Reichle Mörikeweg 5
Tel. 07571/5891
Truthühner, Getreide, Kartoffeln
Zeiten: nach Vereinbarung Verband: Bioland

72505 Krauchenwies-Hausen Helmut Seeger Weihergarten 4
Tel. 07576/7440
Getreide, Kartoffeln, Käse
Zeiten: 8-18 und nach Vereinbarung Verband: Bioland

72516 Scheer Eugen Pröbstle Hindenburgplatz 3
Tel. 07572/8218
Bier, Getreide, Kartoffeln, Milch, Käse
Zeiten: Mo-Sa ab 18 Verband: Bioland

72525 Münsingen Hof Familie Treß und Freytag Steighöfe 9
Tel. 07383/504
Sortiment erfragen, Ferienwohnungen
Zeiten: Oktoberwochenenden und nach Vereinbarung Verband: Demeter

---

72525 Münsingen Franz und Agathe Kloker Ehinger Straße 22
Tel. 07383/1528
Getreide, Obst, Gemüse, Kartoffeln, Käse, Fleisch
Zeiten: nach Vereinbarung Verband: Demeter

72531 Hohenstein Karl Speidel Waldhof 1
Tel. 07387/380
Brot, Saft, Getreide, Obst, Gemüse, Kartoffeln, Fleisch
Zeiten: Mi, Sa 14-17 Verband: Bioland

72531 Hohenstein Roland Schmid Staatsdomäne Maßhalderbuch Maßhalderbuch
Tel. 07387/269
Saft, Ölsaaten, Nudeln, Flocken, Getreide, Gemüse, Kartoffeln, Milch, Eier, Fleisch
Zeiten: Di, Fr 14-18 Verband: Bioland

72531 Hohenstein-Ödenwaldstett Helmut und Eva Rauscher Heidecker Hof
Tel. 07387/1297
Brot, Wein, Milch, Käse
Zeiten: täglich 10-12, 15-18 Verband: Bioland

Einkaufen direkt beim Bio-Bauern

72531 Hohenstein Johanna Schwörer Tel. 07387/619 Kräutertees Zeiten: Mo-Fr 8-17	Kirchstraße 15 Verband: Bioland

72531 Hohenstein-Ödenwaldstett Gerhard Geckeler — Gässle 4
Tel. 07387/419
Getreide, Gemüse, Kartoffeln, Eier
Zeiten: Mo-Fr 16-18, Sa 8-12 und n. Vereinbarung — Verband: Bioland

72532 Gomadingen-Dapfen Ruth & Eberhard Laepple — Oberdorfstr. 1
Tel. 07385/1752
Honig, Gemüse, Kartoffeln, Eier, Fleisch, Wurst
Zeiten: samstags — Verband: Bioland

72534 Hayingen Eberhard Herb — Münsinger Straße 10/1
Tel. 07386/308 oder
Obst, Gemüse, Käse
Zeiten: Sommer und Herbst 9-19 — Verband: Demeter

72534 Hayingen Bernhard Stockmayer — Betr. Gem. Maisenburg
Tel. 07386/594
Ziegenkäse, -fleisch, Felle, Käseversand, Milch, Käse, Fleisch
Zeiten: Fr, Sa, So 14-18 und nach Vereinbarung — Verband: Naturland

72534 Hayingen-Indelhausen Karl Stehle — Mühlstr. 9
Tel. 07383/330
Getreide, Kartoffeln, Fleisch, Wurst
Zeiten: nach Vereinbarung — Verband: Bioland

72534 Hayingen Gasthof-Pension & Bauernhof „Rose" — Aichelauerstraße 6
Tel. 07383/341
Gästehaus, Appartements, Vollwertkost, Obst, Gemüse, Käse
Zeiten: täglich im Gasthof — Verband: Demeter

72535 Heroldstatt Helmut Hilsenbeck — Albhof
Tel. 07389/1561
Pferdehof, Obst, Gemüse
Zeiten: tägl. 8-17 — Verband: Demeter

72574 Bad Urach Hofgut Bleiche — Bleiche 1
Tel. 07125/70870
Saft, Brot, Getreide, Obst, Gemüse, Kartoffeln, Milch, Eier, Fleisch
Zeiten: Di, Fr 14-17 — Verband: Bioland

72574 Bad Urach-Hengen Antal und Ursula Canadi — Bucherweg 6
Tel. 07125/2000
Käse, Fleisch
Zeiten: Mo, Mi, Fr, Sa vormittags, täglich 18-20 — Verband: Bioland

72574 Bad Urach Christian Englberger und Helga Mumme — Hohenwittlingen
Tel. 07125/3764
Saft, Getreide, Fleisch
Zeiten: nach Vereinbarung — Verband: Bioland

Einkaufen direkt beim Bio-Bauern

72574 Bad Urach Naturkost Martin Korzer Neue Straße 24
Tel. 07125/8113
Naturkost-Sortiment, Gemüse-Abo, Zustellservice
Zeiten: ülbiche Ladenöffnungszeiten Verband: Demeter

72589 Westerheim Eugen und Gertrud Walter Lange Gasse 5
Tel. 07333/6344 ode
Obst, Gemüse, Fleisch, Wurst
Zeiten: nach 17 Verband: Demeter

72622 Nürtingen Eugen Traub Hopfenhof
Tel. 07022/50770
Honig, Nudeln, Bier, Wein, Saft, Brot, Getreide, Obst, Gemüse, Kartoffeln, Milch, Käse, Eier, Fleisch
Zeiten: Mi 9-12, 15-18.30, Sa 9-12.30 Verband: Bioland

72622 Nürtingen August Bühler Marienstraße 56
Tel. 07022/39148
Honig, Saft, Obst
Zeiten: nach Vereinbarung Verband: Bioland

72622 Nürtingen Primel Naturkost GmbH Wörthstraße 12
Tel. 07022/32292
Naturkost-Sortiment
Zeiten: übliche Ladenöffnungszeiten Verband: Demeter

72631 Aichtal Karl Schubert Werkstätten Uhlandstraße 81
Tel. 07127/956517
Landwirtschaft, Gärtnerei
Zeiten: Mi 16.30-18.30 Verband: Demeter

72631 Aichtal Walter und Ulrike Alber Baiersbachhof
Tel. 07127/59589
Nudeln, Bier, Honig, Saft, Getreide, Obst, Gemüse, Kartoffeln, Milch, Käse, Eier, Fleisch
Zeiten: Di,Fr 10-12,Di 16.30-18.30,Fr14.30-18.30 Verband: Bioland

---

72639 Neuffen Norbert Edlmayer Kirchstraße 6
Tel. 07123/15043
Wein, Honig, Reis, Öl, Essig, Müsli, Saft, Getreide, Obst, Gemüse, Kartoffeln, Käse
Zeiten: Di 14-19, Fr 8-19 Verband: Bioland

72666 Neckartailfingen Heinrich Wenzelburger Tübinger Straße 72
Tel. 07127/33070
Sortiment erfragen, Obst, Gemüse
Zeiten: nach Vereinbarung Verband: Demeter

72669 Unterensingen Heinz Eisele Kirchstr. 41
Tel. 07022/64327
Gemüse, Kartoffeln, Eier, Fleisch, Wurst
Zeiten: nach Vereinbarung Verband: Bioland

72669 Unterensingen Thomas Pfisterer, Festus' Bio Ranch Obere Gasse 16
Tel. 07022/64183
Kartoffeln, Milch
Zeiten: Milch tägl. 19-19.30 u. n. Vereinbarung Verband: Bioland

Einkaufen direkt beim Bio-Bauern

72764 Reutlingen Muttscheller Naturkost frei Haus Planie 22
Tel. 07121/46892
Naturkost-Sortiment, Liefer-Service
Zeiten: nach Vereinbarung Verband: Demeter

72768 Reutlingen Thomas Fuhr Käthe-Kollwitz-Straße 16
Tel. 07121/670595
Brot, Honig, Getreide, Gemüse, Kartoffeln, Käse, Eier
Zeiten: Fr 14-17 und nach Vereinbarung Verband: Bioland

72770 Reutlingen Olaf Pank Hofgut Alteburg
Tel. 07121/22140
Schafsmilch, Schaffelle, Wolle, Brot, Säfte, Getreide, Obst, Gemüse, Kartoffeln, Käse, Eier, Fleisch
Zeiten: täglich 17-19 Verband: Bioland

72793 Pfulingen Jörg Schwille Marktstraße 2
Tel. 07121/76076
Zwetschgenschnaps, Getreide, Kartoffeln, Milch
Zeiten: nach Vereinbarung Verband: Bioland

72800 Eningen Gärtnerei Mayer und R. Jaschke Gewand Betzenried 4
Tel. 07121/47395
Jungpflanzen, Saft, Wein, Bier, Obst, Gemüse, Kartoffeln, Eier
Zeiten: Mi 15-18, Fr 9-12, 14-18.30 Verband: Bioland

72805 Lichtenstein-Holzelfinge Jürgen Stotz St. Blasius-Straße 14
Tel. 07129/5383
Kartoffeln, Eier, Fleisch
Zeiten: nach Vereinbarung Verband: Bioland

72810 Gomaringen Eberhard Grauer Hurschstr. 4
Tel. 07072/2307
Säfte, Getreide, Obst, Gemüse, Kartoffeln, Eier
Zeiten: Di,Do 9-12+16-18.30,Sa 9-12.30 Verband: Bioland

72813 St Johann Siegbert Lamparter Alte Steige 8
Tel. 07122/3170
Fleisch, Wurst
Zeiten: ab 19 Verband: Bioland

72818 Trochtelfingen Lothar Schmid Lindenstraße 14
Tel. 07388/309
Ferienwohnung, Getreide, Obst, Gemüse, Kartoffeln
Zeiten: Samstags Verband: Demeter

72829 Engstingen-Kohlstetten Kurt Schrade Müllersberg 2
Tel. 07385/810
Stallhasen, Gänseeier, Getreide, Kartoffeln, Eier, Fleisch
Zeiten: nach Vereinbarung Verband: Bioland

73035 Göppingen-Lerchenberg Martin Minkmar Sonnenhof
Tel. 07161/27160
Saft, Getreide, Gemüse, Milch, Eier, Fleisch
Zeiten: Mo-Sa 8-19 und nachVereinbarung Verband: Bioland

Einkaufen direkt beim Bio-Bauern

73035 Göppingen   Hansjörg Ziegler   Friedhofstraße 12
Tel. 07161/21307
Getreide, Gemüse, Kartoffeln, Milch, Fleisch
Zeiten: Mo-Sa 17-18 und nach Vereinbarung   Verband: Bioland

73035 Göppingen-Lerchenberg   Otto Bidlingmaier   Auchtweide 2
Tel. 07161/26107
Brot, Naturkostsortiment, Bier, Wein, Saft, Getreide, Obst, Gemüse, Kartoffeln, Käse
Zeiten: Di 9-12, 16-18.30, Fr 16-18.30   Verband: Bioland

73035 Göppingen-Faurndau   Heinz Häberle   Auf der Schraie 2
Tel. 07161/21578
Getreide, Gemüse, Kartoffeln, Fleisch, Wurst
Zeiten: nach Vereinbarung   Verband: Bioland

73035 Göppingen   Christophsbad GmbH & Co, Herr Dobler   Faurndauer Straße 6-28
Tel. 07161/42242
Brot, Saft, Tee, Wollprodukte, Schafskäse, Getreide, Obst, Gemüse, Kartoffeln, Eier, Fleisch
Zeiten: Mo-Sa 8-12 und nach Vereinbarung   Verband: Bioland

73037 Göppingen   Hans Brunner   Iltishof 1
Tel. 07161/812192
Säfte, Getreide, Gemüse, Kartoffeln, Milch, Fleisch
Zeiten: nach Vereinbarung   Verband: Bioland

73066 Uhingen   R. Ebser NATURATA Gartenbau KG   Heerstraße 150
Tel. 07161/31155
Gärtnerei, Gemüseabo, Obst, Gemüse
Zeiten: Sa 9-12   Verband: Demeter

73079 Süßen   Erich Merkle   Bachstraße 18
Tel. 07162/8719
Getreide, Gemüse, Kartoffeln, Milch, Eier, Fleisch
Zeiten: täglich 8-9, 18-19   Verband: Bioland

73087 Bad Boll   Sonnenhof-Verkaufs-GbH   Astwiesen 2
Tel. 07164/6643
Hofladen, Naturkost-Sortiment, eigene Bäckerei, Obst, Gemüse, Käse, Fleisch, Wurst
Zeiten: Di 16-18, Do 15-18, Sa 9.30-11.30   Verband: Demeter

73092 Heiningen   Kreuthof GbR Ivulans, Baron   Kreuthof 1
Tel. 07161/49414
Wein, Saft, Bier, Honig, Getreide, Obst, Gemüse, Kartoffeln, Milch, Käse, Eier, Fleisch
Zeiten: Sa 9-12, Di, Fr 16-18   Verband: Bioland

73092 Heiningen   Walter Renz   Mörikestraße 146
Tel. 07161/42945
Getreide, Kartoffeln
Zeiten: nach Vereinbarung   Verband: Bioland

73104 Börtlingen   M. und V. Mohring, Bergfeldhof   Ödachweg 20
Tel. 07161/51383
Sortiment erfragen, Ferienwohnungen
Zeiten: nach Vereinbarung   Verband: Demeter

Einkaufen direkt beim Bio-Bauern

73240 Wendlingen Gerhard Klauß Bohnackerhof 2
Tel. 07024/7595
Getreide, Kartoffeln, Milch, Eier
Zeiten: täglich 18-19 Verband: Bioland

73252 Lenningen Arnim Kächele Wiesenhof
Tel. 07026/2428
Saft, Wein, Getreide, Obst, Gemüse, Kartoffeln, Milch, Käse, Fleisch
Zeiten: täglich 18.30-19, Sa 9.30-11.30 Verband: Bioland

73257 Köngen Erich Zimmermann Buchenhof 1
Tel. 07024/81634
Kräuter Märkte in Esslingen, Stuttgart, Bad Boll, Obst, Gemüse, Kartoffeln, Eier
Zeiten: täglich Verband: Naturland

73262 Reichenbach Rupert Schickinger Ostweg 67
Tel. 07153/59285
Wein, Saft, Brot, Honig, Getreide, Obst, Gemüse, Kartoffeln, Milch, Käse, Eier, Fleisch
Zeiten: Di, Do 18-19, Fr 15.30-19 Verband: Bioland

73266 Bissingen Klaus Korschinek Vordere Str. 3
Tel. 07023/5718
Schurwolle, Ziegenmilch, Schlachtlämmer, Saft, Getreide, Kartoffeln, Eier
Zeiten: nach Vereinbarung Verband: Bioland

73277 Owen Heinrich Gruel Kirchheimer Straße 87
Tel. 07021/81158
Saft, Wein, Bier, Honig, Getreide, Obst, Gemüse, Kartoffeln, Milch, Käse, Eier
Zeiten: Mo-Fr 17.30-19, Sa 8-11 Verband: Bioland

73312 Geislingen Andreas Kohn Haus Nr.3
Tel. 07331/7257
Getreide, Kartoffeln, Milch
Zeiten: nach Vereinbarung Verband: Bioland

73312 Geislingen Naturkost Margrit Schiele Stuttgarter Straße 33
Tel. 07331/61553
Naturkost-Sortiment
Zeiten: übliche Ladenöffnungszeiten Verband: Demeter

73333 Gingen/Fils Martin Straub Karlstraße 39
Tel. 07162/42442
Getreide, Obst, Kartoffeln, Fleisch
Zeiten: nach Vereinbarung Verband: Bioland

73395 Stödtlen-Strambach Friedrich Blank Mönchsrother Straße 8
Tel. 07964/1287
Kartoffeln
Zeiten: nach Vereinbarung Verband: Bioland

73434 Aalen Martin und Ursula Ambacher Vogelsang 1
Tel. 07361/45244
Saft, Honig, Getreide, Obst, Gemüse, Kartoffeln, Milch, Eier
Zeiten: Di, Mi, Fr 17-18.30 Verband: Bioland

Einkaufen direkt beim Bio-Bauern

73434 Aalen-Dewangen Alois Hügler Fachsenfelder Straße 1
Tel. 07366/6743
Getreide
Zeiten: nach Vereinbarung Verband: Bioland

73441 Bopfingen Johannes und Anne Schwindig Kalkofen 1
Tel. 07362/6898
Brot, Bier, Getreide, Gemüse, Kartoffeln, Fleisch
Zeiten: Fr 8-18 und nach Vereinbarung Verband: Bioland

73453 Abtsgmünd Loni und Thomas Widmaier Dinkbühl 15
Tel. 07975/296
Saft, Honig, Getreide, Obst, Gemüse, Kartoffeln, Milch, Fleisch
Zeiten: Mo-Fr 17-19 Verband: Bioland

73453 Abtsgmünd Josef und Inge Hofer Straßdorf 17
Tel. 07963/8136
Hofimkerei, Streuobst, Hofladen, Obst, Gemüse, Käse
Zeiten: Mo-Fr 17-18.30, Sa 8-12 Verband: Demeter

73457 Essingen-Forst Peter Schacherer Oberkolbenhof
Tel. 07365/6986
Eier, Fleisch
Zeiten: nach Vereinbarung Verband: Bioland

73457 Essingen Philipp Woellwarth Gut Hohenroden
Tel. 07365/6252
Saft, Rinderviertel nach Vorbestellung, Fleisch
Zeiten: nach Vereinbarung Verband: Bioland

73463 Westhausen M. u. B. Schmid Demeter-Vertragshof Hofweg 4
Tel. 07363/5312
Sortiment erfragen, Hofladen, Ferienwohnungen
Zeiten: Mo-Sa 8-19 Verband: Demeter

73463 Westhausen Martin Häring Jagsthof
Tel. 07363/5401
Pilze, Saft, Wein, Bier, Honig, Müsli, Nudeln, Getreide, Obst, Gemüse, Kartoffeln, Eier, Fleisch, Wurst
Zeiten: Mo, Mi, Fr 16-18 Verband: Bioland

73466 Lauchheim Helmuth Waizmann Mohrenstetten
Tel. 07363/5161
Langholz, Brennholz, Kartoffeln, Fleisch
Zeiten: nach Vereinbarung Verband: Bioland

73467 Kirchheim Fritz Krummrein Weihermühle
Tel. 07362/7437
Saft, Bier, Getreide, Obst, Gemüse, Kartoffeln
Zeiten: nach Vereinbarung Verband: Bioland

73469 Riesbürg-Goldburghausen Heinrich Hiesinger Baldinger Straße 11
Tel. 09081/7289
Brot, Saft, Honig, Schafprodukte, Getreide, Obst, Gemüse, Kartoffeln, Milch, Käse, Eier, Fleisch
Zeiten: nach Vereinbarung Verband: Bioland

Einkaufen direkt beim Bio-Bauern

73479 Ellwangen — Dr. Rainer Veit — Borsthof
Tel. 07961/4748
Brot, Getreide, Obst
Zeiten: nach Vereinbarung
Verband: Bioland

73479 Ellwangen — Alfons und Claudia Fuchs — Schönau 10
Tel. 07961/7935
Saft, Wein, Bier, Getreide, Obst, Gemüse, Kartoffeln, Milch, Käse, Eier, Fleisch, Wurst
Zeiten: Mi 16-18
Verband: Bioland

73486 Adelmannsfelden — Andreas und Gabi Schmid — Bühlerstr. 4
Tel. 07963/457
Sortiment erfragen
Zeiten: nach Vereinbarung
Verband: Demeter

73489 Jagstzell — August Schlosser, Gärtnerei — Riegelhof 7
Tel. 07967/6854
Gemüse, Kartoffeln
Zeiten: Mo, Do, Fr 17-19
Verband: Bioland

73494 Rosenberg — Heinz Mack — Schüsselhof 1
Tel. 07967/6214
Brot, Saft, Getreide, Obst, Kartoffeln, Milch, Käse, Eier, Fleisch
Zeiten: Sa 10-12
Verband: Bioland

73495 Stödtlen — Ulrich Jaquart — Burgstallstraße 2
Tel. 07964/2197
Erdbeeren zum Selbstpflücken, Obst, Gemüse
Zeiten: nach Vereinbarung
Verband: Bioland

73529 Schwäbisch-Gmünd — Adalbert Klotzbücher — Marienstr. 1
Tel. 07171/4625
Brot, Getreide, Obst, Gemüse, Kartoffeln, Milch, Käse, Fleisch, Wurst
Zeiten: Mo-Fr 18-19
Verband: Demeter

73529 Schwäbisch Gmünd — Schönbronnhof Retzbach — Schönbronn 9
Tel. 07171/2980
Sortiment erfragen
Zeiten: nach Vereinbarung
Verband: Demeter

73529 Schwäbisch Gmünd — Michael Krieg — Steinbacher Höfe 1
Tel. 07171/81363
Obst, Gemüse
Zeiten: nach Vereinbarung
Verband: Demeter

73529 Schwäbisch Gmünd — Walter Lillich — Aalener Str. 16
Tel. 07171/39476
Gärtnerei, Südfrücht, Gewürze, Obst, Gemüse, Kartoffeln
Zeiten: tägl. ab 15 Uhr
Verband: Bioland

73529 Schwäbisch Gmünd — Stiftung Haus Lindenhof Reinhard Kenner — Lindenhofstraße 10111
Tel. 07171/84871
Lämmer, Gänse (Martini, Weihnachten), Saft, Milch, Fleisch
Zeiten: Fr 15-18
Verband: Bioland

Einkaufen direkt beim Bio-Bauern

73540 Heubach-Lautern   Thomas Hinderer   Rosensteinstraße 7
Tel. 07173/5479
Brot, Saft, Gempüsejungpflanzen, Kräuter, Getreide, Obst, Gemüse, Kartoffeln, Eier, Fleisch
Zeiten: Di, Fr 15.30-18
   Verband: Bioland

73553 Alfdorf-Rienharz   Karl-Gerhard Gruber   Im Brühl 28
Tel. 07182/7442
Fleisch im 1/8 oder 1/4 Schwein und Rind, Getreide, Kartoffeln, Milch, Fleisch
Zeiten: nach Vereinbarung
   Verband: Bioland

73553 Alfdorf-Vordersteinenber   Hermann Lindauer   Bruckstraße 10
Tel. 07176/822
Kartoffeln, Fleisch
Zeiten: nach Vereinbarung
   Verband: Bioland

73553 Alfdorf   Jürgen Stein   Rienharzer Sägemühle 4

Schafprodukte, Fleisch
Zeiten: nach Vereinbarung
   Verband: Bioland

73557 Mutlangen   Josef Fauser jun.   Sandäcker 1
Tel. 07171/71056
Saft, Brot, Getreide, Gemüse, Kartoffeln, Milch, Käse, Fleisch
Zeiten: Di, Do 16-18, Sa 9-12
   Verband: Bioland

73563 Mögglingen   Gärtnerei Wiedmann   Lauterstr. 109

Landwirtschaft, Gärtnerei, Sortiment erfragen
Zeiten: Di u. Fr 14.45.18.45
   Verband: Demeter

73563 Mögglingen   Monika + Ansgar Hinderberger   Hauptstraße 24
Tel. 07174/6658
Ziegenmilch, Getreide, Gemüse, Kartoffeln, Eier
Zeiten: nach Vereinbarung
   Verband: Bioland

73566 Bartholomä   Friedlinde Wöhr   Friedhofstr. 5
Tel. 07172/31642
Getreide, Gemüse, Kartoffeln, Fleisch, Wurst
Zeiten: nach Vereinbarung
   Verband: Bioland

73569 Eschach   Oswald Wagner   Batschenhoferstraße 13
Tel. 07175/6385
Getreide, Obst, Gemüse, Kartoffeln
Zeiten: nach Vereinbarung
   Verband: Demeter

73614 Schorndorf-Schornbach   Heinz und Margret Rapp   Helle Eiche 56
Tel. 07181/43575
Brot, Saft, Wein, Bier, Honig, Getreide, Obst, Gemüse, Kartoffeln, Käse, Eier, Fleisch
Zeiten: Fr 17-19, Sa 9-12 und nach Vereinbarung
   Verband: Bioland

73630 Remshalden   Ernst-Friedrich Haller, Brunnenhof   Im Brunnengarten 7
Tel. 07181/73637
Apfelsaft, Weißwein, Rotwein/Württemberg ECOVIN Brände, Getreide, Obst, Gemüse
Zeiten: nach Vereinbarung
   Verband: Demeter

Einkaufen direkt beim Bio-Bauern

73635 Rudersberg-Mannenberg   Hermann Schulz
Tel. 07183/42228
Rohwolle, Lammfelle, Saft, Kartoffeln, Milch, Käse
Zeiten: nach Vereinbarung

Haube 10

Verband: Bioland

73635 Rudersberg   Ursula Kolb-Deuschle
Tel. 07183/8555
Schaffelle, Getreide, Gemüse, Kartoffeln, Fleisch
Zeiten: Sa 9-12

Wieslaufstraße 23

Verband: Bioland

73635 Rudersberg   Naturalis Gärtnerei am Waldenstein
Tel. 07183/2739 und
Gemüseabo, Hofladen, Naturkost-Sortiment, Obst, Gemüse
Zeiten: Di,Sa 8-12.30

Kelterstraße 16

Verband: Demeter

73642 Welzheim   Gerhard und Gerda Vogel
Tel. 07182/7882
Brot, Saft, Getreide, Gemüse, Kartoffeln, Milch, Eier, Fleisch, Wurst
Zeiten: Di 17-18.30 + Fr 13.30-17.30

Lanzenhaldenweg 7

Verband: Bioland

73642 Welzheim-Breitenfürst   Gerhard Bauer, Aussiedlerhof
Tel. 07182/6673
Saft, Getreide, Kartoffeln, Milch, Fleisch, Wurst
Zeiten: nach Vereinbarung

Lachenacker 2

Verband: Bioland

73650 Winterbach   Christoph Clees
Tel. 07181/704229
Sortiment erfragen
Zeiten: Sa vormittags

Im Steinbruch 1

Verband: Demeter

73666 Baltmannsweiler   Friedrich Scharpf
Tel. 07153/42470
Sortiment erfragen
Zeiten: nach Vereinbarung

Marienstraße 1

Verband: Demeter

73667 Kaisersbach   Sonja Krönert
Tel. 07184/2166
Eier, Fleisch, Wurst
Zeiten: übliche Ladenzeiten

Brandhöfle 1

Verband: Bioland

73734 Esslingen   Heinz Hägele
Tel. 0711/386149
Obst, Gemüse, Kartoffeln
Zeiten: nach Vereinbarung

Weilstr. 117

Verband: Bioland

74074 Heilbronn   E. und A. Hieber
Tel. 07131/162454,
Weißwein, Rotwein, Sekt/Württemberg ECOVIN Weinproben
Zeiten: nach Vereinbarung

Im Letten 3

Verband: BÖW

74078 Heilbronn   Thomas Gärtner
Tel. 07066/7639
Landwirtschaft, Sortiment erfragen
Zeiten: nach Vereinbarung

Schleifhöhe 3

Verband: Demeter

Einkaufen direkt beim Bio-Bauern

74078 Heilbronn-Biberach   Reiner Obsthof Sauter   Konradsberg
Tel. 07066/7957
Säfte, Obst
Zeiten: Sa 8-12 und nach Vereinbarung   Verband: ANOG

74172 Neckarsulm-Dahnenfeld   Karl Kühner   Oststr. 2
Tel. 07139/6743
Säfte, Wein, Getreide, Obst, Gemüse, Kartoffeln, Milch, Käse, Eier, Fleisch, Wurst
Zeiten: Mi, Fr 18-19 + Sa 10-12 u. n. Vereinb.   Verband: Bioland

74172 Neckarsulm   Thomas und Beate Lang   Wimpfener Str. 24
Tel. 07132/43427
Saft, Wein, Brot, Schafprodukte, Getreide, Obst, Gemüse, Kartoffeln, Milch, Käse, Eier, Fleisch, Wurst
Zeiten: Di 14-18 + Fr 14.30-18.30 + Sa 9-12   Verband: Bioland

74182 Obersulm-Eichelberg   Berthold Doser Drogenhilfe Tübingen e.V.   Friedrichshof 1
Tel. 07130/8987
Säfte, Obst, Gemüse
Zeiten: Di,Fr 14-16 nach Vereinbarung   Verband: Bioland

74189 Weinsberg   Martin Häberlen   Schafäckerstraße 2
Tel. 07134/21618, F
Rotwein, Weißwein, Sekt/Württemberg ECOVIN Weinproben
Zeiten: nach Vereinbarung   Verband: BÖW

74193 Schwaigern   Obsthof Sauter Reiner   Konradsberg
Tel. 07138/7164
Säfte, Obst
Zeiten: Do 8-13, Sa 8-13   Verband: ANOG

74193 Schwaigern   Reiner   Waldweghöfe 4
Tel. 07138/7164
Obst
Zeiten: Sa vormittag und nach Vereinbarung   Verband: ANOG

74196 Neuenstadt   Walter Kress   Liststr. 17
Tel. 07139/2805
Brot, Wein, Getreide, Obst, Gemüse, Kartoffeln, Milch, Käse, Eier, Fleisch, Wurst
Zeiten: Mi,Fr abends, Sa 10-12   Verband: Bioland

74196 Neuenstadt-Clev.   Karlheinz Wölk   Mörikestraße 10
Tel. 07139/8947
Honig
Zeiten: nach Vereinbarung   Verband: Naturland

74199 Unterrheinriet   Jörg Hannss   Albstatter Straße 11
Tel. 07130/7366
Kartoffeln
Zeiten: täglich   Verband: Naturland

74214 Schöntal-Bieringen   Benno Brümmer   Halsbergerstr. 10
Tel. 07943/3728
Gemüse, Kartoffeln
Zeiten: Mo-Sa 9-12 + 15-18,Mi + Sa nur vormitt.   Verband: Bioland

Einkaufen direkt beim Bio-Bauern

74219 Möckmühl Haußecker
Tel. 06298/7780
Sortiment erfragen (Landwirtschaft)
Zeiten: nach Vereinbarung

Hagenbach 8

Verband: Demeter

74229 Oedheim Eberhard Landes
Tel. 07132/83119
Saft, Getreide, Obst, Gemüse, Kartoffeln, Käse
Zeiten: Di 16-18, Fr 14-18, Sa 9-12

Hofgut Lautenbach

Verband: Bioland

74239 Hardthausen-Gochsen Walter und Marliese Kress
Tel. 07139/7008
Säfte, Brot, Getreide, Obst, Gemüse, Kartoffeln, Milch, Käse, Wurst
Zeiten: Mi, Fr 15-18.30, Sa 9-13.30

Haaghof 1

Verband: Naturland

74243 Langenbrettach Karl und Rolf Hilligardt
Tel. 07139/8163
Saft, Getreide, Obst, Gemüse, Milch, Käse, Fleisch, Wurst
Zeiten: nach Vereinbarung

Neuenstadter Str. 30

Verband: Bioland

74259 Widdern Hans Heimberger
Tel. 06298/7317
Getreide, Gemüse, Kartoffeln, Milch, Käse, Eier
Zeiten: nach Vereinbarung

Oberbergsiedlung 2

Verband: Bioland

74321 Bietigheim-Bissingen Luc Villemin
Tel. 07142/44240
bundesweiter Versand Biometzgerei, Fleisch, Wurst

Pfarrstraße 10

Verband: Demeter

74321 Bietigheim-Bissingen Bernhard Schnaufer, Schnaufer-Hof
Tel. 07142/940225
Honig, freitags Brot, Getreide, Obst, Gemüse, Kartoffeln, Milch, Käse, Eier, Geflügel, Fleisch, Wurst
Zeiten: Mo, Mi, Fr 18-19, Sa 9-11

Lettengrube 1

Verband: Demeter

74336 Brackenheim Reiner Döbler
Tel. 07135/4771
Rotwein, Weißwein/Württemberg ECOVIN
Zeiten: nach Vereinbarung

Vollmerstraße 10

Verband: BÖW

74336 Brackenheim Jürgen Winkler
Tel. 07135/15196, F
Rotwein, Weißwein/Württemberg ECOVIN, Weinproben
Zeiten: nach Vereinbarung

Josefstraße 7

Verband: BÖW

74336 Brackenheim Weingärtnergenossenschaft Brackenheim e.G.
Tel. 07135/985510,
Rotwein, Weißwein/Württemberg ECOVIN, Weinproben
Zeiten: nach Vereinbarung

Neipperger Straße 60

Verband: BÖW

74357 Bönnigheim Rolf und Christa Häusser
Tel. 07143/22547
Rotwein, Weißwein/Württemberg ECOVIN
Zeiten: nach Vereinbarung

Schellenmüllerweg 10

Verband: BÖW

Einkaufen direkt beim Bio-Bauern

74357 Bönningheim Tel. 07143/88770, F Rotwein, Weißwein/Württemberg ECOVIN Zeiten: nach Vereinbarung	Winzergenossenschaft Stromberg-Kellerei e.G.	Cleebronner Straße 70 Verband: BÖW
74360 Ilsfeld Tel. 07062/61620 Obst Zeiten: Sa 8-13 und nach Vereinbarung	Hans und Lilo Böhringer, Obsthof	Im Klee 4 Verband: Demeter
74360 Schozach Tel. 07133/7147 Weißwein, Rotwein/Württemberg ECOVIN, Weinproben Zeiten: nach Vereinbarung	Dieter Wulle	Robert-Stolz-Straße 10 Verband: BÖW
74363 Güglingen Tel. 07135/5691 Getreide Zeiten: nach Vereinbarung	Erwin Jesser	Seebergstr. 33 Verband: Bioland
74366 Kirchheim Tel. 07143/91258 Brot, Gemüse, Milch, Käse, Fleisch, Wurst Zeiten: Fr 8-12, 14-18, Sa 8-12	Roland Gamnitzer	Haghof Verband: Demeter
74366 Kirchheim Tel. 07143/91153 Hofladen, Naturkost-Sortiment, Obst, Gemüse, Käse Zeiten: nach Vereinbarung	Werner Lieberherr	Schützenpfadhöfe Verband: Demeter
74369 Löchgau Tel. 07143/18798 Wein/Württemberg ECOVIN Zeiten: nach Vereinbarung	Helmut Schneider	Freudentaler Straße 41 Verband: BÖW
74372 Sersheim Tel. 07042/33208 Wein, Saft, Naturkost, Getreide, Obst, Gemüse, Kartoffeln, Milch, Käse, Eier Zeiten: Di-Sa 9-12, Di,Do,Fr 15-18	Edeltraud & Peter Xander	Silcherstr. 10 Verband: Bioland
74379 Groß-Ingersheim Tel. 07142/21525 Brot, Naturkost, Säfte, Getreide, Obst, Gemüse, Kartoffeln, Milch, Käse, Eier, Fleisch Zeiten: übliche Ladenöffnungszeiten	Naturkostkontor in der Gärtnerei Willmann	In den Beeten 65 Verband: Demeter
74405 Gaildorf Tel. 07971/22217 Landwirtschaft, Sortiment erfragen Zeiten: nach Vereinbarung	Gottfried Elßer	Steppach 1 Verband: Demeter
74405 Gaildorf Tel. 0791/8427 Landwirtschaft, Sortiment erfragen Zeiten: Mo 10-19, Fr 11-19	Karlheinz Wanenwetsch	Oskar-Bamberg-Str. 18 Verband: Demeter

Einkaufen direkt beim Bio-Bauern

74405 Gailgorf-Reippersberg Wolfgang Hasenmeier-Reimer Tel. 07971/8584 Säfte, Getreide, Obst, Gemüse, Kartoffeln, Milch, Eier, Fleisch, Wurst Zeiten: nach Vereinbarung		Flursrt. 6 Verband: Bioland
74405 Gaildorf Tel. 07971/5444 Eier, Fleisch, Wurst Zeiten: tgl. 17-19	Albrecht und Edith Schupp	Hauptstr. 28
74417 Gschwend Tel. 07972/896 Brot, Getreide, Gemüse, Kartoffeln, Milch, Käse, Fleisch, Wurst Zeiten: nach Vereinbarung	Kurt Hägele	Wimberg Nr. 20 Verband: Bioland
74417 Gschwend Tel. 07972/5587 Kartoffeln, Milch Zeiten: nach Vereinbarung	Karl-Hans Schuster	Marzellenhof Verband: Bioland
74420 Oberrot Tel. 07977/292 Brot, Getreide, Obst, Gemüse, Kartoffeln, Milch, Käse, Eier, Fleisch, Wurst Zeiten: Fr 17-18.30	Völkleswaldhof	Völkleswaldhof Verband: Demeter
74423 Obersontheim Tel. 07973/6784 Landwirtschaft, Sortiment erfragen, Honig Zeiten: nach Vereinbarung	Monika Schwarz	Am Sturz 4 Verband: Demeter
74423 Obersontheim Tel. 07973/1550 Hofladen, Naturkost-Sortiment, Obst, Gemüse, Käse Zeiten: täglich 17-18.30	Walter und Sigrid Schmidt, Erlenhof	Erlenstraße 35 Verband: Demeter
74423 Obersontheim-Engelhofen Hengelgasse 1 Tel. 07973/5924 Getreide, Kartoffeln, Milch, Fleisch, Wurst Zeiten: nach Vereinbarung		Martin Mayer Verband: Bioland
74424 Bühlertann Tel. 07973/5985 Fleisch, Wurst Zeiten: nach Vereinbarung	Ernst Martin Zipperer	Tannenburg Verband: Bioland
74426 Bühlerzell-Geifertshofen Tel. 07974/616 Wolle, Felle, Saft, Obst, Käse, Fleisch, Wurst Zeiten: Fr 13-19	Jürgen u. Daniela Maisch	Bühlerzellerstr. 16 Verband: Bioland
74426 Bühlerzell-Schönb. Tel. 07974/372 Getreide, Gemüse, Fleisch, Wurst Zeiten: nach Vereinbarung	Viktor Engel	Ortsstraße 4 Verband: Naturland

Einkaufen direkt beim Bio-Bauern

74523 Bühlerzimmern   Martin Scharpf   Einkornstr. 22
Tel. 0791/2188
Brot, Säfte, Wein, Getreide, Obst, Gemüse, Kartoffeln, Eier, Geflügel, Fleisch, Wurst
Zeiten: Mo-Fr 8-18, Sa 8-13   Verband: Bioland

74523 Bühlerzimmern   Ernst Heyd   Haus Nr. 24
Tel. 07907/2776
Fleisch
Zeiten: nach Vereinbarung   Verband: Bioland

74523 Schwäbisch-Hall   Friedrich Müller   Ramsbach 3
Tel. 0791/3452
Landwirtschaft, Sortiment erfragen
Zeiten: täglich 17-18.30, Do 15-19   Verband: Demeter

74523 Schwäbisch-Hall   Justizvollzugsanstalt Kleincomburg   Herr Baumann
Tel. 07913068 bzw.
Getreide, Obst, Gemüse, Kartoffeln, Milch, Eier
Zeiten: werktags 8.30-9.30   Verband: Bioland

74526 Schwäbisch-Hall   Rudolf Bühler   Raiffeisenstraße 20
Tel. 0791/2304
Bauernmarkt
Zeiten: täglich   Verband: Naturland

74532 Buch   Friedrich Maaß   Im Bühl 86
Tel. 07954/338
Säfte, Brot, Getreide, Obst, Gemüse, Kartoffeln, Milch, Käse, Eier, Fleisch, Wurst
Zeiten: Mi, Do 16-18 und nach Vereinbarung   Verband: Bioland

---

74532 Ilshofen-Steinbächle   Karl Ebert   Brübelgasse 1
Tel. 07904/7241
Saft, Getreide, Gemüse, Kartoffeln, Eier, Fleisch, Wurst
Zeiten: Sa 10-13 und nach Vereinbarung   Verband: Bioland

74532 Ilshofen   Ingrid Bischoff   Klingenstr. 17
Tel. 07904/8811
Ziegenkäse, Käse, Fleisch, Wurst
Zeiten: werktags 16-18   Verband: Bioland

74535 Mainhardt   Edmund und Doris Braun, Riegenhof   Riegenhof 4
Tel. 07903/2782
Holzofenbrot, Ferienwohnung, Sortiment erfragen
Zeiten: Fr 14-18   Verband: Demeter

74542 Braunsbach-Jungholzhausen   Rolf + Elisabeth Däuber   Langenburgerstr. 2
Tel. 07906/8586
Brot, Getreide, Kartoffeln, Eier, Fleisch, Wurst
Zeiten: Mo 17-18.30 + Do 17-19   Verband: Bioland

74545 Michelfeld   Fritz Dietrich   Koppelinshof 2
Tel. 0791/72438
Saft, Getreide, Obst, Gemüse, Kartoffeln, Milch, Käse, Eier, Fleisch, Wurst
Zeiten: Di, Fr 16-18 + Sa 9-12   Verband: Bioland

Einkaufen direkt beim Bio-Bauern

74547 Untermünkheim   Hartmut und Ulrike Engelhardt   Schönenberg 1
Tel. 07906/8195
Brot, Saft, Wein, Getreide, Gemüse, Kartoffeln, Eier, Fleisch, Wurst
Zeiten: Di 9-12, Fr 16-19   Verband: Bioland

74547 Untermückheim-Haagen   Martin Setzer   Milchweg 11
Tel. 0791/8225
Milch
Zeiten: tgl, ab 8 Uhr   Verband: Bioland

74547 Untermückheim   Hermann und Birgit Stapf   Moorstein 16
Tel. 0791/84300
Wolle, Lammfelle, Brot, Saft, Wein, Getreide, Obst, Gemüse, Kartoffeln, Eier, Fleisch, Wurst
Zeiten: nach Vereinbarung   Verband: Bioland

74549 Wolpertshausen   Wilfried Blanc   Hörlebacher Straße 18
Tel. 07904/341
Apfelsaft, Getreide, Obst, Gemüse, Käse
Zeiten: Do,Fr 18-19 und nachVereinbarung   Verband: Demeter

74564 Crailsheim   Georg Kampmann   Bruckstraße 50
Tel. 07951/22323
Sortiment erfragen (Landwirtschaft)
Zeiten: nach Vereinbarung   Verband: Demeter

74564 Crailsheim   Gärtnerei Volz   Schönebürgstraße 11
Tel. 07951/5312
Obst, Gemüse
Zeiten: Mo-Fr 8.30-12.30, 14-18; Sa 9-13   Verband: Demeter

74572 Blaufelden   Ernst Weber   Hofgasse 31
Tel. 07958/568
Brot, Säfte, Wein, Getreide, Obst, Gemüse, Kartoffeln, Milch, Käse, Eier, Fleisch, Wurst
Zeiten: Mo-Sa 8-20   Verband: Bioland

74572 Blaufelden   Alfred Vogt   Heufelwinden 14
Tel. 07958/738
Honig, Säfte, Getreide, Obst, Kartoffeln, Milch, Käse, Eier, Fleisch, Wurst
Zeiten: nach Vereinbarung   Verband: Bioland

74572 Blaufelden   Siegfried Gehringer   Ostlandstr. 85
Tel. 07953/8217
Käse
Zeiten: nach Vereinbarung   Verband: Bioland

74575 Schrozberg   Walter Schuch   Haus Nr. 3
Tel. 07935/391
Saft, Getreide, Obst, Kartoffeln
Zeiten: nach Vereinbarung   Verband: Bioland

74575 Schrozberg   Siegfried Dietz   Lindlein 7
Tel. 07935/241
Hofladen, Sortiment erfragen
Zeiten: nach Vereinbarung   Verband: Demeter

Einkaufen direkt beim Bio-Bauern

74575 Schrozberg Tel. 07579/213 Gemüse Zeiten: 8.30-12 + 14-18	Franz Wiedmann	Oberstettenerstr. 7 Verband: Bioland
74585 Rot am See Tel. 07958/329 Vollkornbrot, Obst, Gemüse, Käse Zeiten: Do 10-17	Hannelore Frank	Weikersholz 2 Verband: Demeter
74585 Rot am See Tel. 07985/8190 Getreide, Kartoffeln, Eier, Fleisch, Wurst Zeiten: nach Vereinbarung	Walter Östreicher	Limbacherstr. 14 Verband: Bioland
74586 Frankenhardt Tel. 07959/837 Brot, Hofladen, Getreide, Obst, Gemüse, Kartoffeln, Milch, Käse, Eier, Fleisch, Wurst Zeiten: Do-Sa durchgehend geöffnet	Walter und Helga Schöll, Buchenhof	Brunzenberg 2 Verband: Demeter
74586 Frankenhardt Tel. 07959/501 Naturkost-Sortiment, Getreide, Obst, Gemüse, Käse, Fleisch, Wurst Zeiten: nach Vereinbarung	Bernhard und Ingrid Finck, Korleshof	Spaichbühl 27 Verband: Demeter
74586 Frankenhardt Tel. 07959/819 Hofladen, Sortiment erfragen Zeiten: täglich 18-30-19.30, Fr 14-17, Sa 8-12	Martin Klopfer	Ostweg 15 Verband: Demeter
74589 Satteldorf Tel. 07955/3160 Hofladen, Sortiment erfragen Zeiten: nach Vereinbarung	Fritz Sander	Bölgental 7 Verband: Demeter
74592 Kirchberg Tel. 07954/8010 Beet- u. Balkonpflanzen, Obst, Gemüse Zeiten: nach Vereinbarung	Sozialth. Lebens- u. Arbeitsgem. e. V.	Heimstraße 10 Verband: Demeter
74595 Langenburg-Atzenrod Tel. 07905/5121 Saft, Wein, Getreide, Obst, Gemüse, Kartoffeln, Käse, Eier, Fleisch, Wurst Zeiten: Fr 13-18 und nach Vereinbarung	Gerhard Steinbrenner	Blaufelder Str. 39 Verband: Bioland
74595 Langenburg Tel. 07905/475 Landwirtschaft, Schafprodukte, Obst, Fleisch, Wurst Zeiten: Mo-Fr 14-16, Sa. 10-12	Norbert und Berit Fischer	Blaufelder Straße 49 Verband: Demeter
74595 Langenburg Tel. 07905/664 Landwirtschaft, Sortiment erfragen, Obst, Gemüse, Käse, Eier Zeiten: nach Vereinbarung	Karl und Annegret Stier	Merzenwiesen 3 Verband: Demeter

Einkaufen direkt beim Bio-Bauern

74595 Langenburg   Jürgen und Mechthild Steinbrenner   Am Ziegelbach 2
Tel. 07905/5116
Sortiment erfragen, Fleisch
Zeiten: nach Vereinbarung   Verband: Demeter

74613 Öhringen   Jürgen Baumgartl   Ruckhardhausen 1
Tel. 07948/2482
Ziegenmilch und -käse, Obst, Gemüse, Kartoffeln, Fleisch, Wurst
Zeiten: Do 17-18   Verband: Bioland

74613 Öhringen   Rolf & Rosemarie Will   Gartenbühlstr. 33
Tel. 07948/539
Saft, Getreide, Obst, Kartoffeln, Eier, Fleisch, Wurst
Zeiten: nach Vereinbarung   Verband: Bioland

74613 Öhringen-Untersöllbach   Roland und Brigitte Geist   Kirchenrain 11
Tel. 07941/7434
Honig, Säfte, Wein
Zeiten: Mi 16-18, Sa 8-12   Verband: Bioland

74626 Bretzfeld   Fritz Grabert   Oststraße 3
Tel. 07946/8844
Sortiment erfragen, Obst, Gemüse
Zeiten: Do 18-20   Verband: Demeter

74629 Pfedelbach   Gerhard Baumann   Heimathof
Tel. 07949/2109
Apfelsaft, Fleisch
Zeiten: nach Vereinbarung   Verband: Naturland

74632 Neuenstein   Christoph Knausenberger   Friedrichsruher Str. 80
Tel. 07041/2360
Säfte, Jungpflanzen, Getreide, Obst, Gemüse, Kartoffeln, Milch, Käse, Eier
Zeiten: Di-Fr 8-12, 14-18, Sa 8-13   Verband: Bioland

74632 Neuenstein   Karlheinz und Gerda Breutner   Döttenweiler Haus 3
Tel. 07942/8089
Getreide, Obst, Gemüse, Kartoffeln, Milch
Zeiten: nach Vereinbarung   Verband: Demeter

74635 Kupferzell   Martin und Bärbel Schäfer   Bühlweiler 19
Tel. 07944/2566
Most und Apfelsaft, Obst, Gemüse, Käse
Zeiten: nach Vereinbarung   Verband: Demeter

74653 Künzelsau   Fritz und Martin Frank   Steinbacher Weg 100
Tel. 07940/8392
Hofkäserei, Getreide, Gemüse, Kartoffeln, Milch
Zeiten: Mo-Fr 17.30-19.30, Do ganztägig   Verband: Demeter

74653 Künzelsau   Ernst Bürkert   Siegelhof 7
Tel. 07940/2246
Landwirtschaft, Obst, Gemüse, Käse
Zeiten: nach Vereinbarung   Verband: Demeter

Einkaufen direkt beim Bio-Bauern

74653 Stachenhausen   Erich Landes   Weldingsfelder Weg 5
Tel. 07940/8135
Getreide, Obst, Gemüse, Kartoffeln, Milch, Eier
Zeiten: nach Vereinbarung   Verband: Bioland

74673 Mulfingen-Hollenbach   Gerhard Henn   Albertshof 3
Tel. 07938/7403
Getreide, Kartoffeln
Zeiten: nach Vereinbarung   Verband: Bioland

74673 Mulfingen   Klaus und Gudrun Hildebrand-Weygoldt   Berndshofen 18
Tel. 079387462
Kiegenmilch und -käse, Fleisch, Wurst
Zeiten: nach Vereinbarung   Verband: Bioland

74673 Mulfingen-Hollenbach   Karl Rudolf Kollmar   Brunnengasse 15
Tel. 07938/482
Honig, Getreide, Milch
Zeiten: nach Vereinbarung   Verband: Bioland

74676 Niedernhall   Käppler-Dadischeck GbR   Hermersberg 7
Tel. 07940/6894
Gartenbau, Hofladen, Naturkost-Sortiment, Obst, Gemüse
Zeiten: Fr 16-18 und nach Vereinbarung   Verband: Demeter

74676 Niedernhall   Hofgut Hermersberg   Hermersberg 6
Tel. 07940/53833
Hofladen, Brot, Obst, Gemüse, Käse, Fleisch
Zeiten: nach Vereinbarung   Verband: Demeter

74740 Adelsheim-Sennfeld   Lothar Rumm   Seehöferstraße 1
Tel. 06291/7552
Ölsaaten, Getreide, Geflügel, Fleisch
Zeiten: nach Vereinbarung   Verband: Naturland

74747 Ravenstein   Reinhold Otterbach   Hoher Baum 7
Tel. 06297/744
Getreide
Zeiten: nach Vereinbarung   Verband: Bioland

74749 Rosenberg-Sindolsheim   Siegfried Frank, Grünkernhof   Vorstadt 11
Tel. 06295/629
Getreide, Gemüse, Kartoffeln, Milch, Eier, Geflügel, Fleisch, Wurst
Zeiten: nach Vereinbarung   Verband: Bioland

74749 Rosenberg-Sindolsheim   Dr. Jürgen Hämer   Gestüt Hinter d. Hesselich
Tel. 06295/1312
Pferde, Getreide
Zeiten: nach Vereinbarung   Verband: Bioland

74834 Elztal   Widmaier, T. Braun, M., Ziegenhof Auerbach   Denig 4
Tel. 06293/7844
Schaf- und Ziegenfelle, Käse, Fleisch, Wurst
Zeiten: Mo-Sa 16-18   Verband: Bioland

Einkaufen direkt beim Bio-Bauern

74834 Elztal Bäckerei, Konditorei, Café Englert Dorfstraße 15
Tel. 06261/2521
Demeter-Bäckerei
Zeiten: übliche Ladenöffnungszeiten Verband: Demeter

74842 Billigheim Reinhold Würth Schmelzenhof
Tel. 06265/7666
Brot, Getreide, Kartoffeln, Milch, Fleisch, Wurst
Zeiten: vormittags + abendsnach Vereinbarung Verband: Bioland

---

74847 Obrigheim Heinrichhof Kirstetter Straße 23
Tel. 06263/7763
Hofladen, Sortiment erfragen
Zeiten: Di, Fr 15.30-18 Verband: Demeter

74850 Schefflenz Frank und Sandra Fellmann, Eberbachhof Eberbachstraße 1
Tel. 06293/7831
Rindfleisch in Vierteln, Sortiment erfragen, Obst, Gemüse, Käse
Zeiten: nach Vereinbarung Verband: Demeter

74864 Fahrenbach-Robern Karl und Gisela Friedel Rathhausstr. 4
Tel. 06267/599
Wein, Saft, Kartoffeln
Zeiten: nach Vereinbarung Verband: Bioland

74889 Sinsheim-Ehrstädt Ernst Schmutz Wöttlinstr. 2
Tel. 07266/8503 o.
Getreide, Obst
Zeiten: nach Vereinbarung Verband: Bioland

74889 Sinsheim Heinrich Schmutz Hinterdorfstr. 4
Tel. 07266/1301
Gemüse, Kartoffeln
Zeiten: nach Vereinbarung Verband: Bioland

74889 Sinsheim Norbert und Karin Schüle Adersbacher Straße 6
Tel. 07261/61948
Getreide, Gemüse, Käse
Zeiten: nach Vereinbarung Verband: Demeter

74889 Sinsheim Karl Schirk Kleinfeldstraße 17
Tel. 07261/4795
Obst, Gemüse
Zeiten: nach Vereinbarung Verband: Demeter

74889 Sinsheim Philipp Schneider Aussiedlerhof
Tel. 07261/2869
Hofladen, Getreide, Obst, Gemüse, Kartoffeln, Käse
Zeiten: Sa 8-12 und 13-18 und nach Vereinbarung Verband: Demeter

---

74906 Bad Rappenau Roland Sienel Im Grafenwald 3
Tel. 07264/6799
Honig, Saft, Getreide, Obst, Gemüse, Kartoffeln, Eier, Fleisch, Wurst
Zeiten: Mo-Sa 9-18 Verband: Bioland

Einkaufen direkt beim Bio-Bauern

74909 Meckesheim Tel. 06226/2680 Sortiment erfragen, Hofladen Zeiten: Mo, Mi, Fr, Sa 10-11, Sa 14-17	Siegfried Welz	Meckesheimer Hof 4 Verband: Demeter
74918 Angelbachtal Tel. 07265/7428 Getreide, Gemüse, Kartoffeln Zeiten: nach Vereinbarung	Heimo Linse	Hohlbinsenstraße 6 Verband: Demeter
74921 Helmstadt-Bargen Tel. 07263/64124 Obst, Gemüse Zeiten: nach Vereinbarung	Willi Hamel	Kornsgasse 21 Verband: Demeter
74928 Hüffenhardt Tel. 06268/1416 Hofladen, Naturkost-Sortiment, Obst, Gemüse Zeiten: Sa 9-12	Henriette Engel	Wüsthäuser Hof Verband: Demeter
74934 Reichartshausen Tel. 06262/6535 Obst, Gemüse Zeiten: nach Vereinbarung	Günter Engelhart, Lerchenhof	Weinweg 1 Verband: Demeter
75031 Eppingen Tel. 07262/1820 Hofladen, Naturkost-Sortiment, Obst, Gemüse, Käse Zeiten: Fr 14-18	Dieter Sitzler	Hilsbacher Straße 62 Verband: Demeter
75031 Eppingen Tel. 07262/7755 Hofladen, Naturkost-Sortiment, Säfte, Obst, Gemüse Zeiten: Fr 10-12 und 14-16	Dammhöfer Gärtnerhof	 Verband: Demeter
75045 Walzbachtal Tel. 07203/1584 Hofladen, Sortiment erfragen Zeiten: Mi 16-19, Fr 15-19, Sa 10-12	Munz	Binsheim 11 Verband: Demeter
75050 Gemmingen Tel. 07267/205 Hofladen, Naturkost-Sortiment, Obst, Gemüse, Käse, Eier Zeiten: Mo-Fr 17.30-19.30, Sa 8-12.30	Rudolf Brian	Schwaigerner Straße 66 Verband: Demeter
75050 Gemmingen Tel. 07267/8763 Sortiment erfragen Zeiten: nach Vereinbarung	Georg Sandhöfner	Birkenhof 2 Verband: Demeter
75053 Gondelsheim Tel. 07252/80285 Holzofenbrot, Obst, Gemüse Zeiten: Fr 17-18.30	Günter und Claudia Kohler	Fasanenstraße 6 Verband: Demeter

Einkaufen direkt beim Bio-Bauern

75177 Pforzheim Sichermann
Tel. 07231/52868
Säfte, Getreide, Obst, Gemüse, Kartoffeln, Eier, Fleisch, Wurst
Zeiten: nach Vereinbarung

Eisinger Landstraße

Verband: ANOG

75196 Remchingen Gerhard Gay
Tel. 07232/71199
Brot, Saft, Wein, Getreide, Obst, Gemüse, Kartoffeln, Eier
Zeiten: Di, Do 17-18.30 + Sa 9-12

Talstr. 3

Verband: Bioland

75203 Königsbach-Stein 2 Fuchs und Schmider
Tel. 07232/2078
Obst, Gemüse
Zeiten: ab 17.30

Alte Brettenerstraße 60

Verband: Demeter

75210 Keltern Claus Bischoff
Tel. 07236/6728
Rotwein, Weißwein/Baden, ECOVIN, Weinproben
Zeiten: nach Vereinbarung

Leibnizstraße 9

Verband: BÖW

75223 Niefern-Öschelbronn Roland Hottinger
Tel. 07233/6144
Sonnenblumenöl, Fleisch, Wurst
Zeiten: nach Vereinbarung

Bergstr. 103

Verband: Bioland

75242 Neuhausen Erich Enghofer
Tel. 07234/5904
Getreide, Gemüse, Kartoffeln
Zeiten: nach Vereinbarung

Forststr. 5

Verband: Bioland

75242 Neuhausen-Hamberg Gebhard Mühlthaler
Tel. 07234/1408
Getreide, Obst, Gemüse, Kartoffeln, Käse
Zeiten: Zustellservice im Nahbereich

Schelmenstr. 4

Verband: Bioland

75242 Neuhausen-Hamberg Helmut Sickinger
Tel. 07234/1587
Getreide, Kartoffeln
Zeiten: nach Vereinbarung

Hauptstr. 107

Verband: Bioland

75248 Ölbronn-Dürrn Karl Wilhelm
Tel. 07043/2272
Getreide, Gemüse, Kartoffeln, Eier, Fleisch, Wurst
Zeiten: nach Vereinbarung

Obere Steinbeisstr. 13

Verband: Bioland

75334 Straubenhardt-Conweiler Manfred u. Jürgen Vischer
Tel. 07082/20439
Getreide, Kartoffeln
Zeiten: nach Vereinbarung

Parkweg 46

Verband: Bioland

75334 Straubenhardt Horst Reiser
Tel. 07082/8603
Brot, Saft, Getreide, Obst, Gemüse, Kartoffeln, Käse, Eier, Fleisch, Wurst
Zeiten: Fr 9-11, Di + Fr 15-18.30 u. Sa 9-12

Schwannerstr. 13

Verband: Bioland

Einkaufen direkt beim Bio-Bauern

75378 Bad Liebenzell   Rainer Gorjup, Hardthof   Höhenstr. 39
Tel. 07052/1304
Obst, Gemüse, Kartoffeln, Eier, Fleisch, Wurst
Zeiten: Mo-Sa 17.30-19
    Verband: Bioland

75387 Neubulach   Martin Dietrich Fritz Luz   Mühlstr. 6
Tel. 07053/3525
Obst, Gemüse, Kartoffeln, Milch, Eier, Fleisch, Wurst
Zeiten: täglich 18.30-19.30 & nach Vereinbarung
    Verband: Bioland

75391 Gechingen   Sonja & Thomas Dittmayer   Lerchenhof
Tel. 07056/2997
Brot, Saft, Wein, Getreide, Obst, Gemüse, Kartoffeln, Milch, Käse, Eier, Fleisch, Wurst
Zeiten: Mo, Do, Fr
    Verband: Bioland

75392 Deckenpfronn   Martinshof Dorfgemeinschaft Tennental
Tel. 07056/926121 +
Schlachterei, Obst, Gemüse, Käse
Zeiten: Di, Fr 17-18.30 und nach Vereinbarung
    Verband: Demeter

75392 Deckenpfronn   Martinshof Dorfgem. Tennental   Martinshof 7
Tel. 07056/926121
eigene Schlachtung, Sortiment erfragen
Zeiten: Di und Fr 17-18.30 und nach Vereinbarung
    Verband: Demeter

75417 Mühlacker   Alfred Heermann, Heermannshof   Denzelhalde 1
Tel. 07041/6236
Hofladen, Naturkost-Sortiment, Obst, Milch, Eier, Fleisch
Zeiten: täglich 18-19, Sa 9-12
    Verband: Demeter

75438 Knittlingen   Gerhard Bonnet   Baumbachweg 7-9
Tel. 07043/6107
Holzofenbrot, Hofladen, Getreide, Obst, Gemüse, Kartoffeln, Milch, Käse, Fleisch
Zeiten: Mo-Fr 8-12.30, 14-18.30, Sa 8-12
    Verband: Demeter

75438 Knittlingen   Thomas Blanc   Weinbergweg 1
Tel. 07043/2318
Holzofenbrot, Hofladen, Sortiment erfragen, Getreide, Gemüse, Milch
Zeiten: Di 8-12, Do u. Fr 8-12 u. 13-19
    Verband: Demeter

75443 Ötisheim   Agathe Keller   Pfleggärten 3
Tel. 07041/2380
Brot, Trockenprodukte, Wein, Saft, Getreide, Obst, Gemüse, Kartoffeln, Milch, Käse, Eier
Zeiten: Di, Do, Fr, Sa tagsüber
    Verband: Bioland

75446 Wiernsheim   Jörg Blessing, Roland Flattich   Beim hohen Kreuz 30
Tel. 07044/7253
Brot, Milch, Käse, Fleisch, Wurst
Zeiten: immer
    Verband: Bioland

75446 Wiernsheim   Fritz Martin   Weiherstr. 4/1
Tel. 07044/8713
Mehl, Fleisch nach telef. Best., Getreide, Fleisch, Wurst
Zeiten: nach Vereinbarung
    Verband: Bioland

Einkaufen direkt beim Bio-Bauern

75446 Wiernsheim-Iptingen Heinz Jonigkeit Im Täle 15
Tel. 07044/6636
Fleisch, Wurst
Zeiten: nach Vereinbarung Verband: Bioland

75449 Wurmberg Günter Dihlmann Uhlandstr. 3
Tel. 07044/44565
Saft, Wein, Schnaps, Getreide, Obst, Gemüse, Kartoffeln, Milch, Käse, Fleisch, Wurst
Zeiten: Do, Fr 14-17 und nach Vereinbarung Verband: Bioland

76139 Karlsruhe Petra Stumpf Vokkenaustraße 51
Tel. 0721/684943
Obst, Gemüse
Zeiten: nach Vereinbarung Verband: Demeter

76187 Karlsruhe-Knielingen Willi Litzenberger Jakob-Dörr-Str. 17
Tel. 0721/561591
Getreide, Kartoffeln, Eier
Zeiten: Di,Do 17-18.30, Sa 10-12 Verband: Bioland

76229 Karlsruhe Alexandra u. Gerhard Knöbl Im Brühl 7
Tel. 0721/483054
Milch, Käse, Fleisch, Wurst
Zeiten: durchgehend Verband: Bioland

76275 Ettlingen Thomas und Lilo Fritsch, Talhof Talstraße 27
Tel. 07243/28495
Dinkel, Gemüse, Kartoffeln
Zeiten: Di,Fr 12-14, 18-20 und nach Vereinbarung Verband: Demeter

---

76275 Ettlingen-Schöllbronn Gottfried Ochs Etzenackerweg 8
Tel. 07243/2207
Brot, Getreide, Obst, Gemüse, Kartoffeln, Milch
Zeiten: Mo-Fr 9-11, 17-20 Verband: Bioland

76275 Ettlingen Siegelind Kaufmann Morgenstraße 3
Tel. 07243/99704
Saft, Obst, Gemüse, Kartoffeln, Fleisch
Zeiten: Di, Do 16-18.30, Sa 10-12 Verband: Bioland

76297 Stutensee Emil Friebolin Am Rain 5
Tel. 07244/9520
Säfte, Wein, Getreide, Obst, Gemüse, Kartoffeln, Milch, Käse
Zeiten: Mo,Di,Do,Fr 8-13 und 15-18.30, Sa 8-13 Verband: Bioland

---

76297 Stutensee Bernhard Rapp Schloß Stutensee
Tel. 07249/770
Getreide, Kartoffeln
Zeiten: Sa 8-12 Verband: Bioland

76327 Pfinztal-Berghausen Helmut und Beate Petrik Am Heulenberg
Tel. 0721/460728
Brot, Wein, Saft, Trockenobst, Nudeln, Getreide, Obst, Gemüse, Kartoffeln, Käse, Eier, Fleisch
Zeiten: Di, Fr 9-13, 15-18,Sa 9-12 Verband: Bioland

Einkaufen direkt beim Bio-Bauern

76332 Bad Herrenalb   Gerd Göhringer   Schwimmbadstraße 1
Tel. 07083/1214
Brot, Saft, Wein, Naturkosmetik, Getreide, Obst, Gemüse, Milch, Käse, Eier, Fleisch, Wurst
Zeiten: Mo-Sa 8-13, 15-18   Verband: Bioland

76437 Rastatt   Anton und Gabriele Butz   Blumenstraße 22
Tel. 07222/20668
Hofladen, Naturkost-Sortiment, Getreide, Obst, Gemüse, Kartoffeln
Zeiten: Mi u. Fr 16-18, Fr 9.30-12.30,Sa 9.30-12   Verband: Demeter

---

76479 Steinmauern   Alfred Bruskowski   Birkenhof, Spichstr.
Tel. 07222/20211
Getreide, Eier, Geflügel
Zeiten: nach Vereinbarung   Verband: Naturland

76534 Baden-Baden   Winzergenossenschaft Steinbach-Umweg   Umweger Straße 59
Tel. 07223/57095, F
Weißwein/Baden ECOVIN
Zeiten: nach Vereinbarung   Verband: BÖW

76547 Sinzheim-Müllhofen   Georg Schmälzle   Frühlingstr. 1
Tel. 07223/6361
Wein, Saft, Brot, Lieferservice, Getreide, Obst, Gemüse, Kartoffeln, Milch, Käse, Eier, Fleisch, Wurst
Zeiten: Di, Fr 14.30-18.30,Sa 9-13   Verband: Bioland

76571 Gaggenau   Jochen Krieg   Querbachweg 5
Tel. 07225/77598
Brot, Saft, Obst, Gemüse, Kartoffeln, Milch, Käse, Eier, Fleisch
Zeiten: Mo,Di,Do,Fr 9-12.30,14.30-18.30, Sa 9-13   Verband: Bioland

---

76646 Bischweiler   Betina Hertweck GmbH   Bahnhofstraße 9
Tel. 07222/48005
Sortiment erfragen
Zeiten: nach Vereinbarung   Verband: Bioland

76676 Graben-Neudorf   Max Metzger   Albert-Schweitzer-Str. 49
Tel. 07255/9223
Spargel, Getreide, Gemüse
Zeiten: Mo,Mi,Fr,Sa 18.30-19.30   Verband: Bioland

76676 Graben-Neudorf   Gerald Zinecker   Hauptstraße 3
Tel. 07255/9242
Spargel
Zeiten: Mai-Juni täglich 10-22   Verband: Bioland

76703 Kraichtal   Walter Lepp, Hof am Seeberg   Seebergerteich 1
Tel. 07258/405
Hofladen, Naturkost-Sortiment, Obst, Gemüse, Käse
Zeiten: Mo-Fr 17-18.30, Sa 8-13   Verband: Demeter

76703 Bahnbrücken   Peter Kaiser   Gochsheimerstraße 11
Tel. 07250/1674
Rotwein, Weißwein/Baden ECOVIN
Zeiten: nach Vereinbarung   Verband: BÖW

Einkaufen direkt beim Bio-Bauern

76706 Dettenheim Tel. 07255/8661 Spargel, Obst, Gemüse, Käse Zeiten: nach Vereinbarung	Bernd und Ludmilla Denzel	Huttenheimer Straße 3 Verband: Demeter
76706 Dettenheim Tel. 07255/2185 Hofladen, Sortiment erfragen Zeiten: Di und Do 16-18	H. und N. Vögele	Herrgottstraße 9 Verband: Demeter
76707 Hambrücken Tel. 07255/4148 Spargel Zeiten: in der Spargelzeit täglich 16-19	Edelbert Krämer	Schoferstraße 10 Verband: Bioland
76726 Germersheim-Sondernheim Tel. 07274/6308 Wein, Getreide, Kartoffeln, Milch, Käse, Fleisch Zeiten: Mo-Fr 9-19	Peter Bumiller, Lindenhof	Kirchstraße 8 Verband: Bioland
76744 Maximiliansau Tel. 07271/41707 Wein, Saft, Sonnenblumenöl, Brot, Getreide, Obst, Gemüse, Kartoffeln, Milch, Käse, Eier, Fleisch Zeiten: Di, Fr 17-19, Sa 9-12	Heinrich Dümler	Dietrich-Bonhoeffer-Straße 9 Verband: Bioland
76744 Wörth/Rhein Tel. 07271/79428 Obst Zeiten: nach Vereinbarung	Jürgen Keller	Hartmannstraße 21 Verband: Naturland
76829 Landau-Wollmersheim Tel. 06341/30202 Wein, Saft, Obst Zeiten: nach Vereinbarung	Wolfgang Marzolph	Dörstelstraße 20 Verband: Bioland
76829 Ranschbach Tel. 06345/2832, Fa Rotwein, Weißwein, Sekt/Pfalz ECOVIN, Weinproben „Wein und Kunst"-Geschenkideen Zeiten: nach Vereinbarung	Franz Braun	Weinstraße 10 Verband: BÖW
76829 Landau Tel. 06341/33960 Wein, Saft Zeiten: nach Vereinbarung	Stefan Kuntz	Haufenstraße 14 Verband: Bioland
76829 Landau Tel. 06341/32355 Wein, Saft, Getreide, Gemüse, Kartoffeln Zeiten: nach Vereinbarung	Andreas Kopf	Am Frohnacker 1 Verband: Bioland
76829 Landau-Nußdorf Tel. 06341/61972, F Rotwein, Weißwein, Sekt/Pfalz ECOVIN, Brände, Essig, Wein-/Traubengelee, Honig, Honiglikör Zeiten: nach Vereinbarung	Klaus und Susanne Rummel	Geißelgasse 36 Verband: BÖW

Einkaufen direkt beim Bio-Bauern

76831 Göcklingen   Walter Hoffmann   Steinstraße 25
Tel. 06349/8536
Wein, Saft, Getreide
Zeiten: nach Vereinbarung   Verband: Bioland

76831 Göcklingen   Klaus Hohlreiter   Hauptstraße 33
Tel. 06349/6288, Fa
Weißwein, Rotwein, Sekt/Pfalz ECOVIN, Weinproben Gästezimmer
Zeiten: nach Vereinbarung   Verband: BÖW

76831 Billigheim-Ingenheim Roman Wirth   Pfützgasse 1
Tel. 06349/3500
Ziegenkäse, Getreide, Gemüse, Kartoffeln
Zeiten: Di, Fr 15-19   Verband: Bioland

76833 Böchingen   Heiner Sauer, Wein   Hauptstraße 44
Tel. 06341/61175
Wein, Sekt, Saft, Obst
Zeiten: nach Vereinbarung   Verband: Bioland

76833 Böchingen   Kurt Weber   Friedhofstraße 6
Tel. 06341/63317
Wein
Zeiten: nach Vereinbarung   Verband: Bioland

76833 Siebeldingen   Ekkehard Richter   Weinstraße
Tel. 06345/8961
Wein, Saft, Sekt
Zeiten: Mo-Sa 8-18   Verband: Bioland

76835 Hainfeld   Franz Krahl   Georg-Koch-Straße 3
Tel. 06323/5363, Fa
Rotwein, Weißwein, Sekt/Pfalz ECOVIN, Weinproben Essig, Wein-/Traubengelee
Zeiten: Sa, So 10-15 und nach Vereinbarung   Verband: BÖW

76835 Weyher   Ludwig Seiler   Modenbachstraße 3
Tel. 06323/4219
Wein, Saft
Zeiten: Mo-Sa 8-12, 13-17   Verband: Bioland

76835 Burrweiler   Weingut St. Annaberg, Zimmerbeutel   St. Annabergstraße 203
Tel. 06345/3624, Fa
Rotwein, Weißwein, Sekt/Pfalz ECOVIN, Weinproben Bewirtung, Gästezimmer, Brände
Zeiten: nach Vereinbarung   Verband: BÖW

76872 Freckenfeld   Achim Bauer Bauer's Garten   Hauptstr. 155
Tel. 06340/5717
Brot, Sonnenblumenöl, Getreide, Gemüse, Kartoffeln, Wurst
Zeiten: nach Vereinbarung   Verband: Bioland

76879 Essingen   Sibylle Weiter   Gerämmestraße 22
Tel. 06347/6335
Saft
Zeiten: nach Vereinbarung   Verband: Bioland

Einkaufen direkt beim Bio-Bauern

76889 Niederotterbach　　Hans Clödy　　　　　　　　　　　Hauptstraße 33
Tel. 06340/8649
Wein, Saft, Getreide, Kartoffeln
Zeiten: nach Vereinbarung　　　　　　　　　　　　　　　　Verband: Bioland

76891 Busenberg　　　　　Norbert Fritz　　　　　　　　　　Hauptstraße 23
Tel. 06391/3150
Saft, Obst, Gemüse, Kartoffeln, Eier, Fleisch
Zeiten: Fr 14-18.30　　　　　　　　　　　　　　　　　　Verband: Bioland

77694 Kehl-Odelshofen　　Gerd Reuter　　　　　　　　　　Hebelstr. 41
Tel. 07852/1718 bzw
Gemüse, Kartoffeln
Zeiten: nach Vereinbarung　　　　　　　　　　　　　　　　Verband: Bioland

77704 Oberkirch　　　　　Peter und Kathi Pfaff　　　　　　Hesselbach 46
Tel. 07802/2101
Branntweine, Obst, Gemüse
Zeiten: nach Vereinbarung　　　　　　　　　　　　　　　　Verband: Bioland

77709 Wolfach-Kirnbach　 Inge und Helmut Schneider　　　　Grubhof 1
Tel. 07834/47217
Fleisch
Zeiten: nach Vereinbarung　　　　　　　　　　　　　　　　Verband: Bioland

77716 Fischerbach　　　　Helmut Eisenmann　　　　　　　　Hauptstraße 11
Tel. 07832/5470
Getreide, Kartoffeln, Fleisch
Zeiten: nach Vereinbarung　　　　　　　　　　　　　　　　Verband: Naturland

77717 Haslach　　　　　　Walter und Heidi Feger　　　　　Bollenbacher Straße 33
Tel. 07832/2564
Brot, Getreide, Obst, Milch
Zeiten: nach Vereinbarung　　　　　　　　　　　　　　　　Verband: Naturland

77731 Willstätt-Eckartsweier Hans Trunk　　　　　　　　　Willstätter Straße 6
Tel. 07854/390
Brot, Getreide, Obst, Gemüse, Kartoffeln, Käse, Eier
Zeiten: Do 16-19　　　　　　　　　　　　　　　　　　　Verband: Bioland

77731 Willstätt　　　　　　Gemüsebau Illmann, Inh. Hans Trunk　Willstätterstr. 6
Tel. 07854/390
Brot, Blumen, Getreide, Obst, Gemüse, Kartoffeln, Eier
Zeiten: Do 16-19, Wochenmarkt Karlsruhe & Kehl　　　　　Verband: Bioland

---

77731 Willstädt　　　　　 Heinz Geiler　　　　　　　　　　Joseph-Haydn-Weg 12
Tel. 07852/5535
Getreide, Gemüse, Kartoffeln
Zeiten: nach Vereinbarung　　　　　　　　　　　　　　　　Verband: Bioland

77731 Willstätt-Legelshurst　Eberhard Hirth　　　　　　　Bolzhurststr. 17
Tel. 07852/2418
Schafs-, Ziegenkäse, Kartoffeln, Eier
Zeiten: nach Vereinbarung　　　　　　　　　　　　　　　　Verband: Bioland

Einkaufen direkt beim Bio-Bauern

77735 Zell Tel. 07835/3126 Hofladen, Naturkost-Sortiment, Getreide, Obst, Gemüse, Kartoffeln, Milch, Käse Zeiten: Fi-Fr ab 17.30	Armin und Elisabeth Reber	Dorfstraße 13 Verband: Demeter
77767 Appenweier Tel. 07805/4779 Hofladen, Obst, Gemüse Zeiten: Di und Fr 16-19	Günter und Yvonne Schneider	Hauptstraße 57 Verband: Demeter
77770 Durbach Tel. 0781/41252 Ferienwohnungen, Hofladen, Obst, Gemüse, Kartoffeln Zeiten: nach Vereinbarung	Josef u. Renate Wörner	Vollmersbach 5 Verband: Demeter
77790 Welschensteinach Tel. 07832/8443 Fleisch, Wurst Zeiten: nach Vereinbarung	Eduard Obert	Halderweg 4 Verband: Naturland
77790 Welschensteinach Tel. 07832/1554 Fleisch, Wurst Zeiten: nach Vereinbarung	Franz-Xaver Weber	Dorfstraße 1 Verband: Naturland
77790 Welschensteinach Tel. 07832/8898 Kalbfleisch, Milch Zeiten: nach Vereinbarung	Jakob Walter	Mühlsbach 13 Verband: Naturland
77815 Bühl-Kappelwindeck Tel. 07223/24774 Beeren, Säfte, Obst, Kartoffeln Zeiten: nach Vereinbarung	Michael Mast	Rappenbergweg 9 Verband: Bioland
77815 Bühl Tel. 07223/57232 Hofladen, Naturkost-Sortiment, Obst, Gemüse Zeiten: täglich außer Mo undMi	Hubert Mußler	Ottenhofener Straße 27 Verband: Demeter
77830 Bühlertal Tel. 07223/74538 Rotwein, Weißwein/Baden ECOVIN Zeiten: nach Vereinbarung	Ehreiser/Fritz GbR	Heidenbergstraße 66 Verband: BÖW
77833 Ottersweier Tel. 07223/4447 Getreide, Obst, Gemüse, Kartoffeln Zeiten: Sa 9-12	Hermann Huber	Bachstraße 13 Verband: Demeter
77839 Lichtenau-Scherzheim Tel. 07227/794 Saft, Brot, Getreide, Kartoffeln, Fleisch Zeiten: durchgehend	Gerhard Wahl	Kirchstraße 7 Verband: Bioland

Einkaufen direkt beim Bio-Bauern

77855 Achern Reinhold Weber Vogesenstraße 6
Tel. 07841/5176
Säfte, Obst, Gemüse
Zeiten: nach Vereinbarung Verband: Demeter

77855 Achern Karl Heinz Ihli Kapellenstraße 2
Tel. 07841/5189, Fa
Rotwein, Weißwein, Sekt/Baden ECOVIN, Weinproben Bewirtung
Zeiten: nach Vereinbarung Verband: BÖW

77866 Honau Kurt Bartelme Banaterhof
Tel. 07844/1434
Nudeln, Soja, Popcorn, Getreide, Kartoffeln, Eier, Geflügel
Zeiten: täglich Verband: Naturland

77866 Rheinau-Helmlingen Achim Zimmer Dorfstraße 66
Tel. 07227/1014
Obst, Gemüse, Kartoffeln, Eier
Zeiten: nach Vereinbarung Verband: Bioland

77933 Lahr H. Wöhrle, Weingut Stadt Lahr Weinbergstraße 3
Tel. 07821/25332
Rotwein, Weißwein/Baden ECOVIN, Weinproben
Zeiten: nach Vereinbarung Verband: BÖW

77955 Ettenheim Georg Schillinger/Psycho-soziale Klini Münstertalstraße 16
Tel. 07822/422-150
Getreide, Gemüse, Kartoffeln
Zeiten: nach Vereinbarung Verband: Naturland

77955 Ettenheim Weingut Enz Am Kahlenberg 1a
Tel. 07822/76177
Wein/Baden, Brände, Sekte, Accessoires
Zeiten: nach Vereinbarung Verband: Naturland

77955 Ettenheim Ewald Burg Spitalgasse 2
Tel. 07822/3824
Salat, Gemüse, Geflügel
Zeiten: nach Vereinbarung Verband: Naturland

77955 Ettenheim Bernhard Oswald Alleestraße 1
Tel. 07822/2236
Bio-Sortiment, Mühlenprodukte
Zeiten: täglich Verband: Naturland

77955 Wallburg Wolfgang Ibert Herrenstraße 24
Tel. 07822/3624
Rotwein, Weißwein, Sekt/Baden ECOVIN, Brände
Zeiten: nach Vereinbarung Verband: BÖW

77963 Nonnenweier Horst Ziegler Hauptstraße 27
Tel. 07824/3295
Schweine, Gänse, Geflügel, Fleisch
Zeiten: nach Vereinbarung Verband: Naturland

Einkaufen direkt beim Bio-Bauern

77963 Ottenheim   Alfred Oberle   Rheinstraße 13
Tel. 07824/2432
Spargel, Gemüse
Zeiten: nach Vereinbarung   Verband: Naturland

77971 Kippenheim   Werner Weis   Herrweierhof
Tel. 07825/7445
Wein, Sonnenblumenöl, Brot, Traubensaft, Nüsse Markt Freudenstadt, Getreide
Zeiten: nach Vereinbarung   Verband: Naturland

77971 Kippenheim-Schmieheim   Michael und Traute Nathanson, Mattenhof   Walburger Straße 5
Tel. 07825/7571
Brot, Wein, Getreide, Obst, Gemüse, Kartoffeln, Milch, Käse, Eier
Zeiten: Fr 15-17.30   Verband: Bioland

77972 Mahlberg   Matthias Zipf, Gärtnerei   Eisenbahnstraße 39
Tel. 07825/655
Setzlinge, Planzen, Blumen, Saft, Brot, Obst, Gemüse, Kartoffeln
Zeiten: Mi, Fr 16-18   Verband: Bioland

77974 Meißenheim   Dorothee Geist   Kürzeller Hauptstr. 43
Tel. 07824/2384
Gemüse
Zeiten: nach Vereinbarung   Verband: Bioland

77978 Schweighausen   Josef Moser   Hallen 11
Tel. 07826/717
Honig, Schnäpse, Eier, Fleisch
Zeiten: nach Vereinbarung   Verband: Naturland

77987 Schuttertal   Wolfgang und Astrid Braun   Loh 13
Tel. 07826/542
Schaffelle, Apfelmost, Lamm, Obst, Geflügel, Fleisch
Zeiten: nach Vereinbarung   Verband: Naturland

78052 Villingen-Zollhaus   Egon Hildebrand, Reiterhof   Zollhäusleweg 1
Tel. 07721/30249
Getreide
Zeiten: nach Vereinbarung   Verband: Bioland

78078 Niedereschach   Gustav Vosseler   Bühlhof
Tel. 07728/582
Getreide, Kartoffeln
Zeiten: nach Vereinbarung   Verband: Bioland

78078 Niedereschach   Barbara Penn-Sander   Billinger Straße 26
Tel. 07728/1410
Fleisch, Wurst
Zeiten: nach Vereinbarung   Verband: Bioland

78112 St. Georgen-Peterzell   Hans-Hartwig und Steffi Lenzner   Untermühlbachhof
Tel. 07724/1008
Getreide, Käse, Fleisch
Zeiten: Sa 15-17   Verband: Bioland

Einkaufen direkt beim Bio-Bauern

78144 Tennenbronn	Josef Günter, Mooshof	Schwarzenbach 271

Tel. 07729/8154 bzw
Honig, Milch, Käse, Fleisch, Wurst
Zeiten: Fr 13-17 + Sa 8-12 und nach Vereinbarung

Verband: Bioland

78144 Tennenbronn   Johannes Aberle   Schwarzenbach 278

Käse, Fleisch
Zeiten: nach Vereinbarung

Verband: Bioland

78147 Vöhrenbach   Christian Borho   Weißkopfenhof
Tel. 07657/1367
Wein, Nudeln, Ziegenmilch, Milch, Käse, Fleisch
Zeiten: Mo-Sa 10-19

Verband: Bioland

78166 Donaueschingen   Lothar Mössner   Hauptstr. 18
Tel. 07705/1334
Gärtnerei, Hofladen
Zeiten: Fr 14-18

Verband: Demeter

78166 Donaueschingen-Pfahren   Wolfgang Toth   Immenhöfe 2
Tel. 0771/13341
Brot, Getreide, Kartoffeln, Milch, Fleisch, Wurst
Zeiten: Sa bis 12 und nach Vereinbarung

Verband: Bioland

78183 Hüfingen   Max und Elisabeth Bogenschütz   Fürstenbergstraße 12
Tel. 0771/62849 ode
Urlaub, Getreide, Gemüse, Kartoffeln, Milch, Käse, Fleisch
Zeiten: Mo,Di,Do,Fr 17-18

Verband: Demeter

78199 Bräunlingen-Döggingen   Cornelia Wehinger-Folwaczny   Gauchachstraße 26
Tel. 07707/488
Brot, Wein, Steinchampignons, Getreide, Obst, Gemüse, Kartoffeln, Milch, Käse, Eier, Fleisch, Wurst
Zeiten: Di, Fr 17-20

Verband: Bioland

78199 Bräunlingen-Döggingen   Norbert Wehinger, Kirchplatzhof   Johannes-Schmid-Straße 9
Tel. 07707/886, 749
Getreide, Kartoffeln, Fleisch
Zeiten: Fr 19-21

Verband: Bioland

78199 Bräunlingen-Bruggen   Helmut Friedrich   Burgring 16
Tel. 07705/1373
Getreide, Kartoffeln, Milch, Fleisch
Zeiten: nach Vereinbarung

Verband: Bioland

78199 Bräunlingen   Reinhard Hauser, Schwalbenhof   Dögginger Straße 41
Tel. 0771/61637
Milch, Käse, Eier, Fleisch
Zeiten: Di, Do 16-19, Fr 14-18, Sa 9-12

Verband: Bioland

78199 Bräunlingen   Karl Josef Hirt   Hölzlehof 5
Tel. 0771/62210
Eier
Zeiten: nach Vereinbarung

Verband: Naturland

Einkaufen direkt beim Bio-Bauern

78247 Hilzingen Gerhard Riesterer Georgshof
Tel. 07731/65403
Saft, Getreide, Kartoffeln, Milch, Käse, Fleisch
Zeiten: werktags 18-19 Verband: Bioland

78247 Hilzingen-Binningen Manfred und Alfred Schwarz Seeweilerhof
Tel. 07739/208
Fleisch, Wurst
Zeiten: Lieferservice für Rindfleisch und Wurst Verband: Bioland

---

78250 Tengen Gerhard Weber Berghof 1
Tel. 07736/7521
Milch, Fleisch
Zeiten: nach Vereinbarung, Lieferservice Verband: Bioland

78253 Eigeltingen Elmar Galster, Glashütte Glashütterstr. 20
Tel. 07465/1235
Brot, Getreide, Gemüse, Kartoffeln, Milch
Zeiten: Mo-Do ab 16 Verband: Bioland

78259 Mühlhausen-Ehingen Wolfram Schultheiß Schweizerhof
Tel. 07733/2821
Getreide, Obst, Kartoffeln
Zeiten: nach Vereinbarung Verband: Bioland

78272 Oberndorf/Neckar Hermann Bronner Grundhaus 2
Tel. 07423/3407
Getreide, Kartoffeln, Eier, Fleisch, Wurst
Zeiten: nach Vereinbarung Verband: Bioland

78315 Radolfzell-Stahringen Hermine Biethinger Zur Schanz 4
Tel. 07737/5591
Obst
Zeiten: täglich 7-20 Verband: Bioland

78315 Radolfzell-Stahringen Ludwig Wieser Hauptstraße 48a
Tel. 07738/5370
Saft, Obst
Zeiten: Sa 8-14 und nach Vereinbarung Verband: Bioland

78333 Stockach Helmut Trautzl Ursaul 3
Tel. 07771/7494
Steak vom Naturland-Rind
Zeiten: nach Vereinbarung Verband: Naturland

78357 Mühlingen Richard Wurst Glashüttenhof
Tel. 07775/356
Getreide
Zeiten: nach Vereinbarung Verband: Bioland

78359 Orsingen-Nenzingen Karl Steuer Weinbergsweg 1
Tel. 07773/1494
Apfelsaft, Lammfleisch
Zeiten: nach Vereinbarung Verband: Naturland

Einkaufen direkt beim Bio-Bauern

78465 Konstanz Tel. 07531/303-112 Edelbrände zur Erntezeit, Obst Zeiten: nach Vereinbarung	H. Kirscheneder, Blumeninsel Mainau	Abteilung Park und Garten Verband: Bioland
78564 Reichenbach Tel. 07429/667 Stutenmilch Zeiten: nach Vereinbarung	Roland Hördt-Küttner	Hofgut Martinsberg Verband: Bioland
78595 Hausen Tel. 07424/3761 Brot, Getreide, Gemüse, Kartoffeln, Milch, Eier, Fleisch Zeiten: Mo-Fr 17-19	Manfred Riesle	Hauptstraße 18 Verband: Bioland
78628 Rottweil Tel. 0741/8782 Grünkern, Mehl, Grieß, Flocken, Getreide Zeiten: nach Vereinbarung	Claus Lutz	Hofgut Neckarburg Verband: Bioland
78647 Trossingen-Schura Tel. 07425/21849 Getreide, Gemüse, Kartoffeln, Milch, Käse, Fleisch Zeiten: Di, Sa 10-11.30, Fr 16-17	Ernst-Martin Messner	Im Winkel 7 Verband: Bioland
78652 Deißlingen Tel. 07420/1362 Saft, Getreide, Obst, Gemüse, Kartoffeln, Fleisch Zeiten: Fr 16-19	Albrecht Obergfell	Heiligenhof 2 Verband: Bioland
78655 Dunningen Tel. 07402/1240 Sortiment erfragen Zeiten: nach Vereinbarung	Adalbert Hangst	Heiligenbronner Str. 62 Verband: Bioland
78655 Dunningen Tel. 07402/1601 Obst, Gemüse, Kartoffeln Zeiten: nach Vereinbarung	Viktor Weber	Im Tal 12 Verband: Bioland
78658 Zimmern-Stetten Tel. 07403/7591 Milch, Käse, Fleisch Zeiten: nach Vereinbarung	Peter Haag	Talhof 40 Verband: Bioland
78661 Diezingen Tel. 07428/2031 Gemüse, Kartoffeln, Fleisch Zeiten: nach Vereinbarung	Robert Maisch	Bettenberger Hof Verband: Bioland
78713 Schrambach-Waldmössingen Tel. 07402/7277 Brot, Saft, Wein, Getreide, Obst, Gemüse, Kartoffeln, Milch, Käse, Eier, Fleisch, Wurst Zeiten: Mi-Fr 14.30-17, Sa 8-12	Gerhard Schmid	Heimbachstraße 46 Verband: Bioland

Einkaufen direkt beim Bio-Bauern

78713 Schramberg-Sulgen Tel. 07422/52372 Bauernbrot, Fleisch Zeiten: täglich	Georg Kopp	Hutneck 18 Verband: Naturland
78730 Lauterbach Tel. 07422/7250 Milch, Käse, Eier, Fleisch Zeiten: nach Vereinbarung	Günther Buchholz	Welschdorf 2 Verband: Demeter
78733 Aichhalden Tel. 07444/2166 Saft, Kartoffeln, Milch, Fleisch Zeiten: nach Vereinbarung	Gebhard Heizmann	Bacherstraße 6 Verband: Bioland
78733 Aichhalden-Rötenberg Tel. 07444/2398 Kartoffeln, Milch, Fleisch Zeiten: nach Vereinbarung	Gerhard Wössner, Reinthof	Reint 1 Verband: Bioland
78736 Epfendorf Tel. 07404/7424 Fleisch Zeiten: nach Vereinbarung	Hermann Hezel	Wenthof 2 Verband: Bioland
78736 Epfendorf Tel. 07404/2265 Schnaps, Getreide, Kartoffeln Zeiten: Mi, Fr 16-18	Johannes Sauter	Adenauer Straße 18 Verband: Bioland
78737 Fluorn-Winzeln Tel. 07402/440 Müsli, Nudeln, Öl, Getreide, Kartoffeln, Milch, Käse, Eier, Fleisch Zeiten: Mo-Sa 9-18	Kurt Ohnmacht	Hochkreuzstraße 7 Verband: Bioland
78737 Fluorn-Winzeln Tel. 07402/1795 Getreide Zeiten: nach Vereinbarung	Ulrich Digel	Bruderhausweg 11 Verband: Bioland
79104 Freiburg Tel. 0761/32154 Obst, Gemüse, Kartoffeln Zeiten: nach Vereinbarung	Josef Kleine-König	Stadtstr. 61 Verband: Bioland
79106 Freiburg Tel. 0761/288951 Saft, Obst, Gemüse, Kartoffeln Zeiten: nach Vereinbarung	Alfred Jülg	Eschholzstr. 8 Verband: Bioland
79106 Freiburg Tel. 0761/509062 Sortiment erfragen Zeiten: nach Vereinbarung	Günther Regele	Kandelstr. 49 Verband: Bioland

Einkaufen direkt beim Bio-Bauern

79108 Freiburg-Hochdorf Tel. 07665/1720 Getreide, Gemüse, Kartoffeln Zeiten: Mi ab 17	Hubert Brutscher	Steingrubleweg 12 Verband: Bioland
79108 Freiburg Tel. 07665/2674 Sortiment erfragen Zeiten: täglich	Josef Herr	Nimbergstraße 1 Verband: Naturland
79112 Freiburg Tel. 07664/59273, F Rotwein, Weißwein, Sekt/Baden ECOVIN, Weinproben Bewirtung Zeiten: nach Vereinbarung	Jörg Scheel, Weingut Sonnenbrunnen	Unterdorf 30 Verband: BÖW
79112 Fr.-Munzingen Tel. 07664/2489 Spargel, Rotwein, Weißwein, Sekt/Baden ECOVIN Weinproben Zeiten: nach Vereinbarung	K. Vorgrimmler	St. Erentrudsstraße 63 Verband: Naturland
79112 Freiburg Tel. 07664/2223 Rotwein, Weißwein/Baden ECOVIN Zeiten: nach Vereinbarung	Willi Frey	Rüstlinberg 5 Verband: BÖW
79180 Freiburg Tel. 07665/2674 Sortiment erfragen Zeiten: täglich	Josef Hen	Nimbergstraße 1 Verband: Naturland
79183 Kollnau Tel. 07645/432 Eier, Fleisch, Wurst Zeiten: nach Vereinbarung	Franz Rieder	Kohlenbach 11 Verband: Naturland
79194 Gundelfingen Tel. 0761/585902 Saft, Milch, Eier Zeiten: morgens und abends	Friedrich Müller, Klosterhof	Klosterweg 1 Verband: Bioland
79199 Kirchzarten Tel. 07661/1310 Saft, Wein, Brot, Getreide, Obst, Gemüse, Kartoffeln, Milch, Fleisch Zeiten: Di, Sa 10-13, Fr 10-18	Oskar Bank, Thaddäushof	Freiburger Straße 32 Verband: Bioland
79206 Breisach-Gündlingen Tel. 07668/7942 Gemüse, Kartoffeln Zeiten: Fr ab 18	Fred Späthe	Steingässle 5 Verband: Bioland
79206 Breisach Tel. 07667/9000, Fa Rotwein, Weißwein/Baden, ECOVIN Zeiten: nach Vereinbarung	Badischer Winzerkeller	Zum Kaiserstuhl 6 Verband: BÖW

Einkaufen direkt beim Bio-Bauern

79211 Denzlingen Tel. 07666/2698 Sortiment erfragen Zeiten: nach Vereinbarung	Christoph Höfflin	Südhof Verband: Bioland
79211 Denzlingen Tel. 07666/4069 Wein, Heidelbeeren, Kräuter, Jungpflanzen, Obst, Gemüse, Kartoffeln Zeiten: nach Vereinbarung	Ralf Meissler	Mühlengasse 6 Verband: Bioland
79215 Elzach-Yach Tel. 07682/7580 Obst, Milch Zeiten: nach Vereinbarung	Franz Schätzle	Dorfstraße 85 Verband: Naturland
79215 Elzach Tel. 07682/7077 Brot, Fleisch, Wurst Zeiten: nach Vereinbarung	Alois und Josef Herr	Hinterzinken 17 Verband: Naturland
79215 Elzach-Prechtal Tel. 07682/1731 Holzpfähle, Eier Zeiten: nach Vereinbarung	Nikolaus Winterer	Talstraße 21 Verband: Naturland
79219 Staufen-Grunern Tel. 07633/5288, Fa Rotwein, Weißwein, Sekt/Baden ECOVIN, Weinproben Zeiten: nach Vereinbarung	Gerd Köpfer	Dorfstraße 22 Verband: BÖW
79224 Umkirch Tel. 07665/8734 Getreide, Kartoffeln, Fleisch Zeiten: nach Vereinbarung	Lebrecht Schneider	Dachswanger Mühle Verband: Bioland
79227 Schallstadt Tel. 07664/2510 Saft, Branntwein, Liköre, Obst, Gemüse Zeiten: Mo-Sa 9-18	Bernd Kiechle	Schäferstraße 1 Verband: Bioland
79232 March-Hugstetten Tel. 07665/1307 Getreide, Obst, Gemüse, Kartoffeln, Fleisch, Wurst Zeiten: nach Vereinbarung	Adalbert Faller	Dorfstr. 20 Verband: Bioland
79232 March-Neuershausen Tel. 07665/4517 Brot, Säfte, Wein, Getreide, Obst, Gemüse, Kartoffeln, Milch, Käse, Eier, Geflügel, Fleisch, Wurst Zeiten: nach Vereinbarung	Bernhard Ambs	Möslestr. 1 Verband: Bioland
79232 March Tel. 07665/3788 Rotwein, Weißwein/Baden ECOVIN Zeiten: nach Vereinbarung	Reinhard Burs	Weinbergstraße 3 Verband: BÖW

Einkaufen direkt beim Bio-Bauern

79235 Vogtsburg-Schelingen Wolfgang Rath, Hofgemeinschaft Viehweide — Hessental
Tel. 07662/1765
Honig, Bienenprodukte
Zeiten: nach Vereinbarung
Verband: Bioland

79235 Achkarren Philipp Isele — Kaibengasse 3
Tel. 07662/6347, Fa
Rotwein, Weißwein, Sekt/Baden ECOVIN, Weinproben Gästezimmer
Zeiten: nach Vereinbarung
Verband: Demeter

79235 Vogtsburg Walter Schür — Bahnhofstraße 35
Tel. 07662/6916
Wein/Baden ECOVIN
Zeiten: nach Vereinbarung
Verband: BÖW

79238 Ehrenkirchen Winzergenossenschaft Kirchhofen — Herrenstraße 11
Tel. 07633/7027, Fa
Rotwein, Weißwein, Sekt/Baden ECOVIN
Zeiten: nach Vereinbarung
Verband: BÖW

79241 Ihringen Klaus Labudde, Rebschneckle-Öko-Weine — Im Westengarten 10a
Tel. 07668/7213
badischer Wein
Zeiten: nach Vereinbarung und Versand
Verband: Bioland

79241 Ihringen Weingut Sonnenwirbele — Bahnhofstraße 7
Tel. 07668/803
badischer Wein, Branntwein
Zeiten: nach Vereinbarung
Verband: Bioland

79241 Ihringen Reinhold & Helga Pix — Eisenbahnstraße 19
Tel. 07668/879
Brot, Wein, Saft, Getreide, Obst, Gemüse, Kartoffeln, Milch, Käse, Eier
Zeiten: Mi 17-19, Sa 10-13
Verband: Bioland

79241 Ihringen Hubert Lay — Scherkhofenstraße 52
Tel. 07668/1870, Fa
Rotwein, Weißwein/Baden ECOVIN, Weinproben
Zeiten: nach Vereinbarung
Verband: BÖW

79252 Stegen-Eschbach Michael und Karen Feucht — Hintereschbach 27
Tel. 07661/61531
Ziegenkäse
Zeiten: nach Vereinbarung
Verband: Bioland

79256 Buchenbach-Unteribental — Klaus Jung
Ibentalstraße 29   Tel. 07661/1602
Badischer Cidre, Most, Säfte, akoholische Spezi.
Zeiten: Do 18-20
Verband: Naturland

79268 Bötzingen Adolf und Matthias Höfflin — Siedlerhof
Tel. 07663/1474
Wein, Obst, Gemüse, Kartoffeln
Zeiten: Mi 18-20 und nach Vereinbarung
Verband: Bioland

Einkaufen direkt beim Bio-Bauern

79271 St. Peter Hans Frey Freihof, Eichwaldstraße 3
Tel. 07660/451
Ferienwohnungen und -häuschen, Imkerei, Käse, Fleisch
Zeiten: nach Vereinbarung
Verband: Demeter

79279 Vörstetten Susanne Hagen, Gärtnerei Kräutergarten Heimstraße 1
Tel. 07666/3938
Jungpflanzen, Saft, Wein, Obst, Gemüse, Kartoffeln
Zeiten: Di, Fr 17-19
Verband: Bioland

79282 Ballrechten-Dottingen Matthias Seywald A.-Löffler-Straße 12
Tel. 07634/8956
Rotwein, Weißwein, Sekt/Baden ECOVIN, Brände
Zeiten: nach Vereinbarung
Verband: BÖW

79282 Ballrechten-Dottingen Winzergenossenschaft Ballrechten-Dottingen Fr.-Heß-Straße 2
Tel. 07634/56040, F
Rotwein, Weißwein/Baden ECOVIN
Zeiten: nach Vereinbarung
Verband: BÖW

79285 Ebringen Ludwig Mißbach Schönbergstraße 32
Tel. 07664/6513, Fa
Rotwein, Weißwein, Sekt/Baden ECOVIN, Weinproben
Zeiten: nach Vereinbarung
Verband: BÖW

79288 Gottenheim B. Streicher und Söhne Austraße 3
Tel. 07665/7962
Rotwein, Weißwein/Baden ECOVIN
Zeiten: nach Vereinbarung
Verband: BÖW

79291 Merdingen Harald Süßle Stockbrunnenstraße 6
Tel. 07668/7516
Rotwein, Weißwein/Baden ECOVIN
Zeiten: nach Vereinbarung
Verband: BÖW

79291 Merdingen Heinrich Gretzmeier Wolfhöhle 3
Tel. 07668/94230, F
Rotwein, Weißwein, Sekt/Baden ECOVIN, Weinproben Bewirtung, Gästezimmer
Zeiten: nach Vereinbarung
Verband: BÖW

79291 Merdingen Thomas Selinger Wenzingerstraße 11
Tel. 07668/1052
Rotwein, Weißwein, Sekt/Baden ECOVIN, Weinproben Brände
Zeiten: nach Vereinbarung
Verband: BÖW

79295 Sulzburg Wendelin Brugger Bachtelgasse 8
Tel. 07634/8957, Fa
Rotwein, Weißwein/Baden ECOVIN, Weinproben
Zeiten: nach Vereinbarung
Verband: BÖW

79295 Sulzburg Brenneisen/Waggershauser Brunnengasse 1a
Tel. 07634/69188
Apfelsaft, Traubensaft, Obst
Zeiten: täglich
Verband: Demeter

Einkaufen direkt beim Bio-Bauern

79295 Sulzburg-Laufen   Helmut Grether
Tel. 07634/8197
Rotwein, Weißwein/Baden ECOVIN, Weinproben
Zeiten: nach Vereinbarung

Weinstraße

Verband: BÖW

79295 Sulzburg   Winzergenossenschaft Laufen e.G.
Tel. 07634/56050, F
Rotwein, Weißwein/Baden ECOVIN
Zeiten: nach Vereinbarung

Weinstraße 48

Verband: BÖW

79331 Teningen-Heimbach   Norbert Hügle
Tel. 07641/51242
Rotwein, Weißwein, Sekt/Baden ECOVIN, Weinproben
Zeiten: nach Vereinbarung

Weingut Gallushof

Verband: BÖW

79331 Teningen-Nimburg   Erwin Mick
Tel. 07663/2685
Rotwein, Weißwein/Baden ECOVIN, Brände
Zeiten: nach Vereinbarung

Langstraße 38

Verband: BÖW

79336 Broggingen   Heinz und Tobias Kehnel
Tel. 07643/6300, Fa
Rotwein, Weißwein, Sekt/Baden ECOVIN, Weinproben
Zeiten: nach Vereinbarung

Riedstraße 5

Verband: BÖW

79336 Broggingen   Stefan Ziebold
Tel. 07643/6306
Wein, Schnäpse, Getreide, Obst, Gemüse, Kartoffeln
Zeiten: nach Vereinbarung

Hugsgasse 17

Verband: Naturland

79336 Herbolzheim   Hans Hardt
Tel. 07643/6933, Fa
Rotwein, Weißwein/Baden ECOVIN
Zeiten: nach Vereinbarung

Langentalweg 2

Verband: BÖW

79341 Bombach   Gert Hügle
Tel. 07644/1261, Fa
Rotwein, Weißwein, Sekt/Baden ECOVIN, Weinproben
Zeiten: nach Vereinbarung

Weingut Kirchberghof

Verband: BÖW

79346 Endingen-Kiechlinsbergen   Wedemeyer, Gärtnerei Distel
Tel. 07642/4352
Honig, Obst, Gemüse, Kartoffeln
Zeiten: Di+Fr 17-18

Herrenstr. 12

Verband: Bioland

79346 Endingen   Otto F. Hülter-Hassler
Tel. 07642/7126
Säfte, Obst
Zeiten: nach Vereinbarung

Kiechlinsberger Straße 22

Verband: Bioland

79346 Endingen   Elmar Henninger
Tel. 07642/7672
Getreide, Obst, Kartoffeln
Zeiten: nach Vereinbarung

Kiechlinsberger Str. 11

Verband: Bioland

Einkaufen direkt beim Bio-Bauern

79346 E.-Amoltern Tel. 07642/7241 Wein, Obst, Gemüse Zeiten: nach Vereinbarung	Helmut und Max Fischer	Steinhaldehof Verband: Naturland
79353 Bahlingen Tel. 07663/2650 Saft, Wein, Edelbrände Zeiten: Sa und nach Vereinbarung	Hans-Peter Trautwein	Riegeler Straße 2 Verband: Bioland
79353 Bahlingen Tel. 07663/6747 Rotwein, Weißwein/Baden, ECOVIN, Brände Zeiten: nach Vereinbarung	Bettina Beck	Im Dämmle 4 Verband: BÖW
79353 Bahlingen Tel. 07663/1225, Fa Rotwein, Weißwein/Baden ECOVIN Zeiten: nach Vereinbarung	Winzergenossenschaft Winzer vom Silberberg	Kapellenstraße 13 Verband: BÖW
79356 Eichstetten Tel. 07663/3123 Rotwein, Weißwein, Sekt/Baden ECOVIN, Weiproben Gästezimmer Zeiten: nach Vereinbarung	Richard Schmidt	Altweg 67 Verband: BÖW
79356 Eichstetten Tel. 07633/3211 Saft, Getreide, Obst, Gemüse, Kartoffeln Zeiten: Mi 18-21	Rudi Dreher	Hauptstraße 83 Verband: Bioland
79356 Eichstetten Tel. 07633/1524 Brot, Wein, Saft, Getreide, Obst, Gemüse, Kartoffeln, Eier Zeiten: Sa 8-12	Wilhelm Rinklin	Hauptstraße 94 Verband: Bioland
79356 Eichstetten Tel. 07663/3522 Wein, Saft, Obst Zeiten: nach Vereinbarung	Werner & Elisabeth Rinklin	Im Röthenbach 25 Verband: Bioland
79356 Eichstetten Tel. 07663/4573 Getreide, Obst, Gemüse, Kartoffeln Zeiten: Fr 15-18	Christian und Andrea Hiß	Hauptstraße 140 Verband: Demeter
79356 Eichstetten Tel. 07663/3552 Gemüse, Kartoffeln Zeiten: nach Vereinbarung	Johanna Schomas	Dillstr. 13 Verband: Bioland
79359 Riegel Tel. 07642/6135, Fa Rotwein, Weißwein, Sekt/Baden ECOVIN, Weinproben Bewirtung Zeiten: nach Vereinbarung	Kurt Breisacher	Hauptstraße 50 Verband: BÖW

Einkaufen direkt beim Bio-Bauern

79361 Sasbach-Jechtingen Hermann und Norbert Helde, Weingut Tel. 07662/6116 Wein, Schnäpse, Essig, Obst, Kartoffeln, Eier Zeiten: nach Vereinbarung	Emil-Gött-Straße 1 Verband: Bioland
79361 Jechtingen Alexander Burkhard Tel. 07662/6173 Wein/Baden ECOVIN Zeiten: nach Vereinbarung	Sasbach Guldengasse 11 Verband: BÖW
79361 Sasbach Hans-Peter Schmidt Tel. 07642/7555 Wein/Baden ECOVIN Zeiten: nach Vereinbarung	Leiselheim Scherkstraße 7 Verband: BÖW
79379 Müllheim Gärtnerei Piluweri Tel. 07631/2169 Obst, Gemüse, Kartoffeln Zeiten: Di u. Do 15-17 (Winter), 17-19 (Sommer)	Weilertalstraße 35 Verband: Demeter
79400 Kandern-Riedlingen B. Wolf Tel. 07626/44674 Saft, Obst, Gemüse, Kartoffeln Zeiten: Di,Fr 17-18	Im Gässli 20 Verband: Bioland
79400 Kandern-Riedlingen Matthias Wolff Tel. 07626/8454 Rotwein, Weißwein/Baden ECOVIN Zeiten: nach Vereinbarung	Im Gässli 20 Verband: BÖW
79400 Kandern-Riedlingen Obst- und Gemüsebau Kandern Tel. 07621/44674 Honig, Obst, Gemüse, Kartoffeln Zeiten: Di, Fr 17-18	Im Gässli 20 Verband: Bioland
79415 Bamlach Manfred Danmeyer Tel. 07635/1358 Weißwein/Baden ECOVIN, Weinproben, Brände Zeiten: nach Vereinbarung	Salzbrunnen 4 Verband: BÖW
79415 Bad Bellingen Koehly-Heitz Tel. 07635/81090, F Rotwein, Weißwein, Sekt/Baden ECOVIN, Weinproben Gästezimmer Zeiten: nach Vereinbarung	Rheinstraße 4 Verband: BÖW
79418 Schliengen Lämmlin-Schindler Tel. 07635/440, Fax Rotwein, Weißwein, Sekt/Baden ECOVIN, Weinproben Bewirtung Zeiten: nach Vereinbarung	Mülheimer Straße 4 Verband: BÖW
79423 Heitersheim Wilhelm Zähringer Tel. 07634/1025, Fa Rotwein, Weißwein, Sekt/Baden ECOVIN, Weinproben Brände, Liköre, Aperitive Zeiten: nach Vereinbarung	Hauptstraße 42 Verband: BÖW

Einkaufen direkt beim Bio-Bauern

79423 Heitersheim Daniel Feuerstein Hauptstraße 4
Tel. 07634/2289
Rotwein, Weißwein, Sekt/Baden ECOVIN, Weinproben
Zeiten: nach Vereinbarung Verband: BÖW

79423 Heitersheim Fritz Lampp Mühlenstraße 22
Tel. 07634/4272
Rotwein, Weißwein, Sekt/Baden ECOVIN, Weinproben Bewirtung
Zeiten: nach Vereinbarung Verband: BÖW

79424 Auggen Jette Krumm, Weingut/Gasthof Zur Krone Hauptstraße 12
Tel. 07631/2556, Fa
Rotwein, Weißwein, Sekt/Baden ECOVIN, Weinproben Bewirtung, Gästezimmer
Zeiten: nach Vereinbarung Verband: BÖW

79426 Buggingen Martin Hämmerlin Gärtnerei Amaranth, Biergasse
Tel. 07631/8646
Hofladen, Naturkost-Sortiment, Obst, Gemüse, Kartoffeln
Zeiten: Di,Fr 16-18 Verband: Demeter

79426 Buggingen Friedrich und Bärbel Ruesch Gebirgstraße 18
Tel. 07631/4533
Rotwein, Weißwein/Baden ECOVIN, Getreide
Zeiten: nach Vereinbarung Verband: Naturland

79564 Weil Jürgen Hoch-Reinhard Postfach 95
Tel. 07621/65555
Blumen, Obst, Gemüse, Kartoffeln
Zeiten: Mo,Mi,Fr 16-18 Verband: Bioland

79576 Weil-Haltingen Hansjörg und Robert Sprich Große Gasse 36
Tel. 07621/65673
Rotwein, Weißwein/Baden ECOVIN
Zeiten: nach Vereinbarung Verband: BÖW

79576 Weil Winzergenossenschaft Haltingen Winzerweg 8
Tel. 07621/62449, F
Rotwein, Weißwein/Baden ECOVIN, Weinproben
Zeiten: nach Vereinbarung Verband: BÖW

79588 Efringen-Kirchen Kalkwerk Istein Am Kehrenweg 10
Tel. 07628/26130
Rotwein, Weißwein/Baden ECOVIN, Weinproben
Zeiten: nach Vereinbarung Verband: BÖW

79588 Efringen-Kirchen Günther Kaufmann Baseler Straße 46
Tel. 07628/2256, Fa
Rotwein, Weißwein/Baden ECOVIN
Zeiten: nach Vereinbarung Verband: BÖW

79589 Binzen Gärtnerei Berg Niederfeld 1
Tel. 07621/63323
Gemüse-Abo, Liefer-Service, Obst, Gemüse
Zeiten: nach Vereinbarung Verband: Demeter

Einkaufen direkt beim Bio-Bauern

79592 Fischingen   Markus Bürgin   Dorfstraße 33
Tel. 07628/9879
Rotwein, Weißwein/Baden ECOVIN, Weinproben
Zeiten: nach Vereinbarung   Verband: BÖW

79650 Schopfheim-Enkenstein   Klaus Brutschin   Dorfstraße 18
Tel. 07622/1710
Saft, Obst, Fleisch
Zeiten: nach Vereinbarung   Verband: Bioland

79664 Wehr   Peter Schmitt, Theresiahof   Albert-Rupp-Straße 1
Tel. 07762/2628
Schaffelle, Nudeln, Getreide, Obst, Gemüse, Kartoffeln, Milch, Käse, Eier, Fleisch
Zeiten: Mo-Fr 9-12, 15-19, Sa 9-13   Verband: Bioland

79669 Zell i.W.   Edgar Zimmermann   Blauen 6
Tel. 07625/132457
Honig
Zeiten: nach Vereinbarung   Verband: Naturland

79677 Fröhnd   Erich Zimmermann   Niederhepsingen Nr. 4
Tel. 07673/365
Sortiment erfragen
Zeiten: nach Vereinbarung   Verband: Naturland

79689 Maulburg   Ernst und Christoph Krumm   Lettenweg 12
Tel. 07622/9490
Brot, Säfte, Getreide, Obst, Gemüse, Kartoffeln, Milch, Käse, Eier, Fleisch
Zeiten: täglich 8.30-19.30   Verband: Bioland

79699 Wieslet-Eichholz   Kurt Gisin   Ortsstraße 7
Tel. 07622/3007
Getreide, Obst, Eier
Zeiten: Di, Fr 16-18   Verband: Bioland

79725 Laufenburg-Rhina   Gerhard Bächle   Säckinger Str. 80
Tel. 07763/7424
Fleisch, Wurst
Zeiten: nach Vereinbarung   Verband: Bioland

79733 Görwihl   Fritz Huber, Goldbachhof   Mühleberg 13
Tel. 07754/865
Getreide, Gemüse, Kartoffeln
Zeiten: nach Vereinbarung   Verband: Bioland

79736 Rickenbach   Christine und Richard Einsiedler   Murgtalstraße 27
Tel. 07765/1097
Getreide, Gemüse, Kartoffeln, Fleisch
Zeiten: nach Vereinbarung   Verband: Bioland

79737 Herrischried   Norbert Marschall   Quellenhof
Tel. 07764/6576
Hofladen, Sortiment erfragen
Zeiten: nach Vereinbarung   Verband: Demeter

Einkaufen direkt beim Bio-Bauern

79774 Albbruck   Wolfgang Ebner   Steinbach 2
Tel. 07754/7619
Getreide, Kartoffeln, Fleisch
Zeiten: nach Vereinbarung   Verband: Bioland

79777 Ühlingen-Birkendorf   Breitwiesenhof
Tel. 07743/284
Käserei, Hofladen, Gärtnerei, Ferienwohnung, Getreide, Obst, Gemüse, Kartoffeln, Käse, Fleisch
Zeiten: Mi 15-18, Sa 9-12   Verband: Demeter

79780 Unterwangen   Arnfried Hienerwadel   Röschenhof 1
Tel. 07703/7405
Milch
Zeiten: nach Vereinbarung   Verband: Naturland

79780 St.-Wangen   Richard Eichkorn   St. Wendelinstraße 9
Tel. 07703/1442
Sortiment erfragen
Zeiten: nach Vereinbarung   Verband: Naturland

79790 Küssaberg-Bechtersbohl   Jürgen Fesser, Schloßhof
Schloßbergstraße 4   Tel. 07742/5456
Brot, Getreide, Kartoffeln, Fleisch
Zeiten: nach Vereinbarung   Verband: Bioland

79801 Hohentengen   Gutsverwaltung   Rohrhof
Tel. 07742/5457
Ferienwohnung, Käse, Fleisch
Zeiten: nach Vereinbarung   Verband: Demeter

79802 Baltersweil   Franz Kübler   Holzwiesenhof
Tel. 07745/7298
Getreide, Obst, Gemüse, Kartoffeln, Milch, Käse, Eier, Fleisch, Wurst
Zeiten: Fr 17-18einbarung   Verband: Demeter

79802 Dettighofen   Martina und Rolf Hauser   Kapellenweg 4
Tel. 07742/4333
Säfte, Wein, Getreide, Obst, Gemüse, Kartoffeln, Fleisch
Zeiten: Fr 16.30-18.30   Verband: Bioland

79805 Eggingen   Harald Brunner   Am Sportplatz 10
Tel. 07746/2475
Obst, Gemüse, Kartoffeln
Zeiten: Fr 17-18   Verband: Bioland

79822 Titisee-Neustadt   Alfred Rombach   Schwabenhof
Tel. 07651/5813
Käse, Fleisch
Zeiten: nach Vereinbarung   Verband: Naturland

79822 Titisee-Neustadt   Rudolf Hofmeier   Schlegelshof
Tel. 07651/2332
Getreide, Fleisch
Zeiten: nach Vereinbarung   Verband: Naturland

Einkaufen direkt beim Bio-Bauern

79834 Löffingen Tel. 07654/1516 Obst, Gemüse Zeiten: tgl. ab 18	Karl-Heinz Benz und Friedli's Hof	Wutachstraße 25 Verband: Demeter
79843 Löffingen Tel. 07654/1345 Getreide, Kartoffeln, Fleisch, Wurst Zeiten: nach Vereinbarung	Eberhard Meister	Gässle 3 Verband: Bioland
79848 Bonndorf Tel. 07703/7361 Eier, Fleisch, Wurst Zeiten: täglich ab 18	Matthias Frey	Großer Wald 5 Verband: Bioland
79848 Bonndorf Tel. 07703/408 Ferienwohnung, Obst, Gemüse, Käse Zeiten: nach Vereinbarung	Werner Kern	Lindenhof Verband: Demeter
79862 Höchenschwand Tel. 07755/1464 Getreide, Gemüse, Kartoffeln, Eier Zeiten: Fr 14-17 und nach Vereinbarung	Egon Zimmermann	Segalen 2 Verband: Bioland
79872 Bernau Tel. 07675/259 Honig Zeiten: nach Vereinbarung	Heike Piechulek	Dorfstraße 10 Verband: Naturland
79874 Breitnau Tel. 07651/5901 Ferienhaus, Käse, Fleisch Zeiten: nach Vereinbarung	Otto Schuler	Rainhof 40 Verband: Demeter
79874 Breitnau-Bruckbach Tel. 07651/7572 Holzprodukte, Fleisch Zeiten: nach Vereinbarung	Markus Zähringer	Dominikhof Verband: Naturland
79875 Dachsberg-Wolpatingen Tel. 07755/444 Fleisch Zeiten: täglich 8-19		Lothar Denz Vogthof Verband: Bioland

Einkaufen direkt beim Bio-Bauern

82041 Oberhaching Georg und Brigitte Mayer Gerblinghausen 1
Tel. 08170/7516
Brot, Wein, Saft, Getreide, Obst, Gemüse, Kartoffeln, Milch, Käse, Eier, Fleisch
Zeiten: Di, Sa 9-12.30, Mi 15-18.30 Verband: Naturland

82064 Großdingharting Willy J. Hawlik Ölschlagerweg 8
Tel. 08170/651
Pilze, Gemüse
Zeiten: Mi-Fr 10-13 und 15-17 Verband: Naturland

82064 Großdingharting Leonhard Schlickenrieder Münchner Straße 5
Tel. 08170/7408
Milch, Fleisch
Zeiten: nach Vereinbarung Verband: Bioland

82064 Straßlach-Dingharting Peter Eberl Dorfstraße 11
Tel. 08170/7429
Kartoffeln, Milch, Fleisch
Zeiten: Fr, Sa 9-16 Verband: Bioland

82065 Baierbrunn Jakob Rothmeier Kirchenstraße 3
Tel. 089/7931530
Getreide, Gemüse, Kartoffeln
Zeiten: nach Vereinbarung Verband: Naturland

82065 Baierbrunn Josef und Karl Fröhler Bahnhofstraße 4
Tel. 089/7934902
Getreide, Gemüse, Kartoffeln
Zeiten: nach Vereinbarung Verband: Naturland

82110 Germering Josef und Agnes Dürr Dorfstraße 8
Tel. 089/8412416
Brot, Tee, Kaffee, Wein, Saft, Getreide, Obst, Gemüse, Kartoffeln, Milch, Käse
Zeiten: Di 16-18.30, Fr 8-12, 16-18.30 Verband: Bioland

82131 Gauting /Oberbrunn Johann Penzl Jun. Petriweg 10
Tel. 089/8507025
Getreide, Gemüse, Kartoffeln, Milch, Eier
Zeiten: Mo, Mi, Fr 18-18.30, Di, Do Sa 10-10.30 Verband: Naturland

---

82140 Olching Gisela und Helmut Kinzelmann Adlerweg 15
Tel. 08142/2266
Brot, Saft, Wein, Kosmetik, Getreide, Obst, Gemüse, Kartoffeln, Milch, Käse, Eier, Fleisch
Zeiten: Di-Fr 9-12, 14-18, Sa 9-12 Verband: Bioland

82140 Olching Josef Hecker jun. Estinger Str. 14
Tel. 08142/12131
Brot, Wein, Saft, Beet- und Balkonpflanzen, Getreide, Obst, Gemüse, Milch, Käse, Eier, Geflügel
Zeiten: Mo-Fr 9-12.30, 14-18, Sa 8-12 Verband: Bioland

82166 Gräfelfing Seidlhof Spitzlbergerstraße 2a
Tel. 089/855-607, -
Kräuter, Getreide, Obst, Gemüse, Kartoffeln, Eier
Zeiten: Di 9-12 u. 17-18.30, Fr 9-17 Verband: Naturland

Einkaufen direkt beim Bio-Bauern

82178 Puchheim Tel. 089/806300 Wein, Saft, Wolle, Getreide, Käse, Eier, Fleisch Zeiten: Di-Fr 10-12, 16-18, Sa 10-12	Josef Unglert	Alte Bahnhofstraße 12 Verband: Bioland
82211 Breitbrunn Tel. 08152/2380 o. Saft, Obst Zeiten: Fr 14-18, Sa 9-14	Johannes von Perger	Herrschinger Str. 51 Verband: Bioland
82211 Breitbrunn Tel. 08152/2380, 85 Saft, Kelterei Zeiten: Fr 14-18, Sa 9-14	Johannes von Perger	Herrschinger Straße 51 Verband: Bioland
82211 Herrsching Tel. 08152/2212 Brot, Wolle, Steppdecken, Getreide, Gemüse, Kartoffeln Zeiten: Fr 16-19 und nach Vereinbarung	Justus und Dani Hegemann	Reineckestraße 6 Verband: Bioland
82237 Wörthsee Tel. 08143/6176 Obst, Gemüse, Kartoffeln Zeiten: Fr 14-18, Sa 10-13	Klein und Baur Gärtnerei am Osterholz	Bachernerstraße Verband: Demeter
82256 Fürstenfeldbruck Tel. 08141/12104 Getreide, Gemüse, Kartoffeln, Eier, Geflügel, Fleisch, Wurst Zeiten: nach Vereinbarung	Josef Kellerer	Lindach 4 Verband: Naturland
82269 Walleshausen Tel. 08195/8441 Getreide, Gemüse, Kartoffeln Zeiten: Fr 14-18	Martin Huber	Kirchplatz 7 Verband: Bioland
82281 Egenhofen Tel. 08134/288 Mehle, Grieß, Getreide, Eier Zeiten: Mo-Fr 9-12.30, 14-17, Sa 9-12	Albert Aumüller	Furthmühle Verband: Bioland
82282 Waltenhofen Tel. 08134/6183 Pflanzerde, Naturdünger, Getreide Zeiten: Fr 15-19, Sa 9-18 und nach Vereinbarung	Gregor Tränkl	Dorfstraße 22 Verband: Bioland
82284 Grafrath Tel. 08144/7855 Gemüse, Kartoffeln, Milch, Käse, Fleisch, Wurst Zeiten: nach Vereinbarung	Jürgen Antrup	Unteraltinger Straße 5 Verband: Demeter
82284 Grafrath-Wildenroth Tel. 08144/678 Getreide Zeiten: nach Vereinbarung	Wilhelm Preining	Höhenweg 16 Verband: Bioland

Einkaufen direkt beim Bio-Bauern

82290 Landsberied   Johann Märkl   Kirchenweg 1
Tel. 08141/1849
Getreide, Gemüse, Kartoffeln, Milch, Käse, Eier, Fleisch, Wurst
Zeiten: nach Vereinbarung   Verband: Demeter

82291 Mammendorf   Inno Drexler   Egg 3
Tel. 08145/1273
Getreide, Gemüse, Kartoffeln, Eier, Geflügel
Zeiten: Fr 15-18 und nach Vereinbarung   Verband: Naturland

82293 Vogach   Innozenz Bader   Hauptstraße 17
Tel. 08202/414 und
Getreide, Gemüse
Zeiten: nach Vereinbarung   Verband: Naturland

82327 Tutzing   Martin und Marlene Greinwald   Traubinger Straße 68
Tel. 08158/8968
Fleisch
Zeiten: nach Vereinbarung   Verband: Bioland

82335 Berg 4 /Höhenrain   Fritz Friedrich   Oberer Lüßbach 34
Tel. 08171/29349
Gemüse, Kartoffeln, Milch, Käse, Eier
Zeiten: Mo-Fr 17.30-18.30, Sa 7-18.30   Verband: Naturland

82335 Farchach   Anton und Ulli Galloth   Nikolausstraße 13
Tel. 08151/50238
Getreide, Kartoffeln
Zeiten: nach Vereinbarung   Verband: Demeter

82335 Farchach   Michael Friedinger, Löfflerhof   Kempfenhauser Straße 5
Tel. 08151/5667
Kartoffeln, Milch, Käse, Eier, Geflügel
Zeiten: täglich 17-19, Sa 8-12   Verband: Demeter

82346 Andechs   Werner und Jutta Hegemann   Mühlstraße 14
Tel. 08152/1511
Brot, Schaffelle, Wolle, Getreide, Eier, Fleisch
Zeiten: nach Vereinbarung   Verband: Bioland

82346 Andechs   Georg Scheitz jun.   Tannhof 1
Tel. 08152/8961
Brot, Käse (Kuh, Ziege), Getreide, Käse, Eier, Fleisch
Zeiten: Di-Fr 9-17   Verband: Bioland

82362 Weilheim   Peter Saal   Kirchstraße 10
Tel. 0881/2802
Vorbestellung bei Fleisch, Obst, Milch, Käse, Eier, Fleisch, Wurst
Zeiten: nach Vereinbarung   Verband: Demeter

82362 Weilheim   Gut Gossenhofen   Berghause
Tel. 0881/7372
Kraftfutter für Geflügel, Rind und Schwein, Gemüse, Fleisch, Wurst
Zeiten: jederzeit außer So   Verband: Naturland

Einkaufen direkt beim Bio-Bauern

82380 Peißenberg Michael Sendl Ludwigstraße 33
Tel. 08803/5167 Bür
Natutkostsortiment, Gemüse, Kartoffeln, Fleisch
Zeiten: Mo-Sa 9-12.30, Mo-Fr15-18 Uhr Verband: Bioland

82380 Peißenberg Erwin und Ulrike Naßl Ammerhöfe 1
Tel. 08803/3284
Käse, Fleisch
Zeiten: täglich 17-19 Verband: Bioland

82380 Peißenberg Josef und Theresia Schlögel Ficht 2
Tel. 08803/1541
Obst, Milch, Fleisch
Zeiten: Fr 10-12.30, Milch täglich Verband: Bioland

82380 Peißenberg Ludwig Schreiber Betriebsgemeinschaft Ammertal Forster Straße 1
Tel. 08803/2633
Kartoffeln, Milch, Käse, Fleisch, Wurst
Zeiten: nach Vereinbarung Verband: Demeter

82383 Hohenpeißenberg Ferdinand und Veronika Schleich, Hopser Hof Forster Straße 18
Tel. 08805/1667
Brot, Saft, Getreide, Obst, Gemüse, Kartoffeln, Milch, Käse, Eier, Fleisch
Zeiten: Mo-Sa 17-19 Verband: Bioland

82386 Huglfing Alois und Barbara Schmid Grasleiten 1
Tel. 08802/261
Fleisch
Zeiten: nach Vorbestellung Verband: Bioland

82386 Oberhausen Wilhelm und Agnes Edenhofer Kirchplatz 4
Tel. 08802/616
Milch, Eier, Fleisch
Zeiten: nach Vereinbarung Verband: Bioland

82386 Oberhausen Josef Pantele Berg 1
Tel. 08802/8319
Saft, Obst, Milch, Käse, Fleisch
Zeiten: nach Vereinbarung Verband: Bioland

82387 Antdorf Thomas Wolf Rieden Nr. 2
Tel. 08856/2616
Getreide, Gemüse, Kartoffeln, Fleisch, Wurst
Zeiten: nach Vereinbarung Verband: Naturland

82395 Obersöchering Sebastian und Brigitte Kölbl Dorfstraße 2
Tel. 08847/252
Milch, Käse, Fleisch
Zeiten: nach Vereinbarung Verband: Bioland

82395 Obersöchering Matthias Nebl Neblhof 1
Tel. 08847/864
Milch, Eier, Fleisch
Zeiten: nach Vereinbarung Verband: Bioland

Einkaufen direkt beim Bio-Bauern

82395 Obersöchering   Familie Taffertshofer Thalerhof   Albertshausen 2
Tel. 08847/804
Käserei, Kartoffeln, Milch, Käse, Fleisch, Wurst
Zeiten: nach Vereinbarung   Verband: Demeter

82398 Polling   Johann Promberger   Ottostraße 22
Tel. 08802/326
Honig, Getreide, Gemüse, Kartoffeln, Milch, Fleisch, Wurst
Zeiten: nach Vereinbarung   Verband: Naturland

82398 Polling-Etting   Josef Frankl   Eberfinger Straße 3
Tel. 08802/1265
Gemüse, Kartoffeln, Milch, Käse, Eier, Fleisch, Wurst
Zeiten: nach Vereinbarung   Verband: Naturland

82398 Polling   Stefan Mayr   Längenlaicher Straße 4
Tel. 0881/8869
Gemüse, Milch, Fleisch, Wurst
Zeiten: nach Vereinbarung   Verband: Naturland

82398 Oberding   Josef Albrecht Ammertaler Erzeugnisse   Unterdorfstraße 15
Tel. 0881/8098
Säfte, Bier, Wein, Brot, Getreide, Obst, Gemüse, Kartoffeln, Milch, Käse, Eier, Geflügel, Fleisch
Zeiten: Fr 14-18, Sa 9-12   Verband: Demeter

82399 Raisting   Franz-Josef Grenzebach   Stillern 1
Tel. 08809/675
Brot, Wein, Getreide, Obst, Gemüse, Käse, Fleisch, Wurst
Zeiten: Mo-Fr 11-18   Verband: Naturland

82401 Rottenbuch   Magnus Stückl   Solder 28
Tel. 08867/690
Milch
Zeiten: tägl. 18-19 Uhr   Verband: Bioland

82402 Seeshaupt   Josef Popp   Kronleiten 1
Tel. 08801/692
Brot, Gemüse, Kartoffeln, Käse, Eier, Fleisch, Wurst
Zeiten: Fr 14-18, Sa 9-12   Verband: Naturland

82402 Seeshaupt   Josef und Anni Brüderle   Pettenkoferallee 47
Tel. 08801/1412
Wein, Kartoffeln, Fleisch, Wurst
Zeiten: täglich 6.30-10   Verband: Bioland

82404 Sindelsdorf   Manfred Schlögel   Kirchsteinstraße 12
Tel. 08856/5723
Gemüse, Milch, Fleisch, Wurst
Zeiten: nach Vereinbarung   Verband: Naturland

82409 Wildsteig   Josef Taffertshofer   Straubenbach 3
Tel. 08867/1038
Obst, Milch, Fleisch
Zeiten: nach Vereinbarung   Verband: Bioland

Einkaufen direkt beim Bio-Bauern

82418 Aidling Tel. 08847/566 Gemüse, Milch Zeiten: nach Vereinbarung	Rudolf Kühn	Dorfstraße 35 Verband: Naturland
82418 Riegsee Tel. 08847/244 Gemüse, Milch, Fleisch, Wurst Zeiten: nach Vereinbarung	Georg Miller	Leibersberg 1 Verband: Naturland
82431 Kochel Tel. 08851/1429 Fleisch Zeiten: nach Vereinbarung	Mathias Lautenbacher	Kapellenweg 8 Verband: Bioland
82444 Schlehdorf Tel. 08851/7488 Milch, Fleisch Zeiten: nach Vereinbarung	Leonhard Schlögel	Kirchstr. 15 Verband: Bioland
82474 Wielenbach Tel. 0881/61584 Eier, Fleisch Zeiten: nach Vereinbarung	Karl-Heinz und Johanna Stenger	Rudolf-Seeberger-Allee 22 Verband: Bioland
82541 Münsing Tel. 08171/26013 Urlaub, Getreide, Kartoffeln, Milch, Käse Zeiten: nach Vereinbarung	Max und Gretl Korntheuer, Kernzlhof	Bolzwang 2 Verband: Demeter
82541 Münsing Tel. 08177/347 Urlaub, Kartoffeln, Milch, Käse, Fleisch, Wurst Zeiten: nach Vereinbarung	Chr. und Klaus Mair, Lothhof	Lothgasse 5 Verband: Demeter
82544 Deining Tel. 08170/374 Brot, Wein, Saft, Getreide, Obst, Gemüse, Kartoffeln, Milch, Käse, Eier, Geflügel, Fleisch, Wurst Zeiten: Di, Do, Fr, Sa 9.30-12.30, Di, Do 17-19	Sebastian und Ingrid Köglsperger	Klosterweg 1 Verband: Bioland
82544 Deining Tel. 08170/7839 Milch, Fleisch Zeiten: nach Vereinbarung	Nikolaus Spindler	Schulstraße 2 Verband: Bioland
82544 Egling Tel. 08176/234 Fleisch Zeiten: nach Vereinbarung	Johann Aumüller	Kirchweg 3 Verband: Bioland
82544 Egling Tel. 08178/3954 Milch, Fleisch Zeiten: nach Vereinbarung	Josef Walleitner	Hornstein 38 Verband: Bioland

Einkaufen direkt beim Bio-Bauern

82544 Egling Tel. 08176/7176 Ziegenkäse, Fleisch Zeiten: nach Vereinbarung	Alois Eisenmann	Wolfratshauserstr. 3 Verband: Bioland
82544 Egling Tel. 08170/7176 Sortiment erfragen Zeiten: nach Vereinbarung	Heribert Hederer	Klosterweg 1 Verband: Bioland
82544 Egling Tel. 08170/7324 Fleisch Zeiten: nach Vereinbarung	Georg Strobl	Münchner Straße 25 Verband: Bioland

82547 Eurasburg · Josef Urban · Oberherrnhausen
Tel. 08179/8822
Brot, Wein, Saft, Getreide, Obst, Gemüse, Kartoffeln, Milch, Käse, Eier, Fleisch, Wurst
Zeiten: Di 9-12, Di, Do, Fr16-18.30, Sa 9-11.30 · Verband: Bioland

82547 Herrnhausen · V. von Poschinger · Gut Waltersteig
Tel. 08179/8805
Damwildfleisch, Gemüse, Fleisch, Wurst
Zeiten: nach Vereinbarung · Verband: Naturland

82549 Königsdorf · Hofgemeinschaft Mooseurach, M. Schmid · Mooseurach 16a
Tel. 08179/1250
Getreide, Gemüse, Kartoffeln, Fleisch, Wurst
Zeiten: Mi 17-19.30 und nach Vereinbarung · Verband: Naturland

82549 Köningsdorf · Hofgemeinschaft Mooseurach · Mooseurach 9
Tel. 08179/745
Naturkost, Getreide, Kartoffeln, Eier, Geflügel
Zeiten: Mi 17-19.30 und nach Vereinbarung · Verband: Naturland

82714 Mießbach · Elke Weiss · Gut Floiger
Tel. 08025/1333
Fleisch
Zeiten: nach Vereinbarung · Verband: Biokreis Ostbayern

83052 Bruckmühl · Georg Ettenhuber · Niedermoar 36
Tel. 08062/6751
Milch, Käse
Zeiten: täglich 17-18.30 undnach Vereinbarung · Verband: Demeter

83052 Bruckmühl · Martin Wöstner · Maxhofen 9
Tel. 08061/2121
Brennholz, Käse (Kuh), Obst
Zeiten: nach Vereinbarung · Verband: Bioland

83059 Kolbermoor · Gerhard Schlarb · Dr.-Thann-Straße 2a
Tel. 08061/2366
Fleisch, Wurst
Zeiten: jederzeit · Verband: Naturland

Einkaufen direkt beim Bio-Bauern

83071 Stephanskirchen Tel. 08031/70354 Lamm, Eier, Fleisch Zeiten: nach Vereinbarung	Stephan Schmid	Steinbreitenweg 6 Verband: Bioland
83071 Stephanskirchen Tel. 08036/1884 Eier, Fleisch Zeiten: nach Vereinbarung	Jakob Wiesheu	Kleinholzner Straße 6 Verband: Bioland
83075 Bad Feilnbach Tel. 08066/545 Obstschnäpse, Obst, Gemüse Zeiten: jederzeit	Christian Eder, Wachingerhof	Hocheckstraße 25 Verband: Naturland
83075 Bad Feilnbach Tel. 08064/361 Schnaps, Obst, Gemüse, Fleisch, Wurst Zeiten: nach Vereinbarung	Michael Grimm	Gottschallingerstraße 40 Verband: Naturland
83083 Riedering Tel. 08036/1420 Getreide, Obst, Gemüse, Kartoffeln, Fleisch, Wurst Zeiten: Di, Fr 10-18.30, Sa 10-12	Hubert und Kathi Jaksch	Dorfstraße 5, Wurmsdorf Verband: Naturland
83083 Riedering Tel. 08036/8069 Kräuter, Abo-Kiste, Obst, Gemüse, Kartoffeln, Eier Zeiten: Fr 14-18	Thomas und Sabine Pummerer	Tinning 2 Verband: Naturland
83083 Riedering Tel. 08036/3967 Getreide, Obst, Fleisch Zeiten: nach Vereinbarung	Josef und Evi Siferlinger	Gögging 6 Verband: Bioland
83083 Riedering Tel. 08036/7759 Brot, Getreide, Gemüse, Kartoffeln, Milch, Käse, Eier Zeiten: Di, Fr 16-18	Johann Hamberger	Holzen 1 Verband: Bioland
83083 Riedering Tel. 08036/3930 Obst, Eier, Fleisch Zeiten: nach Vereinbarung	Michael und Maria Bauer	Gögging 12 Verband: Bioland
83093 Bad Endorf Tel. 08553/9364, 28 Fleisch Zeiten: nach Vereinbarung	Hans und Marianne Hirzinger	Oberrankham 6 Verband: Biokreis Ostbayern
83104 Ostermünchen Tel. 08067/491 Kartoffeln, Milch, Käse, Fleisch, Wurst Zeiten: nach Vereinbarung	Josef und Dora Huber, Lechnerhof	Berg 4 Verband: Demeter

Einkaufen direkt beim Bio-Bauern

83104 Tuntenhausen — Sebastian Kendlinger — Stetten 1
Tel. 08067/426
Milch, Eier, Fleisch
Zeiten: nach Vereinbarung
Verband: Biokreis Ostbayern

83109 Tuntenhausen — Alois Gröbmeier Soyer — Hörmating 9
Tel. 08067/1034 ode
Kartoffeln, Eier
Zeiten: nach Vereinbarung
Verband: Demeter

83109 Großkarolinenfeld — Werner Friedl-Zimmermann — Harthauser Straße 4
Tel. 08031/5777
Honig, Gemüse
Zeiten: di,Fr 17-18.30; Sa 9-12
Verband: Naturland

83112 Frasdorf — Johann Huber — Hauptstraße 2
Tel. 08052/847
Schaf- und Ziegenkäse, Saft, Wein, Obst, Käse, Eier, Fleisch
Zeiten: Mo-Sa 10-17
Verband: Bioland

83119 Obing — Franz Eitzinger — Hauptstraße 5
Tel. 08624/2487
Marmelade, Getreide, Obst, Gemüse, Fleisch, Wurst
Zeiten: nach Vereinbarung
Verband: Demeter

83122 Samerberg — Paul Stuffer — Eiding 1
Tel. 08032/8278
Saft, Wein, Getreide, Obst, Gemüse, Kartoffeln, Milch, Käse, Eier, Fleisch
Zeiten: Do 17-19, Sa 9-12
Verband: Bioland

83123 Amerang — Georg Teply — Hamberg 1
Tel. 08075/224
Fleisch
Zeiten: nach Vereinbarung
Verband: Biokreis Ostbayern

83131 Nussdorf — Claudia und Werner Maurer — Steinach 70
Tel. 08034/7213
Urlaub, Brot, Obst, Milch, Käse, Eier, Geflügel, Fleisch, Wurst
Zeiten: nach Vereinbarung
Verband: Demeter

83132 Pittenhart — Sebastian Guggenhuber — Hinzing 3
Tel. 08624/1536
Getreide, Fleisch
Zeiten: nach Vereinbarung
Verband: Bioland

83132 Pittenhart — Schloßgärtnerei Niederbrunn Wolfgang Kohwagner — Seeoner Straße 4
Tel. 08624/2107
Gemüse
Zeiten: Di, Fr 14-17.30, Sa 9-12.30
Verband: Demeter

83209 Prien — Thomas Schader, Chiemgauer Pilzkulturen — Kaltenbach 8
Tel. 08051/1494
Austernpilze, Getreide
Zeiten: 9-12 + 13-18
Verband: Bioland

Einkaufen direkt beim Bio-Bauern

83224 Grassau Tel. 08641/1412 Milch, Fleisch Zeiten: zur Melkzeit	Josef Rieder	Erlenweg 1 Verband: Bioland
83236 Übersee Tel. 08642/6532 Obst, Milch, Fleisch Zeiten: nach Vereinbarung	Andreas Stefanutti	Seetal 61 Verband: Bioland
83253 Rimsting Tel. 08051/2720 Brot, Obst, Gemüse, Kartoffeln, Käse, Eier Zeiten: Do 16-18	Hans und Evi Fritz	Stetten 4 Verband: Naturland
83253 Rimsting Tel. 08051/4945 Getreide, Milch, Käse Zeiten: nach Vereinbarung	Johann Buchner	Huben 3 Verband: Biokreis Ostbayern
83253 Rimsting Tel. 08051/3985 Fleisch Zeiten: nach Vereinbarung	Franz Lehner	Oberdorfstr. 13 Verband: Bioland
83254 Breitbrunn Tel. 08054/412 Obst, Gemüse, Kartoffeln Zeiten: Mo-Fr 8-12, 14-18, Sa 8-12	N. und T. Nitzinger, Gärtnerei Binniker	Rimstinger Straße 11 Verband: Demeter
83278 Traunstein Tel. 0861/12459 Getreide, Gemüse, Kartoffeln, Milch, Käse, Eier, Fleisch Zeiten: Mo-Sa 9-11, 17-18	Simon Steiner	Kaiserstraße 5 Verband: Bioland
83278 Traunstein Tel. 0861/12873 Getreide, Obst, Gemüse, Kartoffeln Zeiten: nach Vereinbarung	Robert Gastager	Gerating 10 Verband: Bioland
83278 Rettenbach Tel. 09462/5118 Milch, Fleisch, Wurst Zeiten: nach Vereinbarung	Gerhard Falter	Ruderszell 3 Verband: Biokreis Ostbayern
83308 Trostberg Tel. 08621/2069 Abo-Kiste Markt: Tostberg Sa 7-12, Obst, Gemüse Zeiten: Mo-Fr 9-18, Sa 9-12, Mi geschlossen	Gärtnerei Horizont	Heubergweg 1 Verband: Naturland
83313 Siegsdorf Tel. 08662/9869 Brot, Fleisch Zeiten: nach Vereinbarung	Karl-H. Jahncke	Reichhausen 22 Verband: Demeter

Einkaufen direkt beim Bio-Bauern

83313 Siegsdorf — Franz Bichler — Osterham 1
Tel. 08662/7912
Getreide, Kartoffeln, Fleisch
Zeiten: Mo+Fr 16-18
Verband: Bioland

83313 Siegsdorf — Johann Gastager — Knappenfeldstraße 27
Tel. 08662/2178
Brot, Wolle, Schaffelle, Milch, Käse, Fleisch, Wurst
Zeiten: Do 18-20 und nach Vereinbarung
Verband: Demeter

83317 Teisendorf — Maria und Gertraud Wallner — Pom 6
Tel. 08656/1585
Käse
Zeiten: nach Vereinbarung
Verband: Bioland

83317 Teisendorf — Matthias Spiegelsperger — Wimmern 20
Tel. 08666/1527
Brot, Obst, Gemüse, Kartoffeln, Milch, Eier
Zeiten: nach Vereinbarung
Verband: Bioland

83324 Ruhpolding — Valentin Hechenbichler — Seehauser Straße 22
Tel. 08663/5941
Brot, Wein, Saft, Naturkostsortiment, Getreide, Obst, Gemüse, Kartoffeln, Milch, Käse, Eier, Fleisch
Zeiten: Di, Fr 10-12, 15-19
Verband: Bioland

83329 Waging-Nirnharting — Josef Daxenberger — Dorfstraße 30
Tel. 08681/4251
Milch, Eier, Fleisch
Zeiten: nach Vereinbarung
Verband: Bioland

83342 Tacherting — Josef und Rita Klauser — Lohen 3
Tel. 08634/1677
Brot, Saft, Getreide, Obst, Gemüse, Kartoffeln, Milch, Käse, Eier, Fleisch
Zeiten: Mo, Fr 14-20, Sa 9-12
Verband: Bioland

83342 Emertsham — John Gonzalves — Tachertinger Straße 3
Tel. 08622/1210
Eier, Fleisch
Zeiten: nach Vereinbarung
Verband: Bioland

83349 Palling — Josef und Anna Hofmann — Kindergartenstraße 7
Tel. 08629/516
Getreide, Milch, Käse
Zeiten: Mo-Sa 7-8, 17-18
Verband: Bioland

83349 Palling — Josef und Rosemarie Parzinger — Genetsham 2
Tel. 08629/207
Käse, Eier, Geflügel, Fleisch, Wurst
Zeiten: nach Vereinbarung
Verband: Biokreis Ostbayern

83349 Palling — Josef Reiter — Geiselfing 1
Tel. 08629/578
Angus-Baby-Beef, Gemüse
Zeiten: nach Vereinbarung
Verband: Naturland

Einkaufen direkt beim Bio-Bauern

83359 Hufschlag Andreas Müller Trenkmoos 12
Tel. 0861/3160
Fleisch
Zeiten: nach Vereinbarung Verband: Naturland

83361 Kienberg Hans Urbauer Helming 3
Tel. 08628/634
Wein, Saft, Getreide, Obst, Gemüse, Kartoffeln, Milch, Käse, Eier, Fleisch
Zeiten: Mo-Sa 17-18, Sa 10-12 u. n. Vereinbarung Verband: Bioland

---

83365 Nußdorf Hans Dandl Chieminger Straße 8
Tel. 08669/7481
Nudeln, Backwaren, Öle, Naturkost, Abo-Kisten, Getreide, Obst, Gemüse, Kartoffeln, Eier, Fleisch
Zeiten: Mi 16-18, Fr 13-18,Sa 9-12 Verband: Bioland

83370 Seeon Jochen und Beatrice Ackermann Waltenbergweg 11
Tel. 08624/2523
Ferienwohnung, Getreide, Milch, Käse, Fleisch, Wurst
Zeiten: nach Vereinbarung Verband: Demeter

83373 Taching Anton Schmid Hörgassing 9
Tel. 08687/691
Brot, Getreide
Zeiten: nach Vereinbarung Verband: Bioland

83373 Tengling Franz Obermayer, Schröckenbauerhof Obere Dorfstraße 14
Tel. 08687/228
Getreide, Obst, Kartoffeln, Milch, Käse, Eier
Zeiten: nach Vereinbarung Verband: Demeter

83374 Traunwalchen Alfons und Resi Thaler Niedling 6
Tel. 08669/6538
Schafskäse, Brennholz, Naturholz, Saft, Gemüse, Kartoffeln, Milch, Eier, Fleisch
Zeiten: nach Vereinbarung Verband: Bioland

83395 Freilassing Hias Kreuzeder Eham 9
Tel. 08654/7510
Brot, Brennholz, Getreide, Obst, Kartoffeln, Milch, Eier, Fleisch
Zeiten: täglich 17-18 Verband: Bioland

83404 Ainring Paul Ufertinger Weng 10
Tel. 08654/9462
Schafskäse, Käse, Fleisch
Zeiten: Do 18-19 Uhr Verband: Bioland

83413 Fridolfing Johann Schärtl Oberdorf am Kloster 9
Tel. 08684/467
Getreide, Obst, Milch
Zeiten: nach Vereinbarung Verband: Naturland

83451 Piding Georg und Anja Fagerer, Klingerhof Innebergweg 20
Tel. 08651/5986
Urlaub für Nichtraucher, Milch, Käse, Fleisch, Wurst
Zeiten: nach Vereinbarung Verband: Demeter

Einkaufen direkt beim Bio-Bauern

83483 Bischofswiesen Tel. 08652/7384 Eier, Geflügel, Fleisch Zeiten: nach Vereinbarung	Anton Keilhofer	Aschauerweiherstraße 53 Verband: Biokreis Ostbayern
83512 Wasserburg/Inn Tel. 08071/1892 Brot, Naturkost, Wein, Getreide, Gemüse, Käse, Fleisch, Wurst Zeiten: täglich zu den üblichen Verkaufszeiten	Lorenz Huber	Au Bei Reisach 1 Verband: Naturland
83512 Reitmehring Tel. 08071/5622 Saft, Wein, Trockenprodukte, Getreide, Obst, Gemüse, Kartoffeln, Milch Zeiten: Di, Fr 8-18, Sa 9-12	Norbert Buortesch, Gärtnerhof Löwenzahn	Münchner Straße 14 Verband: Bioland
83527 Haag Tel. 08072/8887 Gemüse, Fleisch, Wurst Zeiten: nach Vereinbarung	Dr. Arndt und Almut Raupach	Neuberg 7, Ederhof Verband: Naturland
83527 Haag Tel. 08072/2997 Schafskäse, Gemüse Zeiten: nach Vereinbarung	Josef und Elisabeth Hederer	Rain 6 Verband: Bioland
83530 Waldhausen Tel. 08074/382 Getreide, Kartoffeln, Milch, Eier, Fleisch Zeiten: nach Vereinbarung	Johann Becher	Pfarrhofstraße 5 Verband: Biokreis Ostbayern
83530 Waldhausen Tel. 08074/407 Most, Saft, Obst Zeiten: Do 17-20	Johann Schmid	Bernöd 1 Verband: Bioland
83536 Gars Tel. 08073/452 Getreide, Fleisch Zeiten: nach Vereinbarung	Josef Eisgruber	Huttenstett 4 Verband: Bioland
83539 Pfaffing Tel. 08071/1295 Kräuter, Abo-Kiste, Gemüse Zeiten: nach Vereinbarung	Renate Polk	Echelbach Verband: Naturland
83539 Pfaffing Tel. 08076/1730 Milch Zeiten: täglich 17-18	Franz Guggenmos	Hilgen 111 Verband: Bioland
83543 Rott Tel. 08039/3900 Getreide, Obst, Eier Zeiten: nach Vereinbarung	Josef Riedl	Manglham 12 Verband: Bioland

Einkaufen direkt beim Bio-Bauern

83544 Albaching   Fritz Roth   Stockmühle 1
Tel. 08076/1012
Getreide, Fleisch, Wurst
Zeiten: nach Vereinbarung   Verband: Naturland

83544 Albaching   Petra Posselt   Stockamühle 2
Tel. 08076/7284
Getreide, Gemüse, Fleisch, Wurst
Zeiten: nach Vereinbarung   Verband: Naturland

83547 Penzing   Martin Weidinger   Dorfstraße 3
Tel. 08071/3175
Getreide, Kartoffeln
Zeiten: nach Vereinbarung   Verband: Biokreis Ostbayern

83549 Eiselfing   Andreas Obermayr   Pollersham 1
Tel. 08071/7810
Getreide, Gemüse, Kartoffeln
Zeiten: nach Vereinbarung   Verband: Biokreis Ostbayern

83552 Evenhausen   Fritz Berger   Streit 29
Tel. 08075/1397
Fleisch
Zeiten: nach Vereinbarung   Verband: Biokreis Ostbayern

83556 Griesstätt   Walter Heinzmann   Hochholz 1
Tel. 08038/756
Fleisch
Zeiten: auf Bestellung freiHaus   Verband: Bioland

83558 Maitenbeth   Thomas und Lore Oexle   Ziegenmeierei Oberlohe, Lohe 3
Tel. 08076/91970
Brot, Ziegenkäse, Kartoffeln, Milch, Fleisch
Zeiten: nach Vereinbarung   Verband: Bioland

83564 Soyen   Stefan Grill   Halmberg 1
Tel. 08071/4104
Gemüse, Kartoffeln, Milch
Zeiten: nach Vereinbarung   Verband: Bioland

83564 Soyen   Martin Ludwig, Gärtnerhof Halmberg   Halmberg 1
Tel. 08076/4935
Honig, Kräuter, Obst, Gemüse, Kartoffeln
Zeiten: Mo 10-12, Mi 16-18, Fr 10-18   Verband: Bioland

83564 Soyen   Ludwig M. und Förtsch H. Gärtnerhof Halmberg   Halmberg 1
Tel. 08071/4935
Honig, Kräuter, Obst, Gemüse, Kartoffeln
Zeiten: Mo 9-12, Mi 16-18   Verband: Bioland

83564 Soyen   Henri Förtsch, Gärtnerhof Halmberg   Halmberg 1
Tel. 08071/51185
Wein, Honig, Obst, Gemüse
Zeiten: Mo 10-12, Mi 16-18, Fr 10-18   Verband: Bioland

Einkaufen direkt beim Bio-Bauern

83567 Unterreit   Johann Vorderwestner   Hub 3
Tel. 08073/1359
Honig, Getreide, Gemüse, Kartoffeln, Milch, Eier, Fleisch
Zeiten: nach Vereinbarung   Verband: Biokreis Ostbayern

83567 Unterreit   Reinhard Henke   Au im Wald 1
Tel. 08073/2308
Fleisch
Zeiten: nach Vereinbarung   Verband: Bioland

83567 Unterreit   Georg Mußner   Wimm 4
Tel. 08073/2321
Honig, Obst, Kartoffeln
Zeiten: Mo-Sa 8-17   Verband: Demeter

83567 Unterreit   Klaus Lausch   Starzmann 1
Tel. 08073/1329
Fleisch
Zeiten: nach Vereinbarung   Verband: Biokreis Ostbayern

83607 Holzkirchen   Wolfgang Sappl   Roggersdorfer Straße 117
Tel. 08024/2348
Brot, Wein, Saft, Ziegenkäse, Getreide, Obst, Gemüse, Kartoffeln, Milch, Eier, Geflügel, Fleisch, Wurst
Zeiten: Di,Sa 9-12.30, Fr 15-18.30   Verband: Bioland

83607 Holzkirchen   Martin und Katharina Würmseer-Aust   Kurzenberg 3
Tel. 08024/49941
Milch, Käse
Zeiten: nach Vereinbarung   Verband: Bioland

83607 Holzkirchen   David Baker   Thann 1
Tel. 08024/7875
Ziegenmilch, -käse, Milch
Zeiten: nach Vereinbarung   Verband: Bioland

83607 Holzkirchen   Josef Jörg   Tölzer Straße 134
Tel. 08024/6899
Milch, Käse, Fleisch
Zeiten: Di 10.30-15.30,Do 14.30-16,Fr 9.30-13.30   Verband: Bioland

---

83620 Vagen   Harro Colshorn   Seehamer Weg 5
Tel. 08062/8229
Abokiste, Obst, Gemüse, Kartoffeln
Zeiten: Mi, Fr, Sa 9-12   Verband: Bioland

83620 Feldkirchen-Westerham   Hubert Steffl   Neuburgstraße 2
Tel. 08062/1233
Naturkost, Brot, Getreide, Kartoffeln, Milch, Käse, Fleisch, Wurst
Zeiten: tägl. 8-12 u. 15-18außer Mo,Sa nachm.   Verband: Demeter

---

83623 Dietramszell   Kaspar Gröbmaier   Kappelsberg
Tel. 08027/388
Obst, Milch, Fleisch
Zeiten: täglich 16-18   Verband: Bioland

Einkaufen direkt beim Bio-Bauern

83623 Dietramszell Tel. 08171/17052 Getreide, Gemüse, Kartoffeln, Milch, Fleisch Zeiten: nach Vereinbarung	Johann Müller	Haarschweige 1 Verband: Demeter
83623 Dietramszell Tel. 08176/446 Schafskäse, Milch, Käse, Fleisch Zeiten: werktags 17.30-19.30	Sergio Steinberg	Leiten 1 Verband: Bioland
83623 Dietramszell Tel. 08027/1430 Milch, Eier, Fleisch Zeiten: nach Vereinbarung	Josef Moosmang	Breitenweg 2 Verband: Bioland
83623 Dietramszell Tel. 08027/809 Fleisch Zeiten: nach Vereinbarung	Ursula Cassinone	Dietenhausen 2 Verband: Bioland
83623 Dietramszell Tel. 08207/372 Eier, Fleisch Zeiten: nach Vereinbarung	Georg und Elisabeth Gerr	Punding 2 Verband: Bioland
83623 Dietramszell Tel. 08027/590 Milch, Fleisch Zeiten: nach Vereinbarung	Sebastian Streicher	Großeglsee 7 Verband: Bioland
83623 Ascholding Tel. 08171/21020 Getreide, Milch, Käse, Eier, Fleisch, Wurst Zeiten: nach Vereinbarung	Anna und Josef Bilgeri, Seidlhof	Am Dorfbach 3 Verband: Demeter
83623 Ascholding Tel. 08171/10475 Getreide, Gemüse, Kartoffeln, Milch, Käse, Fleisch, Wurst Zeiten: nach Vereinbarung	Beim Schmied Michael Müller	Tattenkofener Straße 1 Verband: Demeter
83624 Otterfing Tel. 08024/4387 Getreide, Gemüse, Kartoffeln, Milch, Käse Zeiten: Mo,Mi,Fr,Sa 16-19; Mo,Fr,Sa 8.30-12	J. und M. Hellwasser	Kreuzstraße 107 Verband: Demeter
83624 Otterfing Tel. 08024/4206 Milch, Fleisch Zeiten: nach Vereinbarung	Martin und Agnes Beilhack	Holzhamer Bogen 33 Verband: Bioland
83627 Warngau Tel. 08021/7972 Obst, Fleisch, Wurst Zeiten: nach Vereinbarung	Johann Staudinger	Bürg 22 Verband: Naturland

Einkaufen direkt beim Bio-Bauern

83629 Fentbach/Weyarn — Kaspar Riesenberger — Keltenschanze 2
Tel. 08020/444
Gemüse, Käse
Zeiten: nach Vereinbarung — Verband: Naturland

83671 Benediktbeuern — Klostergärtnerei E. und G. Eisele — Fraunhofer Straße 5
Tel. 08857/9728
Kräuter, Brot, Getreide, Gemüse, Kartoffeln, Milch, Eier
Zeiten: Mo-Sa 9-12.30, Mo-Mi 15-17, Do, Fr 15-18 — Verband: Naturland

---

83714 Miesbach — Josef Pöhm, Gärtnerei Wallenburg
Tel. 08025/7271
Naturkost, Wein, Saft, Obst, Gemüse, Kartoffeln, Käse, Fleisch
Zeiten: Mo 9.30-11, Do 8-12, Mo, Mi, Fr 15-18 — Verband: Bioland

---

83714 Miesbach — Herr Schweiger — Gut Wallenburg
Tel. 08025/1409
Saft, Wein, Obst, Gemüse, Kartoffeln, Käse, Fleisch
Zeiten: Mo 9.30-11, Do 8-12, Mo, Mi, Fr 15-18 — Verband: Bioland

---

83714 Miesbach — Johann und Elisabeth Seemüller — Hofwies 20
Tel. 08025/7221
Fleisch
Zeiten: nach Vereinbarung — Verband: Bioland

83727 Schliersee — Markus Hofberger — Schwaig 2
Tel. 08026/2118
Gemüse, Milch, Käse
Zeiten: nach Vereinbarung — Verband: Naturland

83730 Fischbachau — Martina und Werner Haase, Leitzachtaler Ziegenhof — Sandbichl 4
Tel. 08028/2064
Ziegen, Versand, Milch, Käse
Zeiten: täglich außer So 16-18.30 — Verband: Demeter

83737 Irschenberg — Marinus Ransberger — Hackling 1
Tel. 08062/2931
Milch, Käse, Fleisch
Zeiten: nach Vereinbarung — Verband: Bioland

84030 Ergolding — Ingrid und Franz Grosser — Pfarrkofen 1
Tel. 08704/645
Getreide, Obst, Gemüse, Kartoffeln, Milch, Eier, Geflügel, Fleisch, Wurst
Zeiten: Di 18-19.30, Fr 15-19.30, Sa 10-19.30 — Verband: Naturland

---

84030 Ergolding — Benno Voit — Lindenstraße 47
Tel. 08161/713514
Sortiment erfragen
Zeiten: ganztägig — Verband: Naturland

84030 Ergolding — Wolfgang Frey — Lindenstraße 2
Tel. 0871/75683
Getreide, Gemüse, Kartoffeln, Fleisch, Wurst
Zeiten: nach Vereinbarung — Verband: Naturland

Einkaufen direkt beim Bio-Bauern

84032 Altdorf Tel. 0871/32574 Getreide, Gemüse, Kartoffeln, Milch, Eier Zeiten: jederzeit	Josef Biberger	Hauptstraße 74 Verband: Naturland
84032 Altdorf Tel. 08704/529 Wein, Trockensortiment, Getreide, Gemüse, Kartoffeln, Fleisch, Wurst Zeiten: nach Vereinbarung	Johannes Hohenester	Buchenthal 40 Verband: Naturland
84032 Altdorf Tel. 0871/31398 Brot, Naturkostsortiment, Saft, Wein, Getreide, Obst, Gemüse, Kartoffeln Zeiten: Di-Fr 10-12 und 14-18	Gerhard Skuballa	Jahnstraße 3 Verband: Naturland
84034 Landshut Tel. 0871/61794 Obst, Gemüse, Kartoffeln, Milch, Käse, Eier, Fleisch, Wurst Zeiten: Mo+Fr 14-18, Mi+Sa 9-12	Gisela Suttner, Gärtnerei Siebensee	Siebensee 2 Verband: Demeter
84036 Kumhausen Tel. 08705/663 Jungpflanzen, Kräuter, Brot, Getreide, Obst, Gemüse, Kartoffeln, Milch, Käse, Eier, Geflügel, Fleisch Zeiten: täglich 15-18, Do 8-11, Sa 9-13	Gärtnerei Rosenhammer	Hausberg 12 Verband: Demeter
84036 Kumhausen Tel. 08705/439 Wein, Getreide, Gemüse, Fleisch, Wurst Zeiten: Mo-Fr 16-18, Sa 8-12	Erwin und Maria Braun	Oberdessing 3 Verband: Naturland
84036 Landshut/Kumhausen Tel. 08743/638 Getreide, Gemüse, Kartoffeln Zeiten: nach Vereinbarung	Hermann Nitzl	Narrenstetten 1 Verband: Naturland
84051 Essenbach Tel. 08703/2058 Dinkelkissen, Getreide, Gemüse Zeiten: nach Vereinbarung	Jakob Kammermeier	Ginglkofen 4 Verband: Naturland
84056 Niedereulenbach Tel. 08781/1632 Brot, Kräuter, Getreide, Obst, Gemüse, Kartoffeln, Eier, Geflügel, Fleisch, Wurst Zeiten: Fr 14-19 und nach Vereinbarung	Lothar und A. Fröschl	Schollenweg 12 Verband: Naturland
84056 Rottenburg Tel. 08781/3350 Brot, Naturkost, Geräuchertes, Lammfleisch Obst, Gemüse, Kartoffeln, Milch, Käse, Eier, Fleisch, Wurst Zeiten: Do 15-18, Fr 9-12, Sa 9-14	Edeltraud Butz	Viehhausen 2 Verband: Naturland
84056 Rottenburg Tel. 08781/2248 Hofladen, Eulen-Bier, Brot, Saft, Wein, Getreide, Obst, Gemüse, Kartoffeln, Käse, Fleisch, Wurst Zeiten: täglich 8-18	Volker Kahlert	Hauptstraße 5 Verband: Naturland

Einkaufen direkt beim Bio-Bauern

84067 Pfeffenhausen Tel. 08782/781 Kräuter, Gemüse, Kartoffeln, Geflügel, Fleisch, Wurst Zeiten: nach Vereibarung	Johanna Buchner	Gasselsberg 29 Verband: Naturland
84076 Pfeffenhausen Tel. 08708/253 Getreide, Gemüse, Fleisch, Wurst Zeiten: Fr 8-11 und 12-17; Sa 8-11	Georg und Maria Bichlmaier	Wolfau 14 Verband: Naturland
84069 Schierling Tel. 09451/3697 Wein, Getreide, Obst, Gemüse, Kartoffeln, Fleisch Zeiten: Sa 9-13	Stefan Lichtenegger	Hauptstraße 15 Verband: Bioland
84069 Schierling Tel. 09451/1029 Milch, Fleisch Zeiten: täglich 17-18	Josef Aumeier	Bergstraße 1 Verband: Bioland
84076 Koppenwall Tel. 08782/1280 Getreide, Gemüse, Kartoffeln, Eier, Geflügel, Fleisch, Wurst Zeiten: nach Vereinbarung	Michael Meier	Haus Nr. 9 Verband: Naturland
84076 Pfeffenhausen Tel. 08782/1073 Brot, Naturkost, Wein, Getreide, Gemüse, Milch, Käse, Fleisch, Wurst Zeiten: Do, Fr 15-18.30	Jakob Mießlinger	Osterwind 1 Verband: Naturland
84088 Neufahrn Tel. 08785/225 Honig, Kartoffeln Zeiten: nach Vereinbarung	Johann Scherer	Piegendorf 6 Verband: Bioland
84092 Gerabach/Bayerbach Tel. 087747/1203 Getreide, Gemüse Zeiten: nach Vereinbarung	Rudolf Mayer	St. Wolfgang Straße 1 Verband: Naturland
84104 Rudelzhausen-Tegernbach Nandlstädter Straße 37 Tel. 08756/326 Ziegenmilch, -käse, Getreide, Fleisch Zeiten: Di, Fr 14-17		Johann Kellner Verband: Naturland
84104 Hebrontshausen Tel. 08754/749 Getreide, Gemüse, Kartoffeln, Eier, Fleisch, Wurst Zeiten: nach Vereinbarung	Hans Neumaier	Landshuterstraße 8 Verband: Naturland
84104 Rudelzhausen Tel. 08752/1593 Obst, Gemüse, Kartoffeln, Eier Zeiten: Fr 13-18	Georg und Roswitha Kottermair	Niederhinzing 8 Verband: Bioland

Einkaufen direkt beim Bio-Bauern

84104 Rudelzhausen-Tegernbach   Johann Kellner Ziegenhof Holledau   Nandlstädter Str. 37
Tel. 08756/326
Ziegenkäse, Bauerngeräuchertes, Käse, Fleisch, Wurst
Zeiten: Di + Fr nachm.   Verband: Bioland

84137 Vilsbiburg   Reinhart Fleischmann   Pirken 19
Tel. 08741/8259
Getreide, Gemüse
Zeiten: nach Vereinbarung   Verband: Naturland

84137 Vilsbiburg   Ruppert Maier   Ödwimm 116
Tel. 08741/1850
Getreide, Gemüse, Milch, Fleisch, Wurst
Zeiten: nach Vereinbarung   Verband: Naturland

84140 Gangkofen   York und Silke Simon   Oberschmiddorf 4
Tel. 08722/8705
Getreide, Obst, Gemüse, Kartoffeln, Milch, Eier, Fleisch
Zeiten: nach Vereinbarung   Verband: Naturland

84144 Geisenhausen   Uwe Michaelis   Unterschneitberg 96
Tel. 08743/1648
Ziegenkäse, Getreide, Gemüse, Kartoffeln, Fleisch
Zeiten: nach Vereinbarung   Verband: Bioland

84149 Velden   Lebensgemeinschaft Höhenberg e.V.
Tel. 08086/100
Ziegenmilch, Brot, Getreide, Obst, Gemüse, Kartoffeln, Milch, Käse, Eier, Fleisch, Wurst
Zeiten: Nov.-März Fr 9-18, Apr.-Okt. Fr nachm.   Verband: Demeter

---

84149 Velden   Hans und Hildegard Lehrhuber   Holzen 2
Tel. 08742/8100
Getreide, Gemüse
Zeiten: nach Vereinbarung   Verband: Naturland

84149 Velden   Gottfried Aigner   Burghab 3
Tel. 08742/8367
Getreide, Milch, Eier, Fleisch
Zeiten: nach Vereinbarung   Verband: Bioland

84152 Mengkofen   Josef Strohhofer   Eckhof 126
Tel. 09427/409
Getreide, Gemüse
Zeiten: nach Vereinbarung   Verband: Naturland

84155 Bodenkirchen   Hans Stadler   Scherneck 2
Tel. 08722/1719
Brot, Schaffleisch, Getreide, Gemüse, Milch, Geflügel
Zeiten: nach Vereinbarung   Verband: Naturland

84155 Bodenkirchen   Peter Niedermeier   Pfistersham 1
Tel. 08741/6727
Brot, Gemüse, Käse, Fleisch, Wurst
Zeiten: nach Vereinbarung   Verband: Naturland

Einkaufen direkt beim Bio-Bauern

84155 Bodenkirchen   Josef Grötzinger   Dorfstraße 24
Tel. 08741/6521
Getreide, Gemüse, Kartoffeln, Milch, Käse, Fleisch, Wurst
Zeiten: nach Vereinbarung   Verband: Naturland

84163 Marklkofen   Josef Ostner   Reithen 1
Tel. 08732/1208
Brot, Getreide, Gemüse, Kartoffeln, Milch, Eier, Geflügel, Fleisch, Wurst
Zeiten: nach Vereinbarung   Verband: Naturland

84164 Moosthenning   Hans Wenninger   Herrengasse 3
Tel. 08731/91646
Apfelsaft, Apfelwein, Apfelessig, Getreide, Gemüse
Zeiten: täglich   Verband: Naturland

84168 Aham   Martin Huber   Winzersdorf 5
Tel. 08732/2937
Gemüse, Fleisch, Wurst
Zeiten: nach Vereinbarung   Verband: Naturland

84175 Johannesbrunn   Roland Fleischmann   Klosterstraße 2
Tel. 08744/557
Getreide, Gemüse, Geflügel, Fleisch, Wurst
Zeiten: nach Vereinbarung   Verband: Naturland

84175 Gerzen   Adolf und Karin Hörl   Ay 1
Tel. 08741/4223
Kartoffeln, Fleisch
Zeiten: nach Vereinbarung   Verband: Bioland

84178 Wieselsberg 3   Jakob Meindl   Kröning 1
Tel. 08702/1093
Wild, Getreide, Obst, Gemüse, Eier, Fleisch, Wurst
Zeiten: nach Vereinbarung   Verband: Naturland

84178 Kröning   Karl Kiermeier   Oberkirchberg 2
Tel. 08744/1092
Getreide, Gemüse, Kartoffeln
Zeiten: nach Vereinbarung   Verband: Naturland

84181 Neufraunhofen   Josef und Dietlinde Schmid   Kasthal 1
Tel. 08742/8039
Getreide, Kartoffeln, Milch, Käse, Eier, Fleisch
Zeiten: Sa 9-15 und nach Vereinbarung   Verband: Bioland

84184 Tiefenbach   Peter Pichlmeier   Hauptstraße 38
Tel. 08709/587
Brot, Getreide, Obst, Gemüse, Kartoffeln, Milch, Käse, Eier, Fleisch, Wurst
Zeiten: Fr 13-17 und nach Vereinbarung   Verband: Naturland

84186 Vilsheim   Martin Lackermeier   Gessendorf 3
Tel. 08706/591
Getreide, Obst, Gemüse, Kartoffeln, Milch, Eier, Fleisch, Wurst
Zeiten: nach Vereinbarung   Verband: Naturland

84323 Massing — Rupert Fisch — Heumarkterstraße 22
Tel. 08724/352
Marmeladen, Nudeln, Saft, Getreide, Gemüse, Kartoffeln
Zeiten: Di 9-11, Fr 14-17, Lieferservice
Verband: Biokreis Ostbayern

84326 Falkenberg — Franz Paintmeier — Sommerstraße 34
Tel. 08727/266
Wein, Getreide, Kartoffeln, Milch, Fleisch
Zeiten: Mo-Fr 9-17
Verband: Bioland

84347 Pfarrkirchen — Josef Wimmer — Rockern 3
Tel. 08561/1879
Brot, Saft, Wein, Getreide, Obst, Gemüse, Kartoffeln, Milch, Käse, Eier, Fleisch
Zeiten: Fr 13-18
Verband: Bioland

84359 Simbach — Hans Priemeier, Antersdorfer Mühle — Antersdorf
Tel. 08571/8150
Getreide, Obst, Gemüse, Käse, Fleisch, Wurst
Zeiten: Fr 15-18
Verband: Biokreis Ostbayern

84359 Simbach a. Inn — Konrad Schützeneder — Winklham 11
Tel. 08573/2238
Apfelsaft, Getreide, Obst, Gemüse, Kartoffeln, Milch, Fleisch
Zeiten: nach Vereinbarung
Verband: Biokreis Ostbayern

84359 Simbach am Inn — Alois Hadeier — Winklham 2
Tel. 08571/8859
Getreide, Milch, Fleisch
Zeiten: nach Vereinbarung
Verband: Biokreis Ostbayern

84367 Reut — Otto Egelseder — Obermühle 3
Tel. 08572/8374
Gemüse
Zeiten: Fr 14-19
Verband: Biokreis Ostbayern

84367 Reut — Karl Leitner — Haghub 1
Tel. 08572/574
Fleisch
Zeiten: nach Vereinbarung
Verband: Biokreis Ostbayern

84375 Kirchdorf — Alois Meier — Wella 1
Tel. 08072/726
Getreide, Gemüse, Fleisch, Wurst
Zeiten: nach Vereinbarung
Verband: Naturland

84378 Dietersburg — Rudolf Edmeier — Gruberstr. 5
Tel. 08565/238
Kartoffeln, Milch
Zeiten: nach Vereinbarung
Verband: Bioland

84381 Johanniskirchen — Herbert Albrecht — Windbaising 5
Tel. 08564/807
Wolle, Felle, Getreide, Kartoffeln, Fleisch
Zeiten: nach Vereinbarung
Verband: Bioland

Einkaufen direkt beim Bio-Bauern

84381 Johanniskirchen   Theo Noneder   Lapperding 10
Tel. 08564/694
Brot, Reitbetrieb, Getreide, Milch
Zeiten: nach Vereinbarung   Verband: Bioland

84381 Johanniskirchen   Johann Hanglberger   Haibach 2
Tel. 08564/1693
Gemüse, Kartoffeln
Zeiten: Fr 13-18, Sa 9-12 und nach Vereinbarung   Verband: Bioland

---

84387 Julbach   Johann Bessel   Dorfstraße 3
Tel. 08571/3368
Getreide, Obst, Gemüse, Kartoffeln, Eier, Geflügel, Fleisch
Zeiten: nach Vereinbarung   Verband: Biokreis Ostbayern

84405 Dorfen   Fritz Kratzer   Neuharting 3
Tel. 08081/2166
Most, Essig, Spirituosen, Geräuchertes, Getreide, Obst, Fleisch, Wurst
Zeiten: Fr und Sa   Verband: Naturland

84405 Dorfen   Georg Schwaiger   Parschalling 1
Tel. 08081/4895
Gemüse, Eier, Geflügel, Fleisch, Wurst
Zeiten: nach Vereinbarung   Verband: Naturland

84405 Dorfen   Rupert und Elisabeth Babel   Holz 12
Tel. 08085/394
Eier, Fleisch
Zeiten: nach Vereinbarung   Verband: Bioland

84416 Taufkirchen   Johann Osendorfer   Babing 7
Tel. 08084/2378
Getreide, Gemüse, Kartoffeln
Zeiten: nach Vereinbarung   Verband: Naturland

84419 Schwindegg   August Obermeier   Fischmühle 2
Tel. 08082/8765
Getreide
Zeiten: Sa 9-11 Uhr und nach Vereinbarung   Verband: Bioland

84419 Obertaufkirchen   Martin Bauer   Hauptstr. 5
Tel. 08082/1837
Brot, Apfelwein, -essig, Getreide, Obst
Zeiten: Mi nachm.   Verband: Bioland

84424 Isen   Albert und Emmi Mintrop   Am Dellert 1
Tel. 08083/8321
Brot, Wein, Getreide, Obst, Gemüse, Kartoffeln, Milch, Käse, Eier, Fleisch
Zeiten: Di, Sa 9-12, Fr 13.30-18.30   Verband: Bioland

84424 Isen-Burgrain   Josef Eichner   Hauptstraße 3a
Tel. 08083/9500
Fleisch
Zeiten: nach Vereinbarung   Verband: Bioland

Einkaufen direkt beim Bio-Bauern

84424 Isen Tel. 08124/452 Kartoffeln, Eier, Fleisch Zeiten: nach Vereinbarung	Eduard Schwaiger	Aich 2 Verband: Bioland
84427 St. Wolfgang Tel. 08085/532 Getreide, Milch Zeiten: nach Vereinbarung	Anton und Regina Brandl	Burdberg 28 Verband: Bioland
84427 St. Wolfgang Tel. 08085/331 Nudeln, Flocken, Getreide, Milch, Käse, Fleisch, Wurst Zeiten: Fr 14-19	Georg Hartinger, Hofkäserei Hodersberg	Hodersberg 114 Verband: Demeter
84427 St. Wolfgang Tel. 08085/510 Umstellungsbetrieb, Wildgehege, Getreide, Milch, Käse, Fleisch, Wurst Zeiten: nach Vereinbarung	Rupert und Marianne Numberger	Mühlberg 38 Verband: Demeter
84427 St. Wolfgang Tel. 08085/1361 Säfte, Spirituosen Zeiten: Di,Fr 8-17, Sa 8-13	Horst Hockeler Kelterei	Hauptstraße 13 Verband: Bioland
84427 St. Wolfgang Tel. 08085/1200 Obst Zeiten: nach Vereinbarung	Zehtner Wolfgang	Hauptstraße 13 Verband: Bioland
84427 St. Wolfgang Tel. 08085/1200 Obst Zeiten: nach Vereinbarung	Zehtner Wolfgang	Hauptstraße 13 Verband: Bioland
84428 Buchbach Tel. 08086/590 Brot, Getreide, Gemüse, Kartoffeln Zeiten: nach Vereinbarung	Müller Thomas	Stadelhub 1 Verband: Bioland
84432 Hohenpolding Tel. 08084/3250 Obst, Kartoffeln, Eier, Geflügel, Fleisch Zeiten: nach Vereinbarung	Klara und Hermann Feckl	Loiting 30 Verband: Bioland
84432 St. Wolfgang Tel. 08084/3250 Obst, Kartoffeln, Eier, Geflügel, Fleisch Zeiten: nach Vereinbarung	Josef Lenz	Lehner 34 Verband: Bioland
84434 Kirchberg Tel. 08762/2848 Ziegnkäse, Getreide, Gemüse, Kartoffeln, Eier Zeiten: nach Vereinbarung	Alexandra und Andreas Forster	Baustarring 1 Verband: Bioland

Einkaufen direkt beim Bio-Bauern

84437 Kirchberg Tel. 08762/2123 Getreide, Gemüse, Kartoffeln, Eier, Fleisch, Wurst Zeiten: nach Vereinbarung	Alfred Bauer	Ziegelberg 5 Verband: Naturland
84437 Reichertsheim Tel. 08072/433 Brot, Getreide, Gemüse, Fleisch, Wurst Zeiten: nach Vereinbarung	Gerhard und A. Haslberger	Ramsau-Tiefenstätt 10 Verband: Naturland
84439 Steinkirchen Tel. 08084/667 Baumschule, heimische Gehölze, Obst, Gemüse, Kartoffeln Zeiten: nach Vereinbarung	Baumschule Brenninger	Hofstarring 57 Verband: Demeter
84439 Steinkirchen Tel. 08084/8755 Honig, Getreide, Milch, Fleisch Zeiten: Mo-Sa 9-16	Johann Graf	Hofstarring 42 Verband: Bioland
84478 Waldkraiburg Tel. 08638/1333 Getreide, Eier, Fleisch Zeiten: nach Vereinbarung	Barbara und Maria Holzner	Asbach 35 Verband: Bioland
84494 Lohkirchen Tel. 08637/7067 Schaf- und Ziegenfleisch, Getreide, Gemüse, Wurst Zeiten: nach Vereinbarung	Friedrich und Anna Schweiger	Rabenöd 1 Verband: Naturland
84494 Neumarkt St. Veit Tel. 08639/1563 Speiseöle, Brot, Wein, Saft, Getreide, Obst, Gemüse, Kartoffeln, Milch, Käse, Eier, Fleisch Zeiten: Mo-Fr 9-18, Sa 8-12, Mi geschlossen	Josef Hacklsperger	Hörbering 39 Verband: Bioland
84494 Lohkirchen Tel. 08639/1591 Kräuterpflanzen, Getreide, Gemüse Zeiten: nach Vereinbarung	Gärtnerhof Teising Wolfgang Falk	Teising 8 Verband: Naturland
84494 Neumarkt St. Veit Tel. 08639/1591 Sortiment erfragen Zeiten: nach Vereinbarung	Gärtnerhof Teising, W. Falk	Teising 8 Verband: Naturland
84508 Burgkirchen Tel. 08679/6474 Honig, Getreide, Käse, Wurst Zeiten: nach Vereinbarung	Andreas Remmelberger	Reit 17 Verband: Biokreis Ostbayern
84508 Burgkirchen Tel. 08679/6782 Honig, Getreide, Fleisch Zeiten: nach Vereinbarung	Hubert Hochreiter	Dorfen 10 Verband: Biokreis Ostbayern

Einkaufen direkt beim Bio-Bauern

84513 Erharting
Tel. 08631/91582
Damwild
Zeiten: nach Vereinbarung

Rupert Naglmeier

Günzhofen 4

Verband: Biokreis Ostbayern

84529 Tittmoning
Tel. 08683/7862
Obstessig, hausgemachte Nudeln, Getreide, Gemüse, Milch, Fleisch, Wurst
Zeiten: nach Vereinbarung

Josef Gramsamer

Ollerding 2

Verband: Naturland

84529 Tittmoning
Tel. 08683/932
Getreide, Obst, Gemüse, Kartoffeln, Fleisch
Zeiten: nach Vereinbarung

Hans und Roswitha Glück

Grassach 15

Verband: Biokreis Ostbayern

84529 Tittmoning
Tel. 08683/300
Sonnenblumenöl Markt: Bauernladen in Freilassing, Getreide, Gemüse
Zeiten: nach Vereinbarung

Johann Kraller

Wies 4

Verband: Naturland

84529 Tittmoning
Tel. 08683/1700
Saft, Obst, Kartoffeln, Eier, Fleisch
Zeiten: nach Vereinbarung

Sebastian Pfaffinger

Grassach 12

Verband: Bioland

84533 Marktl
Tel. 08678/8822
Brot, Getreide, Gemüse, Kartoffeln, Käse, Eier, Fleisch
Zeiten: Fr 16-18

Hermann Lohr

Neuhaus 3

Verband: Bioland

84533 Marktl
Tel. 08678/442
Getreide, Milch, Käse, Eier, Fleisch, Wurst
Zeiten: nach Vereinbarung

Kurt Wonner

Schützing 2

Verband: Demeter

84533 Haiming
Tel. 08678/355
Getreide, Obst, Kartoffeln, Eier, Geflügel, Fleisch
Zeiten: nach Vereinbarung

Hans Emmersberger

Unterviehhausen 11

Verband: Biokreis Ostbayern

84539 Ampfing
Tel. 08636/1571
Getreide, Eier
Zeiten: nach Vereinbarung

Georg Wittmann

Unterkiefering 48

Verband: Bioland

84544 Aschau am Inn
Tel. 08638/67680
Getreide, Milch
Zeiten: nach Vereinbarung

Johann Asanger

Forstmaierstraße 12

Verband: Biokreis Ostbayern

84550 Feichten
Tel. 08634/5911
Saft, Wein, Abo-Kiste 14-tägig im Winter, Getreide, Obst, Gemüse, Kartoffeln
Zeiten: Di 9-13, Fr 15-19

Hans Wöcherl und Evelin Braml

Edelham 29

Verband: Bioland

Einkaufen direkt beim Bio-Bauern

84553 Halsbach　　　Josef Hochreiter　　　　　　　　Mooswinkel 24
Tel. 08623/347
Brot, Getreide, Gemüse, Kartoffeln, Geflügel, Fleisch
Zeiten: Fr 11-18　　　　　　　　　　　　　　　　Verband: Biokreis Ostbayern

84553 Halsbach　　　Sepp Rottenaicher　　　　　　　Buch 1
Tel. 08623/614
Getreide, Fleisch
Zeiten: nach Vereinbarung　　　　　　　　　　　　Verband: Biokreis Ostbayern

---

84553 Halsbach　　　Martin Winkelbauer　　　　　　Spielhof
Tel. 08679/6247
Jungrindfleisch
Zeiten: nach Vereinbarung　　　　　　　　　　　　Verband: Biokreis Ostbayern

---

84558 Kirchweidach　Johann Rottenaicher, Fuchshof　Halla 3
Tel. 08623/683
Gänse, Milch, Käse, Geflügel, Fleisch, Wurst
Zeiten: nach Vereinbarung　　　　　　　　　　　　Verband: Demeter

84558 Kirchweidach　Anna Huber Engelhard Troll　　Mayerhof Neukirchen
Tel. 08634/8740
Brot, Getreide, Obst, Gemüse, Kartoffeln, Milch, Käse, Eier
Zeiten: nach Vereinbarung　　　　　　　　　　　　Verband: Demeter

84561 Mehring　　　Georg Stadler　　　　　　　　　Niederholz 1
Tel. 08677/4451
Brot, Getreide, Obst, Gemüse, Kartoffeln, Milch, Käse, Fleisch, Wurst
Zeiten: Fr 16-18　　　　　　　　　　　　　　　　Verband: Biokreis Ostbayern

84568 Pleiskirchen　Heinrich Kronberger　　　　　　Thal 1
Tel. 08728/787
Getreide, Fleisch
Zeiten: nach Vereinbarung　　　　　　　　　　　　Verband: Biokreis Ostbayern

---

84577 Tüßling　　　Josef und Annelies Kastenbauer　Bahnhofstraße 3a
Tel. 08633/7593
Brot, Saft, Getreide, Obst, Gemüse, Kartoffeln, Käse, Eier, Fleisch
Zeiten: Sa 9-12 und nach Vereinbarung　　　　　　Verband: Bioland

85055 Ingolstadt-Mailing　Georg Ströb　　　　　　Marienstraße 3
Tel. 0841/36183
Getreide, Kartoffeln
Zeiten: nach Vereinbarung　　　　　　　　　　　　Verband: Bioland

85077 Manching　　Oliver Thuringer　　　　　　　Fischergasse 17
Tel. 08459/7265
Abo-Kiste Markt: Ingolstadt Stadttheater, Ingolstadt Liebigstraße; Man, Obst, Gemüse
Zeiten: Mo, Di, Do 10-12, Mi, Fr 14-18　　　　　Verband: Naturland

---

85095 Denkendorf　Lorenz Meier　　　　　　　　　Hauptstraße 31
Tel. 08466/1015
Getreide, Kartoffeln, Eier
Zeiten: nach Vereinbarung　　　　　　　　　　　　Verband: Demeter

Einkaufen direkt beim Bio-Bauern

85095 Denkendorf Dietmar Brand Ingolstädter Straße 2
Tel. 08466/8309
Getreide, Gemüse
Zeiten: nach Vereinbarung Verband: Bioland

85107 Baar-Ebenhausen Richard Haunsperger Münchener Straße 45
Tel. 08453/8136
Getreide, Gemüse, Kartoffeln
Zeiten: nach Vereinbarung Verband: Naturland

85114 Tauberfeld Franz und Christa Thiermeyer Volchlinstraße 12
Tel. 08458/4164
Getreide, Obst, Gemüse, Kartoffeln, Eier
Zeiten: nach Vereinbarung Verband: Naturland

85123 Pobenhausen Manfred Wagner Schrobenhausener Straße 17
Tel. 0841/55545
Getreide, Gemüse, Kartoffeln, Fleisch, Wurst
Zeiten: nach Vereinbarung Verband: Naturland

85131 Pollenfeld-Preith Johann Mayer Steigweg 4
Tel. 08421/2334
Brot, Wein, Saft, Getreide, Obst, Gemüse, Kartoffeln, Milch, Käse, Eier, Fleisch
Zeiten: nach Vereinbarung Verband: Bioland

85131 Pollenfeld Michael Daum, Meyerhof Römerstraße 36
Tel. 08421/1866
Brot, Getreide, Obst, Gemüse, Kartoffeln, Milch, Käse, Eier, Geflügel
Zeiten: täglich Verband: Demeter

85221 Dachau Siegfried Klein Brucker Straße 25
Tel. 08131/82725
Kräuter, Abo-Kiste, Obst, Gemüse, Kartoffeln, Eier
Zeiten: Di-Fr 9-12 u. 15-18 Verband: Naturland

85229 Niederroth Leonhard Gailer Sigmertshauserstraße 2
Tel. 08136/5018
lossen, Saft, Wein, Brot, Schafe, Getreide, Obst, Gemüse, Kartoffeln, Milch, Käse, Fleisch, Wurst
Zeiten: Mo-Fr 9-12 u. 14.30-18.30, Di nachm.gesc Verband: Naturland

---

85235 Odelzhausen Michael Winkler Am Hinterberg 2
Tel. 08134/1598
Gemüse, Kartoffeln, Milch, Eier, Fleisch
Zeiten: nach Vereinbarung Verband: Bioland

85235 Odelzhausen Anton und Richard Wirthmüller Mühlweg 9
Tel. 08134/216
Brot, Naturkostsortiment, Wein, Saft, Getreide, Obst, Gemüse, Kartoffeln, Milch, Käse, Eier
Zeiten: Di, Fr, Sa 9-12, Fr14-18 Verband: Bioland

85235 Pfaffenhofen Anneliese Kaut Heidi Taubinger Kirchplatz 7
Tel. 08134/6159
Eier
Zeiten: nach Vereinbarung Verband: Bioland

Einkaufen direkt beim Bio-Bauern

85238 Asbach — Claudius Frey — Dorfstraße 27
Tel. 08137/5972
Saft, Getreide, Obst, Gemüse, Kartoffeln, Käse, Eier
Zeiten: Fr 14-18
Verband: Bioland

85241 Herbertshausen — Anton Orthofer — Lotzbach 2
Tel. 08139/9814
Gemüse, Fleisch, Wurst
Zeiten: Fr 13-18, Sa 8-12
Verband: Naturland

85241 Reipertshofen — Franz Schmidt Jun. — Nr. 2
Tel. 08139/560
Gemüse, Kartoffeln
Zeiten: jederzeit
Verband: Naturland

85244 Röhrmoos — Arthur und Rosa Stein, Scharlhof — Ortsstraße 11
Tel. 08139/8649
Brot, Naturkost, Getreide, Obst, Gemüse, Kartoffeln, Milch, Käse, Eier, Fleisch, Wurst
Zeiten: Di 17-18, Mi, Sa 9-11.30, Fr 14-18.30
Verband: Naturland

85244 Schönbrunn — Franziskuswerk Schönbrunn — Prälat-Steininger-Straße 1
Tel. 08139/800-0, -
Kräuter, Obst, Gemüse
Zeiten: Mo-Fr 10-12 + 13-15
Verband: Naturland

85253 Erdweg-Walkertshofen — Hans Schmid — Bergstraße 22
Tel. 08134/8325
Getreide, Milch
Zeiten: nach Vereinbarung
Verband: Bioland

85254 Orthofen — Marianne und Josef Mertl — Ringstraße 12
Tel. 08134/1424
Getreide, Kartoffeln
Zeiten: nach Vereinbarung
Verband: Bioland

85256 Jedenhofen — Josef Berthold — Eichenstraße 8
Tel. 08137/5545/703
Blumen, Obst, Gemüse, Kartoffeln
Zeiten: Mi, Mi, Fr 14-18, Sa 9-12
Verband: Naturland

85276 Pfaffenhofen — Ludwig Hirschberger — Eberstettener Straße 14
Tel. 08441/8707
Brot, Saft, Erdbeeren, Getreide, Obst, Gemüse, Kartoffeln, Fleisch, Wurst
Zeiten: Fr 16-18, Sa 10-12
Verband: Naturland

85276 Pfaffenhofen — Brigitte Beckenbauer — Eberstettener Straße 14
Tel. 08441/5353
Brot, Erdbeeren und Himbeeren zum Selbstpflücken, Getreide, Obst, Gemüse, Kartoffeln, Milch, Eier
Zeiten: Fr 16-18, Sa 10-12
Verband: Naturland

85276 Pfaffenhofen — Xaver Schreyer — Ingolstädterstraße 90
Tel. 08441/84091
Naturbeef, Gemüse, Fleisch, Wurst
Zeiten: nach Vereinbarung
Verband: Naturland

Einkaufen direkt beim Bio-Bauern

85283 Wolnzach Wendelin und Elisabeth Hillerbrand Schrittenlohe
Tel. 08442/3547
Brot, Getreide, Gemüse, Käse
Zeiten: nach Vereinbarung Verband: Naturland

85283 Wolnzach Josef und Agnes Grabmaier Stadelhof 3
Tel. 08452/8487
Kartoffeln, Eier
Zeiten: nach Vereinbarung Verband: Bioland

85293 Reichertshausen Franz Geisenhofer Angerhofstraße 1
Tel. 08441/84289
Naturkostsortiment, Getreide, Gemüse
Zeiten: nach Vereinbarung Verband: Naturland

85296 Rohrbach Helmut Ried Bahnhofstraße 48
Tel. 08442/5194
Mehl, Nudeln, Getreide
Zeiten: nach Vereinbarung Verband: Bioland

85296 Waal Franz Maag Singoldstr. 30
Tel. 08246/202
Gemüse
Zeiten: jederzeit Verband: Naturland

85298 Scheyern Versuchsgut Scheyern Kainz/Eicher Prielhof 1
Tel. 08441/80920
Getreide, Gemüse, Kartoffeln, Fleisch
Zeiten: nach Vereinbarung Verband: Bioland

85305 Jetzendorf Wolfgang Werner Finkenweg 2
Tel. 08250/1553
Gemüse
Zeiten: nach Vereinbarung Verband: Bioland

85307 Paunzhausen Georg Sturm Wehrbach 23
Tel. 08444/7408
Brot, Wein, Saft, Schafs-, Ziegenkäse, Getreide, Obst, Gemüse, Kartoffeln, Käse, Eier
Zeiten: Di,Fr 8-18 Verband: Bioland

85307 Paunzhausen-Schernbuch Konrad und Gertrud Offenberger Dorfstraße 7
Tel. 08166/1577
Getreide, Fleisch
Zeiten: nach Vereinbarung Verband: Bioland

85309 Pörnbach Iris Schäfer Haus Sonnenfeld Birklweg 15
Tel. 08446/1024
Obst
Zeiten: nach Vereinbarung 9-12 (lange läuten) Verband: Naturland

---

85354 Freising Josef Braun Dürneck 23
Tel. 08161/13249
Getreide, Milch, Käse, Fleisch
Zeiten: täglich 17.30-18.30 Verband: Bioland

Einkaufen direkt beim Bio-Bauern

85356 Freising Tel. 08161/68665 Kräuter, Obst, Gemüse, Kartoffeln Zeiten: Di + Fr 13-18, Mi +Sa 7-12	Naturgarten Schönegge	Asamstraße 21 Verband: Naturland
85368 Moosburg Tel. 08761/60307 Obst, Gemüse, Kartoffeln Zeiten: Di 14-18	Josef und Barbara Voit	Thalbacher Straße 34 Verband: Bioland
85368 Moosburg Tel. 08761/8787 Honig, Bienenwachskerzen, Met, Wein Zeiten: nach Vereinbarung	Georg Goldbrunner	Westerbergstr. 59 Verband: Bioland
85368 Hagsdorf Tel. 08764/226 Geräuchertes, Getreide, Gemüse Zeiten: nach Vereinbarung	Johann Hartl	Hofmarkstraße 16 Verband: Naturland
85391 Allershausen Tel. 08166/7315 Getreide, Obst, Gemüse, Kartoffeln, Milch, Käse, Eier, Fleisch Zeiten: Winter 18.30-19, Sommer 19-19.30	Josef und Irmi Berchtold	Atterstraße 17 Verband: Bioland
85391 Allershausen Tel. 08166/7644 Getreide, Eier, Fleisch Zeiten: Fr 15-18, Sa 9-12	Stefan Pellmeyer	Albert-Schweitzer-Straße 14 Verband: Bioland
85402 Kranzberg Tel. 08166/7644 Brot,Wein,Saft,Konserven,Südfrüchte, Getreide, Obst, Gemüse, Kartoffeln, Milch, Käse, Eier, Fleisch Zeiten: Fr 15-18, Sa 9-12	Franz und Angela Ostermaier	Eberspoint 3 Verband: Bioland
85402 Kranzberg Tel. 08166/3392 Gemüse, Kartoffeln Zeiten: nach Vereinbarung	E. und Maximilian Böck	Hohenbercha 26 Verband: Naturland
85402 Kranzberg Tel. 08166/8358 Sonnenblumenöl, Pensionspferde, Getreide, Obst, Eier, Geflügel, Fleisch, Wurst Zeiten: nach Vereinbarung	Hans und Gabi Modlmair	Hohenbercha 13 Verband: Demeter
85406 Zolling Tel. 08167/1216 Getreide, Gemüse, Kartoffeln, Fleisch, Wurst Zeiten: nach Vereinbarung	Johann Thalhammer	Kapellenstraße 4 Verband: Demeter
85410 Haag/Amper Tel. 08161/68665 Kräuter, Abo-Kiste Markt: Freising, Obst, Gemüse, Kartoffeln Zeiten: Di, Fr 13-18, Mi, Sa 7-12	Horst und Erhard Schönegge	Ringstraße 14 Verband: Naturland

Einkaufen direkt beim Bio-Bauern

85414 Kirchdorf Tel. 08166/7386 Abo-Kiste, Getreide, Obst, Gemüse, Fleisch, Wurst Zeiten: nach Vereinbarung	Josef Weingartner	Hirschbachstraße 1 Verband: Naturland
85414 Kirchdorf Tel. 08166/7819 Getreide, Milch Zeiten: nach Vereinbarung	Michael Setzwein	Sternstraße 14 Verband: Bioland
85419 Mauern Tel. 08764/235 Fleisch Zeiten: nach Vereinbarung	Dr. Angela Lösing	Am Eichenberg 35 Verband: Bioland
85456 Wartenberg Tel. 08762/2529 Obst Zeiten: nach Vereinbarung	Rudolf Gumplinger	Klingstraße 7 Verband: Bioland
85461 Bockhorn Tel. 08122/4477 Kräuter, Gewürze, Soja, Lein, Koriander, Getreide, Gemüse, Kartoffeln, Eier Zeiten: nach Vereinbarung	Lorenz Lex	Emling Nr. 17 Verband: Naturland
85462 Eitting Tel. 08761/4550 Getreide, Kartoffeln, Milch, Fleisch Zeiten: nach Vereinbarung	Johann Pröls	Moosburger Straße 30 Verband: Bioland
85462 Eitting Tel. 08122/12519 Getreide, Kartoffeln Zeiten: nach Vereinbarung	Helmut Schwenzer	St. Georg Straße 11 Verband: Bioland
85465 Langenpreising Tel. 08761/4611 Gemüse, Kartoffeln, Fleisch, Wurst Zeiten: nach Vereinbarung	Anton Wollschläger	Pottenau 19 Verband: Naturland
85540 Haar Tel. 089/6884214 Gemüse Zeiten: Mo-Fr 8-16.30	Gemüsegärtnerei Regenbog	Ringstraße 60 Verband: Naturland
85560 Ebersberg Tel. 08092/22103 Fleisch auf Bestellung, Getreide, Obst, Gemüse, Kartoffeln Zeiten: nach Vereinbarung	Maria Seidinger	Rinding 22 Verband: Bioland
85567 Grafing Tel. 08092/4537 Fleisch auf Bestellung, Eier, Geflügel, Fleisch Zeiten: nach Vereinbarung	Leonhard Eichler GbR	Feichten 1 Verband: Bioland

Einkaufen direkt beim Bio-Bauern

85567 Grafing   Fritz und Irmgard Reiter   Burgholzstr. 4
Tel. 08092/7186
Getreide, Obst, Kartoffeln, Milch, Käse, Fleisch
Zeiten: täglich 17-18 und nach Vereinbarung   Verband: Bioland

---

85567 Grafing-Straußdorf   Johann Spitzl   Blumenstraße 9
Tel. 08092/6744
Obst, Milch, Fleisch
Zeiten: nach Vereinbarung   Verband: Bioland

85579 Neubiberg-Unterbiberg   Josef Kyrein   Zwergerstraße 8
Tel. 089/6373370
Gemüse, Kartoffeln
Zeiten: Fr 14.30-17.30, Sa 9-12   Verband: Bioland

85625 Glonn   Susanne Meyer & Werner Schmid   Hermannsdorf 1
Tel. 08093/4333
Obst, Gemüse, Kartoffeln
Zeiten: Di-Fr 9-18, Sa 9-13   Verband: Bioland

85625 Glonn   Martin Sigl   Reinstorf 4
Tel. 08093/5223
Getreide, Gemüse, Milch, Käse
Zeiten: Fr 14-16   Verband: Naturland

85625 Glonn   Hermannsdorfer Landwerkstätten   Sonnenhausen 1
Tel. 08093/57637
Bäckerei, Nudeln, Honig, Bier, Getreide, Kartoffeln, Käse, Fleisch, Wurst
Zeiten: Di-Fr 9-19, Sa 9-13, Lieferservice   Verband: Biokreis Ostbayern

---

85625 Glonn   Benno Singer   Westerndorf 9
Tel. 08093/1336
Obst
Zeiten: nach Vereinbarung   Verband: Biokreis Ostbayern

85625 Baiern   Irmgard Schultes, Juliette Reich   Unterlausstraße 31
Tel. 08093/5510
Beet- und Balkonpflanzen, Sommerschnittblumen, Obst, Gemüse, Kartoffeln
Zeiten: Mo-Fr 8-12, 15-18, Do nachm. geschlossen   Verband: Bioland

---

85625 Baiern   Jakob und Elisabeth Kainz   Kulbing 12
Tel. 08093/2139
Saft, Brot, Obst, Milch, Fleisch
Zeiten: nach Vereinbarung   Verband: Bioland

85635 Siegertsbrunn   Martin Mayer   Hohenbrunner Straße 4
Tel. 08102/3639
Wein, Saft, Getreide, Obst, Gemüse, Kartoffeln, Käse, Eier, Fleisch
Zeiten: Di,Fr 15-18, Fr,Sa 9-12 Uhr   Verband: Bioland

85643 Steinhöring   Steinhöringer Werkstätten, Bernd Bitsch   Münchner Str. 37
Tel. 08094/182135
Gemüse
Zeiten: Di 8-11.30, 12.30-16, Fr 8-11.30   Verband: Demeter

Einkaufen direkt beim Bio-Bauern

85643 Steinhöring-Tulling Tel. 08094/650 Getreide, Milch, Fleisch Zeiten: nach Vereinbarung	Benno und Anna Moritz GbR	Dorfstraße 8 Verband: Bioland
85643 Steinhöring Tel. 08094/182135 Gemüse Zeiten: Di 8-11.30, 12.30-16, Fr 8-11.30	Berbd Bitsch Steinhöriger Werkstätten	Münchnerstraße 37 Verband: Demeter
85646 Anzing Tel. 08121/46614 Obst, Gemüse Zeiten: Sa 8-12.30 und nach Vereinbarung	Gärtnerei Regenbogen	Unterasbach 9 Verband: Naturland
85659 Forstern Tel. 08124/1295 Brot, Getreide, Kartoffeln, Milch, Eier, Fleisch Zeiten: nach Vereinbarung	Hermann Herzog	Hub 111 Verband: Bioland
85667 Oberpframmern Tel. 08093/625 Honig, Waschmittel, Getreide, Obst, Gemüse, Kartoffeln, Milch, Eier Zeiten: Di,Fr 9-12+15-18, Mi,Sa 9-12	Martin Schreiner	Schlag 1 Verband: Bioland
85669 Pastetten Tel. 08121/5717 Brot, Naturkost, Getreide, Gemüse, Fleisch, Wurst Zeiten: Di-Do 17-19, Fr 14-19	Josef und Inge Knauer	Taing 1 Verband: Naturland
85669 Pastetten Fendsbach 1 Zierpflanzen, Blumen, Obst, Gemüse, Kartoffeln, Eier Zeiten: Mo-Fr 10-11.30, 13-16.30, Fr -18	Bernhard Finsterwald Tel. 08124/90832	Fendsbacher Hof Verband: Bioland
85669 Reithofen Tel. 08124/268 Honig, Honigprodukte, Getreide, Gemüse, Milch, Käse, Eier, Geflügel, Fleisch, Wurst Zeiten: Do+Fr 8-19, Sa 8-15	Sebastian Brandl	Erdinger Straße 18 Verband: Naturland
85716 Unterschleißheim Tel. 089/3104020 Kräuter, Gemüse, Kartoffeln Zeiten: nach Vereinbarung	Schleißheimer Werkstatt für Behinderte, Gärtnerei	Am Geflügelhof 10 Verband: Naturland
85735 Simaning Tel. 098/966299 Gemüse Zeiten: Mo-Fr 8-16.30	Regenbogen e.V.	Freisinger Str. 108 Verband: Naturland
85764 Hackermoos Tel. 089/3150058 Kräuter, Abo-Kiste, Gemüse, Kartoffeln Zeiten: Sa 9-12 u. nach Vereinbarung	Walter Hoffmann	Siedlerstraße 12 Verband: Naturland

Einkaufen direkt beim Bio-Bauern

85777 Fahrenzhausen Tel. 08133/8857 Getreide, Obst, Gemüse, Kartoffeln, Milch, Käse, Eier, Fleisch, Wurst Zeiten: nur im Abo möglich, München und Umgebung	Josef und Franz Achatz, Gärtnerhof Fahrenzhausen	Hauptstraße 20 Verband: Demeter
86154 Augsburg Tel. 0821/491326 Gemüse Zeiten: Mo-Fr 8-12, 14-18, Sa 8-12	Franz Durner	Donauwörther Straße 315 Verband: Bioland
86199 Augsburg Tel. 0821/97198 Wein, Saft, Getreide, Obst, Gemüse, Kartoffeln, Milch, Käse, Eier Zeiten: Fr 9-12, 17-19	Josef Hölzle	Oberschönenfelder Straße 9 Verband: Bioland
86199 Augsburg Tel. 0821/93944 Getreide, Kartoffeln Zeiten: nach Vereinbarung	Franz Weissen	Dahlienweg 6 Verband: Demeter
86316 Friedberg Tel. 0821/601498 Getreide, Obst, Gemüse, Kartoffeln, Milch Zeiten: täglich 17-18.30	Josef Niedermaier	Weilerweg 5 Verband: Bioland
86316 Friedberg Tel. 0821/783597 Gemüse Zeiten: Fr 13-18, Sa 8-13	Andreas Kienast, Gärtnerei	Derchinger Str. 29 Verband: Bioland
86316 Friedberg Tel. 0821/604380 Getreide, Gemüse, Kartoffeln Zeiten: Mo-Fr 16.30-18, Sa 8-12	Gerhard Kölbl	Altdorfstraße 11 Verband: Bioland
86343 Königsbrunn Tel. 08231/31137 Getreide, Obst, Gemüse, Kartoffeln Zeiten: Mo,Di,Do,Fr 8.30-12, 14-18, Sa 8.30-12	Wolfgang König	Fohlenhofstraße 63 Verband: Bioland
86368 Gersthofen Tel. 0821/463549 Getreide, Gemüse, Kartoffeln, Fleisch Zeiten: Do, Fr 14-18, Sa 8-11	Albert Mayer	Wertinger Straße 17 Verband: Bioland
86381 Krumbach-Billenhausen An der Eiche 17 Tel. 08282/61562 Kartoffeln, Fleisch Zeiten: nach Vereinbarung		Rupert Goldstein Verband: Bioland
86399 Bolungen Tel. 08234/5278 Getreide, Kartoffeln Zeiten: nach Vereinbarung	Franz Schmider	Frieda-Förster-Straße 15 Verband: Demeter

Einkaufen direkt beim Bio-Bauern

86405 Waltershofen Günther Baumann Waltrichstraße 21
Tel. 08271/2452
Wein, Saft, Honig, Jungpflanzen, Getreide, Obst, Gemüse, Kartoffeln, Eier
Zeiten: Di, Fr 14-18, Sa 8-12 Verband: Bioland

86424 Dinkelscherben Otto Merk Römerstraße 8
Tel. 08292/1266
Fleisch
Zeiten: nach Vereinbarung Verband: Bioland

86438 Kissing Gerhard Mildner Gewerbering 17
Tel. 08233/8732
Fleisch
Zeiten: nach tel. Vereinbar. Verband: Bioland

86444 Affing Walter Hollmann Miedering 2
Tel. 08207/1720
Getreide, Obst, Gemüse, Kartoffeln, Eier, Fleisch
Zeiten: Mi u. Do 17-19 Uhr Verband: Bioland

86447 Todtenweis Hubert Schlecht Heerstraße 9
Tel. 08237/5346
Obst
Zeiten: nach Vereinbarung Verband: Bioland

86459 Margertshausen Wolfgang Frank Heilig-Kreuz-Straße 17
Tel. 08238/2112
Lammfleisch, -wurst
Zeiten: nach Vereinbarung Verband: Bioland

86465 Welden Erwin Hämmerle Keltenschanz-Straße 2
Tel. 08293/6344
Getreide, Kartoffeln, Milch, Fleisch
Zeiten: nach Vereinbarung Verband: Bioland

86465 Welden Irmgard und Michael Sibich Uzstr. 16
Tel. 08239/6436
auf Bestellung, Fleisch
Zeiten: nach Vereinbarung Verband: Bioland

86473 Ziemetshausen Robert Atzkern Leo-Fischer-Str. 8
Tel. 08281/1756
Getreide
Zeiten: nach Vereinbarung Verband: Bioland

86477 Adelsried Julius Danis Axtesberg Nord 1
Tel. 08294/522
Gemüse
Zeiten: nach Vereinbarung Verband: Bioland

86479 Aichen Franz Donderer Pfarrer-Bobinger-Str. 6 a
Tel. 08284/1292
Milch, Fleisch, Wurst
Zeiten: nach telef. Vereinb. Verband: Bioland

Einkaufen direkt beim Bio-Bauern

86480 Aletshausen Tel. 08282/1016 Getreide, Kartoffeln Zeiten: nach telef. Vereinb.	Georg König jun.	Schulstr. 22 Verband: Bioland
86480 Aletshausen Tel. 08263/573 Getreide, Gemüse, Kartoffeln, Käse, Eier, Fleisch Zeiten: Mo-Sa 17-19	Josef Wöhrle	Dorfstraße 11 Verband: Bioland
86480 Aletshausen Tel. 08282/61437 Getreide, Kartoffeln, Käse Zeiten: nach Vereinbarung	Rudolf und Gertrud Fischer	Kirchenstraße 15 Verband: Bioland
86483 Balzhausen Tel. 08281/1487 Getreide, Gemüse, Kartoffeln, Milch Zeiten: Mo-Sa 7-20	Willi Wilhelm	Am Bächle 1 Verband: Bioland
86483 Balzhausen Tel. 08281/2753 Getreide, Milch Zeiten: nach Vereinbarung	Ludwig Ritter	Kirrberg 1 Verband: Bioland
86485 Biberbach Tel. 08271/2967 Getreide, Fleisch Zeiten: ganztags	Michael Mayer	Fuggerstraße 20 Verband: Bioland
86495 Eurasburg Tel. 08208/240 Brot, Getreide, Obst, Gemüse, Kartoffeln, Milch, Käse, Eier, Fleisch Zeiten: Mi, Do 14-18 und nach Vereinbarung	Siegfried und Adelheid Colsman	Hergertswiesen 2 Verband: Bioland
86497 Horgau Tel. 08294/1542 Getreide, Kartoffeln, Eier Zeiten: nach Vereinbarung	Christine Mayr-Steer	Hauptstraße 29 Verband: Bioland
86497 Horgau Tel. 08294/1542 Getreide, Kartoffeln, Eier Zeiten: nach Vereinbarung	Günter Steer	Hauptstr. 29 Verband: Bioland
86497 Horgau Tel. 08294/579 Naturkostprodukte, Brot, Saft, Wein, Getreide, Obst, Gemüse, Kartoffeln, Milch, Käse, Eier, Fleisch Zeiten: Fr 9-12, 15-18, Sa 9-12	Rudolf Beutlrock	Kirchstraße 22 Verband: Bioland
86505 Münsterhausen Tel. 08281/1756 Getreide Zeiten: nach tel. Vereinb.	Helmut Atzkern	Hauptstr. 56 Verband: Bioland

Einkaufen direkt beim Bio-Bauern

86511 Schmiechen-Unterbergen Erwin Resele		Kirchstraße 12
Tel. 08233/9779		
Brot, Saft, Honig, Getreidemühlen, Getreide, Obst, Gemüse, Kartoffeln, Milch, Käse, Eier, Fleisch		
Zeiten: Mo, Do, Fr 18.30-19		Verband: Bioland

86511 Schmiechen	Sebastian Klaus jun.	Plankmühle
Tel. 08206/216		
Getreide, Kartoffeln, Eier		
Zeiten: Sa 8-11 nach Absprache		Verband: Bioland

86511 Schmiechen	Hubert und Birgitta Miller	Ringstraße 36
Tel. 08206/6121		
Abo-Kisten, Saft, Getreide, Obst, Gemüse, Kartoffeln, Käse, Fleisch		
Zeiten: Fr 15-18		Verband: Bioland

86514 Ustersbach	Johann Ellenrieder	Hauptstraße 36
Tel. 08236/712		
Getreide, Gemüse, Kartoffeln, Milch		
Zeiten: täglich 17.30-18.30		Verband: Bioland

86551 Aichach	Stefan Kreppold	Wilpersberg 1
Tel. 08258/211		
Brot, Getreide, Fleisch		
Zeiten: Fr 13-18, Sa 8-12		Verband: Bioland

86551 Aichach	Josef Hederer	Wilpersberg
Tel. 08258/1354		
Schafskäse, Gemüse		
Zeiten: Nach tel. Vorbestell		Verband: Bioland

86551 Aichach	Peter und Maria Paulus	Bergener Straße 2
Tel. 08251/50249		
Ziegenkäse, Gemüse, Kartoffeln, Milch		
Zeiten: täglich 18-19		Verband: Bioland

86554 Pöttmes	Josef Koller	Bürgermeisterstraße 5
Tel. 08253/6820		
Brot, Wein, Saft, Naturkost, Getreide, Obst, Gemüse, Kartoffeln, Milch, Käse, Eier, Fleisch		
Zeiten: Fr 15-18.30, Sa 10-12 u. n. Vereinbarung		Verband: Bioland

86554 Pöttmes	Hubert Birkmeier	Kapellenstraße 6
Tel. 08253/6698		
Apfelsaft, Getreide, Obst, Gemüse, Kartoffeln, Milch, Käse, Eier		
Zeiten: nach Vereinbarung		Verband: Demeter

86554 Pöttmes	Jano Soos-Schupfner	Seeanger 3
Tel. 08253/6053		
Eier		
Zeiten: nach Vereinbarung		Verband: Bioland

86554 Pöttmes	Adolf Kandler	Ebenried 79
Tel. 08276/369		
Getreide, Fleisch, Wurst		
Zeiten: nach Vereinbarung		Verband: Bioland

Einkaufen direkt beim Bio-Bauern

86554 Pöttmes   Hans Hammerl   Kühnhausen 37
Tel. 08253/530
Getreide, Milch, Eier
Zeiten: nach Vereinbarung   Verband: Bioland

86556 Kühbach   Georg Fichtner   Wöresbacher Straße 22
Tel. 08251/3615
Saft, Wein, Getreide, Obst, Gemüse, Kartoffeln, Käse, Eier, Fleisch, Wurst
Zeiten: Sa 9-12   Verband: Bioland

86558 Freinhausen   Dietmar Döhner   Ingolstädter Straße 6
Tel. 08446/1020
Saft, Wein, Vollkornmehl, Brot, Naturkost Markt: in der Spargelzeit Rosenheim, Getreide
Zeiten: Fr 14-18 und nach Vereinbarung   Verband: Naturland

86558 Hohenwart   Klostergut Steinerskirchen   Steinerskirchen 1
Tel. 08446/92010
Obst, Kartoffeln
Zeiten: nach Vereinbarung   Verband: Bioland

86568 Hollenbach   Renate und Johann Sedlmeir   Hauptstr. 85
Tel. 08257/1055
Kartoffeln
Zeiten: nach Vereinbarung   Verband: Bioland

86571 Langenmosen   Josef Mießl   Ortsstraße 10
Tel. 08433/1673
Kartoffeln
Zeiten: nach Vereinbarung   Verband: Bioland

86574 Petersdorf   Gottfried Weichenberger   Deutschherrnstraße 15

Getreide, Kartoffeln
Zeiten: Sa 8-18 Uhr   Verband: Bioland

86577 Sielenbach   Josef Kreppold   Maria-Birnbaum-Str. 5
Tel. 08258/216
Getreide
Zeiten: nach tel.Vereinbar.   Verband: Bioland

86577 Sielenbach   Josef Bichler   Maria-Birnbaum-Strße 20
Tel. 08258/400
Wein, Saft, Nudeln, Flocken, Mehle, Getreide, Obst, Gemüse, Kartoffeln, Milch, Käse, Fleisch
Zeiten: Fr 13-18, Sa 8-12   Verband: Bioland

86609 Donauwörth   Lorenz Gumpp   Im Donautal 1
Tel. 0906/3316
Brot, Wein, Saft, Naturkost, Getreide, Obst, Gemüse, Kartoffeln, Milch, Käse, Eier
Zeiten: Mo, Di, Mi 13-18, Do, Fr 9-18, Sa 9-13   Verband: Bioland

---

86641 Rain   Leonhard Knoll   Münchner Straße 55
Tel. 09002/2855
Getreide, Kartoffeln, Milch
Zeiten: täglich 19-19.30 undnach Vereinbarung   Verband: Bioland

Einkaufen direkt beim Bio-Bauern

86641 Gempfing Stefan und Elfriede Hieber Wengener Straße 24
Tel. 08432/8037
Brot, Wein, Saft, Getreide, Obst, Gemüse, Kartoffeln, Milch, Käse, Eier
Zeiten: Fr 14-18, Sa 9-12 Verband: Bioland

86647 Buttenwiesen Josef Wagner Ulrich-von-Thürheim Straße 5
Tel. 08274/1627
Getreide, Gemüse, Kartoffeln, Fleisch
Zeiten: nach Vereinbarung Verband: Bioland

86655 Harburg Wolfgang Geiß Schrattenhofen 5
Tel. 09085/273
Schaffleisch, Obst, Gemüse, Kartoffeln, Eier, Geflügel
Zeiten: jederzeit Verband: Naturland

86660 Erlingshofen Hubert Miller Dorfstraße 14
Tel. 09004/226
Getreide, Gemüse, Kartoffeln, Fleisch, Wurst
Zeiten: jederzeit Verband: Naturland

86660 Tapfheim Gebrüder Kleinle Ulmer Str. 31
Tel. 09004/272
Getreide, Obst, Gemüse, Kartoffeln, Eier, Fleisch, Wurst
Zeiten: nach Vereinbarung Verband: Demeter

86666 Burgheim Stefan Hieber Bahnhofstr. 34
Tel. 08432/8037
Brot, Naturkost, Getreide, Gemüse, Kartoffeln
Zeiten: Fr 14-18 Verband: Bioland

86685 Gosheim Walter Schneider Soffelmühle
Tel. 09092/1295
Gemüse, Fleisch, Wurst
Zeiten: nach Vereinbarung Verband: Naturland

86687 Kaisheim Michael Gentele Bertenbreit 1
Tel. 09009/2347
Getreide, Obst, Kartoffeln
Zeiten: Sa 9-12 Verband: Bioland

86688 Marxheim Behindertenwerk St. Johannes Schloßstraße 8
Tel. 09007/481
Gemüse
Zeiten: Mo-Do 8-16, Fr 8-12 u. nach Vereinbarung Verband: Naturland

---

86688 Marxheim Donau-Lech-Werkstätten Pfleghaar Abteilung Gartenbau
Tel. 09007/809-250,
Kräuter, Gemüse
Zeiten: Mo-Do 8-16, Fr 8-12 Verband: Naturland

86694 Niederschönenfeld Josef Hell Marxheimer Straße 7
Tel. 09002/1493
Getreide, Gemüse, Kartoffeln
Zeiten: Fr 14-18, Sa 8-12 Verband: Bioland

Einkaufen direkt beim Bio-Bauern

86695 Nordendorf Tel. 08273/553 Saft, Obst, Gemüse, Kartoffeln, Eier Zeiten: Fr 9-12, 15-18.30 Di nach Bestellung	Thomas Reich	Gärtnerei Schwaighof Verband: Demeter
86698 Oberndorf am Lech Tel. 09002/4396 Getreide, Obst, Gemüse, Kartoffeln Zeiten: nach Vereinbarung	Matthias und Margit Funk	Fischerstraße 8 Verband: Demeter
86720 Nördlingen Tel. 09081/22567 Ziegenmilch, Schlachtkitze im Frühjahr, Gemüse, Kartoffeln, Milch, Käse Zeiten: Mi,Fr 9-12, 14-18	Irmgard Wokert	Vordere Angerstraße 7 Verband: Demeter
86720 Pfäfflingen Tel. 09081/809049 Honig, Wein, Saft, Getreide, Gemüse, Kartoffeln, Eier, Fleisch Zeiten: nach Vereinbarung	Friedrich und Gertraud Ott	Brückenstraße 22 Verband: Bioland
86733 Alerheim Tel. 09085/307 Gemüse, Kartoffeln Zeiten: nach Vereinbarung	Rudolf Schmid	Neumühle Verband: Bioland
86736 Auhausen Tel. 09832/7422 Getreide, Kartoffeln, Fleisch Zeiten: nach Vereinbarung	Fritz Kollmar	Klosterstraße 23 Verband: Bioland
86738 Deiningen Tel. 09081/23328 Getreide, Gemüse, Fleisch, Wurst Zeiten: nach Vereinbarung	Hermann und Ruth Faul GbR	Hauptstraße 12 Verband: Naturland
86738 Deiningen Tel. 09081/4530 Fleisch, Wurst Zeiten: nach Vereinbarung	Günter Pflanz	Alerheimer Straße 19 Verband: Naturland
86741 Ehingen Tel. 09082/2890 Schaf- und Lammhälften, Fleisch Zeiten: nach Vereinbarung	Gerhard Fuchs	Meierstr. 1 Verband: Bioland
86747 Maihingen Tel. 09087/230 Brot, Wein, Saft, Getreide, Obst, Gemüse, Kartoffeln, Käse, Eier, Fleisch Zeiten: Fr 13-18 und nach Vereinbarung	Schwarz und Schartel GbR	Hauptstraße 38 Verband: Bioland
86750 Megesheim Tel. 09082/8655 Wein, Brot, Säfte, Öko-Sortiment, Getreide, Obst, Gemüse, Kartoffeln, Eier, Fleisch Zeiten: Fr 15-18, Sa 9-13	Peter Gramm	Hauptstraße 9 Verband: Bioland

Einkaufen direkt beim Bio-Bauern

86751 Mönchsdeggingen Tel. 09088/327 Getreide, Gemüse, Kartoffeln, Fleisch Zeiten: nach Vereinbarung	Heinrich Strauß	Ziswingen 1 Verband: Bioland
86753 Möttingen Tel. 09083/589 Fleisch Zeiten: nach Vereinbarung	Werner Bergdolt	Dorfstraße 34 Verband: Bioland
86807 Buchloe Tel. 08241/1606 Trockensortiment, Brot, Getreide, Obst, Gemüse, Kartoffeln, Milch, Käse, Eier, Fleisch, Wurst Zeiten: Mo, Do, Fr 17.45-18.45	Georg und Theresia Tröbensberger	Augsburger Straße 24 Verband: Demeter
86825 Bad Wörishofen Tel. 08247/3040 Getreide, Kartoffeln, Fleisch Zeiten: tägl. 10-12	Matthias Fischer Dominikanerinnen-Kloster	Klosterhof 1 Verband: Bioland
86830 Schwabmünchen Tel. 08232/8388 Getreide, Gemüse, Kartoffeln Zeiten: nach Vereinbarung	Hans-Georg und F. Stümpfl	Dorfstraße 21 Verband: Demeter
86830 Schwabmünchen Tel. 08232/8501 Saft, Nudeln, Honig, Getreide, Gemüse, Kartoffeln, Milch, Käse Zeiten: Mo-Sa 8-19	Hans Pfänder	Krumbacher Straße 71 Verband: Bioland
86830 Schwabmünchen Tel. 08232/8279 Brot, Getreide, Gemüse, Kartoffeln, Milch, Käse, Fleisch, Wurst Zeiten: nach Vereinbarung	Michael Baindl	Dorfstraße 17 Verband: Demeter
86830 Schwabmünchen Tel. 08232/4121 Getreide, Kartoffeln, Fleisch, Wurst Zeiten: nach Vereinbarung	Rudolf Hiller	Mühlweg 3 Verband: Demeter
86830 Schwabmünchen Tel. 08232/8898 Nudeln, Flocken, Getreide, Obst, Gemüse, Kartoffeln, Fleisch, Wurst Zeiten: nach Vereinbarung	Xaver Schedler	Aletshofer Straße 10 Verband: Demeter
86842 Türkheim Tel. 08245/3344 Schafprodukte, Fleisch Zeiten: nach Vereinbarung	Franz und Helene Rehle	Danziger Straße 2 Verband: Bioland
86850 Fischach Tel. 08236/1285 Getreide, Obst, Gemüse, Kartoffeln, Milch, Käse, Eier, Fleisch Zeiten: Di 9-12, Fr 14-17, Sa 8-12	Hermann Mang	Staudenstraße 2 Verband: Bioland

Einkaufen direkt beim Bio-Bauern

86854 Amberg Tel. 08241/1207 Getreide, Eier, Fleisch Zeiten: nach Vereinbarung	Johann Bäßler	Schloßstraße 3 Verband: Bioland
86859 Igling Tel. 08241/5004191 Gemüse- und Zierpflanzen, Gemüse, Kartoffeln Zeiten: Mo, Mi 10-12.30, Fr 12-16	Magnus-Werkstätten	Magnusstraße 1-4 Verband: Bioland
86859 Holzhausen Tel. 08241/5124 Getreide, Kartoffeln, Milch, Käse, Eier Zeiten: nach Vereinbarung	Alois und Helga Wiedemann	Flurstraße 11 Verband: Demeter
86860 Jengen-Weinhausen Tel. 08241/2699 Dinkelvollkornnudeln, Wein, Saft, Getreide, Gemüse Zeiten: nach Vereinbarung	Hans Moser	St-Felizitas-Straße 23 Verband: Bioland
86860 Jengen Tel. 08246/326 Gemüse, Milch Zeiten: nach Vereinbarung	Otto Zech	Koneberg 8 Verband: Naturland
86865 Immelstetten Tel. 08262/1696 Getreide, Gemüse, Käse Zeiten: nach Vereinbarung	Michael Donderer	Dorfstraße 76 Verband: Naturland
86866 Mickhausen Tel. 08204/508 Milch, Käse Zeiten: nach Vereinbarung	Werner Hör	Schweinbachstraße 10 Verband: Bioland
86866 Mickhausen Tel. 08204/1451 Schafskäse, Brot, Wein, Nudeln, Sauerkraut, Obst, Gemüse, Kartoffeln, Milch, Eier, Fleisch, Wurst Zeiten: Mo-Sa 8-18	Sigmund Ogir	Rieger 3 Verband: Bioland
86866 Mickhausen Tel. 08204/724 Ziegenkäse, Gemüse Zeiten: nach Vereinbarung	Michael und Dagmar Schorer	Hauptstraße 29 Verband: Bioland
86869 Oberostendorf Tel. 08344/1025 Brot, Dinkelnudeln, Ferienwohnung, Getreide, Gemüse, Kartoffeln, Milch, Eier, Fleisch Zeiten: nach Vereinbarung	Christoph Spring	Viehweide 1 Verband: Bioland
86869 Oberostendorf Tel. 08344/734 Kartoffeln, Milch, Fleisch Zeiten: nach Vereinbarung	Hans Obermaier	Mühlenweg 2 Verband: Bioland

Einkaufen direkt beim Bio-Bauern

86869 Oberostendorf   Alfred Waldmann   Hörmannstr. 15
Tel. 08344/1703
Bier, Wein, Getreide, Obst, Gemüse, Kartoffeln, Eier, Fleisch
Zeiten: nach Vereinbarung   Verband: Bioland

86869 Oberostendorf   Georg Schwaiger   Hörmannstraße 14
Tel. 08344/685
Kartoffeln
Zeiten: nach Vereinbarung   Verband: Bioland

86874 Mattsies   Franz-Josef Steppich   Schloßgut
Tel. 08268/267
Getreide, Gemüse, Eier
Zeiten: jederzeit   Verband: Naturland

86875 Waal   Franz Magg   Singoldstraße 30
Tel. 08246/202
Getreide, Kartoffeln, Milch, Eier, Fleisch, Wurst
Zeiten: jederzeit   Verband: Naturland

86875 Waal   Thomas Wörle   R.-V.-Herkomer-Straße 11
Tel. 08246/1359
Getreide, Gemüse, Milch, Fleisch, Wurst
Zeiten: nach Vereinbarung   Verband: Naturland

86877 Walkertshofen   Christoph Karl   Am Burgberg 1
Tel. 08239/7340
Brot, Schafs- und Ziegenkäse, Getreide, Obst, Gemüse, Kartoffeln, Milch, Eier, Fleisch
Zeiten: Mo-Sa 17-19, Mi, Fr 8-12   Verband: Bioland

86879 Wiedergeltingen   Helmut Unsin   Mindelheimer Straße 10
Tel. 08241/4125
Getreide, Kartoffeln, Milch
Zeiten: nach Vereinbarung   Verband: Bioland

86879 Wiedergeltingen   Josef Schuster   Lehbüchelweg 7
Tel. 08241/1233
Getreide
Zeiten: Fr 14-18 Uhr   Verband: Bioland

86899 Landsberg   Karl Mayr   Kapellenstraße 2
Tel. 08191/47459
Erd-, Him-, Johannisbeeren zum Selbstpflücken, Getreide, Gemüse, Kartoffeln
Zeiten: nach Vereinbarung   Verband: Naturland

86899 Landsberg   Anna Kammermeier-Greifenstein   Am Ziegelanger 42
Tel. 08191/33738
Obst, Gemüse
Zeiten: nach Vereinbarung   Verband: Bioland

86911 Dießen   Versuchsgut Romenthal
Tel. 08807/278
Getreide, Fleisch
Zeiten: täglich 8-17   Verband: Bioland

Einkaufen direkt beim Bio-Bauern

86916 Kaufering　　　Jörg Gerstmann　　　Johannesweg 2
Tel. 08191/70583
Getreide, Gemüse, Kartoffeln
Zeiten: nach Vereinbarung　　　　　　　　Verband: Bioland

86925 Leeder-Fuchstal　　Alois Filser　　　Sägmühle 1
Tel. 08243/687
Gemüse, Milch
Zeiten: nach Vereinbarung　　　　　　　　Verband: Naturland

86934 Ludenhausen　　Joseph Heitmeir　　Gimmenhausen 9
Tel. 08194/260
Getreide, Gemüse, Milch, Fleisch, Wurst
Zeiten: nach Vereinbarung　　　　　　　　Verband: Naturland

86935 Rott　　　Reinhard und Marlies Rausch　　Landsberger Str. 17
Tel. 08869/1592
Getreide, Obst, Kartoffeln, Milch, Eier, Fleisch
Zeiten: nach Vereinbarung　　　　　　　　Verband: Bioland

86935 Rott　　　Alfred Hofmann　　　Dießener Straße 39
Tel. 08869/1352
Gemüse, Milch
Zeiten: nach Vereinbarung　　　　　　　　Verband: Naturland

86935 Rott　　　Hermann Dempfle Junior　　Landsberger Straße 26
Tel. 08869/860
Gemüse, Milch, Geflügel, Fleisch, Wurst
Zeiten: nach Vereinbarung　　　　　　　　Verband: Naturland

86938 Schondorf　　　Ernst Schad　　　Lerchenstraße 8
Tel. 08192/7521
Gemüse, Kartoffeln, Fleisch, Wurst
Zeiten: nach Vereinbarung　　　　　　　　Verband: Naturland

86940 Schwifting　　　Karl Kaindl　　　Ammerseestr. 43
Tel. 08191/2805
Getreide, Gemüse, Milch, Fleisch, Wurst
Zeiten: nach Vereinbarung　　　　　　　　Verband: Naturland

86946 Stadl　　　Hans Bauer　　　Raiffeisenstraße 1
Tel. 08194/1394
Milch, Käse
Zeiten: nach Vereinbarung　　　　　　　　Verband: Demeter

86956 Schongau　　　Franz Reßle　　　Dornau 7
Tel. 08861/9944
Saft, Getreide, Obst, Kartoffeln, Käse, Fleisch
Zeiten: nach Vereinbarung　　　　　　　　Verband: Bioland

86971 Peiting　　　Annemarie Zerhoch　　Wankstraße 12
Tel. 08861/67150
Getreide, Milch, Fleisch
Zeiten: nach Vereinbarung　　　　　　　　Verband: Bioland

Einkaufen direkt beim Bio-Bauern

86971 Peiting Tel. 08805/319 Milch, Käse, Fleisch, Wurst Zeiten: nach Vereinbarung	Markus Schleich, Bichlhof	Hohenbrand 2 Verband: Demeter
86971 Peiting Tel. 08861/219254 Gemüse Zeiten: Mo-Fr 8.30-12.30 + 14-16.30	Herzogsägmühle, Wolfgang Deuring	Oblandstraße 6 Verband: Naturland
86977 Burggen Tel. 08860/1452 Getreide, Gemüse, Fleisch, Wurst Zeiten: nach Vereinbarung	Josef Hölzle	Eschleweg 20 Verband: Naturland
86977 Burggen Tel. 08860/463 Gemüse, Kartoffeln, Milch, Fleisch, Wurst Zeiten: nach Vereinbarung	Josef Kögel	Schongauer Straße 10 Verband: Naturland
86977 Tannenberg Tel. 08860/577 Gemüse, Eier, Fleisch, Wurst Zeiten: nach Vereinbarung	Albert Bißle	Haus Nr. 98 Verband: Naturland
86980 Ingenried Tel. 08868/285 Obst, Milch Zeiten: nach Vereinbarung	Franz und Maria Kriesmair	Kirchenstraße 7 Verband: Bioland
86980 Ingenried Tel. 08868/873 Milch Zeiten: nach Vereinbarung	Josef Fischer	Sonnenstr. 4 Verband: Bioland
86983 Lechbruck Tel. 08367/590 Milch, Fleisch Zeiten: nach Vereinbarung	Georg Osterried	Helmenstein 1 Verband: Bioland
86986 Schwabbruck Tel. 08868/362 Milch Zeiten: nach Vereinbarung	Josef Socher	Altenstädter Straße 2 Verband: Bioland
86987 Schwabsoien Tel. 08868/742 Honig, Milch Zeiten: nach Vereinbarung	Martin J. Eberle	Dietelried 1 Verband: Bioland
86987 Schwabsoien Tel. 08868/218 Milch, Käse, Fleisch Zeiten: nach Vereinbarung	Hans Geisenberger	Hauptstr. 21 Verband: Bioland

Einkaufen direkt beim Bio-Bauern

86987 Schwabsoien-Sachsenried Hans Endraß Tel. 08868/624 Milch Zeiten: nach Vereinbarung		Hauptstraße 24 Verband: Bioland
87437 Kempten Richard Haneberg Tel. 0831/77226 Honig, Gemüse, Käse, Eier, Fleisch, Wurst Zeiten: Mo-Sa 17.30-18.30 und nach Vereinbaruung		Hinterholz 1 Verband: Naturland
87437 Kempten Ludwig Wegscheider, Gärtnerei Tel. 0831/63567 Jungpflanzen, Gemüse Zeiten: Di, Fr 9-12, 14-16.30		Tiefenbacher Weg 51 Verband: Bioland
87437 Kempten Stephan Seele Tel. 00831/65990 Gemüse, Milch Zeiten: täglich 19.00		Hasenbühl 1 Verband: Naturland
87437 Kempten Elfriede und Max Menz Tel. 0831/93390 Fleisch Zeiten: nach Vereinbarung		Öschberg 6 Verband: Bioland
87439 Kempten Walter Hiedl Tel. 0831/91803 Gemüse, Kartoffeln Zeiten: Di, Fr 15-17		Neuhauserweg 120 Verband: Bioland
87439 Kempten-Hirschdorf Dieter Bayrhof Tel. 0831/94795 Gemüsejungpflanzen, Obst, Gemüse, Kartoffeln Zeiten: Di, Fr 14-18		Ajen 46 Verband: Bioland
87448 Waltenhofen Peter Nessler Tel. 08379/626 Getreide, Kartoffeln, Milch, Käse, Eier, Fleisch Zeiten: täglich 7-9, 17-20		Mähris 4 Verband: Bioland
87448 Waltenhofen Adi Sprinkart Tel. 08379/7080 Eier, Fleisch Zeiten: nach Vereinbarung		Gopprechts 16 Verband: Bioland
87452 Altusried Erwin Hörmann Tel. 08373/7437 Milch, Fleisch Zeiten: nach telef. Vereinb.		Buch a d. Iller 1 Verband: Bioland
87452 Altusried Josef Schmid Tel. 08373/559 Milch, Käse, Fleisch Zeiten: nach Vereinbarung		Buchen 5 Verband: Bioland

Einkaufen direkt beim Bio-Bauern

87452 Altusried Tel. 08373/461 Fleisch, Wurst Zeiten: nach tel.Vereinbar.	Hermann Frey	streifen 2 Verband: Bioland
87452 Altusried Tel. 08373/635 Fleisch Zeiten: nach Vereinbarung	Josef Hailer	Wurms 1 Verband: Bioland
87452 Altusried Tel. 08373/584 Milch, Fleisch Zeiten: nach tel.Vereinbar.	Erwin und Renate Klein GbR	Betzers 2 Verband: Bioland
87452 Altusried Tel. 08373/557 Milch, Fleisch Zeiten: täglich 17-18	Albert Haggenmüller	Buchen 7 Verband: Bioland
87452 Altusried Tel. 08370/1246 Eier, Fleisch Zeiten: nach Vereinbarung	Karl Hengeler	Frohnhofen 3 Verband: Bioland
87452 Altusried Tel. 08373/8729 Milch, Fleisch Zeiten: täglich 18-19	Siegfried Maier	Unteregg 54 Verband: Bioland
87452 Altusried Tel. 08373/8552 Schaffleisch, Schafskäse, Wolle, Felle, Käse, Fleisch Zeiten: nach Vereinbarung	Peter Seelinger	Walklenberg 3 Verband: Bioland
87452 Altusried Tel. 08373/540 Milch Zeiten: täglich 17.30-19	Martin Send	Kaldener Straße 33 Verband: Bioland
87452 Altusried Tel. 08373/7547 Milch, Fleisch Zeiten: nach Vereinbarung	Franz Steinhauser	Kuppel 1 Verband: Bioland
87452 Altusried Tel. 08373/432 Milch, Fleisch Zeiten: nach Vereinbarung	Alois Bernhard	Oberraethen 1 Verband: Bioland
87452 Altusried Tel. 08370/1245 Gemüse, Milch Zeiten: nach Vereinbarung	Roman Eberle	Fronhofen 2 Verband: Bioland

Einkaufen direkt beim Bio-Bauern

87452 Altusried Tel. 08373/8305 Milch, Fleisch Zeiten: nach Vereinbarung	Franz und Irmgard Kiechle	Walzlings 16 Verband: Bioland
87452 Altusried Tel. 08373/8796 Milch, Fleisch Zeiten: nach Vereinbarung	Siegfried Kraus	Landstraße 37 Verband: Bioland
87452 Altusried Tel. 08373/8444 Milch Zeiten: nach Vereinbarung	Alois Mair	Bodenwalz 6 Verband: Bioland
87452 Altusried Tel. 08373/8507 Milch Zeiten: nach Vereinbarung	Alfons Rothärmel	Waldstr. 12 Verband: Bioland
87452 Kimrathshofen Tel. 08373/8433 Mostobst, Milch, Fleisch Zeiten: nach Vereinbarung	Max Koch	Mühlengat 1 Verband: Bioland
87452 Kimratshofen Tel. 08373/8462 Milch Zeiten: nach Vereinbarung	Vinzenz Rauh	Oberhofen 26 Verband: Bioland
87466 Oy-Mittelberg Tel. 08366/655 Milch, Käse, Fleisch Zeiten: nach Vereinbarung	Xaver Wiedemann	Josereute 6 Verband: Bioland
87466 Petersthal Tel. 08376/1375 Schafskäse, Felle Zeiten: nach Vereinbarung	Alois Weinzierl	Holz 8 Verband: Bioland
87474 Buchenberg Tel. 08378/225 Brot, Saft, Wein, Trockenprodukte, Schafskäse, Getreide, Obst, Gemüse, Milch, Käse, Eier, Fleisch Zeiten: Do 15-17	Heinrich und Agathe Prestel	Lindauer Straße 1 Verband: Bioland
87477 Sulzberg Tel. 08376/1476 Ziegenmilch, Gemüse, Fleisch, Wurst Zeiten: Mo-Fr 18.30-19 und nach Vereinbarung	Monika und Ulrich Leiner	Steingaden 6 Verband: Naturland
87480 Weitnau Tel. 08375/520 Milch, Fleisch Zeiten: nach Vereinbarung	Wolfgang Frommknecht	Ritzer-Sonnenhalb 1 Verband: Bioland

Einkaufen direkt beim Bio-Bauern

87480 Weitnau   Franz Kammerlander   Engelhirsch 14
Tel. 08375/361
Brot, Honig, Hofmarkt Fr 14-16 Uhr, Obst, Gemüse, Milch, Käse, Wurst
Zeiten: nach Vereinbarung   Verband: Bioland

87484 Nesselwang   Peter Erd   Blütensteig 1
Tel. 08361/3353
Fleisch
Zeiten: nach Vereinbarung   Verband: Bioland

87487 Wiggensbach   Ludwig Heiligensetzer   Dörnen 1
Tel. 08370/1364
Milch, Fleisch, Wurst
Zeiten: nach Vereinbarung   Verband: Bioland

87487 Wiggensbach   Xaver Jäger   Heckels 1
Tel. 08370/1265
Milch, Fleisch
Zeiten: nach Vereinbarung   Verband: Bioland

87487 Wiggensbach   Xaver Röck   Thannen 2
Tel. 08370/267
Bier, Milch, Fleisch
Zeiten: nach Vereinbarung   Verband: Bioland

87490 Börwang   Georg Zick   Haldenwanger Straße 11
Tel. 08304/5403
Milch, Fleisch
Zeiten: Mo-Sa 18.30-19   Verband: Bioland

87490 Haldenwang   Peter Mair   Staig 1
Tel. 08374/5767
Milch
Zeiten: nach Vereinbarung   Verband: Bioland

87496 Untrasried   Benedikt Albrecht   Schmalholz 2
Tel. 08372/1814
Käse (Schaf, Kuh), Käse
Zeiten: nach Vereinbarung   Verband: Bioland

87496 Untrasried   Peter Mayrhans   Weizenried 7
Tel. 08372/519
Milch
Zeiten: nach Vereinbarung   Verband: Bioland

87496 Untrasried   Josef Schindele   Weizenried 13
Tel. 08372/1393
Milch
Zeiten: nach Vereinbarung   Verband: Bioland

87497 Wertach   Karl Gebhart   Am Berg 21
Tel. 08365/594
Milch
Zeiten: nach Vereinbarung   Verband: Bioland

Einkaufen direkt beim Bio-Bauern

87499 Wildpoldsried Tel. 08384/1027 Obst, Milch, Eier Zeiten: nach Vereinbarung	Adelbert Reiter	Meggenried 57 Verband: Bioland
87499 Wildpoldsried Tel. 08304/5248 Milch, Eier Zeiten: ganztägig	Anton Epp	Ellenberg 111 Verband: Bioland
87509 Immenstadt Tel. 08323/4903 Milch, Fleisch Zeiten: nach Vereinbarung	Helmut Kirchbihler	Akams 8 Verband: Bioland
87509 Immenstadt Tel. 08379/7078 Milch Zeiten: nach Vereinbarung	Ludwig Mayr	Freibrechts 15 Verband: Bioland
87509 Immenstadt el. 08325/1062 Fleisch Zeiten: nach Vereinbarung	Konrad Rist	Ratholz 2 T Verband: Bioland
87527 Sonthofen Tel. 08321/83735 Käse, Fleisch Zeiten: täglich 18-19.30	Franz Krötz	Tiefenbach 19 Verband: Bioland
87534 Oberstaufen Tel. 08325/235 Milch, Käse, Fleisch Zeiten: tagsüber	Karl Grueber	Salzstr. 72 Verband: Bioland
87534 Oberstaufen Tel. 08386/7265 Milch, Fleisch Zeiten: täglich 18-19	Xaver Herz	Kalzhofen 10 Verband: Bioland
87547 Missen-Wilhams Tel. 08320/1012 Eier Zeiten: Mo-Do 9-11.30 u. 16-18	Hans-Georg von der Marwitz	Maienhof Verband: Naturland
87547 Missen-Wilhams Tel. 08320/358 Milch, Käse, Fleisch, Wurst Zeiten: nach Vereinbarung	Andreas Reisch	Am Freibad 5 Verband: Bioland
87549 Rettenberg Tel. 08327/7047 Obst, Fleisch Zeiten: nach Vereinbarung	Alois Bader	Wagnaitz Verband: Bioland

Einkaufen direkt beim Bio-Bauern

87549 Rettenberg Tel. 08327/7426 Fleisch Zeiten: nach Vereinbarung	Kaspar Reitemann	Sterklis 1 Verband: Bioland
87549 Rettenberg Tel. 08379/7424 Milch Zeiten: nach Vereinbarung	Georg Hagspiel	Rottach 11 Verband: Bioland
87616 Marktoberdorf Tel. 08342/6919 Milch, Eier, Fleisch Zeiten: nach Vereinbarung	Karl und Birgit Filser	Galgenberg 9 Verband: Bioland
87616 Marktoberdorf Tel. 08349/604 Milch, Fleisch Zeiten: nach Vereinbarung	Konrad Jocham	Tirolerstr. 2 Verband: Bioland
87616 Marktoberdorf Tel. 08342/4302 Milch, Fleisch Zeiten: nach Vereinbarung	Albert Rapp	Ellenberg 1 Verband: Bioland
87616 Marktoberdorf Tel. 08342/3512 Milch Zeiten: nach Vereinbarung	Magnus Fendt	Schwendenerstr. 10 Verband: Bioland
87616 Marktoberdorf Tel. 08342/2778 Milch, Fleisch Zeiten: täglich 17-19 und nach Vereinbarung	Erich Weiß	Galgenberg 2 Verband: Bioland
87629 Hopfen am See Tel. 08362/2023 u. Milch, Fleisch Zeiten: nach Vereinbarung	Otto Eggensberger	Bergstr. 1 Verband: Bioland
87634 Günzach Tel. 08372/7836 Milch, Käse, Fleisch Zeiten: Di, Fr 17-19	Willi Fenle	Rohr 2 Verband: Bioland
87634 Obergünzburg Tel. 08372/2282 Milch, Fleisch Zeiten: nach Vereinbarung	Gotthard Huber	Gfällmühle 2 Verband: Bioland
87634 Obergünzburg Tel. 08372/2258 Fleisch Zeiten: nach Vereinbarung	Georg Mayr	Gugger 1 Verband: Bioland

Einkaufen direkt beim Bio-Bauern

87634 Obergünzburg Tel. 08372/2767 Milch Zeiten: nach Vereinbarung	Andreas Hartmann	Immenthal 19 Verband: Bioland
87634 Obergünzburg Tel. 08372/7030 Fleisch Zeiten: nach Vereinbarung	Saliter-Landwirtschaft	Kemptenerstr. 10 Verband: Bioland
87634 Obergünzburg Tel. 08372/2216 Milch, Fleisch Zeiten: nach Vereinbarung	Adolf Waibel	Algers 10 Verband: Bioland
87634 Obergünzburg Tel. 08372/2266 Milch, Fleisch Zeiten: nach Vereinbarung	Johann Waibel	Willofserstr. 11 Verband: Bioland
87634 Obergünzburg Tel. 08372/2783 Fleisch Zeiten: nach Vereinbarung	Ludwig Waibel	Berg 17 Verband: Bioland
87637 Seeg Tel. 08364/1770 Milch Zeiten: nach Vereinbarung	Engelbert Fichtl	Oberreuten 284 Verband: Bioland
87637 Seeg Tel. 08364/651 Milch Zeiten: nach Vereinbarung	Konrad Fichtl	Oberreuten 284 1/2 Verband: Bioland
87637 Seeg Tel. 08364/1250 Milch Zeiten: nach Vereinbarung	Remigius Lerch	Oberreuten 286 1/2 Verband: Bioland
87642 Hallbeck Tel. 08368/1476 Gemüse, Milch, Fleisch, Wurst Zeiten: nach Vereinbarung	Erich Meichelböck	Schmiedgasse 10 Verband: Naturland
87647 Unterthingau Tel. 08377/336 Milch, Fleisch Zeiten: nach telef. Vereinb.	Otto Briechle	Oberthingauer Str. 4 Verband: Bioland
87647 Unterthingau Tel. 08377/309 Milch, Eier, Fleisch Zeiten: nach Vereinbarung	Theo Schindele	Kirnachhof 1 Verband: Bioland

Einkaufen direkt beim Bio-Bauern

87647 Unterthingau Tel. 08377/689 nach Vereinbarung, Fleisch, Wurst Zeiten: nach Vereinbarung	Eduard Hehl	Eichelschwang 10a Verband: Bioland
87647 Unterthingau Tel. 08377/670 Milch, Käse, Eier Zeiten: nach Vereinbarung	Alois Frank	Unterthingauer Straße 4 Verband: Bioland
87647 Unterthingau Tel. 08377/529 Milch, Fleisch, Wurst Zeiten: nach Vereinbarung	Helmut Strobel	Riedles 2 Verband: Bioland
87647 Oberthingau Tel. 08377/425 Gemüse, Käse, Eier Zeiten: nach Vereinbarung	Bruno Hefele	Bergstraße 23 Verband: Naturland
87647 Kraftisried Tel. 08377/1467 Milch, Eier Zeiten: nach Vereinbarung	Franz Lau	Raiggers Nr. 5 Verband: Bioland
87648 Aitrang Tel. 08343/1070 Milch, Fleisch Zeiten: nach Vereinbarung	Heinrich Bayrhof	Lindenstraße 22 Verband: Bioland
87648 Aitrang Tel. 08343/432 Milch, Fleisch Zeiten: nach Vereinbarung	Franz & Marlene Kögel	Lindenstr. 20 Verband: Bioland
87648 Aitrang Tel. 08343/1461 Milch, Eier, Fleisch Zeiten: nach Vereinbarung	Robert Reiser	Mühlgasse 4 Verband: Bioland
87648 Aitrang Tel. 08343/1072 Milch, Fleisch Zeiten: nach Vereinbarung	Josef Sirch	Am Denkmal 2 Verband: Bioland
87648 Aitrang Tel. 08343/618 Milch, Fleisch Zeiten: nach Vereinbarung	Hermann Bräckle	Lindenstr. 18 Verband: Bioland
87648 Aitrang Tel. 08343/235 Milch Zeiten: nach Vereinbarung	Martin Eberle	Münzenried 4 Verband: Bioland

Einkaufen direkt beim Bio-Bauern

87648 Aitrang
Tel. 08343/303
Milch
Zeiten: nach Vereinbarung

Franz Probst

Wenglinger Str. 1

Verband: Bioland

87650 Baisweil
Tel. 08340/434
Gemüse, Kartoffeln, Eier
Zeiten: nach Vereinbarung

Martin Prestele

Am Unteren Mühlbach 3

Verband: Bioland

87653 Eggenthal
Tel. 08347/751
Fleisch
Zeiten: nach Vereinbarung

Manfred Bönisch

Haldenweg 4

Verband: Bioland

87654 Friesenried
Tel. 08347/556
Milch
Zeiten: nach Vereinbarung

Anton Hartmann

Hauptstraße 17

Verband: Bioland

87654 Friesenried
Tel. 08347/471
Milch
Zeiten: nach Vereinbarung

Karl Zech

Mederschach 1

Verband: Bioland

87656 Germaringen
Tel. 08344/481 o. 1
Getreide, Gemüse, Kartoffeln, Milch
Zeiten: nach tel. Vereinbar.

Hedwig Moser GbR

Bergstr. 3

Verband: Bioland

87662 Kaltental
Tel. 08345/247
Kartoffeln, Milch, Käse
Zeiten: nach Vereinbarung

Rudolf Breckle

Blonhofener Straße 9

Verband: Bioland

87662 Kaltental
Tel. 08345/509
Brot, Saft, Wein, Getreide, Obst, Gemüse, Kartoffeln, Milch, Käse, Eier, Fleisch, Wurst
Zeiten: Do 17-18.30, Fr 10-11, 17.30-18.30

Alois und Gerlinde Hofer

Blonhofener Straße 19 a

Verband: Bioland

87665 Mauerstetten
Tel. 08341/16000
Milch, Käse
Zeiten: nach Vereinbarung

Hermann Rohrer

Frühlingsweg 13

Verband: Bioland

87665 Mauerstetten
Tel. 08341/3959
Milch, Käse
Zeiten: nach Vereinbarung

Norbert Wiedemann

Paul-Gaupp-Str. 4

Verband: Bioland

87668 Rieden
Tel. 08346/767
Getreide, Kartoffeln, Milch, Fleisch
Zeiten: nach Vereinbarung

Johann Seitz

Ketterschwanger Straße 3

Verband: Bioland

Einkaufen direkt beim Bio-Bauern

87669 Rieden Peter Lochbihler Schönried 1
Tel. 08367/830
Milch
Zeiten: nach Vereinbarung Verband: Bioland

87671 Ronsberg Franz Schaule Dingisweiler 98
Tel. 08392/554
Milch, Fleisch
Zeiten: nach Vereinbarung Verband: Bioland

87675 Stötten Rudolf Schreyer Riedhof 1
Tel. 08349/226
Wein, Nudeln, Hofladen, Milch, Käse, Eier, Fleisch
Zeiten: Do 17-19.30 Verband: Bioland

87675 Stötten Alois Enzensberger Riedhof 2
Tel. 08349/277
Fleisch
Zeiten: nach Vereinbarung Verband: Bioland

87675 Stötten Wilhelm und Sabine Fischer Rettenbach 59
Tel. 08860/290
Milch, Fleisch
Zeiten: nach Vereinbarung Verband: Bioland

87700 Memmingen Hans Rabus Dickenreishauser Einöde 10
Tel. 08331/80133
Wein, Saft, Getreide, Obst, Gemüse, Kartoffeln, Fleisch
Zeiten: Mo-Fr 17-18.30 Verband: Bioland

87700 Memmingen Herbert Brommler Hitzenhofen 8
Tel. 08331/63784
Getreide, Gemüse, Kartoffeln, Milch, Käse, Eier, Fleisch
Zeiten: 17.30-19 und nach Vereinbarung Verband: Bioland

87700 Memmingen Libhild Schöffel Hart 33
Tel. 08331/80986
Felle, Fleisch, Wurst
Zeiten: nach Vereinbarung Verband: Bioland

87724 Ottobeuren Elmar Abröll Buehl 13
Tel. 08332/237
Honig, Naturkost, Getreide, Milch, Käse, Eier
Zeiten: Mo, Di, Do, Fr 18.30-19.30 Verband: Bioland

87724 Ottobeuren Hermann Neß Stephansried 1
Tel. 08332/8631
Milch, Käse, Eier
Zeiten: nach telef. Vereinb. Verband: Bioland

87724 Ottobeuren Erich Lerf Denneberg 20
Tel. 08332/6733
Milch
Zeiten: nach Vereinbarung Verband: Bioland

Einkaufen direkt beim Bio-Bauern

87727 Babenhausen Tel. 08333/1316 Blumen und Jungpflanzen im Frühjahr, Obst, Gemüse, Kartoffeln Zeiten: Di, Fr 14-18	Konrad Liedel	Krumbacher Straße 6 Verband: Bioland
87730 Grönenbach Tel. 08334/6625 Käserei, Obst, Gemüse, Kartoffeln, Milch, Käse, Eier, Fleisch, Wurst Zeiten: nach Vereinbarung	Dorothea Egenrieder Kornhofer Bauernkäserei	Kornhofen 3 Verband: Demeter
87730 Grönenbach Tel. 08334/202 Getreide, Fleisch Zeiten: nach Vereinbarung	Matthäus Wolf	Haitzen 3 Verband: Bioland
87730 Grönenbach Tel. 08334/7626 Milch Zeiten: nach Vereinbarung	Adelbert Schönmetzler	Herbisried 2 Verband: Bioland
87733 Markt Rettenbach Tel. 08392/265 Schafprodukte, Getreide, Obst, Gemüse, Kartoffeln, Milch, Käse, Eier, Geflügel, Fleisch Zeiten: nach Vereinbarung	Josef Hartmannsberger	Kemptener Str. 25 Verband: Bioland
87733 Markt Rettenbach Tel. 08269/1379 Gemüse, Kartoffeln, Milch Zeiten: nach Vereinbarung	Norbert Knaus	Saulengrainer Straße 7 Verband: Bioland
87733 Markt Rettenbach Tel. 08392/260 Milch, Fleisch Zeiten: nach Vereinbarung	Dionys Weber	Erlis 1 Verband: Bioland
87733 Markt Rettenbach Tel. 08392/528 Milch Zeiten: nach Vereinbarung	Franz Rothärmel	Buchenbrunn 33 Verband: Bioland
87733 Gottenau Tel. 08392/1255 Milch, Fleisch Zeiten: nach Vereinbarung	Josef Biehler	Am Lehenpoint 2 Verband: Bioland
87734 Benningen Tel. 08331/80479 Getreide, Gemüse, Fleisch, Wurst Zeiten: jederzeit	Hermenegild Kling	Hawangerstraße 13 Verband: Naturland
87736 Böhen Tel. 08338/1090 Schafs-, Ziegenkäse, Milch, Käse, Eier, Fleisch Zeiten: nach Vereinbarung	Ariane Haarpaintner	Osterberg 1 Verband: Bioland

87739 Breitenbrunn   Josef Böck   Unterberghöfe 14
Tel. 08263/1245
Gemüse, Kartoffeln
Zeiten: nach Vereinbarung   Verband: Naturland

87739 Breitenbrunn   Stefan Müller   Weilbacher Straße 26
Tel. 08263/1411
Dinkelspelzkissen, Getreide, Gemüse, Kartoffeln
Zeiten: nach Vereinbarung   Verband: Bioland

87743 Egg   Sabine und Klaus Heimann   Wesbach 5
Tel. 08333/2788
Getreide, Gemüse, Kartoffeln, Milch, Käse, Eier, Fleisch, Wurst
Zeiten: jederzeit   Verband: Naturland

87746 Erkheim   Franz und Annemarie Schmid   Glockengießerweg 3
Tel. 08336/358
Käse, Fleisch
Zeiten: nach Vereinbarung   Verband: Bioland

87746 Erkheim   Erwin Mayer   Frickenhauserstraße 13
Tel. 08336/7230
Getreide, Milch, Käse, Fleisch
Zeiten: nach Vereinbarung   Verband: Bioland

87746 Erkheim-Daxberg   Josef und Johanna Huber   Im Eichholz 11
Tel. 08336/7638
Fleisch
Zeiten: nach Vereinbarung   Verband: Bioland

87754 Kammlach   Josef Eisenmann   Stettener Str. 3
Tel. 08261/3628
Kartoffeln
Zeiten: nach Vereinbarung   Verband: Bioland

87754 Oberkammlach   Gottfried Ness   Höllberger Straße 15
Tel. 08261/8910
Milch
Zeiten: nach Vereinbarung   Verband: Bioland

87757 Kirchheim   Anton Hampp   Bergstr. 8
Tel. 08266/1494
Getreide, Obst, Gemüse, Kartoffeln, Milch
Zeiten: nach Vereinbarung   Verband: Bioland

87757 Kirchheim   Hans Lochbrunner   Bergstr. 1
Tel. 08266/1644
Getreide, Gemüse, Kartoffeln, Milch, Fleisch
Zeiten: nach Vereinbarung   Verband: Bioland

87764 Legau   Benedikt Willburger   Maria Steinbach 32
Tel. 08394/1031
Milch, Fleisch
Zeiten: nach Vereinbarung   Verband: Bioland

Einkaufen direkt beim Bio-Bauern

87775 Salgen Friedrich Bichler Eichbühlstraße 2
Tel. 08265/1063
Getreide, Gemüse, Kartoffeln
Zeiten: nach Vereinbarung Verband: Bioland

87775 Salgen Hans und Marlene Egger Hauptstraße 3
Tel. 08265/1433
Brot, Naturkost, Bier, Wein, Saft, Getreide, Obst, Gemüse, Kartoffeln, Milch, Käse, Eier, Fleisch, Wurst
Zeiten: Fr 13-19, Sa 9-12 Verband: Bioland

87775 Salgen Rudolf und Brigitte Scholz Hauptstr. 41
Tel. 08265/1783
Lein, Getreide, Gemüse, Kartoffeln
Zeiten: Fr u. Sa nach Vereinbarung Verband: Bioland

87775 Hausen Josef Schuster Simonsberg 35
Tel. 08265/1883
Getreide, Obst, Kartoffeln, Milch
Zeiten: nach Vereinbarung Verband: Bioland

87775 Salgen Hermann Frei Kirchstraße 39
Tel. 08265/1847
Käse
Zeiten: nach Vereinbarung Verband: Bioland

87776 Sontheim Georg Stechele Lindenhöf 7
Tel. 08331/7129
Getreide, Gemüse, Kartoffeln, Milch, Eier
Zeiten: nach Vereinbarung Verband: Bioland

87782 Unteregg Gottfried Schwank Obere Hauptstraße 7
Tel. 08269/758
Heu, Obst
Zeiten: nach Vereinbarung Verband: Bioland

87782 Unteregg Johann Stark Untere Hauptstraße 34
Tel. 08269/1263
Milch, Käse
Zeiten: täglich 18-19 und nach Vereinbarung Verband: Bioland

87782 Unteregg Xaver Hösle Oberegg Untere Hauptstr.
33 Tel. 08269/674
Milch, Eier
Zeiten: nach Vereinbarung Verband: Bioland

87782 Unteregg Bernadette Huber Obere Hauptstr. 67
Tel. 08269/568
Milch, Fleisch
Zeiten: nach Vereinbarung Verband: Bioland

87782 Unteregg Josef Lederle Warmisried-Am Lindenplatz 19
Tel. 08269/668
Milch, Fleisch
Zeiten: nach Vereinbarung Verband: Bioland

Einkaufen direkt beim Bio-Bauern

88045 Friedrichshafen   Robert Hartmann, Wagnerhof   Seemooser Weg 5
Tel. 07541/23957
Säfte, Obstessig (offen), Schnaps, Getreide, Obst, Milch, Käse, Fleisch, Wurst
Zeiten: Mo-Fr 17-19   Verband: Bioland

88046 Friedrichshafen   Franz Mayer   Allmannsweiler Straße 110
Tel. 07541/53278
Obst, Gemüse, Kartoffeln, Eier
Zeiten: Do 16-18, Sa 9-12   Verband: Bioland

88048 Friedrichshafen   Bruno Brugger   Dornierstraße 139
Tel. 07541/41437
Saft, Obst
Zeiten: nach Vereinbarung   Verband: Demeter

88048 Friedrichshafen   Eduard Korrmann   Ziegelstraße 1
Tel. 07541/41876
Säfte, Obst, Kartoffeln
Zeiten: Mo-Fr 18-20, Sa 10-12   Verband: Bioland

88048 Ailingen   Karl Rehm   Kappelhof
Tel. 07541/52606
Obst
Zeiten: nach Vereinbarung   Verband: Naturland

88048 Friedrichshafen   Elisabeth und Michael Veser   Schnetzenhauser Straße 13
Tel. 07541/41989
Säfte, Bier, Getreide, Obst, Kartoffeln, Milch, Käse, Eier, Fleisch
Zeiten: täglich 17.30-19   Verband: Bioland

88069 Tettnang   Peter und Monika Bentele   Wellmutsweiler 2
Tel. 07528/2380
Bier aus eigenem Hopfen, Obst, Gemüse
Zeiten: nach Vereinbarung   Verband: Demeter

88069 Tettnang   Heinrich Spinnenhirn   Götzenweiler 2
Tel. 07543/8185
Schnaps, Säfte, Obst
Zeiten: nach Vereinbarung   Verband: Bioland

88069 Tettnang   Martin Bentele   Siggenweiler 15
Tel. 07542/6262
Obst, Gemüse
Zeiten: nach Vereinbarung   Verband: Demeter

88079 Kressbronn   Siegfried Jäger   Tunau 7
Tel. 07543/8045
Obst, Gemüse, Kartoffeln, Milch
Zeiten: Mo-Fr 19-19.30   Verband: Bioland

88085 Langenargen   Franz Sauter   Oberdorferstraße 36
Tel. 07543/2351
Säfte, Obst, Fleisch
Zeiten: nach Vereinbarung   Verband: Bioland

Einkaufen direkt beim Bio-Bauern

88085 Langenargen   Günter Litz   Fischerstraße 7
Tel. 07543/2597 abe
Saft, Obst, Kartoffeln
Zeiten: nach Vereinbarung   Verband: Bioland

88094 Oberteuringen   Reinhold Spenninger   Blankenried 2/1
Tel. 07546/2185
Säfte, Getreide, Obst, Gemüse, Kartoffeln, Milch, Käse, Eier, Fleisch
Zeiten: nach Vereinbarung   Verband: Bioland

88095 Oberteuringen   Walter Buschle   Bibruck 5
Tel. 07546/2338
Obst
Zeiten: nach Vereinbarung   Verband: Bioland

88099 Neukirch   Alfred Schupp & Waltraud Kaiser   Hinteressach 2
Tel. 07528/2304
Obst, Gemüse, Eier, Fleisch, Wurst
Zeiten: nach Vereinbarung   Verband: Bioland

88099 Neukirch   Oskar Schupp   Elmenau 3
Tel. 07528/2794
Obst
Zeiten: täglich und jederzeit   Verband: Bioland

88131 Lindau   Dankward Brög   Reutin-Stockach 1
Tel. 08382/78745
Obst, Milch
Zeiten: nach Vereinbarung   Verband: Bioland

88145 Hergatz   Georg Wetzel   Muthen 1
Tel. 08385/1755
Brot, Getreide, Obst, Gemüse, Kartoffeln
Zeiten: Di, Fr 16-19   Verband: Bioland

88145 Opfenbach   Erwin Epple   Tannenhof 16
Tel. 08385/578
Milch, Käse, Fleisch
Zeiten: tägl. 18-19.30   Verband: Bioland

88145 Opfenbach   Hofgemeinschaft Schutzhof Heinrich Kaack   Oberheimen 87 1/2
Tel. 08385/732
Ziegenmilch, -käse, Kräuterpflanzen, Duftgeranien, Fleisch
Zeiten: nach Vereinbarung   Verband: Bioland

88145 Opfenbach   Edmund Specht   Wigratz 147
Tel. 08385/1011
Saft, Obstbranntwein, Obst, Milch, Fleisch
Zeiten: nach Vereinbarung   Verband: Bioland

88171 Simmerberg   Uta und Hans Raß   Ellhoferstraße 7
Tel. 08387/695
Käse, Fleisch
Zeiten: nach Vereinbarung   Verband: Naturland

Einkaufen direkt beim Bio-Bauern

88171 Weiler-Simmerberg Tel. 08387/678 Milch, Eier Zeiten: tägl. 17-18	Klaus und Bärbel Dietrich	Buch 2 Verband: Bioland
88175 Scheidegg Tel. 08381/2368 Milch, Käse, Eier, Fleisch Zeiten: Di, Fr 9-11, 14-17	Werner Hölzler	Falkenweg 9 Verband: Bioland
88179 Oberreute Tel. 08387/2596 Most, Milch, Käse, Eier Zeiten: täglich 8-12, 18-19.30	Martin Höbel	Staufner Straße 32 Verband: Bioland
88213 Ravensburg-Oberzell Tel. 0751/61786 Saft, Getreide, Obst, Kartoffeln, Milch Zeiten: Mo-Sa 18.30-19	Martin Rieger	Bavendorfer Straße 17 Verband: Bioland
88214 Ravensburg Tel. 07520/2276 Apfelsaft, Obst Zeiten: nach Vereinbarung	Elmar Rothenhäusler	Blaser 1 Verband: Naturland
88214 Ravensburg Tel. 0751/62978 Säfte, Obst, Kartoffeln Zeiten: Mo-Sa 9-12 + 14-17.30	Blank	Fildenmoos 6 Verband: ANOG
88239 Neuravensburg Tel. 07528/6867 Ferienwohnung, Obst, Gemüse Zeiten: nach Vereinbarung	Franz und Lydia Wurm	Hüttenweiler 3 Verband: Demeter
88239 Wangen-Niederwangen Tel. 07522/6103 Saft, Milch, Käse Zeiten: nach Vereinbarung		Alfred Biggel Lachen 2 Verband: Bioland
88239 Wangen Tel. 07528/2544 Säfte, Bier, Getreide, Obst, Gemüse, Kartoffeln, Eier Zeiten: Di, Fr 16-18	Hans-Peter und Sabine Bruchmann	Schauwies 7 Verband: Bioland
88239 Wangen Tel. 07522/4589 Milch Zeiten: täglich 18-20	Ludwig Hasel	Humbrechts-Kaiserhof Verband: Bioland
88239 Wangen Tel. 07522/2569 Milch Zeiten: Mo-Sa 17-18	Erwin Bek	Nieratz 1 Verband: Bioland

Einkaufen direkt beim Bio-Bauern

88239 Wangen-Karsee Robert Kraft Niederlehen 1
Tel. 07506/397
Milch, Käse
Zeiten: täglich 17-19 Verband: Bioland

88239 Wangen-Niederlehen Franz Rehle Böhen
Tel. 07522/6885
Wein, Obst, Kartoffeln
Zeiten: nach Vereinbarung Verband: Bioland

88239 Wangen-Primisweiler Jörg Endraß Friedhagerstraße 49
Tel. 07528/7840
Brot, Wein, Saft, Honig, Getreide, Obst, Gemüse, Kartoffeln, Eier, Fleisch
Zeiten: Mo, Do 15.30-18.30, Sa 9-13 Verband: Bioland

88260 Argenbühl Klaus Bodenmüller Matzen 74
Tel. 07566/847
Milch, Fleisch
Zeiten: nach Vereinbarung Verband: Bioland

88260 Argenbühl Gerhard Schele Buchen 3
Tel. 07522/21649
Milch
Zeiten: nach Vereinbarung Verband: Bioland

88263 Wolketsweiler Franz Seger Ludisreute 1
Tel. 07504/286
Beeren, Honig, Schnaps, Säfte, Getreide, Obst, Gemüse
Zeiten: nach Vereinbarung Verband: Demeter

88267 Vogt Erhard Pfluger Mosisgreut 1
Tel. 07529/3189
Sortiment erfragen
Zeiten: Di und Fr 16-18 Verband: Demeter

88267 Vogt Franz Köbach Reich 34
Tel. 07529/7323
Kartoffeln, Milch
Zeiten: nach Vereinbarung Verband: Bioland

88271 Wilhelmsdorf-Zußdorf Thomas Gebhardt Leonhardstraße 3
Tel. 07503/425
Brot, Wein, Säfte, Bier, Honig, Getreide, Obst, Gemüse, Kartoffeln, Milch, Käse, Eier, Fleisch, Wurst
Zeiten: Fr 14-18, Sa 9-13 Verband: Bioland

88271 Wilhelmsdorf Paul Stäbler Fachkrankenhaus Ringgenhof
Tel. 07503/9200
Saft, Schafprodukte, Wollartikel, Honig, Getreide, Kartoffeln, Eier, Fleisch
Zeiten: Mo-Sa 8-18 Verband: Bioland

88273 Fronreute Baptist und Christa Jehle Schenkenwaldstraße 25
Tel. 07502/2204
Obst, Gemüse, Käse
Zeiten: Mo-Sa 16.30-18.30 Verband: Demeter

Einkaufen direkt beim Bio-Bauern

88276 Berg Fritz Roth Horrach 1
Tel. 0751/26113
Brot, Saft, Wein, Bier, Honig, Getreide, Obst, Gemüse, Kartoffeln, Milch, Käse, Eier, Fleisch, Wurst
Zeiten: Mo 17-18.30, Fr 15.30-18.30 Verband: Bioland

88276 Berg Markus Hehle Wurzenmaier 1
Tel. 0751/41978
Honig, Obst, Kartoffeln, Eier
Zeiten: jederzeit Verband: Bioland

88279 Amtzell Franz und Agnes Werder Häusing
Tel. 07528/2647
Sortiment erfragen
Zeiten: Sa 9-12 alle 14 Tageu. nach Vereinbarung Verband: Demeter

---

88279 Amtzell Leo Pfau Ravensburger Straße 8
Tel. 07520/6276
Milch
Zeiten: täglich bis 20 Uhr Verband: Bioland

88279 Amtzell Adolf Schmid Schattbuch 186
Tel. 07520/6172
Milch, Käse, Eier
Zeiten: täglich bis 20 Uhr Verband: Bioland

88281 Schlier Bernhard und Lucia Heiß jr. Zundelbach 1
Tel. 0751/41336
Hofladen, Naturkost, Getreide, Obst, Gemüse, Kartoffeln, Milch, Käse, Eier, Fleisch, Wurst
Zeiten: Mo 17-18.30, Fr 16-18.30 Verband: Demeter

88281 Schlier Albert und Sabine Batzill Rößlerhof
Tel. 0751/45619
Brot, Säfte, Getreide, Obst, Gemüse, Kartoffeln, Milch, Käse, Fleisch
Zeiten: Mo-Fr 17-18.30 Verband: Bioland

88281 Schlier Ulrich Gruninger Schlehenweg 12
Tel. 0751/53384
Brot, Saft, Bier, Honig, Getreide, Obst, Gemüse, Kartoffeln, Milch, Käse, Eier, Fleisch, Wurst
Zeiten: Mo-Fr 17-19 Verband: Bioland

88285 Bodnegg Ekkehard und Hanne Geray Widdum 8
Tel. 07520/2569
Obstbrände, Kartoffeln, Eier
Zeiten: Mo-Sa 8-19 Verband: Bioland

88287 Grünkraut Josef Baumann Friedach 5
Tel. 0751/61469
Getreide, Kartoffeln, Milch, Käse, Fleisch, Wurst
Zeiten: nach Vereinbarung Verband: Bioland

88299 Leutkirch Dieter und Claudia Schapke Bergstr. 10
Tel. 07561/1603
Sortiment erfragen
Zeiten: nach Vereinbarung Verband: Demeter

Einkaufen direkt beim Bio-Bauern

88299 Leutkirch Tel. 07567/346 Versand, Sortiment erfragen Zeiten: nach Vereinbarung	Boschenhof-Vermarktung	Boschen 4 Verband: Demeter
88316 Isny Tel. 07562/3601 Saft, Milch, Fleisch Zeiten: nach Vereinbarung	Franz Hiemer	Schwanden 18 Verband: Bioland
88316 Isny Tel. 07562/8900 Fleisch Zeiten: nach Vereinbarung	Johannes Mösle	Steigäcker 1 Verband: Bioland
88319 Aitrach Tel. 07565/5476 Getreide, Kartoffeln, Milch, Eier, Fleisch Zeiten: nach Vereinbarung	Alois Gögler	Untermuken 1 Verband: Bioland
88326 Aulendorf Tel. 07525/8206 Fleisch, Wurst Zeiten: nach Vereinbarung	Anton Halder	Hallerstraße 12 Verband: Bioland
88339 Bad Waldsee Tel. 07524/1419 Saft, Bier, Getreide, Kartoffeln, Milch, Eier, Fleisch Zeiten: Mo-Sa 18.30-19.30	Berthold und Beate Weber	Mattenhaus 2 Verband: Bioland
88339 Bad Waldsee-Haisterkirch Tel. 07524/3344 Brot, Getreide, Gemüse, Kartoffeln Zeiten: Mo-Sa 18-18.30	Roland Schmidt-Hagenlocher	Schweizergasse 1 Verband: Bioland
88339 Bad Waldsee Tel. 07524/8159 Ferienwohnungen, Obst, Gemüse, Käse Zeiten: Fr 15-18, Sa 10-12	Karl und Margret Schmid	Wolpertsheim 6 Verband: Demeter
88356 Ostrach-Tafertsweiler Tel. 07585/475 Fleisch Zeiten: nach Vereinbarung	Franz Zeller	Mengenerstraße 20 Verband: Bioland
88371 Ebersbach-Musbach Tel. 07581/3270 Brot, Saft, Wein, Bier, Honig, Getreide, Obst, Gemüse, Kartoffeln, Milch, Käse, Eier, Fleisch, Wurst Zeiten: Fr 13-18	Alfred und Maria Eisele	Boos, Hauptstraße 6 Verband: Bioland
88371 Ebersbach-Musbach Tel. 07525/2454 Saft, Bier, Getreide, Kartoffeln, Milch, Käse, Eier, Fleisch, Wurst Zeiten: nach Vereinbarung	Petra & Stefan Weiß	Ried 64 Verband: Bioland

Einkaufen direkt beim Bio-Bauern

88371 Ebersbach-Musbach Hedwig und Franz Boos Ried 55
Tel. 07525/2244
Getreide, Milch, Fleisch
Zeiten: nach Vereinbarung Verband: Bioland

88373 Fleischwangen Hermann Rauch Zippern 2
Tel. 07505/781
Sortiment erfragen
Zeiten: nach Vereinbarung Verband: Bioland

88400 Biberach-Ringschnait Helmut Schick Hauptstraße 39
Tel. 07352/7504
Nudeln, Knäckebrot, Haferflocken, Müsli, Honig, Getreide, Gemüse, Kartoffeln
Zeiten: nach Vereinbarung Verband: Bioland

88400 Biberach-Mettenberg Josef und Paula Weber Althof 10
Tel. 07351/8896
Saft, Wein, Bier, Getreide, Obst, Gemüse, Kartoffeln, Milch, Käse, Eier, Fleisch, Wurst
Zeiten: Mo,Mi 18.30-19, Fr 15-19, Sa 11-12.30 Verband: Bioland

88410 Bad Wurzach Klaus Roggenkamp Bauernhof 1
Tel. 07524/8458
Getreide, Gemüse, Kartoffeln, Milch, Käse, Fleisch
Zeiten: Fr 17-18.30 und nach Vereinbarung Verband: Demeter

88410 Bad Wurzach Schäfereigenossenschaft Finkhof e.G. St. Ulrichstr. 1
Tel. 07564/4530
Brot, Wolle, Wollwaren, Felle, Fleisch
Zeiten: normale Ladenzeiten Verband: Bioland

88410 Bad Wurzach Benno und Brigitte Sauter Truilz 28
Tel. 07568/471
Obst, Gemüse
Zeiten: immer Verband: Demeter

88410 Bad Wurzach Martin und Henriette Schindler Engelsberg 2
Tel. 07568/1340
Wein, Säfte, Obst, Gemüse, Kartoffeln, Milch, Fleisch, Wurst
Zeiten: werktags 9-17 Verband: Bioland

88410 Bad Wurzach-Haidgau Friedrich Schraag
Kimpfler 5 Tel. 07564/91135
Getreide, Kartoffeln, Fleisch
Zeiten: nach Vereinbarung Verband: Bioland

88416 Ochsenhausen Rosemarie und Hans Musch Ulmer Straße 18 b
Tel. 07352/3975
Naturkost, Säfte, Brot, Wein, Getreide, Obst, Gemüse, Kartoffeln, Milch, Käse, Eier, Fleisch, Wurst
Zeiten: Mo,Do,Fr 9-12, 14-18, Sa 9-12 Verband: Bioland

88416 Ochsenhausen Hans Holland Hofgut
Tel. 07352/4733
Getreide, Fleisch
Zeiten: nach Vereinbarung Verband: Naturland

Einkaufen direkt beim Bio-Bauern

88422 Kanzach Tel. 07582/1632 Baby-Beef, Getreide, Fleisch, Wurst Zeiten: nach Vereinbarung	Melchior Sailer	Volloch-Hof Verband: Bioland
88427 Bad Schussenried Tel. 07583/3193 Obst, Gemüse, Milch, Käse, Fleisch, Wurst Zeiten: Mo-Sa 18-19	Reinhard Schwichtenberg	Torfwerk 30 Verband: Bioland
88430 Rot an der Rot/Zell Tel. 08395/1713 Saft, Getreide, Obst, Gemüse, Kartoffeln Zeiten: nach Vereinbarung	Peter Kiefer	Steig 2 Verband: Bioland
88430 Rot-Haslach Tel. 08395/2389 Getreide, Käse Zeiten: nach Vereinbarung	Anton Bär	Neuhauserhof 1 Verband: Bioland
88433 Schemmerhofen Tel. 07356/3440 Getreide, Gemüse, Kartoffeln Zeiten: nach Vereinbarung	Michael Rechtsteiner	Bachhof 1 Verband: Bioland
88436 Eberhardzell Tel. 07355/7137 Obst, Gemüse, Käse Zeiten: werktags	Gerhard Merk	Ritzenweiler Verband: Demeter
88436 Eberhardzell Tel. 07355/7219 Honig, Obst, Gemüse, Kartoffeln Zeiten: Fr 17.30-18.30	Manfred Dautel	Auenweg 2 Verband: Bioland
88437 Sulmingen Tel. 07356/2735 Getreide Zeiten: nach Vereinbarung	Elmar Braun	Mühlgasse 1 Verband: Bioland
88444 Ummendorf Tel. 07351/24981 Sortiment erfragen Zeiten: nach Vereinbarung	Konrad Vögele	Fischbacher Straße 45 Verband: Demeter
88447 Warthausen Sortiment erfragen Zeiten: nach Vereinbarung	Karl Müssler	Kronenstr. 10 Verband: Demeter
88448 Attenweiler Tel. 07357/844 Sortiment erfragen, Hofladen Zeiten: Fr 16-19	Hans Härle	Ellighofer Straße 36 Verband: Demeter

Einkaufen direkt beim Bio-Bauern

88450 Berkheim   Meinrad Sigg   Hauptstraße 27
Tel. 08395/507
Fleisch
Zeiten: nach Vereinbarung   Verband: Naturland

88453 Erolzheim   Norbert Vogel   Mittelgasse 11
Tel. 07354/7915
Getreide
Zeiten: Mo,Fr 9-12, Di 18-19   Verband: Bioland

88459 Tannheim   Alois Hartmann   Illertalring 3
Tel. 08395/2582
Getreide, Gemüse, Kartoffeln
Zeiten: nach Vereinbarung   Verband: Bioland

88477 Schwendi   Franz Neuer   Hauptstraße 120
Tel. 07353/3081
Getreide, Milch, Fleisch
Zeiten: nach Vereinbarung   Verband: Bioland

88483 Burgrieden   Matthias Busl, Rottalhof   Hauptstraße 21
Tel. 07392/80643 od
Hofladen, Sortiment erfragen
Zeiten: Sa 9.30-12 und nach Vereinbarung   Verband: Demeter

88484 Gutenzell-Hürbel   Norbert Schädler   Reinhard 1
Tel. 07352/3784
Brot, Wein, Bier, Honig, Getreide, Obst, Gemüse, Kartoffeln, Milch, Käse, Eier, Geflügel, Fleisch, Wurst
Zeiten: Fr 14-18, Sa 9-12   Verband: Bioland

88484 Gutenzell   Hof Hardtacker   Hardtacker
Tel. 07352/2405
Sortiment erfragen
Zeiten: täglich 16-18 und nach Vereinbarung   Verband: Demeter

---

88484 Gutenzell-Hürbel   Johann Keller   Kirchbergerstraße 4
Tel. 07352/4093
Getreide, Gemüse, Kartoffeln
Zeiten: nach Vereinbarung   Verband: Bioland

88484 Gutenzell-Hürbel   Josef Bopp   Lauchbachtal 1
Tel. 07352/8928
Zuckermais, Milch
Zeiten: täglich 10-18   Verband: Bioland

88499 Riedlingen-Zwiefaltendor   Bergit Funk, Hof Kornblume   Sägmühlstraße 6
Tel. 07373/785
Saft, Getreide, Obst, Gemüse, Kartoffeln, Fleisch
Zeiten: Sa 9.30-12.30 und nach Vereinbarung   Verband: Bioland

---

88499 Riedlingen-Pflummern   Eugen Herb   Am Ziegelberg 6
Tel. 07371/3365
Saft, Lammfelle, Wolle, Schlachtlämmer, Obst, Fleisch, Wurst
Zeiten: Di,Do,Sa 10-13   Verband: Bioland

Einkaufen direkt beim Bio-Bauern

88499 Altheim-Heiligenkreuztal Uli Hirsch Tel. 07371/8968 Bier, Ziegenkäse, Fleisch, Wurst Zeiten: Mi, Sa 10-12		Heiligkreuztal Verband: Bioland
88512 Mengen-Blochingen Alfons Laux Tel. 07572/3325 Bier, Getreide, Fleisch Zeiten: nach Vereinbarung		Schnabelgasse 2 Verband: Bioland
88515 Wilflingen Josef Schaut Tel. 07376/817 Getreide, Eier Zeiten: nach Vereinbarung		Sigmaringer Straße 8 Verband: Naturland
88521 Ertingen Martin Koch Tel. 07371/4989 Fleisch nach Bestellung, Milch, Fleisch Zeiten: abends und nach Vereinbarung		Kapellenstraße 23 Verband: Bioland
88527 Unlingen Hans Göhring Tel. 07371/3519 Brot, Wein, Saft, Honig, Getreide, Obst, Gemüse, Kartoffeln, Milch, Käse, Eier, Fleisch, Wurst Zeiten: Mo-Fr 16-21		Daugendorfer Straße 11 Verband: Bioland
88605 Meßkirch Hans-Ulrich Andres Tel. 07575/2997 Säfte, Getreide, Obst, Fleisch, Wurst Zeiten: nach Vereinbarung		Jahnstr. 42 Verband: Bioland
88630 Pfullendorf Georg Nothacker-Lücke Tel. 07552/7453 Käserei, Obst, Gemüse, Käse Zeiten: nach Vereinbarung		Grosstadelhofen 29 Verband: Demeter
88633 Heiligenberg-Hattenweile Neuweilerhof Tel. 07552/6102 Brot, Getreide, Fleisch Zeiten: täglich 16-18		Walter Fellmann Verband: Bioland
88636 Illmensee Paul Bodenmüller Tel. 07555/469 Getreide, Gemüse, Kartoffeln, Käse Zeiten: Fr 16-19		Glashütten-Höchsten 2 Verband: Bioland
88636 Illmensee Hans-Peter Kleemann Tel. 07555/301 Gaststätte Zeiten: täglich		Höchsten 1 Verband: Naturland
88637 Buchheim Walter und Paula Fehrenbacher Tel. 07777/861 Brot, Getreide, Kartoffeln, Fleisch Zeiten: Di, Do, Fr, Sa 10-17		Jakobihof Verband: Bioland

Einkaufen direkt beim Bio-Bauern

88637 Buchheim   Erich & Margarete Braun   Donautalstr. 13
Tel. 07777/861
Getreide, Milch
Zeiten: nach Vereinbarung   Verband: Bioland

88637 Leibertingen   Lothar Braun-Keller   Bäumlehof 1
Tel. 07466/1292
Getreide, Kartoffeln, Fleisch
Zeiten: nach Vereinbarung   Verband: Bioland

88662 Überlingen   Hofgut und Gärtnerei Rengoldshausen   Rengoldshauser Straße 27
Tel. 07551/3514
Hofladen
Zeiten: Di u. Fr 16-18.30   Verband: Demeter

88662 Überlingen-Lippertsreute   Anneliese Schmeh   Hagenweilerhof
Tel. 07553/7529
Wein, Getreide, Obst, Milch, Käse, Eier, Fleisch
Zeiten: nach Vereinbarung   Verband: Bioland

88662 Überlingen   Martin Hahn   Helchenhof
Tel. 07773/1462
Hofladen, Sortiment erfragen, Ferienwohnung
Zeiten: Mi 16-19, Sa 9-12   Verband: Demeter

88662 Überlingen   Klaus Niedermann   Höllwangen 15
Tel. 07551/3584
Sortiment erfragen, Ferienwohnung
Zeiten: nach Vereinbarung   Verband: Demeter

88662 Überlingen-Deisendorf   Helmuth Wesle   Andelshofer Weg 17
Tel. 07551/3349
Saft, Bier, Honig, Obst, Gemüse, Kartoffeln, Käse, Eier, Fleisch
Zeiten: werktags 17-19   Verband: Bioland

88662 Überlingen   Klaus Wekerle   Am Göhren 10
Tel. 07551/61686
Getreide, Obst, Gemüse, Milch, Fleisch
Zeiten: Mo-Sa 17-19   Verband: Bioland

88662 Überlingen   Bauerngemeinschaft Bodensee   Bruckfelderstraße 6
Tel. 07557/8859
Obst, Gemüse, Käse
Zeiten: nach Vereinbarung   Verband: Demeter

88682 Salem-Tüfingen   Gustav Möhrle   Reutestraße 2
Tel. 07553/8714
Saft, Getreide, Obst, Kartoffeln
Zeiten: nach Vereinbarung   Verband: Bioland

88682 Salem   Hof Schapbuch
Tel. 07553/7502
Käserei, Lamm, Hofladen, Naturkost-Sortiment, Milch, Käse, Fleisch
Zeiten: Di,Do 9-12, 15-18   Verband: Demeter

Einkaufen direkt beim Bio-Bauern

88682 Salem Tel. 07553/7454 Obst Zeiten: Mo-Fr 17.30-19	Susanne Müller	Bodenseestraße 124 Verband: Bioland
88693 Deggenhausertal-Urnau Tel. 07555/602 Brot, Honig, Getreide, Eier Zeiten: nach Vereinbarung	Otto Bommer	Untergehrenberg 1 Verband: Bioland
88693 Deggenhausertal Tel. 07555/5355 Sortment erfragen Zeiten: Gaststätte Mo Ruhetag	Jürgen Waizenegger	Kirchgasse 1 Verband: Naturland
88696 Owingen-Billafingen Tel. 07557/1019 Sortiment erfragen Zeiten: nach Vereinbarung	Andrej Schuster und Barbara Beck	Hasenbühlweg 8 Verband: Bioland
88696 Owingen-Billafingen Tel. 07557/326 Sortiment erfragen Zeiten: nach Vereinbarung	Ralf Vollmann	Breitehof 61 Verband: Bioland
88697 Bermatingen Tel. 07544/1587 Obst Zeiten: nach Vereinbarung	Erhard Karrer	Mühlenweg 4 Verband: Bioland
88709 Meersburg Tel. 07532/6575 Getreide, Obst, Gemüse, Kartoffeln, Milch Zeiten: Di 15-18	Hans Brugger	Laßbergstr. 9 Verband: Bioland
88709 Hagnau Tel. 07532/43100, F Rotwein, Weißwein, Sekt/Baden ECOVIN, Weinproben Gästezimmer Zeiten: nach Vereinbarung	Andrea Renn, Burgunderhof Hagnau	Sonnenbühl 30 Verband: BÖW
88719 Stetten Tel. 07532/9826 Säfte, Gemüse, Kartoffeln Zeiten: Di 16-18.30, Fr 14-18.30, Sa 9-12	Stefan Müller	Roggelestraße 1 Verband: Bioland
88719 Stetten bei Meersburg Tel. 07532/7802 Obst, Fleisch Zeiten: Fr 16-19, Sa 9-12	Veronika Keller	Schulstraße 22 Verband: Bioland
89115 Erbach-Ersingen Tel. 07305/3857 Getreide, Eier, Fleisch, Wurst Zeiten: nach Vereinbarung	Johannes Schenk	Achstetter Str. 7 Verband: Bioland

Einkaufen direkt beim Bio-Bauern

89134 Blaustein Gerhard Baiker Hohenstein 3
Tel. 07304/6606
Saft, Nudeln, Essig, Öl, Müsli, Honig, Getreide, Gemüse, Kartoffeln, Käse, Eier, Fleisch
Zeiten: Sa 9-12, 13.30-16.30 Verband: Bioland

89134 Blaustein-Bermaringen Johann Georg Danner Kirchstraße 7
Tel. 07304/6255
Ziegenmilch, Getreide, Obst, Gemüse, Kartoffeln
Zeiten: nach Vereinbarung Verband: Bioland

89134 Blaustein-Bermaringen Werner Hay Werrengasse 5
Tel. 07304/5315
Haferflocken, Getreide, Milch
Zeiten: Mo-Sa 8.30-9.30, 17.45-18.30 Verband: Bioland

89143 Blaubeuren Ernst Jacob Albstr. 12/1
Tel. 07344/4687
Getreide, Kartoffeln, Milch
Zeiten: nach Vereinbarung Verband: Bioland

89155 Erbach-Ersingen Gebhard Ott An der Linde 2
Tel. 07305/4538
Getreide, Obst, Kartoffeln
Zeiten: Sa, So 9-19 und nach Vereinbarung Verband: Bioland

89156 Dornstadt-Scharenstetten August Scheiffele Postfach 68
Tel. 07336/6721
Getreide, Obst, Gemüse, Kartoffeln, Milch, Käse, Fleisch
Zeiten: nach Vereinbarung Verband: Bioland

89165 Dietenheim Ulrich Unterweger Neuhauserhof
Tel. 07347/7405
Brot, Saft, Wein, Ziegenkäse, Schafskäse, Getreide, Obst, Gemüse, Kartoffeln, Milch, Fleisch, Wurst
Zeiten: Fr 14-18, Sa 9.30-11.30 Verband: Bioland

89176 Asselfingen Georg Birzele Hirschstraße 14
Tel. 07345/3174
Eier, Fleisch
Zeiten: nach Vereinbarung Verband: Bioland

89188 Merklingen Raimund Walter Beurerweg 6
Tel. 07337/554
Obst, Gemüse
Zeiten: nach Vereinbarung Verband: Demeter

89189 Neenstetten Ernst Unseld Dorfplatz 21
Tel. 07340/6915
Getreide, Gemüse, Kartoffeln
Zeiten: nach Vereinbarung Verband: Bioland

89189 Neenstetten Wolfgang Siehler Ulmer Str. 18
Tel. 07340/7362, 61
Fleisch und Wurst auf Bestellung, Getreide, Kartoffeln, Fleisch, Wurst
Zeiten: Sa 9-13 Verband: Bioland

Einkaufen direkt beim Bio-Bauern

89195 Staig Tel. 07346/3212 Getreide, Gemüse, Kartoffeln Zeiten: nach Vereinbarung	Gerhard Beitzinger	Harthausen 7 Verband: Bioland
89197 Weidenstetten Tel. 07340/6317 Obst, Gemüse Zeiten: nach Vereinbarung	Bernhard Thierer	Postweg 3 Verband: Demeter
89233 Neu-Ulm Tel. 0731/712577 Getreide, Gemüse, Kartoffeln Zeiten: Mo-Fr 10-12, Sa 9-12	Hans Scheffler	Friedhofstr. 1/1 Verband: Bioland
89250 Senden/Aufheim Tel. 07307/29440 Getreide, Kartoffeln, Milch Zeiten: nach Vereinbarung	Hans Junginger	Oberdorf 12 Verband: Bioland
89257 Illertissen Tel. 07303/5897 Getreide, Fleisch Zeiten: nach Vereinbarung	Josef Rueß	Bayernstr. 23 Verband: Bioland
89264 Weißenhorn Tel. 07309/3612 Getreide, Fleisch Zeiten: Sa 13-18 Uhr	Johannes Peteler	Kohlstattstr. 13 Verband: Bioland
89284 Pfaffenhofen Tel. 07302/5337 Getreide, Gemüse, Kartoffeln Zeiten: nach Vereinbarung	Hermann Bischof	Erbishofen 2 Verband: Bioland
89284 Pfaffenhofen Tel. 07302/758 Honig, Getreide, Gemüse, Kartoffeln, Milch, Eier Zeiten: nach Vereinbarung	Klaus Vidal	Erbishofener Straße 35 Verband: Bioland
89297 Roggenburg Tel. 07300/386 Getreide, Milch, Fleisch Zeiten: Mo-Sa ab 17 und nach Vereinbarung	Andreas Schmid	Weißenhorner Straße 36 Verband: Bioland
89340 Leipheim Tel. 08221/72691 Brot, Getreide, Gemüse, Kartoffeln, Milch, Käse, Fleisch Zeiten: täglich 17-18.30	Wolfgang Weber	Riedweg 1 Verband: Bioland
89343 Freihalden Tel. 08225/3385 Lammfelle, Kartoffeln, Eier, Fleisch Zeiten: täglich ab 17 und nach Vereinbarung	Thomas Luible	Obere Dorfstraße 26 Verband: Bioland

Einkaufen direkt beim Bio-Bauern

89344 Aislingen Josef Wirth Buchenweg 2
Tel. 09075/8186
Getreide, Gemüse, Kartoffeln, Eier, Fleisch
Zeiten: nach Vereinbarung Verband: Bioland

89344 Aislingen Matthias Kraus Eichenweg 4
Tel. 09075/1503
Getreide, Gemüse
Zeiten: nach Vereinbarung Verband: Naturland

89346 Bibertal-Echlishausen Anton und Gunhilde Zeller Rohräckerweg 1
Tel. 08226/1349
Brot, Wein, Saft, Ziegenkäse, Getreide, Obst, Gemüse, Kartoffeln, Milch, Käse, Eier, Fleisch
Zeiten: Fr 15-18.30 Verband: Bioland

89346 Bibertal Anna und Rudolf Folger Gänsewiesenweg 1
Tel. 08226/9202
Lammfleisch
Zeiten: nach Vereinbarung Verband: Bioland

89358 Ettenbeuren Hubert Krimbacher Ichenhauser Straße 24
Tel. 08223/765
Honig, Getreide, Kartoffeln, Milch, Eier, Fleisch
Zeiten: täglich 14-17 Verband: Bioland

89358 Kammeltal Wilhelm Baumeister Rieder Straße 1
Tel. 08283/846
Bauholz, Brennholz, Getreide, Milch, Eier, Fleisch
Zeiten: täglich 7-18 Verband: Bioland

89426 Wittislingen Georg und Brigitte Steinle Hauptstraße 7
Tel. 09076/676
Getreide, Gemüse, Kartoffeln
Zeiten: Sa 8-12 und nach Vereinbarung Verband: Bioland

89434 Blindheim Erhard Knötzinger Weilheim 2
Tel. 09074/4974
Sonnenblumenöl, Dinkelmehl, Getreide, Gemüse, Kartoffeln
Zeiten: Sa 10-12 und nach Vereinbarung Verband: Naturland

89449 Zusamaltheim Josef Ilg Wertinger Straße 7
Tel. 08272/4649
Getreide, Obst, Kartoffeln, Milch, Fleisch
Zeiten: nach Vereinbarung Verband: Bioland

89520 Heidenheim Heilpädagogische Berufsausbildungsstätte e.V. Burrenweg 28
Tel. 07321/53449
Sortiment erfragen
Zeiten: nach Vereinbarung Verband: Demeter

89522 Heidenheim Fam. Sivert Joerges Talhof 1
Tel. 07321/42826
Getreide, Obst, Gemüse, Kartoffeln, Milch, Käse, Eier, Fleisch
Zeiten: Mo-Fr 8-12, 16-18.30; Sa 8-12 Verband: Demeter

Einkaufen direkt beim Bio-Bauern

89542 Herbrechtingen   Jutta Hamann   Breite Straße 19
Tel. 07324/41117
Sortiment erfragen
Zeiten: Di und Fr 14.30-18
Verband: Demeter

89542 Herbrechtingen   Dieter Heithecker   Hofgut Bernau
Tel. 07324/2116
Sortiment erfragen
Zeiten: nach Vereinbarung
Verband: Demeter

89542 Herbrechtingen   Biotal Eselsburg   Talstraße 23
Tel. 07324/5805
Brot, Wein, Saft, Bier, Honig, Naturkost, Getreide, Gemüse, Kartoffeln, Milch, Käse, Eier, Fleisch
Zeiten: Di, Fr 16.30-18, Sa 9.30-12
Verband: Bioland

89542 Herbrechtingen   Heinz Eßlinger   Bernauer Str. 49
Tel. 07324/2396

Zeiten: nach Vereinbarung
Verband: Bioland

89542 Herbrechtingen   Wolfgang Ziegler   Ugenhof 1
Tel. 07324/6410
Milch, Käse, Fleisch
Zeiten: täglich 17-19
Verband: Bioland

89547 Gerstetten   Ernst Schwäble   Heutenburg 3 a
Tel. 07323/4265
Getreide, Milch, Fleisch
Zeiten: täglich 18-19 und nach Vereinbarung
Verband: Demeter

89547 Gerstetten-Dettingen   Christian Mack   Anhauser Straße 21
Tel. 07324/5243
Getreide, Kartoffeln, Eier
Zeiten: nach Vereinbarung
Verband: Bioland

89547 Gerstetten   Hans Neuburger   Weilerstr. 8
Tel. 07324/5227
Getreide, Kartoffeln
Zeiten: nach Vereinbarung
Verband: Bioland

89547 Gerstetten   Matthias Bosch   Lindenhof 2
Tel. 0733/5230
Sortiment erfragen
Zeiten: nach Vereinbarung
Verband: Bioland

89555 Steinheim   Albrecht und Herbert Briz   Ostheimer Straße 25
Tel. 07329/315
Getreide, Gemüse, Kartoffeln, Milch
Zeiten: nach Vereinbarung
Verband: Bioland

89555 Steinheim-Sontheim   Hans-Peter Mack   Knillweg 9
Tel. 07329/5620
Brot, Trockenobst, Honig, Getreide, Obst, Gemüse, Kartoffeln, Milch, Käse, Eier, Fleisch
Zeiten: Fr 15-17.30, Sa 9-12
Verband: Bioland

Einkaufen direkt beim Bio-Bauern

89555 Steinheim-Sonthofen Wolfgang Preiß Knillweg 11
Tel. 07329/6281
Getreide, Gemüse, Kartoffeln, Milch, Käse, Eier, Fleisch
Zeiten: Fr 15-17.30 und nach Vereinbarung Verband: Bioland

89555 Steinheim Rudolf Straub Hellensteinstraße 26
Tel. 07329/6313
Getreide, Kartoffeln, Milch, Käse, Eier
Zeiten: nach Vereinbarung Verband: Bioland

89561 Dischingen-Dunstelkingen Roland Bahmann Hofener Straße 6
Tel. 07327/6307
Getreide, Kartoffeln, Fleisch
Zeiten: nach Vereinbarung Verband: Bioland

89567 Sontheim Georg und Monika Mäck Schloßhof 8
Tel. 07325/6132
Hofladen, Naturkost-Sortiment, Getreide, Obst, Gemüse, Kartoffeln
Zeiten: Di,Fr 16-18.30 Verband: Demeter

89568 Hermaringen Reiner Gansloser Schulstraße 4
Tel. 07322/21899
Hofladen, Naturkost-Sortiment, Getreide, Obst, Kartoffeln, Milch, Käse, Fleisch
Zeiten: Di,Fr 17.30-19; Sa 11-12 Verband: Demeter

89584 Ehingen Hubert Stiehle St.-Nikolausweg 7
Tel. 07384/450
Obst, Gemüse, Käse
Zeiten: werktags Verband: Demeter

89584 Ehingen Karl-Josef und Therry Locher Brunnenstr. 80
Tel. 07393/3818
Ziegenmilch, -käse, Mohairwolle, Felle, Obst, Kartoffeln, Eier
Zeiten: nach Vereinbarung Verband: Bioland

89584 Lauterach Waldemar Mammel Am Hochberg 27
Tel. 07375/1246
Linsen, Brot, Saft, Sauerkraut, Getreide, Obst, Gemüse, Kartoffeln, Eier, Fleisch
Zeiten: Do, Fr 18-20, Sa 9-12 Verband: Bioland

89584 Ehingen-Frankenhofen Friedrich Ströbele Kammerer-Schott-Str. 18
Tel. 07395/572
Getreide, Kartoffeln
Zeiten: nach Vereinbarung Verband: Bioland

89597 Unterwachingen Elisabeth und Norbert Aßfalg Haus 7
Tel. 07393/1614
Getreide
Zeiten: nach Vereinbarung Verband: Bioland

89601 Schelklingen-Hausen Hans Kneer Brunnenstraße 14
Tel. 07394/689
Milch, Käse, Fleisch
Zeiten: täglich 17-19 Verband: Bioland

Einkaufen direkt beim Bio-Bauern

89604 Allmendingen-Ennahofen   Norbert Tauer   Hagäcker 10
Tel. 07384/6347
Saft, Kartoffeln, Fleisch
Zeiten: nach Vereinbarung   Verband: Bioland

89604 Allmendingen-Schwörrkirch   Franz Häußler   Hochsträß 20
Tel. 07391/1268
Rindfleisch auf Bestellung, Getreide, Obst, Milch, Käse, Fleisch
Zeiten: täglich 17-19   Verband: Bioland

89608 Griesingen   Hugo Raiber   Alte Landstraße 23
Tel. 07391/2129
Saft, Getreide, Obst, Gemüse, Kartoffeln, Milch
Zeiten: Fr 18-19   Verband: Bioland

89610 Oberdischingen   Herbert Seitz   Gartenstraße 12

Obst, Kartoffeln, Eier, Fleisch
Zeiten: Di, Fr 15-17, Sa 9.30-12   Verband: Bioland

89611 Obermarchtal   Anton Köberle   Ziegelhüttenweg 7
Tel. 07375/1482
Sortiment erfragen
Zeiten: nach Vereinbarung   Verband: Demeter

89614 Öpfingen   Robert Diepold   Schulstraße 14
Tel. 07391/1480
Saft, Getreide, Obst, Gemüse, Kartoffeln, Eier, Fleisch
Zeiten: nach Vereinbarung   Verband: Bioland

89616 Rottenacker   Dieter Walter   Bleiche 1
Tel. 07393/1741
Saft, Getreide, Obst, Gemüse, Kartoffeln, Milch, Eier, Fleisch
Zeiten: täglich 17.30-19.30   Verband: Bioland

89617 Untermarchtal   Dieter Hartinger   Bahnhofstraße 15
Tel. 07393/4238
Brennholz, Ziegenmilch, -käse, Getreide, Gemüse, Kartoffeln, Milch, Käse, Eier, Fleisch
Zeiten: täglich 19-20, bittevorher anrufen   Verband: Bioland

Einkaufen direkt beim Bio-Bauern

90425 Nürnberg Tel. 0911/332206 Getreide, Gemüse, Kartoffeln Zeiten: nach Vereinbarung	Günter Sippel	Alte Parlerstr. 3 Verband: Bioland
90522 Oberasbach Tel. 0911/691610 Naturkostladen, Gemüse Zeiten: Mi, Do 9-12.30 u. 1518.30, Fr 9-12.30 Uh	Adolf Euerl	Gartenstr. 3-5 Verband: Bioland
90542 Eckental-Herpersdorf Tel. 09126/1406 Saft, Getreide, Obst, Gemüse, Kartoffeln Zeiten: Sa 9-12 und nach Vereinbarung	Norbert Eckert	Färberstraße 3 Verband: Bioland
90542 Eckental Tel. 09126/5475 Brot, Kartoffeln, Milch Zeiten: übl. Ladenöffnungszeiten	Gertraud Switalski-Wörner	Frohnhofmühle Verband: Bioland
90562 Heroldsberg Tel. 0911/5181168 Getreide, Obst, Kartoffeln Zeiten: nach Vereinbarung	Fritz Bauer	Oberer Markt 15 Verband: Bioland
90574 Roßtal Tel. 09127/57434 Brot, Säfte, Ziegenkäse, Wein, Getreide, Obst, Gemüse, Kartoffeln, Käse, Eier, Geflügel, Fleisch Zeiten: Mi 14-18.30	Jutta und Martin Horneber	Kernmühle 1 Verband: Bioland
90579 Langenzenn Tel. 09101/1608 Brot, Getreide, Gemüse, Kartoffeln, Milch, Käse, Eier, Fleisch Zeiten: Mi 15-18, Sa 14-17	Günther Tiefel	Farrnbachstr. 8 Verband: Bioland
90579 Langenzenn Tel. 09101/2862 Gärtnerei Zeiten: täglich	Baumschule Oppel	Dillenbergstraße 13 Verband: Demeter
90587 Untermichelbach Tel. 0911/767193 Brot, Wein, Saft, Ziegenkäse, Getreide, Obst, Gemüse, Kartoffeln, Milch, Käse, Eier, Fleisch Zeiten: Di, Mi, Fr 9-13, 15-18, Sa 9-13	Horst Tauber	Vacherstraße 32 Verband: Bioland
90587 Veitsbronn Tel. 0911/754247 Wein, Naturkostsortiment, Getreide, Obst, Gemüse, Kartoffeln, Milch, Eier, Fleisch, Wurst Zeiten: Mo-Fr 9-18, Sa 9-13	Helga Mausser	Kagenhof 77 Verband: Naturland
90613 Großhabersdorf Tel. 09105/444 Getreide, Gemüse, Kartoffeln, Milch Zeiten: nach Vereinbarung	Michael Hufnagel	Dorfstr. 16 Verband: Bioland

Einkaufen direkt beim Bio-Bauern

90619 Trautskirchen Tel. 09107/1452 Honig Zeiten: nach Vereinbarung	Reinhard Lang	Buch 16 Verband: Demeter
90619 Trautskirchen Tel. 09107/1336 Ziegenmolkebrot, Milch, Käse, Fleisch, Wurst Zeiten: Do 16-19	Heinz Schober, Ziegenhof	Buch 6 Verband: Demeter
90768 Fürth Tel. 0911/722489 Obst, Gemüse, Kartoffeln Zeiten: Mo-Fr 8-18, Sa 8-14	Hans Arold	Am Europakanal 375 Verband: Naturland
90768 Fürth Tel. 0911/767189 Gemüse, Kartoffeln, Eier Zeiten: Sa 9-12	Johann Pfann	Krokusweg 12 Verband: Bioland
91054 Buckenhof Tel. 09131/55460 Obst Zeiten: nach Vereinbarung	Agathe Kugler	Weiselstraße 40 Verband: Naturland
91056 Erlangen Tel. 09131/992748 Brot, Wein, Saft, Trockenprodukte, Getreide, Obst, Gemüse, Kartoffeln, Eier, Geflügel Zeiten: Di 17-18, Sa 9.30-12	Manfred Weller	Alter Markt 1 Verband: Bioland
91056 Erlangen-Büchenbach Tel. 09131/991745 Milch, Käse Zeiten: täglich 17-18	Georg und Rosemarie Mayer	Kolpingweg 3 Verband: Bioland
91056 Erlangen-Steudach Tel. 09131/43951 Getreide, Gemüse, Kartoffeln, Fleisch Zeiten: Fr 18-19	Alfred Schaller	St. Michael 43 Verband: Bioland
91077 Neunkirchen Tel. 09134/7979 Brot, Wein, Säfte, Schafskäse, Getreide, Obst, Gemüse, Kartoffeln, Milch, Eier, Geflügel, Fleisch Zeiten: Fr 14-17, Sa 9-13 und nach Vereinbarung	Robert und Kunigunde Schmitt	Baad 1 Verband: Bioland
91083 Baiersdorf Tel. 09133/789397 Obst, Gemüse, Kartoffeln Zeiten: Sa 8-12 Uhr	Stefan und Anita Burger-Engelhard	Schmalzgasse 11 Verband: Bioland
91090 Effeltrich Tel. 09133/3760 Wein, Säfte, Trockenprodukte, Getreide, Obst, Gemüse, Kartoffeln, Käse, Eier Zeiten: Sa 9-13	Peter und Irene Nögel	Mittlerer Bühl 7 Verband: Bioland

Einkaufen direkt beim Bio-Bauern

91094 Langensendelbach   Josef Knetzger   Blumenstraße 4
Tel. 09133/4663
Erdbeeren, Spargel, Getreide, Gemüse, Kartoffeln, Fleisch
Zeiten: nach Vereinbarung   Verband: Bioland

91099 Poxdorf   Willi Reck   Aibweg 5
Tel. 09133/9896
Getreide, Kartoffeln, Eier, Fleisch
Zeiten: Sa 8-12   Verband: Bioland

91126 Schwabach   Heinrich und Dorothea Endner   Reichenbacherstraße 73
Tel. 09122/4583
Brot, Saft, Wein, Honig, Müsli, Öl, Getreide, Obst, Gemüse, Kartoffeln, Milch, Eier, Geflügel, Fleisch
Zeiten: Mi 9-13, Fr 13-16 und nach Vereinbarung   Verband: Bioland

---

9113 Neustadt   Beate und Helmut Mondel   Unterstrahlbach 4
Tel. 09161/2445
Brot, Getreide, Gemüse, Kartoffeln, Milch, Käse, Eier, Fleisch, Wurst
Zeiten: Mo-Sa 9-12, 14-18   Verband: Demeter

91161 Hilpoltstein   Gerhard Zimmermann   Weiherhaus 1
Tel. 09174/1430
Getreide, Kartoffeln, Fleisch, Wurst
Zeiten: nach Vereinbarung   Verband: Demeter

91161 Hilpoltstein   Klaus Sinke, Gärtnerei   Weinsfeld 60
Tel. 09179/6893
Gemüse
Zeiten: Mo-Do 8-12, 14-18, Sa 8-12   Verband: Bioland

91171 Greding   Johann Schneider   Morsbacher Straße 1
Tel. 08463/1239
Getreide, Gemüse, Kartoffeln
Zeiten: Fr 14-18, Sa 9-12   Verband: Bioland

91174 Spalt   Karl Hausmann   Dorfstraße 40
Tel. 09175/872
Urlaub auf dem Bauernhof, Ferienwohnung, Obst
Zeiten: nach Vereinbarung   Verband: Demeter

91177 Thalmässing   Karl Dollinger   Offenbau 50
Tel. 09173/1209
Honig, Getreide, Gemüse, Kartoffeln, Eier
Zeiten: Sa 9-13   Verband: Bioland

91177 Thalmässing   Rudolf und Sieglinde Weiß   Stauf 13
Tel. 09173/1032
Lammfleisch, Getreide, Gemüse, Kartoffeln, Eier
Zeiten: nach Vereinbarung   Verband: Bioland

91117 Thalmässing   Georg Pauckner jun.   Offenbau 53
Tel. 09173/565
Babybeef, Fleisch
Zeiten: nach Vereinbarung   Verband: Bioland

Einkaufen direkt beim Bio-Bauern

91180 Heideck Hermann Sammiller Laibstadt 58
Tel. 09177/9416
Sortiment erfragen
Zeiten: nach Vereinbarung Verband: Naturland

91189 Rohr Georg Burger Zum Flecken 18
Tel. 09876/493
Saft, Getreide, Obst, Kartoffeln, Milch, Käse, Eier, Geflügel
Zeiten: werktags 17-18, Bestellung erwünscht Verband: Bioland

---

91220 Schnaittach Johann Winkelmann Götzlesberg
Tel. 09153/7802
Brot, Getreide, Obst, Gemüse, Kartoffeln, Milch, Käse, Eier, Geflügel, Fleisch, Wurst
Zeiten: Fr 18-19, Sa 10-12 Verband: Demeter

91220 Schnittaich Martin und Ulrike Kreß Enzenreuth 8
Tel. 09153/4637
Rindfleisch
Zeiten: nur nach Vorbestellung Verband: Bioland

91224 Pommelsbrunn Annemarie Strehler Am Lichtenstein 2
Tel. 09154/1235
Obst
Zeiten: nach Vereinbarung Verband: Demeter

91224 Pommelsbrunn Peter Schilling Fischbrunn 30
Tel. 09154/8438
Schaffleisch, Honig, Kartoffeln, Eier, Geflügel
Zeiten: nach Vereinbarung Verband: Demeter

91230 Happurg-Förrenbach Hermann Högner Bäckergase 10
Tel. 09151/5261
Honig, Getreide, Obst, Gemüse, Kartoffeln, Milch
Zeiten: nach Vereinbarung Verband: Bioland

91230 Happurg E. Jordan Freie Christliche Gemeinde See 6
Tel. 09157/9292-0
Getreide, Kartoffeln
Zeiten: nach Vereinbarung Verband: Bioland

91230 Happurg Höfegemeinschaft Vorderhaslach/ Reicheneck Vorderhaslach 1
Tel. 09158/1431
Brot, Getreide, Gemüse, Kartoffeln, Milch, Käse
Zeiten: Do 18-20, Fr 16-18 Verband: Demeter

91235 Velden Lebensgemeinschaft Münzinghof
Tel. 09152/411
Getreide, Gemüse, Kartoffeln, Milch, Käse
Zeiten: nach Vereinbarung Verband: Demeter

91235 Velden Johannes Leibold Henneberg 7
Tel. 09152/395
Urlaub, Brot Biometzgerei, Getreide, Kartoffeln, Milch, Käse, Fleisch, Wurst
Zeiten: nach Vereinbarung Verband: Demeter

Einkaufen direkt beim Bio-Bauern

91235 Hartenstein　　　Günter Deinzer　　　　　　　　　　Lungsdorf 10
Tel. 09152/14419
Getreide, Gemüse, Kartoffeln
Zeiten: nach Vereinbarung　　　　　　　　　　　　　　　Verband: Bioland

91235 Hartenstein　　　Hans Klischewski　　　　　　　　Loch 1
Tel. 09152/8295
Vollkornmehl, Getreide, Kartoffeln, Milch, Käse, Eier, Fleisch
Zeiten: Do, Fr, Sa 9-17　　　　　　　　　　　　　　　　Verband: Bioland

91238 Engelthal　　　　Fritz Leipold　　　　　　　　　　Hauptstraße 21
Tel. 09158/379
Urlaub, Brot, Trockensortiment, Getreide, Obst, Gemüse, Kartoffeln, Milch, Käse, Fleisch, Wurst
Zeiten: Mo,Do,Fr ab 17　　　　　　　　　　　　　　　　Verband: Demeter

91238 Engelthal　　　　Ernst Fuchs　　　　　　　　　　　Am Schloß 8
Tel. 09158/306
Getreide, Obst, Gemüse, Kartoffeln, Eier, Fleisch, Wurst
Zeiten: nach Vereinbarung　　　　　　　　　　　　　　　Verband: Demeter

91239 Henfenfeld　　　Karl Singer　　　　　　　　　　　Hauptstraße 6
Tel. 09151/95991
Brot, Getreide, Milch, Käse, Eier
Zeiten: nach Vereinbarung　　　　　　　　　　　　　　　Verband: Demeter

91239 Henfenfeld　　　Hans Söhnlein　　　　　　　　　　Hauptstraße 17
Tel. 09151/9348
Getreide, Gemüse, Kartoffeln, Milch
Zeiten: nach Vereinbarung　　　　　　　　　　　　　　　Verband: Bioland

91241 Kirchensittenbach　　Gerhard Scharrer　　　　　　Aspertshofen 48
Tel. 09151/94723
Nudeln, Flocken, Getreide, Obst, Gemüse, Kartoffeln
Zeiten: nach Vereinbarung　　　　　　　　　　　　　　　Verband: Demeter

91245 Simmelsdorf　　Gottfried und Ina Wölfel, Kaltenhof　Kaltenhof 1
Tel. 09155/352
Trockensortiment, Getreide, Obst, Kartoffeln, Milch, Käse, Eier, Fleisch, Wurst
Zeiten: Fr 18-20 und nach Vereinbarung　　　　　　　　Verband: Demeter

---

91245 Simmelsdorf　　Gerhard Hopfengärtner　　　　　　Oberwindsberg 4
Tel. 09155/1452
Getreide, Obst, Gemüse, Kartoffeln, Milch, Käse
Zeiten: nach Vereinbarung　　　　　　　　　　　　　　　Verband: Demeter

91247 Vorra　　　　　Josef Strasser　　　　　　　　　　Fischbrunner Weg 33
Tel. 09152/8337
Getreide, Gemüse, Kartoffeln
Zeiten: nach Vereinbarung　　　　　　　　　　　　　　　Verband: Demeter

91249 Weigendorf　　Erika Ertel　　　　　　　　　　　　Ernhüll 2
Tel. 09154/5948
Fleisch
Zeiten: nach Vereinbarung　　　　　　　　　　　　　　　Verband: Bioland

Einkaufen direkt beim Bio-Bauern

91249 Weigendorf Tel. 09154/4236 Honig, Getreide, Obst, Kartoffeln Zeiten: nach Vereinbarung	Josef Maier	Ernhüll 24 Verband: Bioland
91257 Pegnitz-Bronn Tel. 09241/5228 Getreide, Gemüse, Kartoffeln Zeiten: nach Vereinbarung	Gerd-Lothar Pfeiffer	Klumpertalstr. 64 Verband: Naturland
91257 Pegnitz-Körbeldorf Tel. 09241/7995 Gemüse, Kartoffeln, Milch Zeiten: nach Vereinbarung	Günter Braun	Laurentiusstr. 11 Verband: Naturland
91257 Pegnitz Tel. 09241/8902 Getreide Zeiten: nach Vereinbarung	Helmut Meyer	Lehm 2 Verband: Bioland
91281 Kirchenthumbach Tel. 09205/208 Wein, Brot, Getreide, Gemüse, Kartoffeln, Milch, Käse, Fleisch Zeiten: Mo, Mi, Do, Sa 18.30-19	Josef Roder	Rothmühle 1 Verband: Bioland
91281 Kirchenthumbach Tel. 09647/665 Getreide, Kartoffeln, Eier, Fleisch Zeiten: nach Vereinbarung	Josef Lehner	Wölkersdorf 2 Verband: Bioland
91315 Höchstadt Tel. 09135/799500 Fleisch Zeiten: auf Bestellung	Hermann Grau	Mechelwind 1 Verband: Bioland
91322 Gräfenberg Tel. 09192/7774 Getreide, Obst, Eier, Geflügel, Fleisch Zeiten: nach Vereinbarung	Franz Friedrich GdbR	Lilling 10 Verband: Bioland
91322 Gräfenberg Gemüse, Kartoffeln Zeiten: nach Vereinbarung	Hans und Kunigunde Heid	Walkersbrunn 46 Verband: Bioland
91325 Adelsdorf Tel. 09195/1444 Brot, Getreide, Kartoffeln, Milch, Eier, Fleisch Zeiten: Di 17-19, Sa 9-13 und nach Vereinbarung	Norbert Schuhmann	Weppersdorf 21 Verband: Bioland
91325 Adelsdorf Tel. 09195/3495 Meerrettich, Getreide, Obst, Kartoffeln, Eier Zeiten: täglich 18-19	Egid Dobeneck	Weppersdorf 11 Verband: Bioland

Einkaufen direkt beim Bio-Bauern

91325 Adelsdorf-Neuhaus Siegfried und Irene Prell Adelsdorfer Straße 6
Tel. 09195/7787
Wein, Saft, Naturkost, Getreide, Obst, Gemüse, Kartoffeln, Eier
Zeiten: Mo-Fr 16-18, Sa 10-13 Verband: Bioland

91327 Gößweinstein Georg Wiesheier Ühleinshof 5
Tel. 09197/1340
Getreide, Kartoffeln, Eier
Zeiten: nach Vereinbarung Verband: Bioland

91330 Eggolsheim Walter Haslbeck Götzendorf 8
Tel. 09545/8410
Getreide
Zeiten: nach Vereinbarung Verband: Bioland

91332 Heiligenstadt Friedhold Helmer Siegritz 36
Tel. 09198/1682
Getreide, Obst, Kartoffeln
Zeiten: nach Vereinbarung Verband: Bioland

91334 Hemhofen Thomas Böning Hauptstr. 14
Tel. 09195/3946
Brot, Nudeln, Flocken, Gemüse, Kartoffeln
Zeiten: Fr 8.30-12 Verband: Demeter

91334 Hemhofen Clemens Seeberger Apostelstraße 17
Tel. 09195/7852
Brot, Getreide, Obst, Gemüse, Kartoffeln, Eier, Fleisch
Zeiten: Sa 9-13 und nach Vereinbarung Verband: Bioland

91334 Hemhofen Winkler von Mohrenfels Landgut Schloß Hemhofen Schloßhof
Tel. 09195/8381
Fische, Gemüseabo, Brot, Getreide, Obst, Gemüse, Kartoffeln, Fleisch, Wurst
Zeiten: nach Vereinbarung Verband: Demeter

91336 Heroldsbach Karin Hellwig Steigweg 5
Tel. O9190/1338
Obst, Gemüse, Kartoffeln
Zeiten: nach tel.Vereinbar. Verband: Bioland

91341 Röttenbach Georg Lorz Schulstraße 2a
Tel. 09195/8380
Getreide, Kartoffeln, Milch
Zeiten: nach Vereinbarung Verband: Bioland

91344 Waischenfeld Martin Krautblatter Rabeneck 21
Tel. 09202/434
Getreide, Gemüse, Kartoffeln
Zeiten: nach Vereinbarung Verband: Bioland

91344 Waischenfeld Alfons Brütting Seelig 8
Tel. 09202/421
Getreide, Kartoffeln, Milch, Eier, Fleisch
Zeiten: nach Vereinbarung Verband: Bioland

Einkaufen direkt beim Bio-Bauern

91344 Waischenfeld   Leo Poser   Heroldsberg 13
Tel. 09202/887
Getreide
Zeiten: nach Vereinbarung   Verband: Bioland

91346 Wiesenttal   Helmut Ott   Störnhof 22
Tel. 09196/367
Brot, Getreide, Fleisch
Zeiten: nach Vereinbarung   Verband: Bioland

91346 Wiesenttal   Gottfried Ochs   Rauhenberg 5
Tel. 09196/541
Getreide, Gemüse, Kartoffeln
Zeiten: nach Vereinbarung   Verband: Bioland

91346 Wiesenttal   Peter Hofmann   Birkenreuth 3
Tel. 09194/8721
Honig, Milch, Eier, Geflügel
Zeiten: nach Vereinbarung   Verband: Bioland

91361 Pinzberg   Gerhard Eger   Gosbergerstraße 23
Tel. 09191/94932
Erdbeeren, Getreide, Obst, Gemüse, Kartoffeln, Fleisch
Zeiten: nach Vereinbarung   Verband: Bioland

91448 Emskirchen   Georg Scherzer   Neidhardswinden 50
Tel. 09102/1815
Getreide, Kartoffeln
Zeiten: nach Vereinbarung   Verband: Bioland

91448 Emskirchen   Gerald Schwager   Kaltenneuses 4
Tel. 09104/594
Brot, Getreide, Gemüse, Kartoffeln
Zeiten: täglich 17.30-18.30
    Verband: Demeter

91456 Diespeck   Gerhard Veit   Birkenhof 14
Tel. 09161/9563
Wein, Saft, Getreide, Obst, Kartoffeln, Milch, Käse, Fleisch
Zeiten: nach Vereinbarung   Verband: Bioland

91456 Diespeck   Georg Pfundt   Ehe 117
Tel. 09161/9714
Brot, Wein, Saft, Pflanzenöle, Mohnöl, Getreide, Obst, Gemüse, Kartoffeln, Eier, Fleisch
Zeiten: Di, Sa vormittags, Fr ganztags   Verband: Bioland

91459 Markt Erlbach   Bernd und Inge Fleischmann   Mettelaurach 13
Tel. 09106/811
Brot, Getreide, Kartoffeln, Eier, Fleisch
Zeiten: nach Vereinbarung   Verband: Bioland

91460 Baudenbach   Fritz Deininger   Hambühl 1
Tel. 09164/529
Getreide, Kartoffeln, Milch
Zeiten: nach Vereinbarung   Verband: Bioland

Einkaufen direkt beim Bio-Bauern

91462 Dachsbach Erhard Schwemmer Schreibergase 1
Tel. 09163/291
Kräuter, Gemüse, Kartoffeln
Zeiten: Mo-Fr 8-12, 13-18 Verband: Bioland

91463 Dietersheim Dorfgemeinschaft Hausenhof Hans-Josef Kremer Altheim 59
Tel. 09164/1299
Bienenwachsprodukte, Handweberei, Getreide, Gemüse, Kartoffeln, Milch, Käse, Fleisch, Wurst
Zeiten: nach Vereinbarung Verband: Demeter

91472 Ipsheim Hermann Zeller Kaubenheim 78
Tel. 09846/824
Fleisch
Zeiten: nach Vereinbarung Verband: Bioland

91478 Markt Nordheim Erhard Lindner Herbolzheim 77
Tel. 09842/2941
Fleisch
Zeiten: nach Vereinbarung Verband: Bioland

91478 Markt Nordheim Friedrich Geuder, Lissy Rüb-Geuder Nr. 122
Tel. 09165/834
Ziegenkäse, Getreide, Obst, Gemüse, Kartoffeln, Milch, Käse, Eier, Geflügel, Fleisch
Zeiten: nach Vereinbarung Verband: Bioland

91480 Markt Taschendorf Georg Elsen Lachheim 5
Tel. 09162/1848
Enten, Gänse, Getreide, Gemüse, Geflügel
Zeiten: nach Vereinbarung Verband: Naturland

91481 Altershausen Karl Seydel Dorfstraße 1
Tel. 09166/287
Honig, Saft, Obst, Gemüse, Kartoffeln
Zeiten: nach Vereinbarung Verband: Bioland

91483 Oberscheinfeld Sabine und Theo Mandel Herpersdorf 20
Tel. 09162/7619
Ziegenprodukte, Milch, Käse, Fleisch, Wurst
Zeiten: nach Vereinbarung Verband: Demeter

91483 Stierhöfstetten Manfred und Ingrid Ruhl Dorfstr. 4
Tel. 09167/284
Brot, Gemüse, Kartoffeln, Eier, Fleisch, Wurst
Zeiten: nach Vereinbarung Verband: Naturland

91484 Sugenheim Hans und Anneliese Pflüger Haus Nr. 20
Tel. 09165/489
Saft, Wein, Likör, Weinbrand, Brot, Getreide, Obst, Eier, Fleisch
Zeiten: Mo-Fr 11-13, Sa 11-18 u. n. Vereinbarung Verband: BÖW

91487 Vestenbergsgreuth Andrea und Gerhard Willner Dutendorf 34
Tel. 09552/6148
Getreide, Obst, Gemüse, Kartoffeln, Milch, Eier, Fleisch
Zeiten: nach Vereinbarung Verband: Bioland

Einkaufen direkt beim Bio-Bauern

91489 Wilhelmsdorf   Herbert Seibold   Waaggasse 2
Tel. 09104/2870
Getreide, Obst, Gemüse, Kartoffeln, Eier
Zeiten: nach Vereinbarung   Verband: Bioland

91541 Rothenburg   Rudolf Schilling   Schnepfendorf 3
Tel. 09861/3946
Brot, Wein, Saft, Teigwaren, Getreide, Obst, Gemüse, Kartoffeln, Milch, Käse, Eier, Fleisch
Zeiten: Di, Fr 15-18, Sa 10-12.30 u. n. Vereinb.   Verband: Bioland

---

91550 Dinkelsbühl   Friedrich Göhring, Gotthardhof   Rain 1
Tel. 09851/3915
Brot, Nudeln, Flocken, Getreide, Kartoffeln, Milch, Käse, Eier, Fleisch, Wurst
Zeiten: täglich 8-12, 14-18   Verband: Demeter

91550 Dinkelsbühl   Bernhard Schürlein   Gersbronn 1
Tel. 09851/2990
Honig, Fisch, Brot, Getreide, Gemüse, Kartoffeln, Milch, Fleisch
Zeiten: Di, Fr 14-17 und nach Vereinbarung   Verband: Bioland

---

91550 Dinkelsbühl   Albin Fischer   Feldnerhof 1
Tel. 09851/2192
Amaranth, Brot, Getreide, Obst, Gemüse, Kartoffeln, Milch, Käse, Eier, Geflügel, Fleisch, Wurst
Zeiten: Di, Fr, Sa 10-17   Verband: Demeter

91555 Feuchtwangen   Walter und Gerlinde Springer   Kaltenbronn 5
Tel. 09852/2680
Brot, Kartoffeln, Eier, Fleisch
Zeiten: nach Vereinbarung   Verband: Bioland

91560 Heilsbronn   Walter Sturm   Berghof 1
Tel. 09872/1246
Gemüse
Zeiten: nach Vereinbarung   Verband: Bioland

91560 Heilsbronn   Gerhard Meyer   Trachenhöfstatt 2
Tel. 09872/8187
Getreide, Obst, Kartoffeln, Milch
Zeiten: nach Vereinbarung   Verband: Bioland

91560 Heilsbronn   Christa Maier   Bergstr. 14
Tel. 09872/1728
Obst, Gemüse, Kartoffeln, Milch, Käse, Geflügel
Zeiten: nach Vereinbarung   Verband: Demeter

91560 Heilsbronn   Friedrich Käßler   Betzendorf 12
Tel. 09872/2541
Getreide, Gemüse, Kartoffeln
Zeiten: nach Vereinbarung   Verband: Naturland

91572 Bechhofen   Rainer Obergruber   Schmiedgasse 1
Tel. 09822/5344
Gemüse, Kartoffeln
Zeiten: nach Vereinbarung   Verband: Bioland

Einkaufen direkt beim Bio-Bauern

91572 Bechhofen — Alfons Kölz — Röttenbach 12
Tel. 09822/5657
Kartoffeln
Zeiten: nach Vereinbarung — Verband: Bioland

91575 Windsbach — Adolf Böhm — Suddersdorf 23
Tel. 09871/9269
Wein, Getreide, Obst, Gemüse, Kartoffeln, Eier, Fleisch
Zeiten: nach Vereinbarung — Verband: Bioland

91575 Windsbach — Hans Schwab — Suddersdorf 25
Tel. 09871/477
Getreide, Gemüse, Kartoffeln
Zeiten: nach Vereinbarung — Verband: Demeter

91578 Leutershausen — Christian Münich — Büchelberg 1
Tel. 09823/261
Getreide, Fleisch
Zeiten: nach tel. Vereinb. — Verband: Naturland

91578 Leutershausen — Wilfried Ballheim — Rammersdorfer Straße 3
Tel. 09823/91100
Karpfen, Schleien, Hechte, Getreide
Zeiten: Mo-Fr 7.30-18, Sa 8.30-13 — Verband: Bioland

91589 Aurach — Markus und Ulrich Bornebusch — Gut Wahrberg
Tel. 09804/424
Säfte, Getreide
Zeiten: nach Vereinbarung — Verband: Bioland

91595 Burgoberbach — Bernd Scholl, Renate Buchhorn — Sommersdorf 22
Tel. 09805/1722
Obst, Gemüse, Kartoffeln, Eier
Zeiten: Fr 15-18.30 — Verband: Bioland

91616 Neusitz — Erich Küstner — Im Dorf Nr. 1
Tel. 09861/1375
Brot, Getreide, Gemüse, Kartoffeln, Milch, Eier, Geflügel, Fleisch
Zeiten: nach Vereinbarung — Verband: Bioland

91617 Oberdachstetten — Georg und Gabriele Hörber — Hauptstr. 3
Tel. 09845/702
Brot, Getreide, Kartoffeln, Milch, Eier, Fleisch
Zeiten: nach tel. Vereinb. — Verband: Naturland

91619 Obernzenn — Wolfgang Baumann — Egenhausen 54
Tel. 09844/1274
Brot, Getreide, Obst, Gemüse, Kartoffeln, Fleisch, Wurst
Zeiten: Sa 9-13 und nach Vereinbarung — Verband: Demeter

91619 Obernzenn — W. und G. Schneider — Egenhausen 72
Tel. 09844/639
Obst, Kartoffeln, Milch, Käse
Zeiten: nach Vereinbarung — Verband: Demeter

Einkaufen direkt beim Bio-Bauern

91628 Steinsfeld J. und M. Schammann Hartershofen 5
Tel. 09861/3945
Urlaub, Abokiste, Brot, Getreide, Obst, Gemüse, Kartoffeln, Milch, Käse, Eier, Fleisch, Wurst
Zeiten: Di 9-11, Do 16-19, Sa 9-11 Verband: Demeter

91629 Weihenzell Anneliese Schmidt Thurndorf 14
Tel. 09802/8434
Getreide, Kartoffeln, Fleisch
Zeiten: nach Vereinbarung Verband: Bioland

91631 Wettringen Helmut und Renate Korder Reichenbach 3
Tel. 09869/565
Getreide, Kartoffeln, Milch
Zeiten: nach Vereinbarung Verband: Bioland

91632 Wieseth Hans und Erika Krömmüller Am Pflatterbach 7
Tel. 09822/5356
Brot, Wein, Saft, Getreide, Obst, Gemüse, Kartoffeln, Milch, Eier, Geflügel, Fleisch
Zeiten: Mo, Do 17-20, Sa 8-10 u. n. Vereinbarung Verband: Bioland

---

91635 Windelsbach Gerhard Barthel Linden 27
Tel. 09861/6470
Getreide, Kartoffeln, Milch, Käse
Zeiten: nach Vereinbarung Verband: Demeter

91635 Windelsbach Bruno Krahmer Burghausen 9
Tel. 09867/380
Brot, Getreide, Kartoffeln
Zeiten: nach Vereinbarung Verband: Bioland

91710 Gunzenhausen Hans Röttenbacher Eleonore v. Lentersheim-Str. 1
Tel. 09831/9417
Brot, Wein, Nudeln, Getreide, Kartoffeln, Milch, Eier, Fleisch
Zeiten: Mo-Fr 10-18, Sa 10-13 Verband: Bioland

91722 Arberg Hans Hartnagel Bergweg 12
Tel. 09822/1743
Lämmer, Getreide, Obst, Kartoffeln
Zeiten: nach Vereinbarung Verband: Bioland

91723 Dittenheim Ewald Lüdke Windsfeld 7
Tel. 09834/1375
Getreide, Kartoffeln
Zeiten: Mo-Fr 17-19 und nachVereinbarung Verband: Bioland

91740 Röckingen Siggi Meyer, Fuchshof Hauptstraße 5
Tel. 09832/7877
Getreide, Obst, Gemüse, Kartoffeln, Milch, Käse, Eier
Zeiten: Di 18-19, Sa 9-12 Verband: Demeter

91746 Weidenbach Walter Muser Nehdorf 12
Tel. 09805/353
Getreide, Gemüse, Kartoffeln
Zeiten: ganztägig Verband: Demeter

Einkaufen direkt beim Bio-Bauern

91746 Weidenbach Wilhelm Wellhöfer Dorfstr. 16
Tel. 09826/1463
Getreide, Kartoffeln, Milch, Eier, Geflügel
Zeiten: Tägl. 17.30-19.00 Uh Verband: Bioland

91746 Weidenbach Günter Zippel Birgit Raab Leidendorf 7
Tel. 09826/9671 ode
Getreide, Kartoffeln, Milch, Käse, Eier
Zeiten: Fr 13-16 und nach Vereinbarung Verband: Demeter

91757 Treuchtlingen Karl-Heinz Hartmann Auernheimer Straße 6
Tel. 09833/1678
Getreide, Obst, Kartoffeln, Milch, Käse
Zeiten: nach Vereinbarung Verband: Demeter

91757 Treuchtlingen Erich und Herbert Degen Schloßgut Möhren
Tel. 09142/2992
Brot, Gemüse, Kartoffeln, Milch, Fleisch, Wurst
Zeiten: täglich 7.30-8.30 und 17.30-18.30 Verband: Naturland

91801 Markt Berolzheim Familie Hörner Carl-Carben-Straße 2
Tel. 09146/315
Getreide, Obst, Gemüse, Kartoffeln, Fleisch, Wurst
Zeiten: nach Vereinbarung Verband: Demeter

92224 Amberg Lothar Dobmeier Bernricht 8
Tel. 09621/63723
Getreide, Kartoffeln, Milch, Eier
Zeiten: nach Vereinbarung Verband: Demeter

92237 Sulzbach Gerhard Übler Stifterslohe 3
Tel. 09661/6351
Brot, Getreide, Kartoffeln, Milch, Käse, Eier
Zeiten: Sa 8-13 und nach Vereinbarung Verband: Demeter

92242 Hirschau Ludwig Fischer Steiningloh 21
Tel. 09622/3884
Getreide, Eier, Fleisch, Wurst
Zeiten: nach Vereinbarung Verband: Demeter

92245 Kümmersbruck Franz Wiedenbauer Waidmannstraße 12
Tel. 09621/84290
Getreide, Kartoffeln
Zeiten: nach Vereinbarung Verband: Demeter

92245 Kümmersbruck Anton Schwanzl Waidmannstraße 2
Tel. 09621/81323
Milch, Käse, Fleisch, Wurst
Zeiten: nach Vereinbarung Verband: Demeter

92256 Hahnbach Werner Bäumler Max-Prechtl-Straße 7
Tel. 09664/559
Getreide, Gemüse, Kartoffeln, Eier, Fleisch
Zeiten: Sa 10-12 Verband: Bioland

Einkaufen direkt beim Bio-Bauern

92265 Edelsfeld   Harald Wohlfahrt   Weißenberg 1
Tel. 09665/8126
Gemüse, Käse
Zeiten: Mo-Fr 8.30-17, Sa 9-12   Verband: Naturland

92266 Ensdorf   Dr. Konrad Lautenschlager   Hauptstraße 24
Tel. 09624/2750
Schaffelle, Getreide, Obst, Gemüse, Kartoffeln, Fleisch, Wurst
Zeiten: Sa 8-12 und nach Vereinbarung   Verband: Naturland

92266 Ensdorf   Georg Wein   Ziegelhütte 24
Tel. 09624/432
Getreide, Gemüse, Kartoffeln, Milch, Eier, Fleisch, Wurst
Zeiten: nach Vereinbarung   Verband: Naturland

92266 Ensdorf   Josef Rester   Rannahof 1
Tel. 09624/886, /29
Getreide, Gemüse, Milch, Eier, Fleisch, Wurst
Zeiten: nach Vereinbarung   Verband: Naturland

92271 Freihung   Peter Behncke   Freihungsand 6
Tel. 09646/1323
Angusrindfleisch, Fleisch
Zeiten: nach Vereinbarung   Verband: Bioland

92271 Freihung   Reinhard Urban   Flurstraße 15
Tel. 09646/1382
Getreide, Kartoffeln
Zeiten: nach Vereinbarung   Verband: Bioland

92275 Hirschbach   Hartmut Schramm   Unterklausen 12
Tel. 08665/1391
Gemüse, Kartoffeln, Geflügel, Fleisch
Zeiten: Di und Fr 15-18   Verband: Biokreis Ostbayern

92280 Kastl   Georg Plank   Hohenburger Straße 20 a
Tel. 09625/443
Brot, Lammfelle, Wolle, Getreide, Gemüse, Kartoffeln, Eier, Fleisch
Zeiten: nach Vereinbarung   Verband: Bioland

92280 Kastl   Lorenz Maag   Mühlhausener Straße 2
Tel. 09625/332
Getreide, Käse, Fleisch
Zeiten: nach Vereinbarung   Verband: Bioland

92280 Kastl   Karl Zollbrecht   Wolfersdorf 4
Tel. 09625/455
Getreide, Gemüse, Kartoffeln, Milch, Eier, Fleisch
Zeiten: nach Vereinbarung   Verband: Bioland

92284 Poppenricht   Günther und Annemarie Pirkl   Traßlberg 68
Tel. 09621/61097
Getreide, Gemüse, Kartoffeln, Milch, Käse, Eier
Zeiten: nach Vereinbarung   Verband: Demeter

Einkaufen direkt beim Bio-Bauern

92287 Schmidmühlen   Inge Otte   Oberadlhof
Tel. 09474/1447
Gemüse, Fleisch, Wurst
Zeiten: nach Vereinbarung   Verband: Naturland

92289 Ursensollen   Josef Lautenschlager   Heinzhof 3
Tel. 09628/661
Getreide, Gemüse, Kartoffeln, Fleisch
Zeiten: nach Vereinbarung   Verband: Bioland

92318 Neumarkt-Stauf   Bernhard Kopp   Staufer Hauptstraße 10
Tel. 09181/8220
Getreide, Gemüse, Kartoffeln, Milch, Eier
Zeiten: täglich 18-19   Verband: Bioland

92334 Berching   Edwin Nowack   Am Erlenbach 14
Tel. 08462/27255
Gemüse
Zeiten: nach Vereinbarung   Verband: Demeter

92342 Freystadt   Karl u. Marlies Seitz   Froschgasse 3
Tel. 09179/1429
auf Bestellung, Getreide
Zeiten: nach telef. Vereinb.   Verband: Bioland

92342 Freystadt   Gerhard Betz   Ohausen 11
Tel. 09179/1510
Kartoffeln, Käse
Zeiten: nach tel. Vereinbar.   Verband: Bioland

92345 Dietfurt   Ludwig Kastner   Hebersdorf 3
Tel. 08464/1603
Getreide, Kartoffeln
Zeiten: nach Vereinbarung   Verband: Bioland

92348 Berg   Hans Bogner   Unterwall 29
Tel. 09189/893
Getreide, Kartoffeln, Milch, Käse
Zeiten: Mo-Sa 17-18.30   Verband: Bioland

92355 Velburg   Friedrich Wienert, Maurer Hof   Dantersdorf 4
Tel. 09182/1662
Getreide, Gemüse, Kartoffeln, Milch, Käse, Fleisch, Wurst
Zeiten: nach Vereinbarung   Verband: Demeter

92355 Velburg   Karl und Hildegard Gruber GbR   Ollertshof 1
Tel. 09182/522
Fleisch
Zeiten: nach Vereinbarung   Verband: Bioland

92355 Velburg   Johann Gradl   Bernla 4
Tel. 09182/820
Getreide
Zeiten: nach Vereinbarung   Verband: Bioland

Einkaufen direkt beim Bio-Bauern

92358 Seubersdorf   Josef Dimler   Eichenhofen 21
Tel. 09497/1076
Getreide, Kartoffeln, Milch, Fleisch
Zeiten: nach Vereinbarung   Verband: Bioland

92358 Seubersdorf   Johann und Edeltraud Sedlmeier   Wirtsgasse 2
Tel. 09497/6243
Milch, Fleisch
Zeiten: nach tel. Vereinbar.   Verband: Bioland

92358 Seubersdorf   Klemens Schmalzl   Regensburger Straße 25
Tel. 09497/6134
Getreideprodukte, Brot, Getreide, Obst, Gemüse, Kartoffeln, Käse, Eier, Wurst
Zeiten: nach Vereinbarung   Verband: Naturland

92360 Mühlhausen   Micheal u. Babette Pfindel   Rocksdorf 10
Tel. 09185/1619
Getreide, Kartoffeln
Zeiten: nach Vereinbarung   Verband: Bioland

92360 Mühlhausen   Gerhard u. Renate Bachhofer   Hofen 15
Tel. 09185/336
Getreide, Kartoffeln
Zeiten: Fr+Sa 8-13   Verband: Bioland

92360 Mühlhausen   Leonhard Dauscher   Kirchgasse 1
Tel. 09185/394
Brot (am Freitag), Getreide
Zeiten: nach Vereinbarung   Verband: Bioland

92360 Mühlhausen   Georg Brunner   Körnersdorferstr. 10
Tel. 09185/1773
Kartoffeln, Milch
Zeiten: nach Vereinbarung   Verband: Bioland

92360 Mühlhausen   Hermann Heiselbetz   Ellmannsdorf 5
Tel. 09185/1020
Getreide, Gemüse, Kartoffeln, Milch, Käse
Zeiten: Di, Fr 17-19 und nach Vereinbarung   Verband: Bioland

---

92360 Mühlhausen   Willi & Christine Dauscher   Kerkhofen 13
Tel. 09185/5505
Brot, Getreide, Kartoffeln
Zeiten: Täglich ab 15 Uhr   Verband: Bioland

92360 Mühlhausen   Hans Emmerling   Kerkhofen 22
Tel. 09185/1855
Getreide, Obst, Gemüse, Kartoffeln, Milch, Eier, Fleisch
Zeiten: nach Vereinbarung   Verband: Bioland

92360 Mühlhausen   Irmgard und Reiner Kostka   Bachhausen 17
Tel. 09185/1271
Brot, Saft, Getreide, Obst, Gemüse, Kartoffeln, Eier, Geflügel
Zeiten: nach Vereinbarung   Verband: Bioland

Einkaufen direkt beim Bio-Bauern

92360 Mühlhausen   Roland Horvath   Ellmannsdorf 4
Tel. 09185/5322
saisonales Öko-Sortiment, Gemüse
Zeiten: nach Vereinbarung   Verband: Bioland

92363 Breitenbrunn   Willi Staudigl   Haarbergweg 7
Tel. 09495/858
Ochsenfleisch, Getreide, Obst, Gemüse, Kartoffeln, Fleisch, Wurst
Zeiten: nach Vereinbarung   Verband: Demeter

92363 Breitenbrunn   Sebastian Altenthan jr.   Aumühle 1
Tel. 09495/342
Perlhühnereier, Enteneier, Getreide, Kartoffeln, Milch, Eier, Geflügel, Fleisch
Zeiten: nach Vereinbarung   Verband: Bioland

92364 Deining   Josef Dinfelder   Artzhofener Straße 3
Tel. 09184/430
Getreide
Zeiten: nach Vereinbarung   Verband: Bioland

92367 Pilsach   Dirk und Margret Lücke, Ziegenkäserei   Laaber Hirtenweg 2
Tel. 09186/309
Ziegenkäse, Milch, Käse
Zeiten: nach Vereinbarung   Verband: Demeter

92367 Pilsach   Josef Bösl   Laaber 35
Tel. 09186/281
Getreide
Zeiten: nach Vereinbarung   Verband: Bioland

92367 Pilsach-Laaber   Josef und Maria Märtl   Dorfstraße 12
Tel. 09186/454
Naturkostsortiment, Brot, Saft, Wein, Ziegenkäse, Getreide, Obst, Gemüse, Kartoffeln, Käse
Zeiten: Mo+Fr 16-18.30, Mi+Sa 9-12, Do 16-19   Verband: Bioland

---

92367 Pilsach   Konrad Samberger   Schneemühle 1
Tel. 09186/320
Forellen, Wild, Saft, Apfelmost, Honig, Getreide, Obst, Gemüse, Fleisch, Wurst
Zeiten: Mo-Sa 9-17   Verband: Naturland

92431 Neunburg   Theo Fleischmann   Stetten 2
Tel. 09672/3361
Getreide, Obst, Gemüse, Kartoffeln, Eier, Fleisch, Wurst
Zeiten: nach Vereinbarung   Verband: Demeter

92431 Fuhrn   Robert Maier   Haus Nr. 10
Tel. 09439/416
Getreide, Kartoffeln, Fleisch
Zeiten: nach Vereinbarung   Verband: Bioland

92431 Neuburg   Alois und Beate Becher   Meißenberg 6
Tel. 09465/749
Getreide, Milch, Fleisch
Zeiten: nach Vereinbarung   Verband: Bioland

Einkaufen direkt beim Bio-Bauern

92444 Rötz Tel. 09676/425 Getreide, Kartoffeln Zeiten: nach tel. Vereinbar.	Johann Schöberl	Pillmersried 3 Verband: Bioland
92444 Rötz Tel. 09976/444 Getreide, Obst, Kartoffeln, Milch, Eier, Fleisch Zeiten: nach Vereinbarung	Willi und Angela Bauer	Bernried 33 Verband: Bioland
92507 Nabburg Tel. 09433/6113 Fleisch Zeiten: nach Vereinbarung	Hans Mauthner	Neusath Nr. 35 Verband: Bioland
92526 Oberviechtach Tel. 09671/2904 Brot, Kaffee, Nudeln, Gewürze, Bier, Saft, Wein, Getreide, Obst, Gemüse, Kartoffeln, Milch, Fleisch Zeiten: Fr 13-18, Sa 9-12 und nach Vereinbarung	Hans Roßmann	Teunzer Str. 25 Verband: Bioland
92545 Niedermurach Tel. 09671/2498 Getreide, Gemüse, Kartoffeln, Milch, Fleisch, Wurst Zeiten: Fr nachm., Sa vorm.	Josef Kiener	Rottendorf 22 Verband: Naturland
92554 Thanstein Tel. 09676/455 Getreide, Fleisch Zeiten: nach Vereinbarung	Erhard Ferstl	Hebersdorf 11 Verband: Bioland
92559 Winklarn Tel. 09676/310 Kartoffeln, Fleisch Zeiten: nach Vereinbarung	Georg Spachtholz	Scheibenhaus Verband: Bioland
92637 Theisseil Tel. 0961/35904 Brot, Wein, Saft, Käse (Kuh), Getreide, Obst, Gemüse, Kartoffeln, Milch, Käse, Eier, Geflügel, Fleisch Zeiten: Mo, Mi, Fr 18-19	Matthias und Uschi Lukas	 Verband: Bioland
92648 Vohenstrauß Tel. 09602/4242 Getreide Zeiten: nach Vereinbarung	Hans Eckl	Thomasbühlstraße 40 Verband: Bioland
92665 Kirchendemenreuth Tel. 09602/63159 Kartoffeln, Milch, Käse, Fleisch Zeiten: Fr 18-19 und nach Vereinbarung	Karl Hauer	Obersdorf 11 Verband: Bioland
92676 Speinshart Tel. 09645/1216 Kartoffeln Zeiten: Mo-Fr ab 17, Sa ganztags	Rita Roder	Seitenthal 6 Verband: Bioland

Einkaufen direkt beim Bio-Bauern

92676 Speinshart   Hans Mayer   Klosterhof 11
Tel. 09645/1037
Eier, Fleisch
Zeiten: nach Vereinbarung   Verband: Bioland

92690 Pressath   Hans Köferl   Ziegelhütte 4
Tel. 09644/6264
Tee, Wein, Saft, Kaffee, Naturkosmetik, Getreide, Obst, Gemüse, Kartoffeln, Milch, Käse, Eier, Fleisch
Zeiten: Mi 9-12, Fr 16-18.30   Verband: Bioland

92690 Pressath   Josef König   Winterleitenstraße 5
Tel. 09644/91268
frische Kräuter, Obst, Gemüse, Kartoffeln
Zeiten: nach Vereinbarung   Verband: Demeter

92709 Moosbach   Fritz Steinhilber   Uchamühle 1
Tel. 09656/520
Abo-Kisten, Obst, Gemüse, Kartoffeln
Zeiten: Di, Fr 18-20   Verband: Bioland

92714 Pleystein   Josef Wittmann   Finkenhammer
Tel. 09654/267
Brot, Getreide, Kartoffeln, Käse, Eier, Fleisch
Zeiten: täglich 16.30-18.30   Verband: Bioland

92715 Püchersreuth   Johann Kahl   Botzersreuth 2
Tel. 09602/2585
Saft, Getreide, Obst, Gemüse, Kartoffeln, Eier, Fleisch
Zeiten: nach Vereinbarung   Verband: Bioland

92715 Püchersreuth   Johann Kriechenbauer   Rotzendorf 4
Tel. 09602/91316
Getreide, Kartoffeln, Eier, Fleisch
Zeiten: nach Vereinbarung   Verband: Bioland

93053 Regensburg   Michael und Maria Biersack   Brunnstraße 31
Tel. 0941/92608
Wein, Saft, Biere, Getreide, Obst, Gemüse, Kartoffeln, Milch, Käse, Eier, Fleisch
Zeiten: Mo, Mi, Fr 16-18, Sa 8-12   Verband: Bioland

93057 Regensburg   Eduard Klankermeier jun.   Gallingkofen 6
Tel. 0941/62673
Getreide, Fleisch
Zeiten: nach Vereinbarung   Verband: Bioland

93080 Pentling   Agnes und Franz Menzl   Hölkering 5
Tel. 0941/93190
Getreide, Gemüse, Kartoffeln, Eier, Fleisch
Zeiten: nach Vereinbarung   Verband: Bioland

93086 Wörth   Johann Groß   Oberachdorfstraße 26
Tel. 09482/90095
Getreide, Kartoffeln
Zeiten: nach Vereinbarung   Verband: Bioland

Einkaufen direkt beim Bio-Bauern

93089 Aufhausen   Josef und Ingeborg Vest   Irnkofen 7
Tel. 09454/688
Getreide, Gemüse, Kartoffeln, Eier
Zeiten: nach Vereinbarung   Verband: Bioland

93102 Pfatter   Peer und Anneliese Winkler, Gärtnerei   Gmünd 47
Tel. 09841/638
Wein, Saft, Lieferservice, Getreide, Obst, Gemüse, Kartoffeln
Zeiten: Di + Fr 16-18   Verband: Bioland

93109 Wiesent   Emil Forster Straubinger Werkstätten   Hermannsberg
Tel. 09482/2225
Damwild, Gemüse, Kartoffeln, Eier, Fleisch
Zeiten: nach Vereinbarung   Verband: Bioland

93149 Nittenau   Anita Doll, Haflingerhof   Harthöfl 1
Tel. 09436/8888
Urlaub, Brot, Getreide, Kartoffeln, Eier, Geflügel, Fleisch, Wurst
Zeiten: Mi, Sa vorm.   Verband: Demeter

93155 Hemau   Gerhard Preuschl   Schacha 13
Tel. 09491/3191
Brot, Wein, Schaf- u. Ziegenkäse, Getreide, Obst, Gemüse, Kartoffeln, Milch, Eier, Geflügel, Fleisch
Zeiten: Do 15-19, Sa 10-13 und nach Vereinbarung   Verband: Bioland

93155 Hemau   Hans Mirbeth   Höfen 1
Tel. 09491/590
Brot, Wein, Saft, Naturkostsortiment, Getreide, Obst, Gemüse, Kartoffeln, Eier, Geflügel
Zeiten: Do 10-20, Fr 15-18, Sa 9-12   Verband: Bioland

93155 Hemau   Franz Klügl   Müngenhofen 1
Tel. 09495/1220
Fleisch
Zeiten: nach Vereinbarung   Verband: Bioland

93170 Hauzendorf   Detlef Kreuzer   Schloßgut 1
Tel. 09463/262
Getreide, Kartoffeln, Eier, Fleisch
Zeiten: Sa 8-12.30   Verband: Bioland

93176 Beratzhausen   Willy Schmid   Hardt 19
Tel. 09493/2569
Getreide, Obst, Gemüse, Milch, Eier
Zeiten: nach Vereinbarung   Verband: Naturland

93179 Brennberg   Josef Fürnstein   Falkenlehen 1
Tel. 09484/729
Honig, Sonnenblumenöl, Reis, Wein, Getreide, Kartoffeln, Eier, Fleisch
Zeiten: nach Vereinbarung   Verband: Bioland

93183 Kallmünz   Siegfried Adam   Wiedenhof 1
Tel. 09473/265
Getreideflocken, Getreide, Kartoffeln, Fleisch
Zeiten: Mo-Sa 10-18   Verband: Bioland

Einkaufen direkt beim Bio-Bauern

93183 Kallmünz Tel. 09473/448 Obst, Gemüse, Eier Zeiten: nach Vereinbarung	Monika Rothgänger	Schreiberthal 1 Verband: Bioland
93183 Kallmünz Tel. 09473/619 Honig, Getreide, Kartoffeln, Milch, Eier Zeiten: nach Vereinbarung	Anton Schmidmeier	Traidenlohe 5 Verband: Bioland
93183 Holzheim Tel. 09473/738 Saft, Wein, Getreide, Obst, Gemüse, Kartoffeln, Eier, Fleisch Zeiten: Fr 13-18, Sa 9-14 und nach Vereinbarung	Johann und Frieda Stubenvoll	Bubach am Forst 1 Verband: Bioland
93199 Zell Tel. 09468/1287 Getreide, Kartoffeln, Milch Zeiten: nach Vereinbarung	Michael Fuchs	Starzenbach 2 Verband: Bioland
93309 Kelheim Tel. 09441/7706 Saft, Wein, Kaffee, Tee, Getreide, Obst, Gemüse, Kartoffeln, Fleisch Zeiten: nach Vereinbarung	Franz und Agnes Aunkofer	Herrnsaaler Ring 27 Verband: Bioland
93309 Kelheim Tel. 09441/10126 Getreide, Obst, Fleisch Zeiten: nach Vereinbarung	Josef Engl	Hausweg 46 Verband: Bioland
93309 Kelheim-Kapfelberg Tel. 09405/1492 Spargel, Obst, Gemüse Zeiten: nach Vereinbarung	Josef Keil	Marienplatz 1 Verband: Bioland
93333 Neustadt Tel. 09445/8404 Wein, Saft, Bier, Nüsse, Nudeln, Marmelade, Getreide, Obst, Gemüse, Kartoffeln, Fleisch, Wurst Zeiten: Fr 9-12, 13-18 und nach Vereinbarung	Hannes und Karin Eichinger	Kelheimer Straße 50 Verband: Bioland
93336 Laimerstadt Tel. 09446/1295 Getreide, Gemüse, Fleisch, Wurst Zeiten: nach Vereinbarung	Georg Gruber	Hauptstraße 12 Verband: Naturland
93339 Riedenburg-Baiersdorf Talstraße 4 Tel. 09442/1791 Getreide, Eier Zeiten: nach Vereinbarung		Ludwig Schmid Verband: Bioland
93345 Herrnwahlthann Tel. 09448/260 Bier, Wein, Getreide, Gemüse, Kartoffeln Zeiten: Fr 13-17	Agnes Miller	Dorfstraße 11 Verband: Bioland

Einkaufen direkt beim Bio-Bauern

93352 Rohr — Georg Prantl — Ursbach 2
Tel. 08783/729
Getreide, Obst, Gemüse, Fleisch
Zeiten: nach Vereinbarung — Verband: Bioland

93352 Rohr — Helmut Winter — Höfel 55
Tel. 08783/488
Naturkost, Brot, Schafskäse, Getreide, Obst, Gemüse, Kartoffeln, Milch, Käse, Eier, Fleisch
Zeiten: nach Vereinbarung — Verband: Bioland

93354 Siegenburg — Ulrich Forsthofer — Landshuter Straße 18
Tel. 09444/1404
Getreide, Gemüse, Kartoffeln, Milch, Fleisch, Wurst
Zeiten: Fr 13-19, Sa 7-11, Milch tägl. 7-9,18-19 — Verband: Naturland

---

93356 Teugn — Oswald Kaufmann — Saalhaupter Straße 1
Tel. 09405/4190
Kartoffeln, Eier
Zeiten: nach Verinbarung — Verband: Bioland

93426 Roding — Michael Simml — Kalsing 7
Tel. 09467/1245
Brot, Getreide, Obst, Kartoffeln, Milch, Fleisch
Zeiten: täglich 7-9, ab 17 und nach Vereinbarung — Verband: Bioland

---

93449 Geigant — Josef Wagner — Sinzendorf 1
Tel. 09975/371
Milch, Käse, Fleisch, Wurst
Zeiten: nach Vereinbarung — Verband: Demeter

93449 Geigant — Johann Wutz, Walznhof — Sinzendorf 5
Tel. 09975/217
Urlaub, Fleisch, Wurst
Zeiten: nach Vereinbarung — Verband: Demeter

93453 Rittstieg — Karl Altmann — Schwedenweg 1
Tel. 09947/1032
Honig, Getreide, Gemüse, Kartoffeln, Milch, Eier, Fleisch
Zeiten: nach Vereinbarung — Verband: Biokreis Ostbayern

93453 Hinterbuchberg — Alfons Weiß — Haselbachweg 14
Tel. 09947/359
Getreide, Gemüse, Fleisch, Wurst
Zeiten: nach Vereinbarung — Verband: Naturland

93468 Miltach — Franz Martin — Schloßgasse 2
Tel. 09944/2448
Brot, Getreide, Kartoffeln, Fleisch
Zeiten: nach Vereinbarung — Verband: Bioland

93471 Arnbruck — Johann Schaffer — Thalersdorf 27
Tel. 09945/607
Naturkost, Brot, Ziegenkäse, Wein, Saft, Getreide, Obst, Gemüse, Kartoffeln, Käse, Fleisch
Zeiten: Do 15-20, Fr 8-18, Sa 8-12 — Verband: Bioland

Einkaufen direkt beim Bio-Bauern

93480 Hohenwarth   Josef Schmid, Laumerhof   Kötztinger Straße 2
Tel. 09946/344
Brot, Getreide, Kartoffeln, Milch, Käse, Eier, Fleisch, Wurst
Zeiten: nach Vereinbarung   Verband: Demeter

93491 Stamsried   Christian Laußer   Unterdeschenried 1
Tel. 09466/332
Saft, Wein, Brot, Nudeln, Flocken, Getreide, Obst, Gemüse, Kartoffeln, Eier, Geflügel
Zeiten: Fr 14-18 und nach Vereinbarung   Verband: Demeter

94060 Pocking   Alois Gerauer   Oberindling 48
Tel. 08531/8594
Trockensortiment, Obst, Kartoffeln, Fleisch, Wurst
Zeiten: nach Vereinbarung   Verband: Biokreis Ostbayern

94060 Pocking   Johann Schiefereder   Haar 6
Tel. 08538/1087
Brot, Apfelsaft, Most, Schnaps, Getreide, Obst, Gemüse, Kartoffeln, Käse, Eier, Geflügel, Fleisch
Zeiten: Do ab 17, Fr+Sa ab 13, Lieferservice   Verband: Biokreis Ostbayern

---

94065 Waldkirchen   Christoph Kornexel   Böhmzwiesel 26
Tel. 08581/2446
Getreide
Zeiten: nach Vereinbarung   Verband: Biokreis Ostbayern

94072 Bad Füssing   Franz Kollmayer   Auenstraße 15
Tel. 08531/29820
Naturkostsortiment, Getreide, Obst, Gemüse, Kartoffeln, Milch, Fleisch
Zeiten: Mo-Fr 17-18.30, Sa 9-12.30   Verband: Biokreis Ostbayern

---

94072 Aigen   Max Strangmüller   Geigen 1
Tel. 08537/392
Getreide, Kartoffeln, Milch, Eier, Geflügel
Zeiten: nach Vereinbarung, Lieferservice   Verband: Biokreis Ostbayern

---

94081 Fürstenzell   Thomas Fischer   Wallmer 48
Tel. 08502/1085
Brot, Schafmilchprodukte, Getreide, Kartoffeln, Milch, Käse, Eier, Fleisch, Wurst
Zeiten: Fr   Verband: Demeter

94086 Griesbach   Josef Hofbauer   Niedermühle 2
Tel. 08532/2552, Fa
Naturkostsortiment, Getreide, Fleisch
Zeiten: Fr 14-18.30, Sa 9-12   Verband: Biokreis Ostbayern

94094 Rotthalmünster   Niko Gottschaller   Gottschall 1
Tel. 08533/2760
Naturkostsortiment, Backwaren, Getreide, Geflügel
Zeiten: nach Vereinbarung   Verband: Biokreis Ostbayern

94094 Malching   Markus und Nana Heck   Beham
Tel. 08573/91180
Erdbeeren zum Selberpflücken, Wein, Saft, Getreide, Obst, Gemüse, Kartoffeln, Eier, Fleisch
Zeiten: nach Vereinbarung   Verband: Biokreis Ostbayern

Einkaufen direkt beim Bio-Bauern

94107 Untergriesbach   Roland Kronawitter   Kronawitten 1
Tel. 08593/8185
Baby-beef, Getreide, Fleisch
Zeiten: nach Vereinbarung   Verband: Biokreis Ostbayern

94110 Wegscheid   Steffen Jacobs, Bergwinklhof   Monigottsöd 4
Tel. 08592/606 oder
Schaf-und Ziegenmilch, Trockensortiment, Urlaub, Kartoffeln, Milch, Käse, Eier, Fleisch, Wurst
Zeiten: nach Vereinbarung   Verband: Demeter

94110 Wegscheid   Ulrich Reischl   Puffermühle 1
Tel. 05892/1507
Kartoffeln, Milch, Geflügel, Fleisch
Zeiten: nach Vereinbarung   Verband: Biokreis Ostbayern

94113 Tiefenbach   Franz Dankesreiter   Unterkogl 2
Tel. 08509/1302
Getreide, Kartoffeln, Milch, Käse, Fleisch, Wurst
Zeiten: morgens und abends und nach Vereinbarung   Verband: Biokreis Ostbayern

---

94113 Tiefenbach   Herbert Löw   Unterjacking 18
Tel. 0851/70693
Lammfleisch, Schafsalami, Getreide, Obst, Kartoffeln, Eier, Geflügel, Fleisch, Wurst
Zeiten: nach Vereinbarung   Verband: Biokreis Ostbayern

94121 Salzweg   Gottfried Sammer   Willhartsberg 10
Tel. 08501/1287
Getreide, Obst, Gemüse, Kartoffeln, Milch, Käse, Fleisch, Wurst
Zeiten: Sa 9-12 und nach Vereinbarung   Verband: Biokreis Ostbayern

---

94121 Salzweg   Maximilian Küblbeck   Atzmannsdorf 5
Tel. 08505/3521
Getreide, Gemüse, Kartoffeln, Milch, Käse, Eier
Zeiten: nach Vereinbarung   Verband: Biokreis Ostbayern

94140 Ering   Franz Grundl   Haidvolk 2
Tel. 08573/1283
Fleisch
Zeiten: nach Vereinbarung   Verband: Biokreis Ostbayern

94146 Hinterschmiding   Karl Preißler   Schmidinger Straße 13
Tel. 08551/4603
Gemüse, Kartoffeln, Milch, Eier, Fleisch
Zeiten: Mo-Fr 10-17   Verband: Biokreis Ostbayern

94149 Kößlarn   Alfons Espenberger   Neuwimm 4
Tel. 08533/2985, Fa
Saft, Getreide, Käse, Fleisch
Zeiten: nach Vereinbarung   Verband: Biokreis Ostbayern

94149 Kößlarn   Franz Scheiblhuber   Vormholz 1
Tel. 08536/338
Getreide, Eier, Fleisch
Zeiten: nach Vereinbarung   Verband: Biokreis Ostbayern

94155 Gaishofen　　　Klaus Wagner　　　　　　　　　Fischerstraße 13
Tel. 08546/397
Obst, Milch, Fleisch
Zeiten: nach Vereinbarung　　　　　　　　　　　　　Verband: Biokreis Ostbayern

94155 Otterskirchen　　Susanne Kapfhammer　　　　Baderstraße 12
Tel. 08546/449
Getreide, Kartoffeln, Milch
Zeiten: 7-8.30, 17-18　　　　　　　　　　　　　　　Verband: Biokreis Ostbayern

94160 Ringelai　　　Karl Baumgartner　　　　　　　Eckersreut 12
Tel. 08555/8516
Dinkel, Getreide
Zeiten: nach Vereinbarung　　　　　　　　　　　　　Verband: Biokreis Ostbayern

94169 Thurmannsbang　　Barbara Schedlbauer　　　　Altfaltern 6
Tel. 08544/1310
Baby-beef, Wurst
Zeiten: nach Vereinbarung　　　　　　　　　　　　　Verband: Biokreis Ostbayern

94209 Regen　　　Konrad Weinberger　　　　　　　　Wickersdorf 1
Tel. 09921/7541
Getreide, Gemüse, Kartoffeln, Milch, Käse, Eier, Fleisch
Zeiten: nach Vereinbarung　　　　　　　　　　　　　Verband: Biokreis Ostbayern

94234 Viechtach　　Siegfried Kufner　　　　　　　　Penzgasse 10
Tel. 09942/3221
Fleisch
Zeiten: nach Vereinbarung　　　　　　　　　　　　　Verband: Biokreis Ostbayern

94259 Kirchberg　　Martin Dautel-Weiß　　　　　　　Voglmühle 1
Tel. 09927/1808
Käse, Eier, Geflügel, Fleisch
Zeiten: nach Vereinbarung　　　　　　　　　　　　　Verband: Biokreis Ostbayern

94262 Kollnburg　　Josef Fischl　　　　　　　　　　Dörfl 3
Tel. 09942/8358
Fleisch
Zeiten: nach Vereinbarung　　　　　　　　　　　　　Verband: Biokreis Ostbayern

94267 Prackenbach　　Martin Baumann　　　　　　　Mitterdorf 1
Tel. 09942/2171
Rindfleisch, Fleisch
Zeiten: nach Vereinbarung　　　　　　　　　　　　　Verband: Biokreis Ostbayern

94315 Straubing　　Jugend und Arbeit e.V.　　　　Donaugasse 4
Tel. 09421/81822, F
Nudeln, Honig, Stauden, Getreide, Obst, Gemüse
Zeiten: Mo-Fr 9-17　　　　　　　　　　　　　　　　Verband: Biokreis Ostbayern

94327 Bogen　　　Fritz Brunner　　　　　　　　　　Sandhof 1
Tel. 09422/2128
Getreide, Fleisch
Zeiten: nach Vereinbarung　　　　　　　　　　　　　Verband: Bioland

Einkaufen direkt beim Bio-Bauern

94333 Geiselhöring Hans Reichl Weingarten 2
Tel. 09423/479
Ziegenprodukte, Brot, Getreide, Obst, Gemüse, Kartoffeln, Milch, Käse, Eier, Fleisch, Wurst
Zeiten: Mo-Fr 8-19, Sa 9-12 Verband: Demeter

94333 Geiselhöring Paul Biendl Freyer Str. 15
Tel. 09423/2596
Getreide
Zeiten: nach tel. Vereinb. Verband: Bioland

94336 Hunderdorf-Steindorf Wolfgang Diewald Oed 2
Tel. 09961/6198
Getreide, Kartoffeln
Zeiten: nach Vereinbarung Verband: Bioland

94339 Leiblfing Alfred und Angela Blohberger Geiselhöringer Straße 11
Tel. 09427/1407
Apfel- und Birnenmost, Getreide, Obst, Fleisch, Wurst
Zeiten: nach Vereinbarung Verband: Demeter

94344 Wiesenfelden Norbert Schott Utzenzeller Straße 13
Tel. 09966/470
Wein, Saft, Bier, Getreide, Gemüse, Kartoffeln, Milch, Käse, Eier, Fleisch
Zeiten: Fr 14-17 Verband: Bioland

94344 Wiesenfelden Günther Worel Schwemm 4
Tel. 09966/642
auf Bestellung, Fleisch
Zeiten: nach telef. Vereinb. Verband: Bioland

94350 Falkenfels Hans-Peter Reiter Hirschberg 16
Tel. 09966/1375
Felle, Rohwolle, Milchlämmer, Fleisch
Zeiten: nach Vereinbarung Verband: Bioland

94354 Haselbach Anton und Katrin Fleischmann Oberwiesing 180
Tel. 09961/7805
Milch, Käse, Eier, Fleisch
Zeiten: nach Vereinbarung Verband: Bioland

94356 Kirchroth Johann Gold Straubinger Straße 54
Tel. 09428/658
Getreide, Gemüse, Kartoffeln
Zeiten: Fr 13-18 Verband: Bioland

94357 Konzell Achim und Susannne Schütz Röhrmühle 1
Tel. 09963/2485
Naturkost, Schafs- und Ziegenkäse, Fleisch
Zeiten: Fr 16-18 Verband: Bioland

94360 Mitterfels Bernhard Gutknecht Hagenberg 1
Tel. 09961/6736
Getreide, Gemüse, Kartoffeln, Eier
Zeiten: nach Vereinbarung Verband: Naturland

Einkaufen direkt beim Bio-Bauern

94372 Rattiszell-Hüttenzell   Herbert Schöberl   Haus Nr. 5
Tel. 09964/442
Getreide, Obst
Zeiten: nach Vereinbarung   Verband: Bioland

94374 Schwarzach   Franz Wenninger   Mühlberg 7
Tel. 09962/1824
Getreide, Milch, Käse
Zeiten: nach Vereinbarung   Verband: Demeter

94375 Stallwang   Martin und Martina Wiethaler   Kammersdorf 3
Tel. 09964/9697
Brot, Saft, Lammfelle, Jungpflanzen, Getreide, Obst, Gemüse, Kartoffeln, Milch, Eier, Geflügel, Fleisch
Zeiten: Fr 13-18 und nach Vereinbarung   Verband: Bioland

94375 Stallwang   Johannes und Hedwig Herbert   Buchet 1
Tel. 09964/696
Fleisch
Zeiten: Nach tel. Vereinbar.   Verband: Bioland

94377 Steinach-Wolferszell   Josef Probst   Spitalweg 1
Tel. 09961/6944
Eier, Geflügel
Zeiten: nach Vereinbarung   Verband: Bioland

94379 St. Englmar   Johann Penzkofer   Münchszell 3
Tel. 09965/462
Obst, Kartoffeln, Milch, Fleisch
Zeiten: nach Vereinbarung, Lieferservice   Verband: Biokreis Ostbayern

---

94405 Landau   Xaver Steinhuber   Isidorweg 7
Tel. 09951/1209
Getreide, Gemüse, Kartoffeln
Zeiten: nach Vereinbarung   Verband: Bioland

94405 Landau   Rudolf Waas   Am Isarberg 24
Tel. 09951/1634
Wein, Saft, Getreide, Obst, Gemüse, Kartoffeln, Käse, Eier
Zeiten: Di, Do 16-18, Sa 8.30-12   Verband: Bioland

94428 Eichendorf   Josef Stockner   Enzerweis 23
Tel. 09952/658
Gemüse, Kartoffeln
Zeiten: Fr 14-18, Sa 8-13   Verband: Demeter

94428 Eichendorf   Stefan Jahrstorfer   Wochenweis 4
Tel. 09952/405
div. Speiseöle, Getreide
Zeiten: nach Vereinbarung   Verband: Bioland

94428 Eichendorf   Josef Wasmeier   Lappersdorf 10
Tel. 09956/243
Sonnenblumenöl, Getreide, Kartoffeln
Zeiten: nach Vereinbarung   Verband: Bioland

Einkaufen direkt beim Bio-Bauern

94428 Eichendorf — Hermann Brunner — Höfen 1
Tel. 09952/335
Getreide, Fleisch, Wurst
Zeiten: nach Vereinbarung
Verband: Demeter

94431 Pilsting — Michael Gehwolf — Würglberg 4
Tel. 09953/681
Wild, Obst, Gemüse, Kartoffeln
Zeiten: Fr 17-20, Sa 8-18
Verband: Naturland

94436 Simbach — Peter und Christin Aigner — Böckel 113
Tel. 09954/1425
Brot, Naturkostsortiment, Kräuterbutter, Dinkels pelzkissen, Getreide, Gemüse, Fleisch, Wurst
Zeiten: Do 17-19, Fr 9-12, 14-18, Sa 9-12
Verband: Naturland

94450 Forsthart — Heinrich Schütz — Kapellenstraße 25
Tel. 08547/7309
Apfelsaft, Getreide, Kartoffeln, Fleisch, Wurst
Zeiten: nach Vereinbarung
Verband: Biokreis Ostbayern

94474 Vilshofen — Alois Baumgartner — Algerting 11
Tel. 08541/8491
Wein, Getreide, Obst, Gemüse, Kartoffeln, Eier, Geflügel, Fleisch
Zeiten: nach Vereinbarung
Verband: Bioland

94491 Hengersberg — Sieghard Burkert — Schwanenkirchner Straße 35
Tel. 09901/7256
Brot, Saft, Schafskäse, Getreide, Obst, Gemüse, Kartoffeln, Käse, Eier, Fleisch
Zeiten: Di, Do 15-18
Verband: Bioland

94508 Schöllnach — Anton Zitzelsberger — Glashausen 1
Tel. 09903/323
Getreide, Gemüse, Kartoffeln, Milch, Fleisch, Wurst
Zeiten: nach Vereinbarung
Verband: Biokreis Ostbayern

94522 Wallersdorf — Xaver und Rosa Starzer — Wallersdorfer Moos 19
Tel. 09933/1992
Wein, Getreide, Obst, Gemüse, Kartoffeln, Eier, Fleisch
Zeiten: nach Vereinbarung
Verband: Bioland

94522 Wallersdorf — Matthias Schwab — Wallersdorfermoos 18
Tel. 09933/1509
Getreide, Kartoffeln
Zeiten: nach Vereinbarung
Verband: Bioland

94522 Wallersdorf — Josef Saxinger — Moos 6
Tel. 09933/1608
Sortiment erfragen
Zeiten: Mo-Sa ab 18
Verband: Naturland

94529 Ortenburg — Gudrun Eder — Oberdorf 32
Tel. 08542/2513
Jungpflanzen, Zierpflanzen, Schaffleisch, Gemüse, Fleisch, Wurst
Zeiten: Mo-Fr 8-18, Sa 8-13
Verband: Demeter

Einkaufen direkt beim Bio-Bauern

94539 Grafling Hubert Roth Hochfeld 1
Tel. 0991/26376
Brot, Gebäck, Getreide, Obst
Zeiten: nach Vereinbarung Verband: Biokreis Ostbayern

94541 Grattersdorf Josef Reitberger Falkenacker 1
Tel. 09904/227
Getreide, Fleisch
Zeiten: nach Vereinbarung Verband: Biokreis Ostbayern

94541 Grattersdorf Franz Filler Roggersing 7
Tel. 09903/1393
Baby-beef, Fleisch
Zeiten: nach Vereinbarung Verband: Biokreis Ostbayern

94542 Haarbach Dr. Erik Zimen Grillenöd
Tel. 08535/91030
Apfelsaft, Fleisch
Zeiten: nach Vereinbarung Verband: Biokreis Ostbayern

94544 Hofkirchen Elisabeth Schneider Gsteinöd 18
Tel. 08541/6185
Getreide, Obst, Gemüse, Kartoffeln, Eier
Zeiten: nach Vereinbarung Verband: Biokreis Ostbayern

94547 Iggensbach Heinrich Waller Wollmering 3
Tel. 09903/8442
Getreide, Eier, Fleisch, Wurst
Zeiten: nach Vereinbarung Verband: Biokreis Ostbayern

94548 Innernzell Fritz Trauner Mangelham 19
Tel. 09908/1276
Sonnenblumenöl, Abokiste, Brot, Getreide, Obst, Gemüse, Kartoffeln, Milch, Käse, Eier, Fleisch, Wurst
Zeiten: nach Vereinbarung Verband: Demeter

94550 Künzing Josef Miedl Thannberg 30
Tel. 05849/1338
Honig, Getreide, Geflügel
Zeiten: nach Vereinbarung Verband: Biokreis Ostbayern

94551 Lalling Max Feldmeier Zueding, Vorbergweg 17
Tel. 09904/920
Walnüsse, Obst, Gemüse
Zeiten: nach Vereinbarung Verband: Naturland

94557 Niederalteich Johann Haushofer Wiesenweg 10
Tel. 09901/1308
Trockensortiment, Öl, Lieferservice, Getreide, Gemüse, Kartoffeln, Käse
Zeiten: tägl. außer Mi 9-12, 14-18, Sa 9-12 Verband: Biokreis Ostbayern

---

94560 Offenberg Wilhelm Mittermeier Wolfstein 6
Tel. 09906/851
Nüsse, Obst, Gemüse, Geflügel, Fleisch
Zeiten: nach Vereinbarung Verband: Biokreis Ostbayern

Einkaufen direkt beim Bio-Bauern

94568 St. Oswald Tel. 08558/438 Fleisch Zeiten: nach Vereinbarung	Karl Gaisbauer	Haslach 70 Verband: Biokreis Ostbayern
95100 Selb Tel. 09287/1825 Getreide, Kartoffeln Zeiten: nach Vereinbarung	Hans Seidel	Längenau Nr. 15 Verband: Bioland
95100 Selb Tel. 09287/1677 Kartoffeln Zeiten: nach Vereinbarung	Herbert und Gerlinde Ponader	Steinselb 11 Verband: Bioland
95100 Selb Tel. 09287/4230 Kartoffeln, Fleisch Zeiten: nach Vereinbarung	Erich Reinel	Spielberg 45 Verband: Bioland
95100 Selb Tel. 09287/87342 Gemüse, Kartoffeln, Fleisch Zeiten: nach Vereinbarung	Karl und Hanni Kießling	Spielberg 67 Verband: Bioland
95100 Selb Tel. 09287/1424 Kartoffeln, Eier Zeiten: nach Vereinbarung	Adolf Stöhr	Spielberg 14 Verband: Bioland
95111 Rehau Tel. 09283/1598 Brot, Wein, Saft, Kuh- und Ziegenkäse, Getreide, Obst, Gemüse, Kartoffeln, Milch, Eier, Fleisch, Wurst Zeiten: Di und Sa 9-12, Do 18.30-20	Bernd Röder	Pilgramsreuth 20 Verband: Bioland
95111 Rehau Tel. 09283/1785 Fleisch Zeiten: nach Vereinbarung	Reinhard und Doris Köhler	Woja 1 Verband: Bioland
95119 Naila Tel. 09282/8251 Getreide, Kartoffeln, Milch, Eier, Fleisch Zeiten: nach Vereinbarung	Herbert Bayreuther	Modelsmühle Verband: Bioland
95138 Bad Steben Tel. 09288/7662 Mehl, Brot, Getreide, Gemüse, Kartoffeln, Fleisch, Wurst Zeiten: nach Vereinbarung	Hilmar Degel	Schleeknock 3 Verband: Demeter
95145 Oberkotzau Tel. 09286/6163 Brot, Getreide, Milch Zeiten: nach Vereinbarung	Dieter Rödel	An der Galgenleite 1 Verband: Bioland

Einkaufen direkt beim Bio-Bauern

95145 Oberkotzau Tel. 09286/6140 Getreide, Kartoffeln, Milch, Eier, Geflügel Zeiten: täglich 18-19	Helmut Schmidt	Wustuben 1 Verband: Bioland
95152 Selbitz Tel. 09280/1348 Getreide, Kartoffeln, Milch, Fleisch Zeiten: nach Vereinbarung	Gerhardt und Elisabeth Döhler	Weidesgrün 54 Verband: Bioland
95158 Kirchenlamitz Tel. 09285/6185 Gemüse, Kartoffeln, Eier Zeiten: nach Vereinbarung	Jürgen Schwarz	Hohenbuch 1 Verband: Bioland
95158 Kirchenlamitz Tel. 09285/6013 Getreide, Gemüse, Kartoffeln, Milch Zeiten: nach Vereinbarung	Ernst Wunderlich	Lamitzstraße 28 Verband: Bioland
95168 Marktleuthen Tel. 09285/1595 Getreide Zeiten: nach Vereinbarung	Friedrich Prell	Habnith 11 Verband: Bioland
95176 Konradsreuth Tel. 09292/6577 Obst Zeiten: Mo-Do 7-12, 13-16; Fr 7-12, 13-15	Lebenshilfe e.V., Gärtnerei	Martinsreuth 3 Verband: Demeter
95176 Konradsreuth Tel. 09292/1521 Getreide Zeiten: nach Vereinbarung	Helmut und Elfriede Knöchel	Martinsreuth 1 Verband: Bioland
95183 Feilitzsch/Münchenreuth Tel. 09295/703 Schweine- und Ziegenfleisch, Ziegenkäse, Gemüse, Kartoffeln Zeiten: nach Vereinbarung	Ulrich Hardt	Kupferbachweg 3 Verband: Naturland
95185 Gattendorf Tel. 09281/43311 Schafskäse, Kartoffeln Zeiten: Mo-Do ab 16 Uhr, Frab 14.30 Uhr	Erwin Meister	Oberhartmannsreuth 16 Verband: Bioland
95186 Höchstädt Tel. 09235/318 Getreide, Gemüse, Kartoffeln Zeiten: nach Vereinbarung	Wolfgang Sauerbrey	Braunersgrün 8 Verband: Bioland
95199 Thierstein Tel. 09235/6136 Gemüse, Kartoffeln, Eier Zeiten: nach Vereinbarung	Joachim und Anneliese Schörner	An der Kirche 15 Verband: Bioland

Einkaufen direkt beim Bio-Bauern

95213 Münchberg — Roland Hoffmann GdbR — Meierhof 3
Tel. 09251/5703
Getreide, Kartoffeln, Milch
Zeiten: nach tel. Vereinbar.

Verband: Bioland

95213 Münchberg — Gerhard Raithel — Laubersreuth 2
Tel. 09251/6985
Honig, Getreide, Gemüse, Kartoffeln, Eier, Fleisch
Zeiten: Do 14-20, Sa 9-12

Verband: Bioland

95213 Münchberg — Robert und Heidemarie Strößner — Laubersreuth 7
Tel. 09251/5845
Christbäume, Brennholz, Getreide, Kartoffeln, Milch
Zeiten: nach Vereinbarung

Verband: Bioland

95233 Helmbrechts — Alois Winkler — Einzigenhöfen 1
Tel. 09289/5102
Kartoffeln, Fleisch
Zeiten: jederzeit

Verband: Bioland

95233 Helmbrechts — Karlheinz Wirth — Baiergrün 59
Tel. 09252/5958
Fleisch
Zeiten: nach Vereinbarung

Verband: Bioland

95239 Zell — Hermann Böhm — Großlosnitz 29
Tel. 09257/1515
März-Mai: Freilandstiefmütterchen, Kartoffeln, Eier, Geflügel
Zeiten: nach Vereinbarung

Verband: Bioland

95326 Kulmbach — Heinrich Kern — Kirchleus 41
Tel. 09221/81285
Getreide
Zeiten: nach Vereinbarung

Verband: Bioland

95326 Kulmbach — Heinz Wagner — Eggersreuth 1
Tel. 09221/5190
Getreide, Kartoffeln, Milch
Zeiten: nach Vereinbarung

Verband: Bioland

95326 Kulmbach — Hermann Eichner — Katschenreuth 42
Tel. 09221/75556
Getreide, Fleisch, Wurst
Zeiten: nach Vereinbarung

Verband: Demeter

95336 Mainleus — Marianne van Putten-Geier — Veitlahm 11
Tel. 09229/7490
Brot, Urlaub, Getreide, Obst, Gemüse, Kartoffeln, Milch, Käse, Eier, Fleisch, Wurst
Zeiten: 8-18 außer Mi + Sa

Verband: Demeter

95336 Mainleus — Alwin Schneider, Patersberghof — Patersbergweg 7
Tel. 09229/1301
Brot, Nudeln, Flocken, Getreide, Gemüse, Kartoffeln, Milch, Käse, Fleisch, Wurst
Zeiten: nach Vereinbarung

Verband: Demeter

Einkaufen direkt beim Bio-Bauern

95336 Mainleus-Rothwind   Jürgen und Christine Öhrlein   Eichberger Straße 9
Tel. 09229/7197
Vollkornkuchen, Saft, Getreide, Gemüse, Kartoffeln
Zeiten: nach Vereinbarung   Verband: Bioland

95339 Neuenmarkt   Reinhold Grampp   Hegnabrunn 82
Tel. 09227/5545
Getreide, Milch
Zeiten: täglich 17-18   Verband: Bioland

95339 Neuenmarkt   Ulrich und Rosa Jurkat, Gut Oberlangenroth   Oberlangenroth 1
Tel. 09227/386
Obsthausbrände, Eierlikör, Getreide, Obst, Eier, Geflügel, Fleisch, Wurst
Zeiten: Mo-Sa 8-18, Fleischauf Vorbestellung   Verband: Demeter

---

95346 Stadtsteinach   Werner Groß   Unterzaubach 1
Tel. 09225/1201
Brit, Getreide, Gemüse, Kartoffeln, Fleisch
Zeiten: nach Vereinbarung   Verband: Bioland

95346 Stadtsteinach   Robert Sesselmann   Kleine Birken
Tel. 09223/1342
Käse (Kuh), Getreide, Kartoffeln, Milch, Käse, Fleisch
Zeiten: nach Vereinbarung   Verband: Bioland

95355 Presseck   Rainer Heinz   Reichenbacher Straße 15
Tel. 09222/475
Getreide, Kartoffeln, Milch
Zeiten: nach Vereinbarung   Verband: Bioland

95361 Ködnitz   Dietrich und Frank Eschenbacher   Tennach 3
Tel. 09221/5245
Brennholz, Bauholz mit Herkunftsnachweis, Leinöl, Getreide, Kartoffeln, Milch, Käse, Fleisch, Wurst
Zeiten: nach Vereinbarung   Verband: Demeter

95365 Rugendorf   Hermann Dippold   Kübelhof 2
Tel. 09223/1528
Kartoffeln, Fleisch
Zeiten: nach Vereinbarung   Verband: Bioland

95367 Trebgast   Werner und Annette Schleicher   Lindau 12
Tel. 09203/298
Wein, Saft, Getreide, Obst, Gemüse, Fleisch
Zeiten: nach Vereinbarung   Verband: Bioland

95463 Bindlach   Hans Küfner   Am Bahnhof 5
Tel. 09208/8081
Getreide, Milch, Käse, Fleisch
Zeiten: nach Vereinbarung   Verband: Bioland

95473 Creußen   Bernd Kroder   Neuhof 10
Tel. 09270/5971
Getreide, Kartoffeln, Milch, Käse, Eier
Zeiten: nach Vereinbarung   Verband: Bioland

Einkaufen direkt beim Bio-Bauern

95473 Creußen Tel. 09270/1791 Kartoffeln, Fleisch Zeiten: nach Vereinbarung	Hans Küffner	Wasserkraut 12 Verband: Bioland
95482 Gefrees Tel. 09273/7551 Sortiment erfragen Zeiten: nach Vereinbarung	Hermann Tröger	Ackermannshof 2 Verband: Naturland
95488 Eckersdorf Tel. 0921/30763 Erdbeeren, Obst, Kartoffeln, Milch Zeiten: nach Vereinbarung	Hans Erhard Keller	Kanzleistraße 12 Verband: Bioland
95491 Ahorntal Tel. 09202/869 Saft, Ziegenkäse, Getreide, Obst, Gemüse, Kartoffeln, Eier Zeiten: Mi 10-16, Sa 10-13	Ute Hofmann	Kirchahorn 5 Verband: Bioland
95491 Ahorntal Tel. 09279/1732 Gemüse, Milch, Fleisch, Wurst Zeiten: nach Vereinbarung	Baptist Hartmann	Körzendorf 10 Verband: Naturland
95503 Hummeltal Tel. 09201/826 Brot, Getreide, Obst, Gemüse, Kartoffeln, Eier Zeiten: Mo-Fr 17-19, Sa 9-13	Hans Schamel	Bärenreuth 12 Verband: Bioland
95509 Marktschorgast Tel. 09227/1627 Brot, Nudeln, Flocken, Getreide, Obst, Kartoffeln, Milch, Käse, Eier, Geflügel, Fleisch, Wurst Zeiten: Do 14-19, Sa 8-12	Martin Greim, Hof Thormühle	Gefreeser Straße 4 Verband: Demeter
95512 Neudrossenfeld Tel. 09203/68710 Milch, Fleisch Zeiten: nach Vereinbarung	Werner Küfner GdbR	Untergräfenthal 1 Verband: Bioland
95512 Neudrossenfeld Tel. 09203/851 Getreide, Kartoffeln, Eier Zeiten: nach Vereinbarung	Horst Linhardt und Andrea Hauffe	Ledergasse 5 Verband: Bioland
95517 Seybothenreuth Tel. 09209/823 Wein, Ziegenkäse, Kartoffeln, Fleisch Zeiten: Mo-Fr 8-18 Uhr, Sa 8-13	Robert Knöbel, Ziegenhof	Würnsreuth 10 Verband: Bioland
95519 Vorbach Tel. 09205/1257 Getreide, Kartoffeln, Milch, Eier Zeiten: nach Vereinbarung	Konrad Lehner	Schlammersdorf 6 Verband: Bioland

Einkaufen direkt beim Bio-Bauern

95519 Schlammersdorf Josef Nickl Naslitz 3
Tel. 09205/1483
Getreide, Kartoffeln, Milch
Zeiten: nach Vereinbarung Verband: Bioland

95643 Tirschenreuth Bernhard Schels St.-Peter-Straße 34
Tel. 09631/3671
Getreide, Gemüse
Zeiten: nach Vereinbarung Verband: Naturland

95659 Arzberg Irene Müller Egerstraße 87
Tel. 09233/9659
Getreide, Kartoffeln
Zeiten: nach Vereinbarung Verband: Bioland

95666 Mitterteich Martin Wohlrab, Münchsgrüner Hof Münchsgrün 11
Tel. 09633/1392
Brot, Urlaub, Getreide, Obst, Gemüse, Kartoffeln, Milch, Käse, Eier, Geflügel, Fleisch, Wurst
Zeiten: nach Vereinbarung Verband: Demeter

95666 Pleussen Andreas Rosner Im Dorf 12
Tel. 09633/1283
Kartoffeln
Zeiten: nach Vereinbarung Verband: Bioland

95676 Wiesau Sebastian Höcht Leugas 5
Tel. 09634/1500
Beet- und Balkonpflanzen, Jungpflanzen, Getreide, Obst, Gemüse, Kartoffeln, Eier
Zeiten: täglich, Winter 9-12+13-19, Sommer 16-20 Verband: Bioland

95680 Bad Alexandersbad Max Grillmeier Tiefenbach 15
Tel. 09231/82130
Eier, Geflügel
Zeiten: nach Vereinbarung Verband: Bioland

95695 Mähring Josef Freundl Großkonreuth 9
Tel. 09639/305
Saft, Bio-Bier, Brot, Getreide, Gemüse, Kartoffeln, Milch, Eier, Geflügel, Fleisch
Zeiten: täglich 8.30-22 Verband: Bioland

95695 Mähring Engelbert Hecht Griesbach 5
Tel. 09639/354
Fleisch
Zeiten: nach Vereinbarung Verband: Bioland

95695 Mähring Konrad Schmeller Poppenreuth 17
Tel. 09639/495
Kartoffeln, Milch, Käse
Zeiten: nach Vereinbarung Verband: Demeter

95698 Neualbenreuth Alois Kraus Rennermühle 2
Tel. 09638/222
Urlaub, Getreide, Kartoffeln
Zeiten: nach Vereinbarung Verband: Demeter

Einkaufen direkt beim Bio-Bauern

95707 Thiersheim Gerhard Lang Neuenreuth 20
Tel. 09233/8328
Getreide, Kartoffeln, Milch
Zeiten: nach Vereinbarung Verband: Bioland

95707 Thiersheim August Reihl Steinhaus 1
Tel. 09233/1633
Karpfen, Waldgaststätte, Gemüse, Kartoffeln
Zeiten: nach Vereinbarung Verband: Bioland

95707 Thiersheim Gerhard Kießling Altdürrlas 2
Tel. 09235/1239
Brot, Getreide, Kartoffeln
Zeiten: Fr ab 13 Verband: Bioland

95709 Tröstau Hans Tröger Vordorf 18
Tel. 09232/2946
Getreide, Gemüse, Kartoffeln, Fleisch
Zeiten: immer Verband: Bioland

95709 Tröstau Georg Zaus Alt Tröstau 9
Tel. 09232/7483
Getreide, Kartoffeln
Zeiten: nach Vereinbarung Verband: Bioland

95743 Haag Johann Lautner Freileithen 1
Tel. 09201/327
Schaffleisch, Brot, Getreide, Gemüse, Fleisch
Zeiten: nach Vereinbarung Verband: Bioland

96106 Ebern Lucia Kleinhenz Bramberg 19
Tel. 09534/538
Getreide, Gemüse, Eier
Zeiten: nach Vereinbarung Verband: Naturland

96129 Strullendorf Oskar Frank Schulgasse 1
Tel. 09543/5143
Getreide, Kartoffeln
Zeiten: Mo, Mi, Fr 14-16, Sa 8-12 Verband: Bioland

96138 Burgebrach Pankraz Eck Ampferbacher Hauptstra-
ße 37 Tel. 09546/1750
Brot, Getreide, Obst, Kartoffeln, Milch, Käse, Eier, Fleisch
Zeiten: nach Vereinbarung Verband: Bioland

96142 Hollfeld Ernst Görl Weiher 10
Tel. 09274/1227
Getreide, Gemüse, Kartoffeln, Fleisch
Zeiten: nach Vereinbarung Verband: Bioland

96142 Hollfeld Kunigunde und Roland Friedrich Stechendorf 26
Tel. 09274/1325
Honig, Getreide, Obst, Gemüse, Kartoffeln, Eier
Zeiten: nach Vereinbarung Verband: Bioland

Einkaufen direkt beim Bio-Bauern

96145 Seßlach Karl Schlottermüller Heldburger Straße 4
Tel. 09567/1525
Brot, Wein, Saft, Tee, Gewürze, Bier, Getreide, Obst, Gemüse, Kartoffeln, Käse, Fleisch
Zeiten: Mo-Do 16-18, Fr 8-18, Sa 8-13 Verband: Bioland

96145 Seßlach Herbert Klostermann Oberer Lachenweg 3
Tel. 09567/728
Getreide, Kartoffeln, Milch, Eier
Zeiten: nach Vereinbarung Verband: Bioland

96145 Seßlach Albert Sebald Luitpoldstraße 20
Tel. 09569/595
Schweinehälften, Getreide, Kartoffeln, Milch, Fleisch
Zeiten: Mo-Sa 8-18 Verband: Bioland

96158 Frensdorf Otto Ziegler Abtsdorf 16
Tel. 09502/1032
Getreide, Gemüse, Kartoffeln, Eier
Zeiten: Di 14-17, Sa 9-12 Verband: Bioland

96158 Frensdorf Hans-Jürgen Mohl Abtsdorf 14
Tel. 09502/1426
Erdbeeren, Getreide, Obst, Gemüse, Kartoffeln, Fleisch
Zeiten: Do 17-19 und nach Vereinbarung Verband: Bioland

96158 Frensdorf Baptist Raab GbR Abtsdorf 16
Tel. 09502/1082
Milch
Zeiten: täglich 17-19 Verband: Bioland

96164 Kemmern Theo Albrecht Hauptstraße 13
Tel. 09544/1675
Zuckermais, Kartoffeln, Milch
Zeiten: nach Vereinbarung Verband: Bioland

96167 Königsfeld Otto und Irene Weiß Laibarös 12
Tel. 09207/667
Brot, Liköre, Eingemachtes Getreide, Gemüse, Kartoffeln, Käse, Eier, Fleisch, Wurst
Zeiten: Fr 15-18.30 Verband: Naturland

96170 Priesendorf Robert und Manfred Werner Weißbergstraße 8
Tel. 09549/7567
Gemüse
Zeiten: werktags 17-19 Verband: Bioland

96173 Unterhaid Konrad Bäuerlein Weinbergstr. 2
Tel. 09503/7435
Eier
Zeiten: nach tel. Vereinb. Verband: Naturland

96175 Pettstadt Rudolf Reinwald Bachgasse 2
Tel. 09502/1349
Getreide, Kartoffeln
Zeiten: nach Vereinbarung Verband: Bioland

Einkaufen direkt beim Bio-Bauern

96178 Pommersfelden Robert Burkard Pfarrer-Schonath-Straße 7
Tel. 09548/200
Brot, Getreide, Kartoffeln
Zeiten: nach Vereinbarung Verband: Bioland

96178 Pommersfelden Helmut Oeffner OT Weiher Nr. 3
Tel. 09548/712
Brot, Getreide, Kartoffeln, Milch, Käse, Eier, Fleisch
Zeiten: nach Vereinbarung Verband: Bioland

96181 Rauhenebrach Mohr, Graser, Gärtnerei Schindelsee Schindelsee 18
Tel. 09549/7815
Gemüse
Zeiten: nach Vereinbarung Verband: Bioland

96184 Rentweinsdorf Armin und Petra Schätzlein Treinfeld 6
Tel. 09531/1073
Schnaps, Getreide, Eier, Fleisch
Zeiten: nach Vereinbarung Verband: Bioland

96185 Schönbrunn-Grub Friedrich Burkard Teichstraße 8
Tel. 09549/1579
Brot, Saft, Getreide, Obst, Gemüse, Kartoffeln, Milch, Käse, Eier, Fleisch
Zeiten: Do und Fr 15-17 Verband: Bioland

96185 Schönbrunn Georg Hager Steinsdorfer Straße 107
Tel. 09546/1413
Getreide, Gemüse, Kartoffeln, Fleisch
Zeiten: nach Vereinbarung Verband: Bioland

96187 Stadelhofen Heinrich Görl Steinfeld 57 c
Tel. 09207/507
Getreide
Zeiten: nach Vereinbarung Verband: Bioland

96193 Wachenroth Helmut Hofmann Hauptstraße 49
Tel. 09548/1611
Brot, Getreide, Kartoffeln
Zeiten: nach Vereinbarung Verband: Bioland

96193 Wachenroth Rudolf Krebs Hauptstraße 31
Tel. 09548/259
Getreide
Zeiten: nach Vereinbarung Verband: Bioland

96194 Walsdorf Geo Gräbner Birkenstraße 1
Tel. 09549/494
Fleisch auf Bestellung, Getreide, Kartoffeln
Zeiten: täglich 18-19 Verband: Bioland

96197 Wonsees Heinz Blodek Großenhül 38
Tel. 09274/80529
Ziegenkäse, Gemüse
Zeiten: nach Vereinbarung Verband: Naturland

Einkaufen direkt beim Bio-Bauern

96199 Zapfendorf Tel. 09547/1896 Brot, Gemüse, Kartoffeln Zeiten: nach Vereinbarung	Veronika Finzel	Schloßstraße 13 Verband: Bioland
96215 Lichtenfels Tel. 09576/298 Saft, Getreide, Obst, Gemüse, Kartoffeln, Eier, Fleisch Zeiten: Mo, Mi, Fr 14-18 undnach Vereinbarung	Baptist Wolf	Am Boden 18 Verband: Bioland
96215 Lichtenfels Tel. 09571/70813 Getreide, Kartoffeln, Milch, Käse, Fleisch, Wurst Zeiten: Fr 19-20	Georg und Angelika Lypold, Talblick	Talweg 51 Verband: Demeter
96242 Sonnefeld Tel. 09562/8087 Milch, Käse Zeiten: nach Vereinbarung	Gottfried Kunick	Weidhäuser Straße 20 Verband: Bioland
96250 Ebensfeld Tel. 09573/31622 Getreide, Kartoffeln, Eier, Geflügel, Fleisch Zeiten: nach Vereinbarung	Rudolf Billinger	Draisdorf 12 Verband: Bioland
96253 Untersiemau Tel. 09565/1665 Getreide, Fleisch Zeiten: nach Vereinbarung	Reuter und Nordenberg	Gut Ziegelsdorf Verband: Bioland
96253 Untersiemau Tel. 09565/1489 Wein, Saft, Getreide, Obst, Gemüse, Kartoffeln, Milch, Käse, Eier, Geflügel, Fleisch Zeiten: Di, Fr 9-12, 14-18,Do 13-18, Sa 10-12	Karl-Martin Schulz	Brunnenstraße 3 Verband: Bioland
96268 Mitwitz Tel. 09266/362 Obstler, Korn, Brot, Getreide, Kartoffeln, Fleisch, Wurst Zeiten: außer Do immer 14-16.30	Ute und Hermann Schäfer	Schwärzdorf 19 Verband: Demeter
96271 Grub am Forst Tel. 09560/765 Kräuter, Stauden, Duftgeranien, Gartengestaltung Zeiten: nach Vereinbarung	Monika und Wolfgang Urban	Obere Kirchgasse 3 Verband: Demeter
96274 Itzgrund Tel. 09533/542 Getreide, Kartoffeln, Eier Zeiten: nach Vereinbarung	Alfred Precklein	Alte Poststr. 17 Verband: Bioland
96317 Kronach Tel. 09261/93830 Kartoffeln Zeiten: nach Vereinbarung	Sigrid und Helmut Böhnlein	Knellendorf 2 Verband: Bioland

Einkaufen direkt beim Bio-Bauern

96332 Pressig Anton Prechtl Posseck 23
Tel. 09265/7198
Fleisch
Zeiten: nach Vereinbarung Verband: Bioland

96332 Pressig Edmund Welscher Posseck 22
Tel. 09265/5844
Heu, Getreide
Zeiten: nach Vereinbarung Verband: Bioland

96355 Tettau Angelika Schütze, Wildberghof Wildberg 18
Tel. 09269/224
Urlaub, Gemüse, Kartoffeln, Milch, Käse, Eier, Fleisch, Wurst
Zeiten: nach Vereinbarung Verband: Demeter

96361 Steinbach Josef Baier Hirschfeld Himmelreich 5
Tel. 09268/6231
Brot, Wein, Saft, Getreide, Obst, Gemüse, Kartoffeln, Milch, Käse, Eier, Geflügel, Fleisch
Zeiten: Do+Fr 14-18, Sa 8-12u. nach Vereinbarung Verband: Bioland

---

96361 Steinbach Burkhard Neubauer Dr. Marianus-Vetter-Straße 4
Tel. 09268/6667
Brot, Wein, Saft, Erdbeeren, Getreide, Obst, Gemüse, Kartoffeln, Milch, Käse, Eier, Geflügel, Fleisch
Zeiten: nach Vereinbarung Verband: Bioland

96361 Steinbach Hubert Neubauer Kehlbachsberg 19
Tel. 09268/6930
Fleisch
Zeiten: nach Vereinbarung Verband: Bioland

96364 Marktrodach Reinhard Heil Waldbuch 2
Tel. 09223/1482
Getreide, Kartoffeln
Zeiten: nach Vereinbarung Verband: Bioland

96364 Marktrodach Gerhard und Gusti Stumpf, Schlosserhof Vogtsplatz 4
Tel. 09223/1215
Kräuter, Tee, Wein, Saft, Baby-Beef, Getreide, Obst, Gemüse, Kartoffeln, Fleisch
Zeiten: nach Vereinbarung Verband: Bioland

96364 Marktrodach Klaus Backer Mohrengasse 5
Tel. 09223/1414
Getreide, Kartoffeln, Milch, Käse, Eier, Geflügel, Fleisch
Zeiten: nach Vereinbarung Verband: Bioland

96369 Weißenbrunn Cornelia und Werner Masel-Huth Paradies 12
Tel. 09261/3280
Brot, Naturkost, Wein, Saft,, Getreide, Obst, Gemüse, Kartoffeln, Käse, Eier, Geflügel, Fleisch
Zeiten: tägl. ab 17, Di+Do ab 14, Sa 9-12 Verband: Bioland

96450 Coburg D. und F. Pax Gärtnerhof Callenberg
Tel. 09561/62623, 5
Wolle, Schaffelle, Brot, Getreide, Obst, Gemüse, Kartoffeln, Milch, Käse, Eier, Fleisch, Wurst
Zeiten: Di, Fr 9-13.30 Verband: Demeter

Einkaufen direkt beim Bio-Bauern

96476 Rodach   Armin Knauf   Elsa 42
Tel. 09564/4955
Trockensortiment, Wein, Saft, Getreide, Obst, Gemüse, Kartoffeln, Milch, Käse, Eier, Geflügel
Zeiten: Do 17-19, Sa 9-12   Verband: Bioland

96476 Rodach   Udo Endert   Elsa 39
Tel. 09261/3280
Getreide
Zeiten: nach Vereinbarung   Verband: Bioland

96476 Rodach   Horst Scheler   Elsa 45
Tel. 09564/1562
Kartoffeln, Eier, Geflügel, Fleisch
Zeiten: nach Vereinbarung   Verband: Bioland

96484 Meeder   Ingrid und Gisbert Wolf   Neida 14
Tel. 09566/1575, 56
Brot, Saft, Naturwaren, Getreide, Obst, Gemüse, Kartoffeln, Milch, Käse, Eier, Geflügel, Fleisch
Zeiten: nach Vereinbarung   Verband: Bioland

96484 Meeder   Udo und Andrea Wölfert   Ahlstadt 35
Tel. 09564/3251
Getreide, Kartoffeln, Milch
Zeiten: nach Vereinbarung   Verband: Bioland

96484 Meeder   Arnfried Kamolz   Kirchberg 1
Tel. 09566/669
Saft, Gebäck, Brot, Getreide, Obst, Gemüse, Kartoffeln
Zeiten: Mo 16-18, Do 17-19   Verband: Bioland

97024 Höchberg   Werner Seubert   Hauptstraße 95
Tel. 0931/49555
Brot, Wein, Saft, Getreide, Obst, Gemüse, Kartoffeln, Milch, Käse, Eier
Zeiten: Mo-Fr 9-12.30, 14.30-18, Sa 8.30-12.30   Verband: Bioland

---

97084 Würzburg   Helmut Heer   Wolfskeelstraße 17
Tel. 0931/69708
Milch
Zeiten: nach Vereinbarung   Verband: Bioland

97215 Auernhofen   Hermann Krämer   Lange Dorfstraße 24
Tel. 09848/340
Brot, Wein, Getreide, Gemüse
Zeiten: nach Vereinbarung   Verband: Naturland

97215 Uffenheim   Stefan und Lore Kilian   Welbhausen 6
Tel. 09842/8634
Brot, Wein, Saft, Getreide, Obst, Kartoffeln, Milch, Käse
Zeiten: Fr 15.30-18.30   Verband: Bioland

97215 Uffenheim   Sönke und Monika Speck, Gärtnerhof Reginswind   Geckenheimerstraße 4   Tel. 09842/7287
Trockensortiment, Getreide, Obst, Gemüse, Kartoffeln, Milch, Käse, Eier, Geflügel, Fleisch, Wurst
Zeiten: nach Vereinbarung   Verband: Demeter

Einkaufen direkt beim Bio-Bauern

97222 Maidbronn   Manfred Schömig, Klemens Rumpel   Versbacherstraße 13
Tel. 09365/1644
Wein/Franken, Gemüse
Zeiten: nach Vereinbarung   Verband: Naturland

97222 Rimpar   Alois Krempel   Aussiedlerhof
Tel. 09365/9457
Getreide, Kartoffeln
Zeiten: nach Vereinbarung   Verband: Bioland

97234 Fuchsstadt   Bernd Rahner   Bachgasse 1
Tel. 09333/1329
Spargel, Obst, Gemüse
Zeiten: nach Vereinbarung   Verband: Naturland

97234 Reichenberg   Klaus und Inge Veeh   Wirtsgasse 21
Tel. 09366/7179
Brot, Wein, Saft, Nudeln, Getreide, Obst, Gemüse, Kartoffeln, Milch, Käse, Eier, Fleisch
Zeiten: Do 14-18   Verband: Bioland

97237 Oberaltertheim   Dieter Kraus-Egbers   Oberes Tor 21
Tel. 09307/1536
Brot, Saft, Wein, Bier, Naturkost, Getreide, Obst, Gemüse, Kartoffeln, Milch, Käse, Eier, Fleisch
Zeiten: nach Vereinbarung   Verband: Bioland

97237 Oberaltertheim   Jakob Hemrich   Am Freien Platz 7
Tel. 09307/1469
Saft, Getreide, Obst, Kartoffeln
Zeiten: nach tel. Vereinb.   Verband: Bioland

97247 Obereisenheim   Armin Drescher   Setzweg 7
Tel. 09386/450
Wein, Obstbrände
Zeiten: nach Vereinbarung   Verband: Bioland

97249 Eisingen   Wolfgang Väth   Stöckachstraße 1
Tel. 09306/8697
Wein, Jungpflanzen, Getreide, Obst, Gemüse, Kartoffeln, Eier, Fleisch
Zeiten: Mo, Mi 16-18, Fr 14-18, Sa 8-12   Verband: Bioland

97258 Hemmersheim   Ulrich Gärtling, Hof Haegele   Dorfstraße 67
Tel. 09335/296
Nudeln, Flocken, Getreide, Obst, Gemüse, Kartoffeln, Milch, Käse, Eier, Fleisch, Wurst
Zeiten: nach Vereinbarung   Verband: Demeter

97258 Hemmersheim   Georg Limmer   Dorfstraße 40
Tel. 09335/352
Obst, Gemüse, Eier, Geflügel
Zeiten: nach Vereinbarung   Verband: Bioland

97262 Hausen   Hermann Schmitt   Sulzwiesenstraße 11
Tel. 09367/1097
Obst, Gemüse
Zeiten: nach Vereinbarung   Verband: Naturland

Einkaufen direkt beim Bio-Bauern

97262 Hausen Richard und Brigitte Konrad Fährbrücker Straße 9
Tel. 09367/2956
Brot, Trockensortiment, Säfte, Getreide, Obst, Gemüse, Kartoffeln, Milch, Käse, Fleisch, Wurst
Zeiten: Di, Do 16-18, Fr 9-11, 14-18, Sa 9-11 Verband: Demeter

---

97265 Hettstadt N.J. Güter, Gärtnerei Hettstadt Unterer Gehegsweg
Tel. 0931/463026
Gemüse-Jungpflanzen, Obst, Gemüse, Kartoffeln
Zeiten: Mo- Fr 8-18, Sa 8-13 Verband: ANOG

97273 Kürnach Friedbert Bieber Semmelstraße 31
Tel. 09367/2983
Brot, Saft, Wein, Getreide, Obst, Gemüse, Kartoffeln, Milch, Käse, Eier, Fleisch
Zeiten: Di, Fr, Sa 9-11, Mo-Fr 18-19 Verband: Bioland

97280 Remlingen Thomas Schwab Am Kies 5
Tel. 09369/3111
Saft, Getreide, Obst, Gemüse, Kartoffeln
Zeiten: nach Vereinbarung Verband: Bioland

97282 Retzstadt Bernhard und Claudia Schmitt Goldbrunnenstraße 13
Tel. 09364/9420
Saft, Wein, Ziegenkäse, Brot, Getreide, Obst, Gemüse, Kartoffeln, Käse, Eier, Fleisch
Zeiten: Di + Fr 16-18 Verband: Bioland

97288 Theilheim Edgar Wallrapp Biebelrieder Straße 17
Tel. 0931/7959137
Wein, Kirschwasser
Zeiten: ab 17 und nach Vereinbarung Verband: Bioland

97291 Thüngersheim Dietmar und Irene Klüpfel Hofstattstraße 1
Tel. 09364/1513
Wein, Obst, Kartoffeln, Eier, Fleisch
Zeiten: nach Vereinbarung Verband: Bioland

97292 Uettingen Graf Peter Wolffskeel Am Aalbach 1
Tel. 09369/8744, 83
Gemüse, Kartoffeln
Zeiten: nach Vereinbarung Verband: Naturland

97294 Unterpleichfeld Erika und Benno Wörle Kirchstraße 4
Tel. 09367/2935
Brot, Trockensortiment, Getreide, Obst, Gemüse, Kartoffeln, Milch, Käse, Eier, Fleisch, Wurst
Zeiten: nach Vereinbarung Verband: Demeter

97294 Unterpleichfeld Karl Friedrich Hauptstraße 14
Tel. 09367/2485
Bioland-Trockenprodukte, Einmachgurken, Getreide, Obst, Gemüse, Kartoffeln, Fleisch
Zeiten: Fr 16-18, Sa 9-12 Verband: Bioland

97318 Kitzingen Erich Gahr Mainbernheimer Straße 66
Tel. 09321/32663
Gemüse-Jungpflanzen, Naturkostsortiment, Gemüse
Zeiten: Di 9-18, Fr 14-18, Sa 9-13 Verband: Naturland

Einkaufen direkt beim Bio-Bauern

97318 Kitzingen Tel. 09321/8159 Gemüse, Kartoffeln, Milch Zeiten: Milch: Mo-Sa 18-20, K: Mo-Sa 8-17	Hans Schleyer	Geißgasse 23 Verband: Naturland
97320 Mainstockheim Tel. 09321/5578, Fa Weißwein, Sekt/Franken ECOVIN, Weinproben Zeiten: nach Vereinbarung	Frieder Burrlein, Winzerhof Karl Burrlein	Schloßstraße 20 Verband: BÖW
97332 Volkach Tel. 09381/9969 Wein, Obst Zeiten: nach Vereinbarung	Winfried Schäfer	Strehlhofer Weg 3 Verband: Bioland
97332 Fahr Tel. 09381/9761 Wein Zeiten: nach Vereinbarung	Wolfgang Borst	Blütenstraße 28 Verband: Bioland
97334 Nordheim Tel. 09381/2806 Saft, Wein, Sekt, Obstbrände, Spargel, Obst Zeiten: Mo-Sa 10-18	Helmut Christ	Volkacher Straße 6 Verband: Bioland
97334 Nordheim Tel. 09381/6761 Wein/Franken auch BÖW?, Gemüse Zeiten: nach Vereinbarung	Rainer Zang	Kreuzbergstraße 2 Verband: Naturland
97334 Nordheim Tel. 09381/4579 Saft, Obstbrände, Obst Zeiten: nach Vereinbarung	Manfred und Christine Rothe	Hauptstraße 14 Verband: Bioland
97334 Nordheim Tel. 09381/2880 Wein, Obstbrände Zeiten: Mo-Sa 9-18 und nach Vereinbarung	Erwin und Ludwig Christ	Weinbergstraße 6 Verband: Bioland
97334 Nordheim Tel. 09381/3984 Saft, Wein, Sekt, Edelbrände Zeiten: Mo-Sa 16-19	Rudi und Birgit Leicht	Heerweg 6 Verband: Bioland
97337 Dettelbach Tel. 09324/771 Wein Zeiten: nach Vereinbarung	Fred Schinhammer	Lindenstraße 8 Verband: Bioland
97340 Gnötzheim Tel. 09339/254 Speiseöle, Zwiebeln, Wein, Kartoffeln Zeiten: Sa 9-12 und nach Vereinbarung	Wilhelm und Eva Gebhardt	Haus Nr. 1 Verband: Bioland

Einkaufen direkt beim Bio-Bauern

97340 Martinsheim   Günter Stadelmann   OT Enheim 44
Tel. 09332/9486
Getreide, Gemüse, Kartoffeln, Milch, Eier
Zeiten: nach Vereinbarung   Verband: Bioland

97346 Iphofen   Manfred Schwab   Ludwigstraße 7a
Tel. 09323/5986
Wein/Franken, Gemüse
Zeiten: nach Vereinbarung   Verband: Naturland

97346 Iphofen   Hermann Neubert   Rödelseer Straße 13
Tel. 09323/5563
Wein
Zeiten: Mo-Sa 9-18 und nach Vereinbarung   Verband: Bioland

97346 Mönchsondheim   Gerhard Heubach   Hauptstraße 7
Tel. 09326/1058
Saft, Getreide, Obst, Kartoffeln, Milch, Eier, Fleisch
Zeiten: Mo-Sa 17-19 und nach Vereinbarung   Verband: Bioland

97348 Rödelsee   Weingut Roland Hemberger   Aussiedlerhof 3
Tel. 09323/435
Wein, Gemüse
Zeiten: nach Vereinbarung   Verband: Naturland

97355 Castell   Thomas Gernert   Birklinger Str. 12
Tel. 09235/490
Getreide, Milch
Zeiten: nach telef. Vereinb.   Verband: Bioland

97355 Castell   Fürstlich Castell'sches Domänenamt Castell   Schloßplatz 5
Tel. 09325/60170
Wein/Franken, Gemüse
Zeiten: nach Vereinbarung   Verband: Naturland

97355 Castell   Weingut Artur Baumann   Im Unterdorf 10
Tel. 09325/269
Wein, Gemüse
Zeiten: nach Vereinbarung   Verband: Naturland

97355 Wiesenbronn   Anton Hell   Klingenstraße 16
Tel. 09325/1008, Fa
Rotwein, Weißwein, Sekt/Franken ECOVIN, Brände Weinproben
Zeiten: nach Vereinbarung   Verband: BÖW

97355 Wiesenbronn   Weingut Gerhard Roth   Büttnergasse 11
Tel. 09325/373
Wein/Franken, Schnaps, Sonnenblumenöl, Obst, Gemüse
Zeiten: nach Vereinbarung   Verband: Naturland

97357 Prichsenstadt   Weinbau Fred Ruppert   Rüdener Straße 32
Tel. 09383/7485
Wein, Gemüse
Zeiten: nach Vereinbarung   Verband: Naturland

Einkaufen direkt beim Bio-Bauern

97359 Schwarzach   Veit Plietz   Weideweg 2
Tel. 09324/1030
Honig, Abokiste frei Haus, Getreide, Obst, Gemüse, Kartoffeln, Milch, Käse, Eier, Fleisch, Wurst
Zeiten: nach Vereinbarung   Verband: Demeter

97393 Creglingen   Otto Striffler   Waldmannshofen 42
Tel. 09335 518
Getreide, Obst, Gemüse, Kartoffeln, Milch
Zeiten: nach Vereinbarung   Verband: Demeter

97437 Haßfurt/Sailershausen Franz Jenatschke   Seeweg 8
Tel. 09521/3844
Fleisch
Zeiten: nach Vereinbarung   Verband: Bioland

97440 Werneck   Udo Rumpel   Gambachstraße 49
Tel. 09722/1246
Apfelsaft, Getreide, Obst, Gemüse, Kartoffeln, Fleisch, Wurst
Zeiten: Fr 12-18   Verband: Naturland

97447 Gerolzhofen/Rügshofen   Winfried Ernst
Hauptstraße 13   Tel. 09382/1384
Wein
Zeiten: nach Vereinbarung   Verband: Bioland

97450 Arnstein   N. J. Güter, Hof Ruppertzaint   Ruppertzaint 1
Tel. 09363/90640
Gemüse
Zeiten: Mo-Fr 8-18   Verband: ANOG

997450 Arnstein-Sachserhof Helmut Rüth   Kirchgasse 3
Tel. 09350/409
Brot, Saft, Getreide, Obst, Gemüse, Kartoffeln, Eier, Fleisch
Zeiten: Fr 14-18 und nach Vereinbarung   Verband: Bioland

97450 Müdesheim   Willert-Eckert   Werntalstraße 16
Tel. 09363/217, Fax
Weißwein, Sekt/Franken ECOVIN, Weinproben
Zeiten: nach Vereinbarung   Verband: BÖW

97456 Dittelbrunn   Klaus Karg   von Erthalstraße 4
Tel. 09725/1493
Getreide, Milch, Eier
Zeiten: nach Vereinbarung   Verband: Naturland

97461 Hofheim   Hans und Claudia Dünninger   Siedlerstraße 1
Tel. 09523/6891
Brot, Trockensortiment, Getreide, Obst, Gemüse, Kartoffeln, Milch, Käse, Eier, Geflügel, Fleisch, Wurst
Zeiten: Fr 13-18 und nach Vereinbarung   Verband: Demeter

97465 Gochsheim   Werner Keller   Weyerer Str. 51
Tel. 09385/416
Saft, Brot, Spargel, Getreide, Obst, Gemüse, Kartoffeln, Milch, Käse, Fleisch, Wurst
Zeiten: Di+Fr 17-19   Verband: Bioland

Einkaufen direkt beim Bio-Bauern

97478 Knetzgau Heinz und Christine Rippstein Zeller Hauptstraße 16
Tel. 09529/738
Wein
Zeiten: nach Vereinbarung Verband: Bioland

97483 Eltmann Manfred Schmitt Hauptstraße 40
Tel. 09522/5636
Brot, Wein, Saft, Käse (Kuh, Ziege, Schaf), Getreide, Obst, Gemüse, Kartoffeln, Milch, Eier, Fleisch
Zeiten: Mo,Di,Do 10-12, 16-18, Fr 10-12, 14-18 Verband: Bioland

---

97490 Kützberg Edwin Drescher Zur Wart 1
Tel. 09726/1629
Getreide, Obst, Gemüse, Kartoffeln, Milch, Fleisch
Zeiten: nach Vereinbarung Verband: Naturland

97490 Poppenhausen-Maibach Berthold und Robert Krebs Schweinfurter Str.
Tel. 09725/5184
Saft, Getreide, Kartoffeln, Käse, Fleisch
Zeiten: nach Vereinbarung Verband: Bioland

97494 Garstadt Ludwig Hart Dorfstraße 54
Tel. 09722/3888
Getreide, Obst, Kartoffeln, Milch, Fleisch, Wurst
Zeiten: nach Vereinbarung Verband: Naturland

97509 Kolitzheim-Lindach Werner Keller Lindenstraße 12
Tel. 09721/62700 Ge
Brot, Saft, Wein, Trockensortiment, Getreide, Obst, Gemüse, Kartoffeln, Eier, Fleisch
Zeiten: Di,Fr 17-18 in Gochsheim, Weyererstr. 51 Verband: Bioland

---

97519 Riedbach Ulrike Abraham Mechenried 70
Tel. 09526/1564
Obstbrände, Kornbrand, Getreide, Obst, Kartoffeln, Käse, Fleisch
Zeiten: nach Vereinbarung Verband: Bioland

97522 Sand am Main Oliver Gottschalk Schillerstraße 14
Tel. 09524/7106, 63
Wein
Zeiten: nach Vereinbarung Verband: Bioland

97525 Schwebheim Christian Hennings Hadergasse 12
Tel. 09723/4805
Kräuter, Sonnenblumenöl, Gemüse, Kartoffeln
Zeiten: nach Vereinbarung Verband: Naturland

97525 Schwebheim Wolfgang Peter Hauptstraße 68
Tel. 09723/2538
Kräuter, Sonnenblumenkerne, Getreide, Gemüse, Milch, Eier
Zeiten: nach Vereinbarung Verband: Naturland

97528 Sulzdorf-Sternberg Lorenz Albert Am Hain 4
Tel. 09763/1216
Getreide, Kartoffeln
Zeiten: werktags 9-18 Verband: Bioland

Einkaufen direkt beim Bio-Bauern

97529 Sulzheim　　　　　Lothar Stöckinger　　　　　　　　　　Mühlstraße 6
Tel. 09382/ 5915
Wein/Franken ECOVIN
Zeiten: nach Vereinbarung　　　　　　　　　　　　　　　　　Verband: BÖW

97532 Ebertshausen　　　Bruno und Michael Härterich　　　　Am Bräugraben 15
Tel. 09724/2840
Brot, Getreide, Fleisch
Zeiten: nach Vereinbarung　　　　　　　　　　　　　　　　　Verband: Bioland

97616 Salz　　　　　　　Alfred Derleth　　　　　　　　　　　Hauptstraße 33
Tel. 09771/4244
Getreide, Kartoffeln, Eier
Zeiten: nach Vereinbarung　　　　　　　　　　　　　　　　　Verband: Naturland

97618 Hollstadt　　　　　Dietmar und Klara May　　　　　　　Wülfershauser Straße 8
Tel. 09762/6218
Brot, Getreide, Gemüse, Kartoffeln, Eier, Fleisch, Wurst
Zeiten: Fr 14-18, Sa 8-12 u. nach Vereinbarung　　　　　　　　Verband: Naturland

---

97618 Hollstadt　　　　　Albert Warmuth　　　　　　　　　　Dorfstr. 30
Tel. 09762/6273
Getreide, Gemüse, Kartoffeln
Zeiten: nach Vereinbarung　　　　　　　　　　　　　　　　　Verband: Bioland

97618 Wülfershausen　　Karl-Heinz und Elisabeth Weber　　　Dammallee 40
Tel. 09762/6186
Getreide, Kartoffeln, Milch, Käse, Eier, Fleisch
Zeiten: Mo-Fr 17-17.30　　　　　　　　　　　　　　　　　　Verband: Bioland

97618 Wollbach　　　　　Klaus Zimmer　　　　　　　　　　　Kirchstraße 5
Tel. 09773/5151
Getreide, Kartoffeln
Zeiten: nach Vereinbarung　　　　　　　　　　　　　　　　　Verband: Bioland

97633 Irmelshausen　　　Hans und Anne Schöneberg, Geißenhof　Mendhäuser Straße 2
Tel. 09764/1095
Ziegenkäse, Ziegenlämmer, Wein, Getreide, Obst, Gemüse
Zeiten: nach Vereinbarung　　　　　　　　　　　　　　　　　Verband: GÄA

97633 Höchheim　　　　Willi Eberlein Gut Salem　　　　　　Lindenhof Salem
Tel. 09764/271
Getreide, Gemüse, Kartoffeln
Zeiten: nach Vereinbarung　　　　　　　　　　　　　　　　　Verband: Bioland

97633 Höchheim-Rothausen　Gerhard Mauer　　　　　　　　Hauptstr. 4
Tel. 09764/243
Käse (Kuh), Getreide, Obst, Gemüse, Kartoffeln, Eier, Fleisch
Zeiten: nach Vereinbarung　　　　　　　　　　　　　　　　　Verband: Bioland

97640 Oberstreu　　　　Rudi Ledermann　　　　　　　　　　Fischgasse 5
Tel. 09776/9966
Obst, Gemüse, Kartoffeln, Eier
Zeiten: Fr+Sa 15-18 und nach Vereinbarung　　　　　　　　　Verband: Bioland

Einkaufen direkt beim Bio-Bauern

97656 Oberelsbach Schubert Raiffeisengasse 44
Tel. 09744/1332
Öko-Dünger, Gemüse
Zeiten: Mo-Fr 10-18 Verband: ANOG

97702 Münnerstadt Dieter Petsch Deutschherrenstraße 21 1/2
Tel. 09733/9761
Getreide, Eier
Zeiten: nach Vereinbarung Verband: Naturland

97717 Aura Willibald Götz Hauptstraße 17
Tel. 09704/6943
Getreide, Kartoffeln
Zeiten: nach Vereinbarung Verband: Bioland

97717 Sulzthal Wilhelm Eberlein Eichstraße 26
Tel. 09704/5426
Getreide, Kartoffeln
Zeiten: nach Vereinbarung Verband: Bioland

97717 Euerdorf-Wirmsthal Karl-Heinz und Gabriele Grimm Hauptstraße 16
Tel. 09704/6330
Fleisch
Zeiten: nach Vereinbarung Verband: Bioland

97724 Burglauer Walter Schaub Brunnenstraße 6
Tel. 09732/1521
Apfelsaft, Getreide
Zeiten: nach Vereinbarung Verband: Naturland

97727 Fuchsstadt Hans-Jürgen Pfülb Schweinfurter Straße 34
Tel. 09732/5183
Getreide, Obst, Gemüse, Kartoffeln, Eier
Zeiten: nach Vereinbarung Verband: Naturland

97729 Ramsthal Günther und Christine Neder Aussiedlerhof 4
Tel. 09704/1374
Schnaps, Getreide, Obst, Kartoffeln, Milch
Zeiten: nach Vereinbarung Verband: Naturland

97729 Ramsthal Josef und Georg Kaufmann Aussiedlerhof 5
Tel. 09074/1321
Ziegenmilch, -käse
Zeiten: nach Vereinbarung Verband: Naturland

97737 Gemünden SOS Kinderdorf e.V. Dorfgemeinschaft Hohenroth
Tel. 09354/1091
Brot, Trockensortiment, Café, Gemüse, Kartoffeln, Milch, Käse, Fleisch, Wurst
Zeiten: Mo,Mi-Sa 9-17.30 Verband: Demeter

97737 Gemünden-Seifriedsburg Franz Köhler Kaspar-Volpert-Straße 1i6
Tel. 09351/2581
Saft, Wein, Getreide, Obst, Gemüse, Kartoffeln, Fleisch
Zeiten: Fr 14-19 Verband: Bioland

Einkaufen direkt beim Bio-Bauern

97762 Hammelburg Tel. 09732/4789 Getreide, Obst Zeiten: nach Vereinbarung	Reinhold und Peter Hauk	Galgenberg 2 Verband: Bioland
97762 Hammelburg Tel. 09732/3147 Wein, Schnaps Zeiten: Do, Fr 14-18 und nach Vereinbarung	Peter Plewe	Dalbergstraße 14 Verband: Bioland
97789 Unterleichtersbach Tel. 09741/2166 Säfte, Brot, Getreide, Obst, Kartoffeln, Fleisch, Wurst Zeiten: nach Vereinbarung	Ludwig Weber	Kapellenstraße 20 Verband: Demeter
97797 Wartmannsroth Tel. 09357/348 Getreide, Gemüse, Kartoffeln, Eier Zeiten: nach Vereinbarung	Kornelia Vogt	Steingrund 27 Verband: Naturland
97797 Wartmannsroth Tel. 09732/3652 Getreide, Kartoffeln, Geflügel, Fleisch Zeiten: nach Vereinbarung	Hubert Roth	Windheimer Straße 1 Verband: Naturland
97797 Dittlofsroda Tel. 09357/648 Getreide, Kartoffeln, Käse Zeiten: nach Vereinbarung	Michael Zeitz	Eidenbacher Weg 7 Verband: Bioland
97816 Lohr-Rodenbach Tel. 09352/4745 Getreide, Obst, Kartoffeln Zeiten: nach Vereinbarung	Karl Heidenfelder	Untere Gasse 17 Verband: Bioland
97828 Marktheidenfeld Tel. 09391/3916 Kartoffeln, Fleisch Zeiten: nach Vereinbarung	Andreas Fertig	Eichenfürst 6 Verband: Naturland
97837 Erlenbach Tel. 09391/5917 Apfelsaft, Brot, Getreide, Gemüse, Kartoffeln, Fleisch, Wurst Zeiten: nach Vereinbarung	Stefan Schäbler	Kreuzstraße 22 Verband: Demeter
97839 Kredenbach Tel. 09394/711 Naturkost, Brot, Säfte, Getreide, Obst, Gemüse, Kartoffeln, Milch, Käse Zeiten: Mo-Fr 8.30-18, Sa 8.30-12	N. J. Güter, Hof Kredenbach	Michelriether Straße 10 Verband: ANOG
97842 Karbach Tel. 09391/3438 Brot, Saft, Schnaps, Getreide, Gemüse, Kartoffeln, Milch, Eier, Fleisch Zeiten: Mi 14-18 und nach Vereinbarung	Ulrich Schmelz	Obere Klimbach 9 Verband: Bioland

Einkaufen direkt beim Bio-Bauern

97877 Wertheim   Fritz und Otto Klein   Schmiedsgasse 1
Tel. 09342/3625
Saft, Wein, Nudeln, Haferflocken, Getreide, Obst, Gemüse, Kartoffeln, Milch, Eier, Fleisch
Zeiten: Mi 16-17, Sa 9-11   Verband: Bioland

97877 Wertheim   Adam Mayer   Reicholzheim St. Georg-Straße
Tel. 09342/3955
Wein/Tauberfranken
Zeiten: nach Vereinbarung   Verband: BÖW

97877 Wertheim   N. J. Güter, Kräuterhof   Wassersteinchen 1
Tel. 09342/37143
Tee, Kräuter, Trockenobst, Naturkost, Brot, Saft, Obst, Gemüse, Kartoffeln
Zeiten: Mo-Fr 8-18, Sa 9-14   Verband: ANOG

97892 Unterwittbach   Biologische Pilze Thomas Ziegler   Unterwittbacher Straße 9
Tel. 09342/85277
Pilze, Pilzsubstrate, Pilzbrut
Zeiten: nach Vereinbarung   Verband: ANOG

97941 Impfingen   Gudrun und Klaus Lauerbach   Tiefengasse 2
Tel. 09341/2621
Weißwein/Tauberfranken ECOVIN, Weinproben, Bränd Bewirtung, Gästezimmer
Zeiten: nach Vereinbarung   Verband: BÖW

97944 Windischbuch   Bertold Schweizer   Merchinger Steige 25
Tel. 07930/6459
Fleischwaren vom Rind, Fleisch
Zeiten: nach Vereinbarung   Verband: Naturland

97944 Boxberg   Werner Volk   Steinstraße 23
Tel. 07930/2844
Getreide, Obst, Gemüse
Zeiten: nach Vereinbarung   Verband: Demeter

97944 Boxberg-Schwabhausen   Manfred Weber   Sportplatzweg 1
Tel. 07930/2799
Saft, Getreide, Obst, Kartoffeln, Milch, Eier
Zeiten: nach Vereinbarung   Verband: Bioland

97950 Großrinderfeld   Helmut Baumann   Hintere Gasse 1
Tel. 09349/1521
Brot, Schafe, Schaffelle, Naturkost, Wein, Getreide, Gemüse, Kartoffeln
Zeiten: Mi 16.30-18.30 und nach Vereinbarung   Verband: Bioland

---

97953 Königheim   Norbert Geier   Baugasse 10
Tel. 09341/4539, Fa
Rotwein, Weißwein, Sekt/Tauberfranken ECOVIN Weinproben, Bewirtung
Zeiten: nach Vereinbarung   Verband: BÖW

97956 Werbach   Emil Geiger   Hauptstraße 31
Tel. 09341/4345
Wein/Tauberfranken ECOVIN
Zeiten: nach Vereinbarung   Verband: BÖW

Einkaufen direkt beim Bio-Bauern

97957 Wittighausen   Ludwig und Angelika Haaf   Oberwittighausen 34
Tel. 09347/587
Brot, Wein, Saft, Öl, Gebäck, Nudeln, Getreide, Gemüse, Kartoffeln, Milch, Käse, Eier, Fleisch
Zeiten: Mi 17-19
Verband: Bioland

97980 Bad Mergentheim   Rolf Bürckert   Wittmannstraße 27
Tel. 07931/41743
Sortiment erfragen
Zeiten: nach Vereinbarung
Verband: Demeter

97980 Bad Mergentheim   Albert Retzbach   Wehrgasse 1
Tel. 07931/45418
Sortiment erfragen
Zeiten: nach Vereinbarung
Verband: Demeter

97990 Weikersheim   Georg und Marianne Deeg   Honsbronn 50
Tel. 07934/7278
Brot, Saft, Wein, Nudeln, Bier, Honig, Obst, Gemüse, Kartoffeln, Milch, Käse, Eier, Fleisch, Wurst
Zeiten: Mi 13.30-18
Verband: Bioland

97990 Weikersheim   Betriebsgemeinschaft   Hof Louisgarde
Tel. 09336/851
Sortiment erfragen, Gemüse-Abo
Zeiten: nach Vereinbarung
Verband: Demeter

97990 Weikersheim   Helmut Dollmann   Im Egelsee 1
Tel. 07934/7637
Sortiment erfragen, Hofladen
Zeiten: Di, Do, Sa 9-11, täglich 18-19
Verband: Demeter

97993 Creglingen   Karl Vogel   Reutsachsen 16
Tel. 07939/683
Sortiment erfragen, Obst, Gemüse
Zeiten: nach Vereinbarung
Verband: Demeter

97993 Creglingen   Klaus Hagenauer   Uhlandstr. 16
Tel. 07933/330
Saft, Gemüse
Zeiten: nach tel. Vereinb.
Verband: Bioland

97996 Niederstetten   Karl und Elfriede Gebhardt   Eichhof 21
Tel. 07932/396
Getreide, Gemüse, Kartoffeln, Milch, Eier, Fleisch
Zeiten: werktags 8-18
Verband: Demeter

97996 Niederstetten-Heimberg   Friedrich Brenner
Heimberg 21   Tel. 07939/402
Getreide, Kartoffeln
Zeiten: nach Vereinbarung
Verband: Bioland

98617 Vachdorf   Ökozentrum Werratal

Käse, Wurst
Zeiten: nach Vereinbarung
Verband: GÄA

Einkaufen direkt beim Bio-Bauern

98634 Kaltensundheim	Öko-Landhöfe Kaltensundheim	Mittelsdorfer Straße
Käse, Fleisch, Wurst Zeiten: nach Vereinbarung		Verband: GÄA
99198 Ollendorf	Christa Scharf	Udestedter Straße 19a
Gemüse, Kartoffeln, Milch Zeiten: nach Vereinbarung		Verband: GÄA
99427 Weimar-Schöndorf	Marktgemeinschaft ÖKOFLUR	Wohlsborner Straße 2
Brot, Backwaren, Getreide, Obst, Gemüse, Fleisch, Wurst Zeiten: nach Vereinbarung		Verband: GÄA
99510 Kleinromstedt	Walter Kohlmann	Am Dorfteich 4
Gemüse, Milch, Geflügel Zeiten: nach Vereinbarung		Verband: GÄA
99518 Schmiedehausen	Marlene Müller	Camburger Straße 14
Obst, Gemüse, Geflügel Zeiten: nach Vereinbarung		Verband: GÄA
99555 Mittelsömmern Tel. 036041/7676 Getreide, Gemüse, Kartoffeln Zeiten: nach Vereinbarung	Dr. Ralf Marold	Hauptstr. 7 Verband: Naturland
99636 Rastenberg	Finneck Werkstätten	Mühltal 9
Obst, Gemüse Zeiten: nach Vereinbarung		Verband: GÄA
99974 Mühlhausen Tel. 03601/448790 Trockensortiment, Brot, Getreide, Gemüse, Kartoffeln, Milch, Käse, Fleisch, Wurst Zeiten: werktags 17-19	Dr. Friedhelm Feindt	Gut Sambach Verband: Demeter
99974 Mühlhausen Tel. 03601/2429 Brot, Trockensortiment, Getreide, Gemüse, Kartoffeln, Milch, Fleisch Zeiten: werktags 17-19	Dr. F. Feindt	Gutstraße 1 Verband: Demeter

Einkaufen direkt beim Bio-Bauern

Gemüseabonnements
Lieferantenadressen

GbR Heynitz B. S. S.
Mahlitzsch Nr. 1
01683 Heynitz
Telefon 035242 / 62600
Telefax 62760

Peter Kaiser
Hauptstrasse 48
01728 Rippien
Telefon 0351 / 4720727

Lebensgut
PommritzNr. 1
02627 Pommritz
Telefon 035939 / 385

Linkehof Gartenbau
Reinhard Lammer
Hauptstrasse 6
04457 Baalsdorf
Telefon 0341 / 6513617

Silke und Arnim Lucht
Uhlsdorf 31
08399 Wolkenburg
Telefon 037609 / 433

Kay Bohne
Dorfstrasse 11
09306 Köttwitzsch
Telefon 03737 / 42816

Florahof
Hartmut und Edelgard Schüler
Florastrasse 2
14469 Potsdam-Bornim
Telefon 0331 / 619407

Karl-Georg Zielke
Dorfstrasse 8
15306 Görlsdorf
Telefon 033477 / 282

Bäuerinnen GbR
Steinhöfeler Strasse 15
15518 Buchholz
Telefon 033636 / 5282
Telefax dto.

Hofgemeinschaft Apfeltraum
Hauptstrasse 43
15518 Eggersdorf
Telefon 033432 / 89841
Telefax 89845

Gärtnerei im Ökodorf
Kerstin Schmidt
Dorfstrasse 7
16230 Brodowin
Telefon 033362 / 302
Telefax dto.

Landwirtschaftsbetrieb Ökodorf Brodowin
Peter Krentz
Weissensee 1
16230 Brodowin
Telefon 033362 / 302
Telefax dto.

Peter Lemke
Dorfstrasse 20
16230 Melchow
Telefon 03337 / 3900

Melchhof
Peter Sprenker
Dorfstrasse 20
16230 Melchow
Telefon 03337 / 2192

Gärtnerinnenhof Blumberg
Krummenseer Weg
16356 Blumberg
Telefon 033394 / 70287
Telefax dto.

Einkaufen direkt beim Bio-Bauern

Gärtnerei Staudenmüller
Ortrun Staude & Martin Müller
Templiner Strasse 1
17268 Vietmannsdorf
Telefon 039882 / 263

Land in Sicht e. V.
Wendtshof 65
17291 Wallmow
Telefon 039862 / 2145

Ökohof
Am Weizenberg 49
19395 Plauerhaken
Telefon 038735 / 973
(beliefert ganz M. - Vorpommern)

Malo- Bioservice
Wiesingerweg 1
20253 Hamburg
Telefon 040 / 4912274

Familie Kotsch
Neuengammer Hausdeich 511d
21037 Hamburg-Bergedorf
Telefon 040 / 7233515

Gärtnerei Sannmann
Ochsenwerder Norderdeich 50
21037 Hamburg
Telefon 040 / 73712133
Telefax 73712120

Olga Faber
Hauptstrasse 10
21483 Krukow
Telefon 04153 / 55266
Telefax dto.

Dörte und Bernd Tripmacker
Birkenstrasse 53
21737 Wischafen

A. und W. Müller
Mühlenweg 26
21772 Sinstedt
Telefon 04756 / 701

Terraverde
Beetsweg 13
22765 Hamburg
Telefon 040 / 393714

Gunnar Pettersson
Gerichtstrasse 9
22765 Hamburg
Telefon 040 / 3895569

Die Grüne Kiste
Bornkampsweg 39
22926 Ahrensburg
Telefon 04102 / 57431
Telefax 57496

Hermann-Jülich-Werkgemeinschaft
Anjelko Lekic
22929 Köthel
Telefon 04159 / 81200

Naturkost Abo-Service
Dirk Lehmann
Hauptstr. 75 (Büro) + 62 (Lager)
22967 Tremsbüttel
Telefon 04532 / 260807
Telefax 23734

Grünflink
Volker Rode
Glandorpstrasse 17
23554 Lübeck
Telefon 0451 / 794497

Krumbecker Hof
Hans Schomacker
23617 Stockelsdorf-Krumbeck
Telefon 04506 / 1352

Mosers Naturkostservice
N. + G. Moser
Krumbecker Hof
23617 Stockelsdorf-Krumbeck
Telefon 04506 / 1414
Telefax 1413

Einkaufen direkt beim Bio-Bauern

Pimpinelle
Heideweg 21
23860 Klein Wesenberg
Telefon 04533 / 2864

Biogarten Nahe
Dorfstrasse 26
23866 Nahe
Telefon 04535 / 6045

Der Lämmerhof
Detlef Hack
Dorfstrasse 10
23896 Panten
Telefon 04543 / 891152
Telefax 891154

Der Lämmerhof
Hauptstrasse 8
23896 Mannhagen
Telefon 04543 / 891177

Marie und Paul Nennecke
„Das Pack"
Götheby-Holm
24357 Fleckeby
Telefon 04354 / 8895

Kristallklar bio??logisch!!!
Buschweg 5
24568 Kattendorf
Telefon 04191 / 85495

Hof Elsdorf
Arbeiterwohlfahrt Rendsburg
Dorfstrasse 28
24800 Elsdorf-Westermühlen
Telefon 04332 / 1711

Die Gemüsekiste
Manfred Paysen
Schulstrasse 7
24817 Tetenhusen
Telefon 04624 / 1571

Lebendiges Land
Haffstrasse 48
24989 Dollerup
Telefon 04636 / 8318
Telefax 1745

Korn an Korn
Hans-Jörg Wiehers
Gerlingweg 13
25335 Elmshorn
Telefon 04121 / 5871
Telefax 04127 / 489

Hof Dannwisch
Carsten Mey
25358 Horst
Telefon 04126 / 1456
Telefax 2784

Margarethenhof
Hans und Maria Böckmann
Dorfstrasse 1
25551 Lohbarbek
Telefon 04826 / 1668

Hof Stolzenburg
Gustav & Margret Stolzenburg
Lohbarbeker Strasse 4
25551 Winseldorf
Telefon 04826 / 5702

Paysenhof
Desmerciereskoog 1
25821 Reussenköge
Telefon 04671 / 6381
Telefax 930066

Michael Drechsler
Bundesstrasse 5
25856 Hattstedt
Telefon 04846 / 738

Eduard Hüsers
Hosüner Sand
26197 Grossenkneten
Telefon 04487 / 580

Einkaufen direkt beim Bio-Bauern

Gisela und Janis Prorikis
Schaareihe 82
26389 Wilhelmshaven
Telefon 04421 / 2619

KVHS Wittmund
Dorfstrasse 12
26446 Wiesede
Telefon 04462 / 948527

Garrelt Agena
Hagenpolder 1
26736 Krummhörn
Telefon 04920 / 318

Heike und Stefan Schwabe
Siedlerstrasse 39
26939 Övelgönne-Rüdershsn.
Telefon 04480 / 1602

Hofgemeinschaft Westen
Ulrike Hubbert Lohmann
Eichenstrasse 24
27313 Dörveden-Westen
Telefon 04239 / 613

Heidi und Uwe Blank
Alsumer Strasse 50
27632 Dorum
Telefon 04742 / 8249

Gernot Riedel
Am kleinen Moordamm 1
28357 Bremen-Borgfeld
Telefon 0421 / 275939

Jochen Voigt
An der Wassermühle 20
28857 Syke (OT Gessel)
Telefon 04242 / 7978

Eckehard Tietke
Breese Nr. 3
29494 Gross Breese
Telefon 05848 / 1299

Lothar Krüger
Glieneitz 3
29499 Zernien
Telefon 05863 / 366

Elbers-Hof
Ulrich-Andreas Elbers
An der Kirche 5
29596 Stadensen-Nettelkamp
Telefon 05802 / 4049
Telefax 296

Jürgen Leutnant
Grenzweg 32
29664 Walsrode-Cordingen
Telefon 05161 / 7883

Bio-Direkt
M. Nietmann
Oeltzenstrasse 17
30169 Hannover
Telefon 0511 / 1316700
Telefax 1316701 (8 / 20 Uhr)

Georg und Karin Hein
Alter Postweg 83
0916 Isernhagen
Telefon 0511 / 619982

Friedrich Maage
Hermann-Löns-Strasse 18
30952 Ronnenberg
Telefon 05108 / 3528

Thomas Klages
Am Angerkamp 10
31311 Uetze-Katensen
Telefon 05173 / 24494

Ulrich Dorn
Hammersteinstrasse 3
31535 Neustadt
Telefon 05073 / 7022

Einkaufen direkt beim Bio-Bauern

„Bio bringt's"
Jens Thieme
Kreisstrasse 37
31655 Stadthagen
Telefon 05721 / 71413

Elke Holtermann
Friedel Gieseler
Lippinghauser Strasse 112
32120 Hiddenhausen
Telefon 05221 / 62575

Gärtnerhof Westerwinkel
Stefan und Uli Rahm
Halinger Ort 25
32351 Levern
Telefon 05745 / 2720
Telefax dto.

Naturkost Lieferservice
Brigitte Heutling-Machon
Vlothoer Strasse 24
32457 Porta Westfalica
Telefon 0571 / 7989532
Telefax 7989533

Gut Holzhausen
J.- F. Freiherr von der Borch
33039 Nieheim-Holzhausen
Telefon 05274 / 989111
Telefax 989110

Brigitte Köster
Bielefelder Strasse 148
33104 Paderborn-Sennelager
Telefon 05254 / 86992

Gärtnerhof Franz Glahe
Vernerholz 23
33154 Salzkotten-Verne
Telefon 05258 / 7240

Heggehof
Ulrich Bentler
Asselner Strasse 22
33165 Lichtenau
Telefon 05295 / 298

Gärtnerhof B. & M. Westerbarkey
Immelstrasse 158
33335 Gütersloh-Avenwedde
Telefon 05241 / 7102
Telefax 73587

Das Bauerngärtchen
Elke Wörmann
Kirchdornberger Strasse 79
33619 Bielefeld
Telefon 0521 / 100315
Telefax 162746

Dieter Schwarz
Schwarzwurzel
Ströherstrasse 5
33803 Steinhagen
05204 / 2861
Telefax 920538

Gemüsehof Ströhen
K. Wölki-B. Etienne
Ströher Strasse 5
33803 Steinhagen
Telefon 05204 / 8107
Telefax 05209 / 4725

NATURLAND-Hof
Meyer zu Theenhausen
Theenhausener Strasse 3
33824 Werther
Telefon 05203 / 5094
Telefax 6869

Söhre Mobil
34302 Guxhagen
Telefon 05665 / 30078
Telefax dto.

Finnenberghof
Christine Pohlmann
und Erwin Hartmann
34414 Warburg- Nörde
Telefon 05642 / 8377
Telefax 8669

Einkaufen direkt beim Bio-Bauern

A. und K. Engemann GbR
Zum Südholz 11
34439 Willebadessen
Telefon 05644 / 751
Telefax 8596

Dietmar Gross
Dorfbrunnen 1
34576 Homberg-Mühlhausen
Telefon 05681 / 2607
Hofladen:DI 14 - 19 h

Grüner Bote Marburg
Sonnbach 3
35112 Fronhausen-Erbenhsn.
Telefon 06426 / 5904
Telefax 6076

ZAUG- Bioland- Hof
Grüner Weg
35418 Grossen-Buseck
06408 / 92168

Biomobil- Lieferdienst
Volker und Traute Weber
Rothof
35428 Langgöns
Telefon 06447 / 1382
Telefax 6413

Hofgemeinschaft Blattlaus
Bismarckstrasse 11
35428 Langgöns
Telefon 06403 / 3079

Uwe Frauenlob
Aulbachstrasse 31
35428 Langgöns / Unberg
Telefon 06085 / 2579
Hofladen:FR 17 - 19 h

Hofgemeinschaft für heilende Arbeit
Hofgut Friedelhause
n35457 Lollar-Odenhausen
Telefon 06406 / 75212

Galant Lieferservice
Austrasse 40 Kesselhaus
35745 Herborn
Telefon 02772 / 957049
Telefax 82441

ÖKOfrisch (Land- Markt- Dienste)
Sigrid Backhaus
Sandweg 1
36287 Breitenbach-Hatterode
Telefon 06675 / 382
modem 1560

EZG BioHalle Alsfeld
Pfarrwiesenweg 5
36304 Alsfeld
Telefon 06631 / 963710

Lins Naturkost
Bahnhofstrasse 6
36381 Schlüchtern
Telefon 06661 / 5102

Albert Langner
Betriebsgemeinschaft Dramfeld
Hauptstrasse 40
37124 Dramfeld
Telefon 05509 / 22731

Wolfgang Munzel
Schwarze Gasse 1
37130 Gleichen
Telefon 0551 / 796836

Grüner Bote Göttingen
Hübenthal 1a
37218 Witzenhausen-Hübenthal
Telefon 05542 / 71077
Telefax 72780

Detlef Heise
Lindenhof
Hannoversche Strasse 15
37586 Dassel-Amelsen
Telefon 05562 / 1236

Einkaufen direkt beim Bio-Bauern

Grüne Kiste
Naturkost ins Haus
Inhaberin: Claudia Holzwig
Gliesmaroder Strasse 107
38106 Braunschweig
Telefon 0531 / 2338971
Telefax dto.

Gartenbaubetrieb Weissmeyer
Langenweddinger Strasse 6
39167 Hohendodeleben
Telefon 039204 / 61394

Bergquell Agrar- Naturprodukte GmbH & Co. KG
Klosterhof 5
38312 Dorstadt
Telefon 05337 / 92510
Telefax 7013

GartenbaubetriebThomas Handrik
Kirchstrasse 78
38822 Kleinquenstedt
Telefon 03941 / 442673

Fam. Thomas Weissmeyer
Langenweddinger Strasse 6
39167 Hohendodeleben
Telefon 039204 / 61394
(ab 20:00 Uhr)

Kreutzerhof Werner Weiers
Necklenbrocher Strasse 74
40667 Meerbusch
Telefon 02132 / 10925
Telefax 10924

Joachim Kamphausen
Lenssenhof 174
41199 Mönchengladbach- Odenkirchen
Telefon 02166 / 680143

Petra und Heiner Hannen
Neulammertzhof
41564 Kaarst
Telefon 02131 / 51528
Telefax 511024

Gärtnerhof G. und F. Gebler
Fasanenweg 9
41844 Wegberg- Arsbeck
Telefon 02436 / 1466
Telefax 1586

Betriebsgemeinschaft Hof zur Hellen
Suse von Schwanenflügel
Windrather Strasse 197
42553 Velbert- Neviges
Telefon 02053 / 3239
Telefax 41765

Betriebsgemeinschaft Oerkhof
Hohlstrasse 139
42555 Velbert- Langenberg
Telefon 02052 / 7207
Telefax 83382

Martin Grützmacher
Alte Höhe 12 - 14
42579 Heiligenhaus
Telefon 02056 / 961030

Karl Dieckmann- Kollodzey
Fürkelrath 3
42719 Solingen
Telefon 0212 / 592465

Hans-Joachim Hoffmann
Aldinghofer Strasse 24
44263 Dortmund
Telefon 0231 / 432329
Telefax dto.

Gärtnerei Werkhof
G. Rossmanith
Werzenkamp 30
44329 Dortmund- Scharnhorst
Telefon 0231 / 23732
Telefax 7223559

Fachklinik Bussmannshof
Bert Schulze
Hektorstrasse 8
44869 Bochum
Telefon 02327 / 97540
Telefax 76011

Einkaufen direkt beim Bio-Bauern

Flotte Karotte
Christian Goerdt
Breloher Steig 5
45279 Essen
Telefon 0201 / 540430
Telefax 540480

DRK Ökohof (Bioland)
Bocholter Strasse 305
46325 Borken / Rhedebrügge
Telefon 02872 / 6790 + 02872 / 7254

Gärtnerei Voorthuysen
Wittenhorst GbR
Kuckucksdahl 2
46446 Emmerich
02828 / 7670 + 02828 / 1286

SOS- Ausbildung und Beschäftigung
Klapheckenhof
Riswicker Strasse 117
47533 Kleve
Telefon 02821 / 91041

Prickenhof
Theo Sonderfeld
Banndeich 8
47533 Kleve
Telefon 02821 / 92717
Telefax dto.

Gemüsebau Niemandsland
Rüdiger Maron
Tünnstrasse 32
47624 Kevelaer
Telefon 02832 / 5276
Telefax 70924

Thoreys Kieselhof
Ulrich Kaltenpoth
Xantener Strasse 5
47626 Kevelaer
Telefon 02838 / 2531

Holzhof, Bärbel und Wilfried Holz
Kastanienburg 9
47638 Straelen
Telefon 02834 / 6874

Betriebsgemeinschaft Heilmannshof
zu Hd. K. Leendertz
Maria- Sohmann- Strasse 93
47802 Krefeld-Traar
Telefon 02151 / 560410
Telefax 563868

Thomas Kötter
Werse 27
48157 Münster
Telefon 0251 / 3111049

Drunter und Drüber
C. Rodewald - M. Diesner
Entrup 119
48341 Altenberge
Telefon 02505 / 3361

Camphill Werkstätten
Henning Koester - Peter Kühnen
Sellen 101
48565 Steinfurt
02551 / 93660

Reinhard Langenberg
Kronsundern 15
49143 Bissendorf
Telefon 05409 / 6419

Heiner Bischof
Brambrook 1
49176 Hilter-Hankenberge
Telefon 05409 / 990030

Bioland- Hof Kloster Oesede
Borghardt und Feldmann GbR
Im Wiesengrund 9
49201 Dissen
Telefon 05424 / 69535
Telefax 69541

Friedel Voss
Baggerien 4
49536 Lienen
Telefon 05483 / 282

Einkaufen direkt beim Bio-Bauern

Haus Hülshoff
Kleinebrahm und Klement GbR
Hülshoff 2
49565 Tecklenburg
Telefon 05482 / 6367
Telefax 97052

Gärtnerei Kalkriese
Zu den Dieven 19
49565 Bramsche
Telefon 05468 / 6978
Telefax 6357

Mathias Krause
Zu den Dieven 19
49565 Bramsche (OT Kalkriese)
Telefon 05468 / 6978

Beschäftigungsinitiative Meppen
Vogelpholstrasse 3
49716 Meppen
Telefon 05931 / 29029

Biohof Anne und Willi Peter
Am Donatushof 13
50765 Köln-Volkhofen
Telefon 0221 / 799519
Telefax 799634

Ökodrom
Harald Koch
Rottfelder Weg 36
51515 Kürten
Telefon 02207 / 7801

Ulrike Roderburg
Am Hasselholz 8
52074 Aachen
Telefon 0241 / 74156

Verein für Integration durch Arbeit VIA e. V.
Steinkaulplatz 8
52076 Aachen / Kornelimünster
Telefon 02408 / 2883

Neuer Hof
Heinz Peter Bochröder
Stockheimer Landstrasse 171
52351 Düren
Telefon 02421 / 51774
Telefax 57946

Hof Altenburg
D. und W. Overdick
Kurfürstenstrasse 18
52428 Jülich
Telefon 02461 / 4299 + 7222
Telefax 4868

Der Leyenhof
Michael Peters & Helgo Schmidt
Im Bachele 1 b
53175 Bonn
Telefon 0228 / 310815
Telefax 319393

Max Apfelbacher
Rücksgasse 18
53332 Bornheim
Telefon 02222 / 3277

Bert Krämer
Elligstrasse 1
53501 Grafschaft
Telefon 02641 / 21821

Vier Jahres Zeiten GmbH
Monika Reske
Siegfriedstrasse 22a
53757 St. Augustin
Telefon 02241 / 91340
Telefax 315329

Mehlwurm Bingen
Raiffeisenstrasse 12
55411 Bingen-Büdesheim
Telefon 06721 / 45071

Ginkgo Naturkost
Koblenzer Strasse 11
55430 Oberwesel
Telefon 06744 / 7284

Einkaufen direkt beim Bio-Bauern

Kornblume Kreuznach
Mannheimer Strasse 45
5545 Bad Kreuznach
Telefon 0671 / 40296

Kornkammer Nastätten
Römerstrasse 35 - 37
56355 Nastätten
Telefon 06772 / 8775

Obsthof Helmut Rinder
Kohrweg 100
57074 Siegen
Telefon 0271 / 62872
Telefax 41205

Gärtnerei Am Leisebach
Knut Böhling
Am Leisebach
57319 Bad Berleburg- Beddelshausen
Telefon 02755 / 8460
Telefax 648

Betriebsgemeinschaft Hof Sackern
zu Hd. Herrn Schubert
Albringhauser Strasse 22
58300 Wetter-Esborn
Telefon 02335 / 73230

Ohler Mühle
Uwe Deckert
Ohler Weg 45
58640 Iserlohn
Telefon 02378 / 2333
Telefax dto.

Gerd Ostholt jun.
Papenholzweg 7
58642 Iserlohn
Telefon 02374 / 4849

Hermann Hanses
In den Telgen 23 b
58730 Fröndenberg
Telefon 02373 / 77584
Telefax dto.

Stephan Berger
Im Wiesengrund 9
58840 Plettenberg-Holthausen
Telefon 02391 / 12386

Reinhold Hövelmann
Enninger Strasse 41
59302 Beckum-Neubeckum
Telefon 02525 / 2560

Gärtnerhof Röllingsen
Tillmanns-Fraune und Kurz
Am Eichkamp 3
59494 Soest-Röllingsen
Telefon 02928 / 1717

Hubertus Holtschulte
Osterfeld 4
59514 Welver
Telefon 02384 / 71306
Telefax dto.

Hüttenfeldhof
Maria und Ulrich Kroll-Fiedler
Hüttenstrasse 7
59514 Welver-Berwicke
Telefon 02384 / 1495

Rudolf und Irene Leifert
Oesterweg 15
59519 Möhnesee-Berlingsen
Telefon 02924 / 1640

Die Gemüsekiste
Ralf Horstmann
Hertingskreuz 18
59590 Geseke
Telefon 02942 / 3603

Blanke und Horstmann
Hertingskreuz 18
59590 Geseke
Telefon 02942 / 3603

Lebensbaum FFM
Eckenheimer Landstrasse 72
60318 Frankfurt
Telefon 069 / 5973068

Einkaufen direkt beim Bio-Bauern

Naturköstliches in Petto
Rohrbachstrasse 56 - 58
60318 Frankfurt
Telefon 069 / 494477

Rote Rebe
Wiesenstrasse 28
60385 Frankfurt
Telefon 069 / 453029

Sina's Naturladen
Berger Strasse 146
60385 Frankfurt
Telefon 069 / 446062

Fruchtbare Erde
Alt Niederursel 51
60439 Frankfurt
Telefon 069 / 587775

Malm
Leipziger Strasse 18
60487 Frankfurt
Telefon 069 / 702227

Naturkostmarkt
Alexanderstrasse 42
60489 Frankfurt
Telefon 069 / 7893389

Grünkern FFM
Stegstrasse 59
60594 Frankfurt
Telefon 069 / 627649

Futura
Engelsgasse 8
61169 Friedberg
Telefon 06031 / 14566

Regenbogen Friedberg
Taunusstrasse 2
61169 Friedberg
Telefon 06031 / 92039

Karbener Naturladen
Wernher von Braun-Strasse 27
61184 Karben
Telefon 06039 / 43126

Buch und Natur
Altenstädter Strasse 10
61197 Florstadt
Telefon 06035 / 7404

Naturstube
Parkstrasse 25
61197 Florstadt
Telefon 06035 / 970002

Bio Express
Antonio Marchetti
Hauptstrasse 8
61209 Echzell
Telefon 06008 / 930070
Telefax 930071

Maks
Langgasse 1
61267 Neu-Anspach
Telefon 06081 / 43272

Naturell
Köppener Strasse 99
61381 Friedrichsdorf
Telefon 06175 / 150

Ganesha
Strackgasse 14
61440 Oberursel
Telefon 06171 / 3212

Quellenhof
Kirchgasse 9
61449 Steinbach
Telefon 06171 / 78458

Kronberger Naturkost
Katharinenstrasse 8
61476 Kronberg
Telefon 06173 / 7780

Einkaufen direkt beim Bio-Bauern

Windmühle
Bahnhofstrasse 17-19
63165 Mühlheim
Telefon 06074 / 886522

Ringelblume
Bahnstrasse 12
63225 Langen
Telefon 06103 / 25252

Naturwarenzentrum Dreieich
Hauptstrasse 37
63303 Dreieich-Sprendlingen
Telefon 06103 / 68014 + 61234

Sternschnuppe
Schützenstrasse 33
63450 Hanau
Telefon 06181 / 253082

Natürlich Wächtersbach
Bahnhofstrasse 13
63607 Wächtersbach
Telefon 06053 / 3951

Pyramide
Schillerstrasse 5
63785 Obernburg
Telefon 06022 / 7975

Lorenz Kurt
Horbacherstrasse 38
63826 Geiselbach
Telefon 06024 / 5863 + 06024 / 80240

Kornblume
Breiter Weg 22
63834 Sulzbach
Telefon 06028 / 7899

Kornmühle
Bessunger Strasse 32
64285 Darmstadt
Telefon 06151 / 63200

Ute Zink-Losi
Die Gemüsekiste
Am Kaiserschlag 21
64295 Darmstadt
Telefon 06151 / 319443

Reformhaus Heinze
Heidelberger Landstrasse 22
64297 Darmstadt-Eberstadt
Telefon 06151 / 55773

DEMETER-Abo Rhein-Main
DEMETER-Felderzeugnisse GmbH
Postfach 12 63
64660 Alsbach
Telefon 06257 / 934015
Telefax 63132

Abholstelle Alsbach
Hauptstrasse 34
64665 Alsbach
Telefon 06257 / 7740 + 4173

Abholstelle Zwingenberg
In den Bruchgärten 53
64673 Zwingenberg
Telefon 06251 / 76126

Römermann
Fritzehof Ausserhalb
64863 Otzberg-Habitzheim
Telefon 06073 / 64552

Distelfink
Herderstrasse 8
65185 Wiesbaden
Telefon 0611 / 301656

Kornwinkel
Stettiner Strasse 130
65239 Hochheim
Telefon 06146 / 3849

Gabi Meurer und Gerhard Gros
65329 Hohenstein-Bresthardt
Telefon 06120 / 5815

Einkaufen direkt beim Bio-Bauern

Umweltgalerie
Schmiedgasse 1a
65520 Bad Camberg
Telefon 06434 / 5760

Der Naturkostladen JAJAK
Hauptstrasse 321
65760 Eschborn
Telefon 06173 / 65283

Martinshof
Gerhard Kempf
In der Brombach 6
66606 Osterbrücken
Telefon 06856 / 272

Hof am Weiher
Kornelius Burgdörfer-Bensel
Burgweg 1
66871 Albessen
Telefon 06384 / 7859
Telefax 7198

Karl-Ernst Wingerter
Heideweg 55
67133 Maxdorf
Telefon 06237 / 59217

Tätiger-Hof
Werner und Lilo Croissant
Winterhalde 10
67251 Freinsheim
Telefon 06353 / 7386
Telefax 8369

Dirk Agena
Dirk's Bio-Kiste
Steigerweg 55
69115 Heidelberg
Telefon 06221 / 20168

Jörg und Beate Hörz
Oberdorfstrasse 14
70794 Fi.- Bonlanden
Telefon 0711 / 772249
Telefax 7787811

Arzt und Feil GbR
Gartenbau
Hinterholz 1
71254 Ditzingen
Telefon 07152 / 93962 / 0
Telefax 25903

Michael Steinat
Oberer Dresselhof 20
71554 Weissach
Telefon 07191 / 57529
Telefax dto.

Ottmar Dänzer
Bachstrasse 15
71554 Weissach
Telefon 07191 / 310800
Telefax 310802

**Hofgemeinschaft
DEMETER-Gärtnerei**
Grosshöchberg
71579 Spiegelberg
Telefon 07194 / 1379
Telefax 8731

Tröger und Felger
Hauptstrasse 12
71579 Spiegelberg
Telefon 07194 / 8333

Hof Hohberg
Michael Braun
Hohbergstrasse 12
71665 Vaihingen/Enz
Telefon 07042 / 92064
Telefax 92372

Helmut Mayer
Badgasse 13
71706 Markgröningen
Telefon 07145 / 4246

Einkaufen direkt beim Bio-Bauern

Gärtnerei Laiseacker
Patrik und Gudi Butz
Stuttgarter Strasse 79
71735 Eberdingen
Telefon 07042 / 78220
Telefax 7126

Martin Korzer - Naturkost M. K.
Neue Strasse 24
72574 Bad Urach
Telefon 07125 / 8113
Telefax 40122

Christoph Abt- Muttscheller
Eva-Brandström-Strasse 13
72762 Reutlingen
Telefon 07121 / 46892
Telefax 46895

Reinhard Ebser
Gemüseabo-Beratung
Vorderer Berg 43
73035 Jebenhausen
Telefon 07161 / 43554

Häderle
Heerstrasse 150
73061 Uhingen
Telefon 07161 / 31155
Telefax 34003

Rupert und Andrea Schickinger
Ostweg 67
73262 Reichenbach
Telefon 07153 / 59285

Rolf Sachsenmaier
Schimmelhof 5
73494 Rosenberg
Telefon 07967 / 710005
Telefax 710006

Thomas Hinderer
Rosensteinstrasse 7
73540 Heubach-Lautern
Telefon 07173 / 929320
Telefax dto.

Naturalis-Gärtnerei
Rainer Waldenmaier
Kelterstrasse 16
73635 Rudersberg
Telefon 07183 / 2739 + 07183 / 7454
Telefax 2778

Regine Weissert
Forststrasse 28
73642 Welzheim
Telefon 07182 / 2744

G. und J. Winkler
WINO
Josefstrasse 7
74336 Brackenheim
Telefon 07135 / 14277
Telefax dto.

Wolfgang und Ulrike Reimer
Flurstrasse 6
74405 Gaildorf-Reippersberg
Telefon 07971 / 8584
Telefax 5718

Thomas Hägele
Ziegelstrasse 8
74424 Bühlertann
Telefon 07973 / 451
Telefax 745

Edmund und Doris Braun
Riegenhof 4
74535 Mainhardt
Telefon 07903 / 2782

Hartmut und Ulrike Engelhardt
Schönenberg 2
74547 Untermünkheim
Telefon 07906 / 8195
Telefax 8014

DEMETER Obst und Gemüse
Edgar Dadischeck
Hermersberg 7
74676 Niedernhall
Telefon 07940 / 6894
Telefax 58138

Einkaufen direkt beim Bio-Bauern

Biko-Mühlthaler GmbH
Gebhard Mühlthaler
Schelmenstrasse 4
75242 Neuhausen-Hamberg
Telefon 07234 / 1408
Telefax 2408

Georg Schmälzle
Frühlingsstrasse 1
76547 Sinzheim-Müllhofen
Telefon 07223 / 6361 + 07223 / 6779
Telefax 6414

Gärtnerhof Mussler
Hubert Mussler
Ottenhofener Strasse 27
77815 Bühl-Weitenung
Telefon 07223 / 57232
Telefax 58485

Hubert Brutscher
Steingrubleweg 12
79108 Freiburg-Hochdorf
Telefon 07665 / 1720

Michael Müller & Martina Rueb
Belchenstrasse 7
79194 Gundelfingen
Telefon 0761 / 589394
Telefax 5950091

Susanne Hagen
Heimstrasse 1
79297 Vörstetten
Telefon 07666 / 3938

Peter Berg
Fischinger Strasse 17
79589 Binzen
Telefon 07621 / 968310
Telefax 69271

Rolf und Martina Hauser
Kapellenweg 4
79802 Dettighofen
Telefon 07742 / 4333
Telefax 2736

Gisela und Helmut Kinzelmann
82140 Olching
Telefon 08142 / 2266
Telefax 18854

Thomas Pummerer
Tinning 2
83083 Riedering
Telefon 08036 / 8069
Telefax dto.

Gärtnerei Horizont
Heubergweg 1
83308 Trostberg
Telefon 08621 / 2089
Telefax 5237

Hans Dandl
83365 Nussdorf
Telefon 08669 / 7481
Telefax 78523

Renate Polk
Echelbach
83539 Pfaffing
Telefon 08071 / 1295
Telefax dto.

Harto Colshorn
83620 Vagen
Telefon 08062 / 8229
Telefax 79614

Hofgut Letten
Letten 1
83670 Bad Heilbrunn
Telefon 08046 / 8121
Telefax 8378

Grüne Kiste Altötting
Gerhard Merches
Pater-Rupert-Mayer-Strasse 29
84503 Altötting
Telefon 08671 / 85711
Telefax 880880

Einkaufen direkt beim Bio-Bauern

Familie Eberhard Katschke
Gemüsehof Niederfeld
85049 Ingolstadt
Telefon 08459 / 1522
Telefax 30022

Siegfried Klein
Münchner Strasse
85232 Eschenried
Telefon 08131 / 82725
Telefax dto.

Franziskuswerk Schönbrunn
gem. GmbH f. Menschen
mit Behinderung, Die Gärtnerei
85244 Schönbrunn
Telefon 08139 / 800580

Josef Berthold
Eichenstrasse 8
85256 Jedenhofen
Telefon 08137 / 5545
oder 08137 / 7033
Telefax 2705

Georg Sturm
85307 Paunzhausen
Telefon 08444 / 7408
Telefax 7496

Josef Voit
85368 Moosburg
Telefon 08761 / 60307
Telefax dto.

Naturgarten
Horst und Erhard Schönegge
Meilendorf 20
85405 Nandlstadt
Telefon 08168 / 96080
Telefax 96081

Josef Weingartner
Hirschbachstrasse 1
85414 Kirchdorf
Telefon 08166 / 7386
Telefax 6295

Susanne Meyer und Werner Schmid
85625 Glonn
Telefon 08093 / 4333
Telefax 4168

Walter Hoffmann
Siedlerstrasse 12
85764 Hackermoos
Telefon 089 / 3150058

Gärtnerhof Fahrenzhausen
Josef und Franz Achatz
Hauptstrasse 20
85777 Fahrenzhausen
Telefon 08133 / 8857

Hermann Haas-Hüsch
Saumweg 9 a
86444 Gebenhofen
Telefon 08207 / 2032
Telefax 8217

Rudi Beutlrock
Kirchstrasse 22
86497 Horgau
Telefon 08294 / 9152
Telefax 9252

Hubert und Brigitte Miller
86511 Schmiechen
Telefon 08206 / 6121

Familie Stümpfl
Dorfstrasse 21
86830 Schwabmünchen-Mittelstetten
Telefon 08232 / 8388

Anna Kammermacher-Greifenstein
(Bioland)
86899 Landsberg
Telefon 08191 / 33738

Dieter Bayrhof
Asen 46
87439 Kempten
Telefon 0831 / 94795
Telefax 94933

Einkaufen direkt beim Bio-Bauern

Franz Mayer
Allmannsweiler Strasse 1
88046 Friedrichshafen
Telefon 07541 / 53278
Telefax 56332

Barbara und Georg Wetzel
Muthen 1
88145 Hergatz
Telefon 08385 / 1755

Abo „Hof Ibele"
Martin Ibele
Wippenreute 1
88213 Ravensburg
Telefon 07504 / 1428
Telefax 1515

Hans-Peter und Sabine Bruchmann
Schauwies 7
88239 Wangen
Telefon 07528 / 2544
Telefax dto.

Ulrich Gruninger (Bioland)
Schlehenweg 12
88281 Schlier
Telefon 0751 / 53384
Telefax dto.

Der Deissenhof (Bioland)
Alfred und Maria Eisele Boos
Hauptstrasse 6
88371 Ebersbach-Musbach
Telefon 07581 / 3270
Telefax 5683

Ruth und Stefan Ernst
Brunnenbergstrasse 18
88434 Rot
Telefon u. Fax 08395 / 7656

Naturdienst Donau/Iller
Sören Hirning
Hauptstrasse 21
88483 Burgrieden
Telefon 07392 / 93177
Telefax 80542

Gärtnerei Rengoldshausen
Geert Neyrinck
Rengoldshauser Strasse 31
88662 Überlingen
Telefon 07551 / 915811
Telefax 915812

Kolb und Gross
Im Tiefental 5
91126 Schwabach
Telefon 09122 / 16985
Telefax 16993

Winkler von Mohrenfels
Landgut Schloss Hemhofen
Schlosshof
91334 Hemhofen
Telefon 09195 / 2403
Telefax dto.

J. und M. Schammann
Hartershofen 5
91628 Steinsfeld
Telefon 09861 / 3945
Telefax 6837

Hutzlhof
Familie Kugler
Weissenberg 55
92265 Edelsfeld
Telefon 09665 / 8543

Peer und Anneliese Winkler
93102 Pfatter
Telefon 09481 / 638
Telefax 8325

Martin und Martina Wiethaler
Biolandhof Kammersdorf
Kammersdorf 3
94375 Stallwang
Telefon 09964 / 9697
Telefax 1798

Einkaufen direkt beim Bio-Bauern

Sieghard Burkert
Schwanenkirchner Strasse 35
94491 Hengersberg
Telefon 09901 / 7256
Telefax 3519

Fritz Trauner (Demeter)
Mangelham 19
94548 Innernzell
Telefon 09908 / 1276
Telefax 396

D. und F. Pax
Gärtnerhof Callenberg
96450 Coburg
Telefon 09561 / 92623 + 59374

Veit Plietz
Weideweg 2
Schwarzach
97359 Münsterschwarzach
Telefon 09324 / 1030
Telefax dto.

Kornelia & Werner Vogt-Kaute
Steingrund 27
97797 Wartmannsroth
Telefon 09357 / 348
Telefax 1518

Gut zum Leben
Abo-Versand bundesweit
Max-Braun-Strasse 4
97828 Altfeld
Telefon 0130 / 122400 kostenlos
Telefax 0130 / 122409 kostenlos

Betriebsgemeinschaft GBR
c/o Magdalena Kaup
Hof Louisgarde
97990 Weikersheim
Telefon 09336 / 851
Telefax dto.

Einkaufen direkt beim Bio-Bauern

Biometzgereien

geordnet nach Postleitzahlen

X= Metzgereien mit Direktversand

01127 Dresden
Fleischerei Joachim Birke
Rehefelder Str. 66
Gäa

01324 Dresden
Fleischerei Hering
Elisabethstr. 19
Telefon 0351 / 376854

02708 Löbau
Fleischwerk Löbau
Breitscheidstr. 1
Telefon 02585 / 86740
Gäa

02929 Rothenberg
Fleischrei Krug
Hauptstr. 19
Telefon 035891 / 2262
Gäa

10711 Berlin
Metzgerei Kolinski
Joachim-Friedrich-Str. 18
Telefon 030 / 3246085
Bioland

17489 Greifswald
Schlachterei Glanert
Lange Reihe 81
Telefon 03834 / 2168
Bioland

19053 Schwerin
Armin Koglin
Schmiedestr. 2

21224 Rosengarten
Heino Cohrs (Schlachterei)
Buchholzer Str. 5

22337 Hamburg
Metzgerei Lindner
Stübeheide 155
Telefon 040 / 503221
Bioland

22399 Hamburg
Apfelbaum
Harksheiderstr. 6c
Telefon 040 / 6022205

22455 Hamburg
Bioland Frischfleisch GmbH
Rudolf-Klug-Weg 9
Telefon 040 / 5553646
Bioland

22926 Ahrensburg
Georg Lutz
Bornkampsweg 36

22956 Grönwohld
Matthias Mauritz
Bahnhofstr. 25
Telefon 04154 / 58146
Demeter

23552 Lübeck
Armin Koglin
Kohlmarkt 4/Markt 6
Telefon 0451 / 71025

23554 Lübeck
Steakzentrale
Posener Str. 7

23749 Grube
Gruber Schinkenkate
Hauptstr. 8 (April-Oktober)

Einkaufen direkt beim Bio-Bauern

24113 Kiel
Bioland Fleischerei,
Im 1000-Körner-Markt
Alte Lübecker Chauss. 21
Telefon 0431 / 682201

24118 Kiel
Metzgerei Wewer
Steinstr. 26
Telefon 0431 / 86770

24217 Krumbek
Hofschlachterei Muhs GbR
Im Dorf 4
Telefon 04344 / 1278
Bioland

X 24558 Henstedt-Ulzburg
Bäuerliches Gemeinschaftsschlacht-
haus, Kurt Möhle
Kirchweg 43
Telefon 04193 / 2547
Demeter

24594 Hohenwestedt
Fleischerei Thurau
Lindenstr. 7
Telefon 04871 / 3060
Bioland

24601 Belau
Holsteiner Landwaren
Perdoel 9
Telefon 04326 / 98595
Bioland

24937 Flensburg
Schlachterei Jensen
Marienallee 2
Telefon 0461 / 51136
Bioland

25887 Winnert
Metzgerei Moseler
Norderweg 6
Telefon 04845 / 455
Bioland

6129 Oldenburg
Ökofleischerei, Rita Koopmann GmbH
Schützenweg 13
Telefon 0441 / 74853

X 28201 Bremen
Koopmann Raab GmbH,
Fleisch und Wurstspezialitäten
Buntentorsteinweg 326
Telefon 0421 / 551655

28816 Stuhr-Fahrenhorst
Marcus Wewer
Föhrenweg 9
Telefon 04206 / 6585

29459 Clenze
Clenzer Schweiz GmbH
Schützenholzstr. 15
Telefon 05844 / 623
Bioland

29482 Küsten
Meuchefitzer Gasthof und Tagungs-
haus
Nr. 12
Telefon 05841 / 5977

29494 Trebel
Biolandhof Tietke
Groß-Breese 3
Telefon 05848 / 833

29525 Uelzen
Bauckhof
Klein-Suestedt 4
Telefon 0581 / 73435

29581 Gerdau
Arnold Kröger
Barnser Ring 1
Telefon 05808 / 220

30159 Hannover
Demeter-Fleischerladen „tierisch gut"
Passerelle 11 M /Raschplatz
Telefon 0511 / 3885805

Einkaufen direkt beim Bio-Bauern

30163 Hannover
Knoops Fleischerladen
Ferd.-Wallbrecht Str. 49
Telefon 0511 / 668180

30559 Anderten
Fleischerei Borchert GmbH
Pumpstr. 4
Biopark

30900 Mellendorf
Meyerhoffs Hofladen
Hellendorfer Kirchweg 3
Telefon 05130 / 39341

31061 Alfeld
Metzgerei Linse
Winde 1
Telefon 05181 / 5319
Biopark

31137 Hildesheim
Fleischerei Macke
Herzberger Landstr. 2-4
Telefon 05121 / 42928
Biopark

31174 Schellerten
Natur & Feinkost
Bäckerstr. 5
Telefon 05123 / 4765

31174 Schellerten
Metzgerei Buchheister
Kleine Seite 34
Telefon 05123 / 7795
Bioland

X 31305 Uetze-Altmerdingsen
Rinderhof, Christa Decker
Schaftrift 6
Telefon 05147 / 447

31319 Sehnde (Höver)
Fleischerei Borchert GmbH
Hannover Str. 3
05132 / 86880
Biopark

X 31785 Hameln
Öko-Fleischerei Janzik
Hummenstr. 6
Telefon 05151 / 21157

32107 Bad Salzuflen-Holzhausen
Metzgerei Obermeier
Sylbacherstr. 221
Telefon 05232 / 3453

32351 Stemwede-Haldem
Haldemer Hof, Rolf Pollmüller
Westernort 22
Telefon 05474 / 6399

32469 Petershagen
Heiner Klöpper
Unterdorf 16

32791 Lage
Metzgerei Obermeier
Sylbacherstr. 221
Telefon 05232 / 3453
Demeter

32791 Lage-Hagen
F.W. Brinkmann
Fröbelstr. 4
Telefon 05232 / 5749

33014 Bad Driburg
Josef Heinemann
Kirchstr. 6
Telefon 05253 / 2232
Demeter

33378 Rheda-Wiedenbrück
Feinkost-Fleischerei Forthaus
Großer Wall 4
Telefon 05242 / 44142
Biopark

33449 Langenberg
Feinkost-Fleischerei Forthaus
Schulstr. 3
Telefon 05248 / 7098
Biopark

Einkaufen direkt beim Bio-Bauern

34117 Kassel
Thiel
Friedrich-Ebert-Str. 57
Telefon 0561 / 15798
Biopark

34117 Kassel
Thiel
Obere Königsstr. 39
Biopark

X 34117 Kassel
Fettnäpfchen
Wolfsschlucht 27
Telefon 0561 / 107741

34119 Kassel
Fettnäpfchen
Lassallestr. 8
Telefon 0561 / 102995

34119 Kassel
Fettnäpfchen
Markthalle
Telefon 05608 / 1709

34131 Kassel
Alnatura
Wilhelmshöher Allee 261
Telefon 0561 / 313406

34131 Kassel
Wilhelmshöher Schmanddibben
Kunoldstr. 29
Telefon 0561 / 35200

34212 Melsungen
Fleischerei Willi Ross
Fritzlarer Straße
Telefon 05661 / 2981
Biopark

34212 Melsungen
Fleischerei Willi Ross
Kasseler Straße
Biopark

4266 Heiligenrode
Fleischerei Ullrich
Kasseler Str. 36
Telefon 0561 / 522200
Biopark

34281 Gudensberg
Fleischerei Schmidt
Untergasse 27
Telefon 0563 / 2313
Biopark

35447 Reiskirchen
Metzgerei Uwe Dippel
Rathausstr. 26
Telefon 06401 / 6413
Bioland

35644 Hohenahr-Erda
Kleinmarkthalle Frankfurt, Metzgerei
Zu den Linden 17a
Telefon 06446 / 2689
Bioland

X 36304 Alsfeld
BioHalle GmbH Alsfeld, Rainer Löser
Pfarrwiesenweg 5
Telefon 06631 / 96370
Bioland/Demeter

37073 Göttingen
Koithahn im Lidl-Markt
Maschmühlenweg 62
Biopark

37115 Duderstadt
Koithahn im Penny-Markt
Brandenburgerstr. 1
Biopark

37154 Northeim
Koithahn
Mühlenstr. 21
Biopark

Einkaufen direkt beim Bio-Bauern

37154 Northeim
Koithahn
Einbecker Landstr. 36
Biopark

37197 Hattorf
Koithahn's Landwurst-Spezialitäten
Herzberger Landstr. 2-4
Telefon 05584 / 959016
Bioland/Biopark

37199 Lindau
Koithahn im Edeka-Aktivmarkt
Königsberger Str. 6
Biopark

37214 Witzenhausen
EZG (Erzeugergem.), Ökofleisch Hessen GbR
Am Rasen 19
Telefon 05542 / 71156

37412 Herzberg
Koithahn im Lidl-Markt
Sieberstr. 5
Biopark

37412 Herzberg
Koithahn
Hauptstr. 62
Biopark

37412 Herzberg/Schwarzfeld
Koithahn
Harzstr. 44
Biopark

37431 Bad Lauterberg
Koithahn im Rewe-Markt
Wissmannstr. 22
Biopark

37434 Gieboldehausen
Koithahnam Penny-Markt
Ludwig Erhardt Straße
Biopark

37434 Rhumspringe
Koithahn im Edeka-Markt
Bahnhofstr. 1
Biopark

37520 Osterode
Koithahn im Frische-Markt
Marientor Str. 9
Biopark

37520 Osterode
Koithahn
Rollberg 9
Biopark

37574 Einbeck
Koithahn im Penny-Markt
Altendorfer Tor Str. 16a
Biopark

38226 Salzgitter-Lebensstedt
Feinkost-Fleischerei Gmyrek, Petermann GmbH
Stadt Passage
Biopark

38300 Wolfenbüttel
Spezialitäten-Fleischerei H. Röber-Kornmarkt
Telefon 05331 / 1241
Biopark

38539 Müden-Aller
Feinkost-Fleischerei Gmyrek, Petermann GmbH
Spannkamp 15
Biopark

38640 Goslar
Koithahn
Fischermäker Str. 9
Biopark

38678 Clausthal-Zellerfeld
Fleischer-Fachgeschäft Schwarzkopf
Adolph-Roemer-Str. 14
Telefon 05323 / 5534
Biopark

Einkaufen direkt beim Bio-Bauern

38678 Clausthal-Zellerfeld
Joachim Siemann
Schulstr. 21
Telefon 05323 / 1651
Biopark

38678 Clausthal-Zellerfeld
Fleischerfachgeschäft Eine
Adolph-Roemer-Str. 11
Telefon 05323 / 2257
Biopark

38723 Seesen
Koithahn imLidl-Markt
Braunschweiger Str. 38
Biopark

38820 Halberstadt
Feinkost-Fleischerei Gmyrek, Petermann GmbH
Breitenweg 22
Telefon 05375 / 1885
Biopark

40477 Düsseldorf
Metzgerei Ansteeg
Nordstr. 112
Telefon 0211 / 482143
Bioland

42369 Wuppertal
Naturprodukte Alischewski
Freymannstr. 25
Telefon 0202 / 467185

42655 Solingen
Neuland-Metzgerei Rosenkaimer
Lehn 26
Telefon 0212 / 10181

42799 Leichlingen
Metzgerei Schuppert
Hochstr. 16
Telefon 02175 / 2888
Biopark

44137 Dortmund
Dilchert Fleischwaren GmbH
Westenhellweg 67-69
Biopark

44137 Dortmund
Dilchert Fleischwaren GmbH
Westenhellweg 72 im Kaufhof
Biopark

44137 Dortmund
Dilchert Fleischwaren GmbH
Westenhellweg 11-13
Biopark

44625 Herne
Dilchert Fleischwaren GmbH
Herforderstr. 11
Biopark

44649 Herne
Dilchert Fleischwaren GmbH
Hauptstr. 239
Biopark

44651 Herne
Dilchert Fleischwaren GmbH
Edmund-Weber-Str. 221
Biopark

44653 Herne
Dilchert Fleischwaren GmbH
Ressertstr. 51
Telefon 02325 / 92640
Biopark

44789 Bochum
Der Grüne Baum, Naturkost - Naturwaren
Alte Hattinger Str. 15
Telefon 0234 / 312177

44795 Bochum
Norbert Wysotzki, Weitmar-Markt
Karl-Friedrich-Str. 121
Telefon 0234 / 471502
Biopark

Einkaufen direkt beim Bio-Bauern

44869 Bochum-Wattenscheid
Metzgerei Grenda
Ruhrstr. 159
Telefon 02327 / 71270
Demeter

44892 Bochum
Johannes Artmann
Birkhuhnweg 5A
Telefon 0234 / 286762
Demeter

45327 Essen
Metzgerei Kolfitz
Herrmannstr. 6
Telefon 0201 / 300412
Naturland

45657 Recklinghausen
Fleischer-Fachgeschäft Breukmann,
Inh. H.M. Bockhoff
Haltener Str. 28
Telefon 02361 / 22633
Biopark

45721 Haltern
Wilfried Sydow
Rekumerstr. 42
Telefon 02364 / 2094
Biopark

46045 Oberhausen
Dilchert Fleischwaren GmbH
Marktstr. 103
Biopark

46145 Oberhausen-Sterkrade
Dilchert Fleischwaren GmbH
Bahnhofstr. 43
Biopark

47509 Schaephuysen
Fleischerei Tewes
Hauptstr. 33
Telefon 02845 / 609924
Biopark

48308 Senden
Gut Wewel
Gettrup 13
Telefon 02597 / 5256

48727 Billerbeck
Lieshaus Fleischwarenspezialitäten
GmbH
Coesfelder Str. 19
Telefon 02543 / 544

50827 Köln
Ulrich Gar
Subbelrather Str. 509
ANOG

51105 Köln
Bruno Fischer, Naturkost-Metzgerei
Siegburgerstr. 304
Telefon 0221 / 8305726

51149 Köln
BioFleischerei Jansen
Welserstr. 10a
Telefon 02203 / 31041

52064 Aachen
Metzgerei Roderburg
Jakobstr. 72
Telefon 0241 / 36211
Bioland

53225 Bonn
Metzgerei Rosenberg
Friedrich-Breuer-Str. 36
Telefon 0228 / 466268
Bioland

53340 Meckenheim
Hubert Schmitz
Hauptstr. 27
Telefon 02225 / 945366
Bioland

Einkaufen direkt beim Bio-Bauern

53562 St. Katharinen-Notscheid
Metzgerei Bober
Hochstr. 39
Telefon 02645 / 99363
Bioland

53783 Eitorf-Schiefen
Clemens Dohrmann
Zum Heckerhof 8

53844 Troisdorf-Bergheim
Mezgerei Fusshöller
Siegstr. 31a
Telefon 0228 / 451354
Bioland

54317 Herl
Wurstvertrieb, Claudia Meßer
Bergstraße 8
Demeter

54341 Fell
Johannes Portz, Fellerhof
Telefon 06500 / 488

54570 Mürlenbach
Bernhard Weiers
Meisburgerstr. 19
Telefon 06594 / 1678

56269 Dierdorf
Metzgerei Dick
Hauptstr. 35

56370 Schönborn
Metzgerei Vugt
Hauptstr. 26
Telefon 06486 / 6213

57632 Giershausen
Gallowayhof
Hauptstr. 3
Telefon 02685 / 8104

59505 Bad Sassendorf-Lohne
Blume Serkshof
Sauerstr. 19
Telefon 02921 / 51340

59510 Lippetal
Marktgemeinschaft der Naturland
Bauern in NRW
Hauptstr. 5
Telefon 02527 / 8736

59590 Geseke
Der Flachshof
Flachsstr. 38
Telefon 02942 / 6696

60311 Frankfurt-Main
Kleinmarkthalle Frankfurt
(auf der Empore)
Hasengasse 4

61209 Echzell
Vermarktungsgem. f. Demeter Wurst
u. Fleisch aus Hessen GbR
Schloßstr. 12a
Telefon 06035 / 81129
Demeter

61250 Usingen
Fleischwaren Service, Karl Ende
Fritz-Born-Str. 7
Telefon 06081 / 66019

61276 Weilrod
Familie Blum-Becker
Ringstr. 14
Telefon 06084 / 5886

63456 Hanau
Metzgerei Josef Rieblinger
Seligenstädter Str. 15
Telefon 06181 / 60637
Demeter

64291 Darmstadt
Bruno Fischer, Naturkost-Versand
GmbH, Ruth Franz
In der Hahnhecke 8
Telefon 06150 / 82051

Einkaufen direkt beim Bio-Bauern

64686 Lautertal
Gunther Hornung
Nibelungenstr. 243
Telefon 06254 / 1241

65195 Wiesbaden
Heßelnuß-Hofladen
Yorckstr. 19
Telefon 0611 / 400646

65205 Wiesbaden-Erbenheim
Hessische Staatsdomäne Mechtildshausen
Wiesbadener Jugendwerkstatt
Telefon 0611 / 737440
Bioland

65597 Hünfelden-Dauborn
Gnadenthaler Hofmarkt
Telefon 06438 / 81222
Bioland

65719 Hofheim
Buch. Der Markt
Hauptstr. 73
Telefon 06192 / 9630

66440 Blieskastel
Metzgerei Weller
Jahnstr. 12
Telefon 06803 / 1424
Bioland

X 66606 St. Wendel
Martinshof, Bioland-Betriebsgemeinschaft
In der Brombach 6
Telefon 06856 / 272
Bioland

67059 Ludwigshafen
Alnatura
Ludwigstr. 30
Telefon 0621 / 627723

68161 Mannheim
Alnatura
Kaiserring, N7, 12
Telefon 0621 / 152690

69429 Waldbrunn
Willi Neureuter
Alte Marktstr. 10
Telefon 06274 / 214
Demeter

X 70173 Stuttgart
Futura GmbH & Co. KG
Verkaufsstelle Markthalle
Dorotheenstr. 4
Telefon 0711 / 233615

70619 Stuttgart
Demeter-Bund e. V.
Fenchelstr. 14
Telefon 0711 / 4411025

70794 Filderstadt
Metzgerei Rath
Karlstr. 22
Telefon 0711 / 706073
Bioland

71332 Waiblingen
Metzgerei Walter Händle
Bahnhofstr. 62
Telefon 07151 / 53527
Demeter

71543 Wüstenrot
Metzgerei Schojohann
Öhringerstr. 11
Telefon 07222 / 151954
Bioland

71665 Vaihingen/Enz
Metzgerei Ruggaber
Rathausstr. 4
Telefon 7042 / 21413
Bioland

Einkaufen direkt beim Bio-Bauern

72072 Tübingen
Metzgerei Wizemann
Eugenstr. 34
Telefon 07071 / 32517

72119 Ammerbuch
Metzgerei Egeler
Altinger Str. 10
Telefon 07073 / 7256
Bioland

72131 Ofterdingen
Karl-Heinz Grießhaber
Bachsatzstr. 9
Telefon 07473 / 22310

72401 Haigerloch-Grund
Metzgerei Siedler
Wittus-Kapelle-Weg 3
Telefon 07474 / 8562
Bioland

72525 Münsingen
Alfons Engelhart
Gundelfinger Str. 17
Telefon 07383 / 473
Demeter

72555 Metzingen
Metzgerei Reusch
Fabrikstr. 1
Telefon 07123 / 4348
Bioland

72649 Wolfschlugen
Metzgerei Schönleber
Nürtinger Str. 15
Telefon 07022 / 50763
Bioland

72764 Reutlingen
Metzgerei Müller
Federseestr. 7
Telefon 07121 / 329439
Bioland

72820 Sonnenbühl-Undingen
H. Allmendinger
Schiessgasse 4
Telefon 07128 / 2302
Bioland

73033 Göppingen
Metzgerei Kümmerle
Grabenstr. 30
Telefon 07161 / 68087
Bioland

73252 Hochwang
Metzgerei Scheu & Weber
Weiler Str.
Telefon 07021 / 51774

73252 Unterlenningen
Metzgerei Scheu & Weber
Lindenhof
Telefon 07021 / 51774

73277 Owen
Metzgerei Scheu & Weber
In der Braike 20
Telefon 07021 / 950610
Bioland

X 73666 Baltmannsweiler
Futura GmbH & Co. KG, W.Stöbe
Pfarrstr. 38
Telefon 07153 / 42266
Demeter

X 74321 Bietigheim-Bissingen
Metzgerei Luc Villemin
Pfarrstr. 10
Telefon 07142 / 44240
Demeter

74523 Schwäbisch Hall
Metzgerei Beck
Im Haal 7
Telefon 0791 / 6532

Einkaufen direkt beim Bio-Bauern

74523 Schwäbisch Hall
BIH e.V., natürlich BAFF,
Elke Zimmermann
Neustetter Str. 16-18
Telefon 0791 / 492476
Demeter

74547 Beltersrot
Metzgerei Beck
Rohrbach 13
Telefon 07944 / 755

74549 Wolpertshausen
Rudolf Bühler
Haller Str. 20
Telefon 07904 / 257

74592 Kirchberg
Erzeugergemeinschaft Fleisch von Demeter-Höfen
Buchenstr. 25-1
Telefon 07954 / 8688

74632 Neuenstein
Metzgerei Beck
Schlossstr. 15
Telefon 07942 / 2320

74635 Kupferzell
Meztgerei Beck
Am Marktplatz 13
Telefon 07944 / 2875

74638 Waldenburg
Metzgerei Beck
Hauptstr. 14
Telefon 07942 / 8131

75177 Pforzheim
Hans Sichermann
Eisingerlandstraße

X 75180 Pforzheim
Landhaus demeter, Fleisch- und Wurstversand
Walther-Rathenau-Str. 84
Telefon 07231 / 74430

75196 Remchingen
Dürr & Beier GmbH
Karlsbaderstr. 46
Telefon 07232 / 36650
Bioland

75236 Kämpfelbach
Dürr & Beier GmbH
Unt. Eisinger Str. 2
Telefon 07231 / 89090

76133 Karlsruhe
Alnatura
Kaiserstr. 229
Telefon 0721 / 25571

76476 Bischweier
Betina Hertweck GmbH
Bahnhofstr. 9
Telefon 07222 / 48005

76831 Göcklingen
Metzgerei Platz
Hauptstr. 3
Telefon 06349 / 6232
Bioland

76891 Bobenthal
Geflügelfarm-Scheib
Forststr. 6
Telefon 06394 / 1843

78176 Blumberg
Metzgerei H. und G. Gut
Singener Str. 23
Telefon 07702 / 2153

79106 Freiburg
Metzgerei Hügle
Guntramstr. 29
Telefon 0761 / 273683
Bioland

79108 Freiburg-Hochdorf
Josef Herr
Nimbergstr. 1
Telefon 07665 / 2674
Naturland

Einkaufen direkt beim Bio-Bauern

79331 Teningen
Metzgerei Hörsch
Neudorfstr. 27
Telefon 07641 / 52736
Bioland

79585 Steinen
Metzgerei Wurstzipfel
Neumattstr. 19
Telefon 07627 / 7682
Bioland

79793 Wutöschingen
Friedrich Schüle Fleischwaren
Silberwiese 8
Telefon 07746 / 1011
Demeter

79801 Hohentengen
Metzgerei Gebr. Hirt GmbH
Hauptstr. 18
Telefon 07742 / 5710
Demeter

80331 München
Landfrau Fleisch & Wurst GmbH,
Am Viktualienmarkt
Blumenstr. 1
Telefon 089 / 2606264

80333 München
Chiemgauer Naturfleisch GmbH
Stachus C 3
Telefon 089 / 55029930
Biokreis

80337 München
Bavaria Fleischhandels GmbH
Zenettistr. 20
Telefon 089 / 7257023
Naturland

80337 München
Bavaria Fleisch GmbH
Zenettistr. 20
089 / 7257023
Bioland

80337 München
Pichler's Biometzgerei
Lindwurmstr. 215
Telefon 089 / 8545397

80469 München
Hermannsdorfer Landwerkstätten,
Am Viktualienmarkt
Frauenstr. 6
Telefon 089 / 263525

80636 München
Metzgerei Ederer
Pfänderstr. 21
Telefon 089 / 1232860

80686 München-Laim
Hofladen
Hogenbergstr. 35
Telefon 089 / 546575

81539 München
„Der Metzger Huber"
Walchenseeplatz 2

81927 München
Chiemgauer Naturfleisch GmbH, Filiale Kornfeld
Warthestr. 1
Telefon 089 / 9304289
Biokreis

82064 Großdingharting
„Der Metzger Huber"

82110 Germering
Landfrau Filiale
Öko-Frischmark
Streiflacherstr. 3

82166 Gräfelfing
Pichler's Biometzgerei
Finkenstr. 29
Telefon 089 / 8545397

Einkaufen direkt beim Bio-Bauern

82205 Gilching
Metzgerei Robert Ederer
Starnbergerstr. 66
Telefon 089 / 1232860

82402 Seeshaupt
Josef Popp
Kronleiten 1, Packlhof
Telefon 08801 / 692

82547 Eurasburg
Metzgerei Urban
Oberherrnhausen 5
Telefon 08179 / 8822
Bioland

82549 Königsdorf
Hofgemeinschaft Mooseurach
Mooseurach 9
Telefon 08179 / 745

83209 Prien am Chiemsee
Liendl Hof
Trautersdorf 3
Telefon 08051 / 62203

83209 Prien am Chiemsee
Metzgerei Kunz GmbH
Seestr. 28
Telefon 08051 / 62203

83209 Prien am Chiemsee
Chiemgauer Naturfleisch GmbH
Kaltenbach 8
Telefon 08051 / 61107
Biokreis, Bioland, Demeter

83254 Breitbrunn am Chiemsee
Chiemgauer Naturfleisch GmbH
Kailbachstr. 3
Telefon 08054 / 4304
Biokreis, Bioland

83349 Palling
J. u. R. Parzinger, Verkauf: Freilassinger Bauernladen
Genetsham 2
Telefon 08629 / 207

83556 Griesstätt
Georg Gassner
Wasserburger Str. 2
Telefon 08031 / 1075

83646 Bad Tölz
Metzgerei Mannheim
Königsdorfer Str. 73
Telefon 08041 / 2226
Bioland

X 83703 Gmund
Stefan Poschenrieder
Hochwiesweg
Telefon 08022 / 75509

84405 Dorfen
Tagwerk e.G.
Erdinger Str. 32
Telefon 08081 / 4764

84558 Kirchweidach
Johann Rottenaicher, Fuchshof
Telefon 08623 / 683

84561 Mehring
Georg Stadler
Niederholz 1
Telefon 08677 / 4451

85354 Freising
Tagwerk Freising
Ziegelgasse 7
Telefon 08161 / 12423

85521 Ottobrunn
Metzgerei Sigl
Rosenheimer Landstr. 109
Telefon 089 / 6096433

85625 Glonn
Hermannsdorfer Landwerkstätten
Hermannsdorf 7
Telefon 08093 / 90940
Biokreis

Einkaufen direkt beim Bio-Bauern

86150 Augsburg
Metzgerei Struzina
Stadtmarkt
Telefon 0821 / 515615
Bioland

86316 Friedberg
Metzgerei Kaindl
Haagstr. 19
Telefon 0821 / 601430
Bioland

X 86558 Freinhausen
Dietmar Döhner
Ingolstädter Str. 6
Telefon 08446 / 1020

86567 Hilgershausen
Metzgerei Häuserer
Aichacherstr. 4
Telefon 08250 / 217

86869 Oberostendorf
Metzgerei Zerch
Austr. 2
Telefon 08193 / 5630

X 86926 Greifenberg
Landfrau, Fleisch & Wurst GmbH
Hofgut Algertshausen
Telefon 08193 / 5630
Naturland

87439 Kempten
Biofleischbörse GmbH
Kapellenplatz 4
Telefon 0831 / 18044
Bioland

87439 Kempten
Rindfleisch-Erzeuger
Telefon 0831 / 3353

87484 Nesselwang
Erd, Vieh-& Fleischhandel
Blutensteig 1
Telefon 0831 / 18044

87700 Memmingen
Metzgerei Greiff
Kalchstr. 17
Telefon 08331 / 12051

88048 Friedrichshafen
Metzgerei Brugger
Bodenseestr. 5
Telefon 07541 / 550044

88299 Leutkirch
Boschenhof-Vermarktung, Herr Bauer
Friesenhofen
Telefon 07567 / 346
Demeter

88499 Riedlingen/Donau
List & Bierer GmbH
Daimlerstr. 10
Telefon 07371 / 93370
Bioland

X 89134 Blaustein
Demeter-Vertragsmetzgerei + Naturkost
Jörg Rießland
Telefon 07304 / 41112

90489 Nürnberg
Kaufmarkt
Sulzbacher Str. 77-81
Telefon 0911 / 563065

91093 Heßdorf
Adolf Thomann
Erlanger Str. 18
Telefon 09135 / 8260
Demeter

91235 Velden
Metzgerei Leibold GmbH
Henneberg 7
Telefon 09152 / 395
Demeter

Einkaufen direkt beim Bio-Bauern

91301 Forchheim
ebl, Naturkost Metzgerei
Bayreuther Str. 37
Telefon 0911 / 951740
Demeter

91320 Ebermannstadt
Metzgerei Hübschmann
Hauptstr. 34

91334 Hemhofen
Die Abo Kiste GmbH
Landgut Schloß Hemhofen
Telefon 09195 / 8381
Demeter

91522 Ansbach
Fleischgärtchen, Bioland Metzgerei
Martin-Luther-Platz 27
Telefon 0981 / 2129
Bioland

91575 Windsbach
Johann Schwarz
Veitsaurach 33
Telefon 09871 / 9044
Demeter

92275 Hirschbach
Hartmut Schramm
Marktstände in Amberg, Sulzbach-Rosenberg
Unterklausen 12
Telefon 08665 / 1391

92360 Mühlhausen
Metzgerei Pfindel
Hofen 11
Telefon 09185 / 264
Bioland

X 92436 Bruck
Gustl Schuhbauer
Bischof-Krautbauer-Str. 8
Telefon 09434 / 683
Demeter

92660 Neustadt
Metzgerei Kummer
Knorrstr. 21

92706 Luhe
Gasthof-Metzgerei „Zum Webertor",
Mathis Hagler
Regensburger Str. 1
Telefon 09607 / 394
Bioland

93138 Lappersdorf
Metzgerei Zirngibl
Regensburger Str. 31
Telefon 0941 / 81576
Bioland

94060 Pocking
Anton Binder
Oberindling
Telefon 08531 / 41816

94060 Pocking
Alois Gerauer,
Marktstand in Burghausen, Bad Füssing, Pocking
Oberindling 48
Telefon 08531 / 8594

X 94149 Kößlarn
Bio-Bauern-Frischdienst,
Alfons Espenberger
Neuwimm 4
Telefon 08533 / 2985
Biokreis

94259 Kirchberg
Martin Dautel-Weiß,
(Bauernmarkt in Regen)
Voglmühle 1
Telefon 09927 / 1808

94544 Hofkirchen
Elisabeth Schneider
Marktstand in Passau, Vilshofen, Bauernmarkt Passau
Gsteinöd 18
Telefon 08541 / 6185

Einkaufen direkt beim Bio-Bauern

94560 Offenberg
Wilhelm Mittermeier
Markt Deggendorf
Wolfstein 6
Telefon 09906 / 851

95179 Geroldsgrün
Metzgerei Kurzmann
Telefon 09288 / 7550

95326 Kulmbach
Metzgerei Passing
Buchbindergasse 10
Telefon 09221 / 2238
Bioland

96049 Bamberg
Metzgerei Brand
Judenstr. 13
Telefon 0951 / 54353
Bioland

96167 Königsfeld
Otto u. Irene Weiß
Laibarös 12
Telefon 09297 / 667

96482 Ahorn
Metzgerei Schober
Thüringer Str. 2
Telefon 09561 / 28337
Bioland

X 97450 Arnstein
Metzgerei Anton Mohr
Kirchplatz 3
Telefon 09363 / 1638
Demeter

97996 Niederstetten
Albert Dürr
Telefon 07932 / 8345

99427 Weimar-Schöndorf
Marktgemeinschaft Ökoflur
Wohlsborner Str. 2
Telefon 03643 / 437220
Gäa

L-1420 Luxembourg
Boucherie Oswald Miller
137, Avenue Gaston Diderich
00352 / 446545
Demeter

Viele Naturkostläden und etwa 100 miniMal-Märkte in Deutschland haben ebenfalls Öko-Fleisch in ihrem Angebot.

Diese Liste erhebt keinen Anspruch auf Vollständigkeit.

Regionale Direktvermarkterlisten

Baden-Württemberg
Naturkost vom Bodensee - 1997/98
Der praktische Einkaufsführer mit Tips und Adressen rund um den Bodensee
Bezug: Bodensee-Stiftung, Paradiesstr. 13, D-78462 Konstanz

Axel B. Bott: Öko Vital - Biokost für Jedermann - 1997
Einkaufsführer für Biokost in Baden Württemberg mit über 3200 Adressen
bioFach + Umwelt Verlagsgesellschaft, Eschelbronn, ISBN 3-00-001539-6

Lebensmittel einkaufen direkt beim Erzeuger
Landwirtschaftliche Direktvermarkter in Freiburg und im Umland
(unter anderen auch Direktvermarktende Betriebe der AGÖL-Verbände)
Rombach Verlag, Freiburg, ISBN 3-7930-0682-4

Bayern
Hier gibt's Tagwerk Produkte: Lebensmittel aus kontrolliert-ökologischer Landwirtschaft
Bezug: Tagwerk, Förderverein für ökologischen Landbau, Landschaftspflege und bewußte Lebensführung e.V., Spiegelgasse 2, D-85435 Erding

Die Liste der Allgäuer Bio-Höfe 97/98
Über 300 Adressen von Bio-Höfen, Natukostläden und Verarbeitern
Bezug: Bio-Ring Allgäu, Kapellenplatz 4, D-87439 Kempten

Prokoli - Bio-Bauern-Liste
Biobauern und Bioläden im Umkreis von ca. 50 km um Augsburg
Bezug: Vera Pröbstl, Taubenweg 17, D-86399 Bobingen

Map Kartographie GmbH (Hrsg.): Gesund einkaufen! Wegweiser und Landkarte für Bayern Süd
Biohöfe, Wochenmärkte, Naturkosthandel, Biobäcker und -metzger
Bezug: Map Kartographie, Mauloffenweg 2, D-65529 Waldems

Brandenburg
Ökohöfe in der Mark Brandenburg
Bezug: Grüne Liga Brandenburg e.V., Hegelallee 6-10, Haus 2, D-14467 Potsdam

Einkaufen direkt beim Bio-Bauern

Biobauern direkt
Der Ökoeinkaufsführer für Berlin und Brandenburg
Bezug: BUND Landesverband Berlin e.V., Crellestr. 35, D-10827 Berlin

Hessen
Map Kartographie GmbH (Hrsg.): Gesund einkaufen! Wegweiser und Landkarte für Hessen
Biohöfe, Wochenmärkte, Naturkosthandel, Biobäcker und -metzger
Bezug: Map Kartographie GmbH, Mauloffer Weg 2, D-65529 Waldems

Thomas Gregor: Direkt vom Erzeuger
Die besten Adressen rund um Frankfurt
(unter anderen auch Direktvermarktende Betriebe der AGÖL-Verbände)
Vito von Eichborn GmbH und Co. Verlag KG, Frankfurt, ISBN 3-8218-0529-3

Mecklenburg-Vorpommern
Ökohöfe im Land Mecklenburg Vorpommern
Bezug: Bioland - Verband für organisch-biologischen Landbau, Landesverband Mecklenburg-Vorpommern, Buchholzerweg 9, D-18059 Pölchow

Niedersachsen
Bioliste - Bauernhöfe, Marktstände, Aboservice
Verschiedene Listen für die Regionen Nord-Niedersachsen, Süd-Ost-Niedersachsen, Niedersachsen Mitte, West-Niedersachsen, Nord-West-Niedersachsen
Bezug: Verbraucher-Zentrale Niedersachsen e.V., Herrenstr. 14, D-30159 Hannover

Nordrhein-Westfalen
Map Kartographie GmbH (Hrsg.): Gesund einkaufen! Wegweiser und Landkarte für Nordrhein-Westfalen
Biohöfe, Wochenmärkte, Naturkosthandel, Biobäcker und -metzger
Bezug: Map Kartographie, Mauloffenweg 2, D-65529 Waldems

Marcus Strelow: Einkaufsführer zu den Bio-Bauern im Ruhrgebiet
Adressen von Biohöfen, Gärtnereien und Lieferdienste im erweiterten Ruhrgebiet, Krefeld, Wuppertal, Iserlohn und Kevelaer
Verlag Marcus Strelow, Essen, ISBN 3-9805612-0-8

Einkaufen auf dem Bauernhof - Westfalen-Lippe
Einkaufen auf dem Bauernhof - Rheinland

Einkaufen direkt beim Bio-Bauern

(unter anderen auch Direktvermarktende Betriebe der AGÖL-Verbände)
Bezug: Ministerium für Umwelt, Raumordnung und Landwirtschaft des Landes Nordrhein-Westfalen:

Rheinland-Pfalz/Saarland
Map Kartographie GmbH (Hrsg.): Gesund einkaufen! Wegweiser und Landkarte für Rheinland-Pfalz/Saarland
Biohöfe, Wochenmärkte, Naturkosthandel, Biobäcker und -metzger
Map Kartographie GmbH, Mauloffer Weg 2, D-65529 Waldems

Sachsen
Verkaufsstellenliste für Öko-Produkte in Sachsen
Bezug: Grüne Liga Sachsen e.V., Schützengasse 16-18, D-01067 Dresden

Schleswig Holstein
Ökologisch erzeugte Nahrungsmittel aus Betrieben in Schleswig Holstein
Bezug: Bund für Umwelt und Naturschutz Deutschland, Landesverband Schleswig Holstein, Lerchenstr. 22, D-24103 Kiel

Map Kartographie GmbH (Hrsg.): Gesund einkaufen! Wegweiser und Landkarte für Schleswig-Holstein und Hamburg
Biohöfe, Wochenmärkte, Naturkosthandel, Biobäcker und -metzger
Bezug: Map Kartographie GmbH, Mauloffer Weg, D-65529 Waldems

Ausland

Österreich
Öko-Adress-Buch für Österreich - OEDAT
Bezug: Ökodatenbank Österreich, Dr. G. & H. Soyka, Alsegger Straße 37, A-1180 Wien
(unter anderen auch Adressen von Bio-Bauern)

Schweiz
Bioterra (Hrsg.): Einkaufen auf dem Biohof
Das Verzeichnis der Direkteinkaufs- und Versandmöglichkeiten der Schweizer Biobetriebe 1997/98. Östliche und Westliche Schweiz. 1997.
Bezug: Bioterra (Schweizerische Gesellschaft für biologischen Landbau), Dubsstraße 33, CH-8003 Zürich

Fundierte & aktuelle Informationen

Die Stiftung Ökologie & Landbau (SÖL) gibt seit 1979 die

„SÖL-Sonderausgaben"

zur Theorie und Praxis des ökologischen Landbaus heraus. Sie enthalten fundierte und wertvolle Informationen und erscheinen ergänzend zu der Quartalszeitschrift

„Ökologie und Landbau".

Außerdem ist die SÖL Herausgeber der Buchreihe

„Alternative Konzepte".

Die beiden SÖL-Publikationsreihen „Alternative Konzepte" und „SÖL-Sonderausgaben" wurden 1993 mit dem Buchpreis „Lesen für die Umwelt" der Deutschen Umweltstiftung ausgezeichnet.

Die gemeinnützige Stiftung Ökologie & Landbau wurde 1962 von Karl Werner Kieffer gegründet.
Sie gibt Impulse für ein ganzheitliches Denken und Handeln, insbesondere in den Bereichen des Umweltschutzes und der Agrarkultur. Unterstützt wird eine Vielzahl praxisorientierter Projekte und Studien. Ein wichtiges Anliegen ist die Koordinierung des Erkenntnis- und Erfahrungsaustausches sowie die wirksame Verbreitung der gewonnenen Ergebnisse.

Zuwendungen erbeten auf:
Konto-Nr. 86811-671
Postgiroamt Ludwigshafen
(BLZ 545 100 67)

Weinstraße Süd 51
D-67098 Bad Dürkheim
Telefon (06322) 8666
Telefax (06322) 8794

Stiftung Ökologie & Landbau

Der neue Reiseführer ist da!

Urlaub auf Biohöfen in Deutschland 1998

Auf 176 Seiten und in ca. 50 Abbildungen gibt Ihnen der neue Reiseführer einen umfassenden Überblick über die Urlaubsmöglichkeiten auf Deutschlands Biohöfen. Alle Hofbeschreibungen enthalten umfangreiche Angaben über Preise, Freizeitangebote und Umgebung der Höfe (siehe Beispielseite). Im Anhang finden Sie Informationen über die Ökoanbauverbände in Deutschland, Beiträge zum sanften Tourismus und weitere Tips für umwelt- und sozialverträglichen Tourismus.

Preis: 18,- DM zzgl. Versand

ECEAT-Reiseführer mit ausführlichen Informationen zu den einzelnen Höfen gibt es auch für 20 weitere Länder: Frankreich, Polen, Tschechische Republik, Slowakei, Italien, Schweiz, Niederlande, Baltische Staaten, Belgien, Bulgarien, Griechenland, Großbritannien, Irland, Portugal, Spanien, Rumänien, Ungarn und Slowenien (Preise: 12,50 DM bis 14,- DM). Bestellen Sie gleich telefonisch oder fordern Sie schriftliche Infos an.

**ECEAT Deutschland c/o GRÜNE LIGA M-V e.V.,
Postfach 01 02 43, 19002 Schwerin,
Tel. (0385) 56 29 18, Fax. (0385) 56 29 22,**
E-Mail: eceat.de@ipn-b.comlink.apc.org Internet: www.grueneliga.de

Das „European Centre for Eco Agro Tourism" (ECEAT) arbeitet europaweit mit Biobauern zusammen. ECEAT ist eine internationale Non-Profit-Organisation. Die Biohöfe werden von ECEAT-Mitarbeitern vor Ort ausgewählt und kontrolliert. Sie erfüllen strenge ECEAT-eigene Maßstäbe bezüglich Umweltfreundlichkeit und Qualität der Beherbergung.

Ernährung & Gesundheit

Ökologischer Ärztebund
Erik Petersen/ Wolfgang Stück

Unser täglich Brot

Die Veränderung der Nahrung durch Chemie, Bestrahlung und Gentechnologie und ihre Auswirkungen auf die Gesundheit.
235 Seiten, Softcover

Theron G. Randoph/ Ralph W. Moss
**Allergien:
Folgen von Umwelt und Ernährung***

Chronische Erkrankungen aus der Sicht der klinischen Ökologie, Ökologische Konzepte Band 49
372 S., ISBN 3-930720-45-0
34,00 DM/ 31,50 sFr/ 248 öS

Manfred Hoffmann
Lebensmittelqualität*

Neue Erkenntnisse zu aktuellen Fragen, 2. Auflage 1996,
SÖL-Sonderausgabe 62
372 S., ISBN 3-926104-62-7

Robert Hermanowski/ Rainer Roehl
Natur auf dem Teller*

Einsatz ökologisch erzeugter Produkte in Großküchen: Probleme und Lösungsansätze,
SÖL-Sonderausgabe 44
56 S., ISBN 3-926104-44-9
6,80 DM/ 6,80 sFr/ 50 öS

K.F. Müller-Reißmann/ Joey
Ökologisches Ernährungssystem*

Das heute vorherrschende Ernährungssystem ist naturbelastend und oft auch Krankheitsursache. In diesem Buch wird ein konkreter Gegenentwurf entwickelt. Ökologische Konzepte Band 68

Anne Calatin
Ernährung und Psyche*

Ernährungsbedingte Ursachen psychischer Erkrankungen aus klinischer und psychiatrischer Sicht, Ökologische Konzepte Band 43

* herausgegeben von der Stiftung Ökologie & Landbau

DEUKALION Verlag • Postfach 11 13 • D-25488 Holm • Telefon (0 41 03) 9 75 45 • Telefax (0 41 03) 9 75 07

Politik und Wirtschaft

Worldwatch Institute
Lester R. Brown
Wer ernährt China?

Alarm für einen kleinen Planeten
Die Auswirkungen der Industrialisierung und »Verwestlichung« Chinas auf die Märkte und Ökologie weltweit. Ein Bestseller in den USA – jetzt auf deutsch.
172 Seiten, Softcover

James Goldsmith
Die Falle – und wie wir ihr entrinnen können

Das Buch, über die brennenden Themen unserer Zeit: Woher kommen Arbeitslosigkeit, Gewalt, Armut, Umweltverwüstung und Korruption?
Das Buch, das sich für ein anderes Europa einsetzt, als die Bürokraten von Maastricht es vorsehen...

Ernst Friedrich Schumacher
Small is beautiful*

Die Rückkehr zum menschlichen Maß
Der Klassiker alternativer Ökonomie legt die Grundsteine für das Konzept der angepaßten Technologie: Wirtschaft für den Menschen - nicht umgekehrt! Ökologische Konzepte Band 87

John Papworth
Small is powerful

Der Weg zu wahrer Demokratie.
Wie die unheilige Allianz zwischen Politik, Industrie und Medien unser Denken bestimmt und wie die direkte demokratische Kontrolle über das Geschehen vor Ort viele unserer derzeitgen Probleme lösen kann. Ein grundlegendes Werk der Basisdemokratie!
280 Seiten, Softcover
ISBN 3-930720-16-7

* herausgegeben von der Stiftung Ökologie & Landbau

DEUKALION Verlag • Postfach 11 13 • D-25488 Holm • Telefon (0 41 03) 9 75 45 • Telefax (0 41 03) 9 75 07
Bitte fordern Sie unser kostenloses Gesamtverzeichnis an!

Ätherische Öle und Kräuter

ISBN 3-930720-28-0
400 S., gebunden
38,00 DM/ 35,50 sFR/ 277 öS

Kathi Keville/ Mindy Green
Die Seele der Pflanzen
Ätherische Öle und Kräuteressenzen selbst gewinnen und anwenden

In diesem Buch werden die Zusammenhänge der Aromatherapie in bisher einmaliger Weise beschrieben. Neben einer Vielzahl von außergewöhnlichen Rezepten aus verschiedenen Bereichen (von der Küche über die Körperpflege bis hin zur körperlichen und seelischen Gesundheit) enthält das Buch Informationen zu den verschiedenen Methoden, ätherische Öle selbst zu gewinnen, sowie eine große Zahl von genauen Ölbeschreibungen und Angaben zu deren botanischer Herkunft. Durch die zusätzliche Darstellung anekdotischer und historischer Zusammenhänge erklärt sich die Faszination des Buches weit über die rein sachliche Ebene hinaus.

DEUKALION Verlag • Postfach 11 13 • D-25488 Holm • Telefon (0 41 03) 9 75 45 • Telefax (0 41 03) 9 75 07
Bitte fordern Sie unser kostenloses Gesamtverzeichnis an!

John Seymour

ISBN 3-930720-25-6
240 S., gebunden
39,00 DM/ 36,50 sFr/ 285 öS

Wie alles wieder anfing

Das Ende des Ölzeitalters
Durch jahrelange Mißwirtschaft und den »Großen Islamischen Krieg« kommen die Ölimporte und Rohstoffeinfuhren Englands zum Erliegen. Ein mörderisch kalter Winter versetzt dem ausgepowerten Land den Todesstoß. Millionen Menschen erfrieren oder verhungern. Eine Stadtflucht katastrophalen Ausmaßes setzt ein. Militärs und Beamte bemühen sich vergeblich, die Lebensmittelversorgung der Bevölkerung zu sichern. Mit Gewalt und Terror boxen sie ihre »Sachzwänge« durch und scheuen sich nicht, immer brutalere Methoden anzuwenden so die Internierung Andersdenkender in Konzentrationslagern. Und in England gibt es in den Jahren 2009 /2010 eine ganze Menge Andersdenkende, z.B. die entschlossene Gruppe um Robert Hurlock, die nicht in die alten Fehler verfallen will und eine natürliche Lebensweise unabhängig vom Öl propagiert.

»Ein spannend und wirklichkeitsnah geschriebener Roman vom Autor des Bestsellers Das große Buch vom Leben auf dem Lande.
Das Ergebnis ist ein Buch, das wie alle großen Werke der erzählenden Literatur den Kern menschlicher Belange berührt, und wenn je ein Buch Millionen von Lesern verdient hat, ist es sicher dieses, und ich hoffe zutiefst, daß es sie bekommt.«

European Business Review